权威·前沿·原创

皮书系列为
"十二五""十三五"国家重点图书出版规划项目

企业社会责任蓝皮书
BLUE BOOK OF CORPORATE SOCIAL RESPONSIBILITY

中国企业社会责任研究报告（2017）

RESEARCH REPORT ON CORPORATE SOCIAL RESPONSIBILITY OF CHINA(2017)

迈向2030：构建更加可持续的责任共同体

李　扬／顾　问
黄群慧　钟宏武　张　蒽　汪　杰／著
王志敏　马　燕　王梦娟　黄晓娟　等／数据分析

社会科学文献出版社
SOCIAL SCIENCES ACADEMIC PRESS (CHINA)

图书在版编目(CIP)数据

中国企业社会责任研究报告.2017：迈向2030：构建更加可持续的责任共同体/黄群慧等著.--北京：社会科学文献出版社，2017.11
（企业社会责任蓝皮书）
ISBN 978-7-5201-1666-4

Ⅰ.①中… Ⅱ.①黄… Ⅲ.①企业责任-社会责任-研究报告-中国-2017 Ⅳ.①F279.2

中国版本图书馆CIP数据核字（2017）第260777号

企业社会责任蓝皮书
中国企业社会责任研究报告（2017）
——迈向2030：构建更加可持续的责任共同体

顾　　问／李　扬
著　　者／黄群慧　钟宏武　张　蒽　汪　杰
数据分析／王志敏　马　燕　王梦娟　黄晓娟　等

出 版 人／谢寿光
项目统筹／邓泳红　吴　敏
责任编辑／张　超

出　　版／	社会科学文献出版社·皮书出版分社（010）59367127 地址：北京市北三环中路甲29号院华龙大厦　邮编：100029 网址：http://www.ssap.com.cn
发　　行／	市场营销中心（010）59367081　59367018
印　　装／	北京季蜂印刷有限公司
规　　格／	开　本：787mm×1092mm　1/16 印　张：23.75　字　数：357千字
版　　次／	2017年11月第1版　2017年11月第1次印刷
书　　号／	ISBN 978-7-5201-1666-4
定　　价／	89.00元

皮书序列号／PSN B-2009-149-1/2

本书如有印装质量问题，请与读者服务中心（010-59367028）联系

▲ 版权所有 翻印必究

主要作者简介

黄群慧 中国社会科学院工业经济研究所所长、研究员、博士生导师,《中国工业经济》主编、《经济管理》主编,兼任中国企业管理研究会副会长、理事长,国家制造强国建设战略咨询委员会委员,国务院反垄断委员会专家咨询组成员,2009 年享受国务院颁发的政府特殊津贴,2013 年入选"百千万人才工程"国家级人选,荣获"国家级有突出贡献的中青年专家"称号,2015 年入选文化名家暨"四个一批"人才,2016 年入选第二批"万人计划"国家社会科学领军人才。主要研究领域为产业经济与企业管理。曾主持国家社科基金重大项目、国家自然科学基金以及多项省部级重大项目。已在《中国社会科学》《经济研究》等学术刊物公开发表论文 300 余篇,独立撰写、参与撰写著作 30 余部。其成果曾获第十二届孙冶方经济科学奖、第二届蒋一苇企业改革与发展学术基金优秀专著奖、第三届蒋一苇企业改革与发展学术基金优秀论文奖、第十四届中国图书奖、第四届"三个一百"原创图书奖、中国社会科学院优秀科研成果二等奖和三等奖等。

钟宏武 中国社会科学院社会发展战略研究院副研究员,管理学博士,兼任中国社会科学院经济学部企业社会责任研究中心主任。主持"中央企业海外社会责任研究"(国资委课题)、"企业社会责任推进机制研究"(国资委课题)、"责任制造 2025"(工信部课题)、"中国食品药品行业社会责任信息披露机制研究"(国家食药监局课题)、"中国保险业白皮书"(保监会课题)、"上市公司社会责任信息披露"(深交所课题);先后访问日本、南非、英国、瑞典、缅甸、苏丹、美国、韩国、荷兰、赞比亚、津巴布韦,研究企业社会责任。编写《中国企业社会责任报告编写指南》《企业社会责任管理》《企业社会责任基础教材》《企业社会责任蓝皮书》《企业公益蓝皮书》《企业社会责任报告白皮书》《中国国际社会责任与中资企业角色》《慈善捐赠与企业绩效》等30余部。在《经济研究》《中国工业经济》《人民日报》等刊物上发表论文50余篇。

张　蒽　中国社会科学院社会发展战略研究院副研究员，管理学博士，经济学博士后，兼任中国社会科学院经济学部企业社会责任研究中心常务副主任。作为主要研究人员参与"责任制造2025""中央企业社会责任推进机制研究""上市公司社会责任信息披露""中央企业社会责任理论研究""企业社会责任指标体系研究"等重大课题的研究。编写和参与编写《中国企业社会责任发展指数报告》《中国企业社会责任报告编写指南》《企业社会责任管理体系研究》《中国企业社会责任报告白皮书》《中国上市公司非财务信息披露研究报告》《企业社会责任负面信息披露研究》等，在《中国工业经济》《经济管理》等期刊公开发表与社会责任相关论文。

中国社会责任百人论坛简介

"中国社会责任百人论坛"(China Social Responsibility 100 Forum,以下简称"责任百人论坛")是由致力于推动中国社会责任发展的专家学者、企业家、社会活动家等自发建立的公益性机制,是中国社会责任领域的高端平台。

责任百人论坛通过持续举办重点热点问题研讨会、重要成果发布会等,实现汇聚责任思想、共享责任成果、提升履责绩效的论坛宗旨,为政府推进社会责任发展建言献策,为企业履行社会责任指明方向,助力中国走出一条经济繁荣、社会进步、环境优美的可持续发展之路,携手共筑"中国梦"。

一 责任百人论坛主要活动

- 责任百人会议

➢ 年会

每年1月举办,总结年度工作,发布年度重要成果,讨论新一年工作计划。

➢ 北京社会责任展

持续组织并发布中国企业在社会责任、公益扶贫、标准、行业等方面的年度研究报告,并设立主题展厅,展现优秀企业社会责任实践。

➢ 重大热点研讨会

发布论坛成员的重要研究成果,就重大热点社会/环境问题进行深度研讨,为社会责任事业的发展建言献策。

- 责任百人文库

➢ 社会责任系列研究报告

开展社会责任蓝皮书、公益蓝皮书、企业扶贫蓝皮书、汽车行业社会责任蓝皮书、报告编写标准、海外社会责任、上市公司社会责任蓝皮书等一系列研究。

➢ 百人论坛会刊

汇编每期会议精彩演讲，摘录年度重要成果，定期出版发布。

● 责任百人讲堂

组织开展公益讲堂、责任官、MBA 系列社会责任培训和讲座。

● 责任百人调研

组织开展走进理事单位、分享责任中国行等社会责任调研和交流活动。

二 责任百人论坛秘书处联系方式

| 秘 书 长 | 钟宏武 | 13911200188 | zhonghw@ cass – csr. org |
| 执行秘书长 | 翟利锋 | 15501021271 | zhailf@ zerenyun. com |

责任百人论坛官方微信：CSR100F

三 责任百人论坛发起人名单（截至2017年10月底）

李　扬　国家金融与发展实验室理事长，中国社会科学院经济学部主任

解思忠	国务院国资委监事会原主席
彭华岗	国务院国资委副秘书长
刘兆彬	中国质量万里行促进会会长
欧晓理	国家发改委西部开发司巡视员
郭秀明	工业和信息化部政策法规司副巡视员
宋志平	中国建材集团公司党委书记、董事长
王小康	全国政协委员，中国节能环保集团公司原董事长
郑崇华	台达环境与教育基金会创办人及董事长
张晓刚	国际标准化组织（ISO）主席
刘 冰	中国黄金集团公司总经理
史正江	中国南方电网公司党组副书记、副总经理
蓝 屹	华润集团秘书长、办公厅主任
陈建军	圣象集团总裁
王幼燕	中国电子信息联合会副秘书长
张 凯	松下电器（中国）有限公司副总裁
宝 山	北大纵横管理咨询集团高级合伙人
潘家华	中国社会科学院城市发展与环境研究所所长
黄群慧	中国社会科学院工业经济研究所所长
吕 朝	恩派（NPI）公益组织发展中心创始人、主任
张 翼	中国社会科学院社会发展战略研究院院长、党委书记
吕建中	博然思维集团创始人
邓国胜	清华大学公益慈善研究院副院长
钟宏武	中国社会科学院企业社会责任研究中心主任（论坛秘书长）
张 蒽	中国社会科学院企业社会责任研究中心常务副主任

四　责任百人论坛企业理事会

吸纳在行业内有一定影响力，具有较强社会责任感和良好声誉的企业加入。

五 责任百人论理事会单位名单（截至2017年10月底）

理事长单位：

中国石化、国投、招商局、华润集团、南方电网、东风汽车、中国一汽、中国华电、中国旅游集团、中国黄金、伊利、华润电力、民生银行、阿里巴巴、海航集团、圣象集团、中国三星、现代汽车、台达集团、松下电器、LG化学

副理事长单位：

中国兵工、中国移动、安利

六 责任百人论坛活动大事记

(1) 2016年10月，中国社会责任百人论坛正式成立，以国内知名社会责任领域专家学者、企业家等作为发起人，以优秀中外企业为理事单位，通过持续举办重点热点议题研讨会、重要成果发布会等，实现汇聚责任思想、共享责任成果、提升履责绩效的论坛宗旨，为政府推进和企业履行社会责任建言献策，助力美丽中国建设。

(2) 2017年1月，召开"中国社会责任百人论坛——第五届分享责任年会"，会上举行责任百人论坛成员聘任仪式；首次发布《中资企业海外社会责任研究报告（2016－2017）》、《中国电建印尼可持续发展报告》和《中国企业社会责任年鉴（2016）》，连续第6年发布《中国企业社会责任报告》等多项研究成果，受到央视等主流媒体的争相报道，在行业内引起极大反响，并对年度企业进行了表彰。

(3) 2017年2月27日，"责任百人咖啡——《中国社会责任百人论坛》首发式暨首届CSR报告沙龙"在北京社科1978咖啡举办。来自政府部门、教研机构、国内外大型企业等机构代表60余人参加。

(4) 2017年3月，举办首届"中国企业社会责任百人讲堂暨中国社会

科学院研究生院 MBA《企业社会责任》必修课",致力于推动中国企业社会责任知识普及和责任意识提高,受益学员累计达 150 人。

(5) 2017 年 5 月,举办首届"中国社会责任百人论坛——'可感知的'责任品牌创享会(2017)",旨在携手共探我国企业责任品牌建设问题,推动中国企业责任品牌更好、更快发展。活动组织策划开展了首届"您心目中最牛责任品牌"微信投票活动,会上也正式公布了首届"您心目中最牛责任品牌"评选结果,整个活动阅读量超过 100 万次,共有 782099 人参与,收到投票 525034 张。同日下午,召开首届理事会单位闭门会。

(6) 随着《巴黎协定》正式生效,应对气候变化成为全球共同关注的热点问题。2017 年 6 月 16 日在北京艾维克酒店召开首届《中国企业应对气候变化自主贡献研究报告》发布会。国家发改委、中国社会科学院等机构专家和优秀企业代表共同分享和探讨节能降碳政策、理论和实践,会上发布《中国企业应对气候变化自主贡献研究报告(2017)》,并为入选研究报告优秀案例的企业颁发证书。

(7) 2017 年 8 月 9~11 日,"中国社会责任百人讲堂——第九期责任官公益培训计划"在苏州开讲,广泛传播企业社会责任理念,提升企业社会责任意识,参与培训学员达 200 人。首次创新责任大联欢更是精彩纷呈。

(8) 2017 年下半年,中国社会责任百人论坛组织策划了"分享责任中国行(2017)"活动,走进四川成都和西藏林芝地区,参观调研中国企业在节能环保以及精准扶贫领域做出的努力与贡献,深入挖掘企业履行社会责任的优秀实践,并授予中国节能和中国华能"企业社会责任示范基地"。"分享责任世界行(2017)"先后奔赴泰国、印尼、韩国、埃塞俄比亚、老挝等国家调研学习。

研究业绩

课　题

- 国家发改委：《"一带一路"与海外企业社会责任》，2015。
- 工业和信息化部：《责任制造——以社会责任推动"中国制造2025"》，2015。
- 国务院国资委：《中央企业海外社会责任研究》，2014。
- 国务院国资委：《中央企业社会责任优秀案例研究》，2014。
- 国家食药监局：《中国食品药品行业社会责任信息披露机制研究》，2014。
- 国土资源部：《矿山企业社会责任评价指标体系研究》，2014。
- 中国保监会：《中国保险业社会责任白皮书》，2014。
- 全国工商联：《中国民营企业社会责任研究报告》，2014。
- 陕西省政府：《陕西省企业社会责任研究报告》，2014。
- 国土资源部：《矿业企业社会责任报告制度研究》，2013。
- 国务院国资委：《中央企业社会责任优秀案例研究》，2013。
- 中国扶贫基金会：《中资海外企业社会责任研究》，2012~2013。
- 北京市国资委：《北京市属国有企业社会责任研究》，2012年5~12月。
- 国资委研究局：《企业社会责任推进机制研究》，2010年1~12月。
- 国家科技支撑计划课题：《〈社会责任国际标准风险控制及企业社会责任评价技术研究〉之子任务》，2010年1~12月。
- 深交所：《上市公司社会责任信息披露》，2009年3~12月。

- 中国工业经济联合会：工信部制定《推进企业社会责任建设指导意见》前期研究成果，2009年10～12月。
- 中国社会科学院：《灾后重建与企业社会责任》，2008年8月至2009年8月。
- 中国社会科学院：《海外中资企业社会责任研究》，2007年6月至2008年6月。
- 国务院国资委：《中央企业社会责任理论研究》，2007年4～8月。

专　著

- 《中国企业应对气候变化自主贡献研究报告（2017）》，经济管理出版社，2017。
- 《中资企业海外社会责任研究报告（2016～2017）》，社会科学文献出版社，2017。
- 《中国企业扶贫研究报告（2016）》，社会科学文献出版社，2016。
- 《中国企业公益研究报告（2016）》，社会科学文献出版社，2016。
- 《中国企业社会责任年鉴（2016）》，经济管理出版社，2016。
- 《中国企业社会责任研究报告（2016）》，社会科学文献出版社，2016。
- 《上海上市公司社会责任研究报告（2016）》，经济管理出版社，2016。
- 《汽车企业社会责任蓝皮书（2016）》，经济管理出版社，2016。
- 《企业公益报告编写指南3.0》，经济管理出版社，2016。
- 《中国企业社会责任报告（2015）》，经济管理出版社，2015。
- 《中国企业公益研究报告（2015）》，社会科学文献出版社，2015。
- 《中国企业社会责任研究报告（2015）》，社会科学文献出版社，2015。
- 《上海上市公司社会责任研究报告（2015）》，经济管理出版社，

2015。

- 《中国企业社会责任报告(2014)》,经济管理出版社,2015。
- 《中国企业社会责任研究报告(2014)》,社会科学文献出版社,2014。
- 《企业社会责任负面信息披露研究》,经济管理出版社,2015。
- 《中国企业公益研究报告(2014)》,经济管理出版社,2015。
- 《中国企业社会责任报告编写指南3.0之石油化工业指南》,经济管理出版社,2015。
- 《中国企业社会责任报告白皮书(2013)》,经济管理出版社,2014。
- 《中国企业社会责任研究报告(2013)》,社会科学文献出版社,2013。
- 《中国企业社会责任报告编写指南(CASS-CSR3.0)》,经济管理出版社,2014。
- 《中国企业社会责任报告编写指南3.0之钢铁业指南》,经济管理出版社,2015。
- 《中国企业社会责任报告编写指南3.0之仓储业指南》,经济管理出版社,2015。
- 《中国企业社会责任报告编写指南之电力生产业》,经济管理出版社,2014。
- 《中国企业社会责任报告编写指南之家电制造业》,经济管理出版社,2014。
- 《中国企业社会责任报告编写指南之建筑业》,经济管理出版社,2014。
- 《中国企业社会责任报告编写指南之电信服务业》,经济管理出版社,2014。
- 《中国企业社会责任报告编写指南之汽车制造业》,经济管理出版社,2014。
- 《中国企业社会责任报告编写指南之煤炭采选业》,经济管理出版社，2014。
- 《中国企业社会责任报告编写指南之一般采矿业》，经济管理出版社，2014。
- 《中国企业社会责任案例》，经济管理出版社，2014。
- 《中国国际社会责任与中资企业角色》，中国社会科学出版社，2013。
- 《企业社会责任基础教材》，经济管理出版社，2013。
- 《中国可持续消费研究报告》，经济管理出版社，2013。
- 《中国企业社会责任研究报告（2012）》，社会科学文献出版社，2012。
- 《中国企业社会责任报告白皮书（2012）》，经济管理出版社，2012。
- 《中国企业社会责任研究报告（2011）》，社会科学文献出版社，2011。
- 《中国企业社会责任报告编写指南（CASS – CSR2.0）》，经济管理出版社，2011。
- 《中国企业社会责任报告白皮书（2011）》，经济管理出版社，2011。
- 《企业社会责任管理体系研究》，经济管理出版社，2011。
- 《分享责任——中国社会科学院研究生院MBA"企业社会责任"必修课讲义集（2010）》，经济管理出版社，2011。
- 《中国企业社会责任研究报告（2010）》，社会科学文献出版社，2010。
- 《政府与企业社会责任》，经济管理出版社，2010。
- 《中国企业社会责任研究报告（2009）》，社会科学文献出版社，2009。
- 《中国企业社会责任报告编写指南（CASS – CSR1.0）》，经济管理出版社，2009。
- 《中国企业社会责任发展指数报告（2009）》，经济管理出版社，2009。
- 《慈善捐赠与企业绩效》，经济管理出版社，2007。

论 文

在《经济研究》《中国工业经济》《人民日报》《光明日报》等刊物上发表论文数十篇。

专 访

接受中央电视台、中央人民广播电台、人民网、新华网、光明网、凤凰卫视、法国24电视台等数十家媒体专访。

摘　要

在延续和发展2009~2016年"企业社会责任蓝皮书"研究方法和技术路线的基础上，课题组编写了《中国企业社会责任研究报告（2017）》。全书由总报告、分报告、行业报告、专题报告、调研报告和附录六大部分构成。

总报告即《中国企业社会责任发展报告（2017）》。课题组构建了一套企业社会责任管理现状和责任信息披露水平的综合评价体系，它以中国企业300强为研究对象，从企业社会责任报告、财务报告、企业官方网站等公开渠道搜集企业主动披露的责任信息，对2016~2017年中国企业300强、国有企业100强、民营企业100强、外资企业100强、中央企业以及重点行业的社会责任管理现状和信息披露水平进行了整体评价，总结其年度特征，形成《中国企业社会责任发展报告（2017）》。

分报告是对国有企业、民营企业和外资企业社会责任发展指数的细化解读，由《中国国有企业100强社会责任发展指数（2017）》《中国民营企业100强社会责任发展指数（2017）》《中国外资企业100强社会责任发展指数（2017）》构成。上述报告分别对国有企业100强、民营企业100强、外资企业100强的社会责任发展指数进行了详细解读，剖析了其年度特征。

行业报告是对重点行业社会责任发展指数的详细解读，对电力、家电、银行、石油石化、汽车、保险、医药、房地产、食品、日化、零售等16个社会关注度高，对经济、社会、环境影响力大的行业进行重点分析，通过探究各行业中重点企业的社会责任发展指数，以反映不同行业社会责任管理水平与社会责任信息披露水平。

专题报告包含《中央企业社会责任发展报告（2017）》和《中国上市公

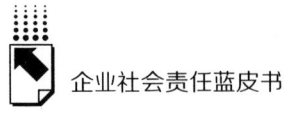

司 ESG 研究报告（2017）》两部分。其中，《中央企业社会责任发展报告（2017）》对国务院国资委直接监管的 101 家中央企业的社会责任管理和社会责任信息披露水平进行了重点分析，详细介绍了中央企业履行社会责任的现状。《中国上市公司 ESG 研究报告（2017）》选择 A 股市场中规模大、流动性好、代表性强的沪深 300 指数成分股为样本企业，对其社会责任信息进行综合评价，辨析中国上市公司社会责任发展阶段性特征。

调研报告由"分享责任中国行/世界行（2017）"及优秀企业社会责任案例组成。"分享责任中国行/世界行"调研团队先后走访了国内外 5 家企业，总结各企业的社会责任实践亮点；调研报告包括中国环保、中国华能、中国黄金、三星集团、现代汽车集团 5 家国内外优秀企业的社会责任案例，为其他企业社会责任管理和实践提供有益的参考和指引。

附录一详细呈现了中国企业 300 强社会责任发展指数（2017），附录二详细呈现了中国国有企业 100 强社会责任发展指数（2017），附录三详细列举了中国民营企业 100 强社会责任发展指数（2017），附录四详细列举了中国外资企业 100 强社会责任发展指数（2017），附录五详细列举了 16 个重点行业的社会责任发展指数（2017），附录六详细呈现了中央企业社会责任发展指数（2017），附录七简要介绍了社会责任领域的人才建设/行业研究。

Abstract

Following and developing the research methods and routes of the Blue Book of Corporate Social Responsibility, we write the Research Report on Corporate Social Responsibility of China (2017). The book is constituted by 6 parts: General Report, Partial Report, Industries Report, Special Report, Practical Report and Appendix.

General Report is "The CSR Development Report of Chinese Enterprises (2017)". The Studying Team builds a comprehensive appraisal system to evaluate the situation of CSR management and the level of CSR information disclosure. The research objects are top 100 series corporations in China, containing top 300 Chinese corporations, top 100 SOEs, top 100 private enterprises, top 100 foreign – invested enterprises, central enterprises and key industry. Collecting the CSR information via their CSR reports, annual reports and official websites, we did an all – around research on their current CSR management and CSR information disclosure between 2016 and 2017.

Partial Report is a detail interpretation of the General report, constituted by 3 chapters, which are "The CSR Development Index of Top 100 SOEs in China (2017)", "The CSR Development Index of Top 100 Private Firms in China (2017)", "The CSR Development Index of Top 100 MNCs in China (2017)". Those 3 reports explain the CSR development index and summary the CSR annual characteristics, respectively.

Industries Report is a detailed interpretation of the key industries of social responsibility development index, whose are high social concern, economic, social and environmental impact, including the power, oil and petrochemical, banking, Internet, medicine, real estate, food, daily, retail and other 16 industries. This report aims to reflect the level of social responsibility management and social responsibility information disclosure in various industries.

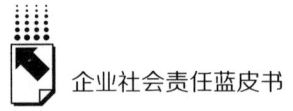

Special Report contains two parts. The first part of report is "The CSR Development Report of Chinese Central Enterprises (2017)". State Council SASAC directly supervised the 101 central enterprises of social responsibility management and social responsibility information disclosure level and introduces in detail the status quo of social responsibility of central enterprises. The other part of report is "The CSR Development Index of Listed Companies in China (2017)". It chooses large – scale, good liquidity, representative of the CSI 300 index constituent stocks in A – share market for the sample business, evaluates the social responsibility information of listed companies in China, and provides a reference for the in – depth study of social responsibility information disclosure of listed companies in China.

Practical Report introduces excellent cases on corporate social responsibility. The studying team organized the investigation team, visited 3 domestic companies and 2 overseas companies successively and summarized the achievement on CSR management and practice of each enterprise; Meanwhile, offer the guideline on CSR practice by writing up the cases of outstanding enterprises, such as China Energy Conservation and Environmental, China Huaneng and China Gold Group, SAMSUNG and Hyundai Motor Company.

In appendix, it is detailed of "The CSR Development Index of Top 300 Firms in China (2017)" in Appendix 1 and "The CSR Development Index of Top 100 SOEs in China (2017)" in Appendix 2, "The CSR Development Index of Top 100 Private in China (2017)" in Appendix 3. Next, it is listed of "The CSR Development Index of Top 100 MNCs in China (2017)" in Appendix 4 and "The CSR Development Index of Key Industries (2017)" in Appendix 5. We list "The CSR Development Index of Chinese Central Enterprises (2017)" in Appendix 6. We list the Talent Construction/Industry Research in Appendix 7.

《中国社会责任百人论坛文库》总序

时代呼唤责任。"十三五"时期是我国实现"两个一百年"目标、全面建成小康社会的关键时期。近年来，社会责任呈现标准化、法制化、社会化、价值化等趋势，国际国内社会责任标准不断推出，履行责任从软约束成为硬约束，各种社会力量高度关注，担责成为企业的商业追求和发展机遇。在这样的新形势下，履行社会责任成为重要议题。

责任亟待研讨。中国社会责任百人论坛应运而生，以汇聚责任思想、共享责任成果、提升责任绩效为宗旨，聚集政府领导、专家学者、企业家等社会责任领域的领袖人物，共商责任之策，共谋责任之事。通过组织专题研讨、召开大型会议，搭建社会责任交流平台，推出社会责任重要成果，为政府推进社会责任建言献策，为企业履行社会责任指明方向。

分享创造价值。责任百人论坛的思想需要记录，需要在更大范围分享。《中国社会责任百人论坛文库》每年精选演讲文稿、研究专著、企业实践案例，出版发行、宣传推广，提升全社会的责任意识，指导企业的责任实践，努力通过3~5年的运行，为中国社会责任贡献一批传世之作。

百人论道，万众聚力。

是为序。

中国社会责任百人论坛秘书处

2017 年

前　言

《2030年可持续发展议程》是联合国继制定《21世纪议程》《千年发展目标》之后在可持续发展领域确定的又一全球性重要行动。《2030年可持续发展议程》共分为四大部分，即政治宣言、全球可持续发展目标（SDGs）、执行手段、后续行动。政治宣言阐释了国际社会的共同愿景，呼吁各利益相关方共同行动起来，助力全球可持续发展；全球可持续发展目标（SDGs）共确立了17个发展目标和169项具体目标，它明确了2016~2030年全球对于可持续发展的优先事项；执行手段强调各国应为本国实现可持续发展目标担负首要责任，制定相应的发展战略和政策，调动本国公共资源，协助落实发展目标和具体目标；后续行动致力于在国家、区域和全球各个层面构建一个积极、自愿、有效、普遍参与和透明的综合后续落实和评级框架，最大限度地推动和跟踪《2030年可持续发展议程》执行工作的进展。《2030年可持续发展议程》是在全面虑及当今及未来国际可持续发展形势的前提下制定的一个全球性发展议程，为未来15年世界各国的发展和国际发展合作指明了方向、勾画了蓝图，它将重塑全球可持续发展治理体系，受到了国际社会的广泛关注。

作为全球最大的发展中国家，中国在落实《2030年可持续发展议程》的过程中，既面临难得的历史性机遇，也面临前所未有的艰巨挑战。习近平总书记在十九大报告中明确提出"以人民为中心"的发展思想，为中国落实《2030年可持续发展议程》、推进可持续发展提供了理论指引。中国经济保持中高速增长，新型工业化、信息化、城镇化、农业现代化深入发展，为落实可持续发展议程打下扎实基础。中国着力推进供给侧结构性改革，逐步加大重点领域和关键环节市场化改革力度，深化简政放权，放管结合，优化服务改革,由此带来的改革红利以及自主创新红利将为落实可持续发展议程提供强大动力。中国政府已将可持续发展议程与国家中长期发展规划有效对接,建立了国内落实工作的协调机制,将为落实可持续发展议程提供有力的制度保障。与此同时,中国经济进入"新常态",面临经济增速换挡、结构调整、新旧动能转换等多重挑战,保持经济持续、稳定、健康增长仍有不小压力,在脱贫攻坚、解决城乡和区域发展不平衡、补齐生态环境短板等方面有大量工作要做。如何消除贫困、改善民生、化解社会矛盾、实现共同富裕、完善国家治理体系、提高治理能力,以及实现各地区、各层次、各领域间的协同发展仍是中国实现可持续发展议程面临的最大挑战。

中国高度重视落实可持续发展议程,为指导和推动有关落实工作,先后制定和发布了系列政策和方案:把落实《2030年可持续发展议程》同实施"十三五"规划和国家中长期发展战略相结合,以创新、协调、绿色、开放、共享发展理念为指导,统筹推进经济、政治、文化、社会和生态文明建设;发布《中国落实2030年可持续发展议程国别方案》,对落实工作进行了全面部署;出台《中国落实2030年可持续发展议程创新示范区建设方案》,为全球落实可持续发展议程贡献了中国智慧、提出了中国方案。

这里尤其是需要指出的是,联合国《2030年可持续发展议程》还具体从基础设施建设、促进包容性增长、绿色清洁环保工业、鼓励工业科技创新、推进工业信息化发展、加强国际合作支持后发展国家工业扶贫等六个方面指出了当前世界包容的、可持续工业化的核心目标和任务。具体包括:①发展优质、可靠、可持续和有抵御灾害能力的基础设施,包括区域和跨境基础设施,以支持经济发展和提升人类福祉,重点是人人可负担得起并公平利用上述基础设施;②促进包容可持续工业化,到2030年,根据各国国情,大幅提高工业在就业和国内生产总值中的比例,使最不发达国家的这一比例翻番;③增加小型工业和其他企业,特别是发展中国家的这些企业获得金融服务,包括负担得起的信贷的机会,将上述企业纳入价值链和市场;④到2030年,所有国家根据自身能力采取行动,升级基础设施,改进工业以提升其可持续性,提高资源使用效率,更多采用清洁和环保技术及产业流程;

⑤在所有国家,特别是发展中国家,加强科学研究提升工业部门的技术能力,鼓励创新,大幅增加每 100 万人口中的研发人员数量,并增加公共和私人研发支出;⑥在工业领域加强国际合作支持发展中国家和最不发达国家扶贫,具体包括向非洲国家、最不发达国家、内陆发展中国家和小岛屿发展中国家提供更多的财政、技术和技能支持,以促进其开发有抵御灾害能力的可持续基础设施,支持发展中国家的国内技术开发、研究与创新,包括提供有利的政策环境,以实现工业多样化,增加商品附加值,大幅提升信息和通信技术的普及度,力争到 2020 年在最不发达国家以低廉的价格普遍提供因特网服务。对处于工业化进程中的中国而言,包容可持续工业化道路对中国企业社会责任提出了更高、更具体的要求。

《2030 年可持续发展议程》致力于动员全球的力量来实现一系列共同目标,呼吁世界各国政府、私营部门和民间社会行动起来,消除贫困,为所有人创造有尊严的生活和平等的机会。与千年发展目标重点在发展中国家且主要依靠政府资源不同,《2030 年可持续发展议程》由于涉及领域更广、目标要求更高,不再仅仅关注政府对发展目标所做出的努力和行动,更明确呼吁所有企业利用它们的创造力和创新能力来应对可持续发展的挑战。正如联合国前任秘书长潘基文所言:"企业是实现联合国可持续发展目标的重要合作伙伴。企业可通过其核心业务为联合国可持续发展目标的实现做出自己的贡献;我们呼吁各国企业评估其业务活动影响、制定远大目标并对其成果进行透明的沟通。"在这种背景下,对中国企业而言,应如何把握时代机遇,做到因势而谋、应势而动、顺势而为,我认为可从以下几点进行探索。

一是强化企业战略认知,重塑商业发展思维。企业不仅是一个国别经济得以持续健康发展的微观基础,也是解决全球/地区社会问题和环境问题的重要治理主体,因此推进可持续发展,是现代社会对企业的普遍期望和要求。企业应从战略层面认识到可持续发展的重要意义,强化企业战略认知,重塑商业发展思维,制定企业可持续发展的战略和目标,系统识别可持续发展风险,通过创新性行动,变"危"为"机",同步创造经济、社会、环境的共享价值,实现企业、社会、环境的共赢。

二是回应社会重大议题，加强企业责任融入。未来十五年，中国企业应结合国际可持续发展趋势、国内经济社会发展与改革大局以及企业自身发展实际，重点关注精准扶贫、"一带一路"、生态文明建设等议题。①积极参与脱贫攻坚战。习近平总书记在十九大报告中提出，要动员全党全国全社会力量，坚持精准扶贫、精准脱贫，确保到 2020 年我国现行标准下农村贫困人口实现脱贫，贫困县全部摘帽，解决区域性整体贫困，做到脱真贫、真脱贫。中国政府也将脱贫目标纳入《中国落实 2030 年可持续发展议程国别方案》，向全世界做出庄严承诺。《"十三五"脱贫攻坚规划》对企业参与扶贫提出了明确要求，即强化国有企业帮扶责任，鼓励和引导民营企业和其他所有制企业参与扶贫开发。②一带一路海外履责。2016 年 4 月，习近平总书记在中共中央政治局第三十一次集体学习时强调，我国是"一带一路"的倡导者和推进者，我们要在发展自身利益的同时，更多考虑和照顾其他国家的利益。要坚持正确义利观，以义为先、义利并举，不急功近利，不搞短期行为。中国企业"走出去"既要重视投资利益，更要赢得好名声、好口碑，遵守驻在国法律，承担更多社会责任。③推进生态文明建设。习近平总书记在十九大报告中指出，建设生态文明是中华民族永续发展的千年大计。必须树立和践行"绿水青山就是金山银山"的理念，坚持节约资源和保护环境的基本国策，像对待生命一样对待生态环境，统筹山水林田湖草系统治理，实行最严格的生态环境保护制度，形成绿色发展方式和生活方式，坚定走生产发展、生活富裕、生态良好的文明发展道路，建设美丽中国，为人民创造良好的生产生活环境，为全球生态安全做出贡献。

三是加强社会责任管理，促进利益相关方沟通。随着对企业社会责任认识的逐步深入，越来越多的企业逐步从"重实践、轻管理"认识到责任管理对于企业可持续发展的重要性。虽然近年来，有一大批企业在社会责任管理方面取得不错的成绩，但我们应该清醒地认识到社会责任的工作复杂性和专业性，今后企业可在树立责任理念，建立责任组织，制定责任战略、推进战略，推进责任融入，开展责任绩效，提升责任能力等方面积极努力，探索如何持续推进社会责任工作切实融入生产运营的新方式和新办法，让社会责任管理发挥应有的价值。

  凡是过去,皆为序章;循序渐进,未来可期。站在新的历史起点,让我们携手开启责任新时代,推进落实 2030 年可持续发展议程,实现共同发展而不懈努力。

中国社会科学院工业经济研究所所长
中国社会责任百人论坛发起人
黄群慧
2017 年 10 月

目 录

Ⅰ 总报告

B.1 中国企业社会责任发展报告（2017）……………………………… 002
  一　中国企业社会责任发展指数排名（2017）………………… 002
  二　中国企业社会责任发展年度特征（2017）………………… 014
  三　研究方法和技术路线………………………………………… 022

Ⅱ 分报告

B.2 中国国有企业100强社会责任发展指数（2017）……………… 033
  一　样本特征……………………………………………………… 033
  二　评价结果……………………………………………………… 036
  三　国有企业100强社会责任发展阶段性特征………………… 040
B.3 中国民营企业100强社会责任发展指数（2017）……………… 044
  一　样本特征……………………………………………………… 044
  二　评价结果……………………………………………………… 046
  三　民营企业100强社会责任发展阶段性特征………………… 050

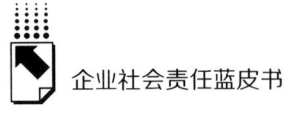

B.4 中国外资企业100强社会责任发展指数（2017） …………… 053
    一 样本特征 …………………………………………………… 053
    二 评价结果 …………………………………………………… 054
    三 外资企业100强社会责任发展阶段性特征 ………………… 059

Ⅲ 行业报告

B.5 重点行业社会责任发展指数（2017） ………………………… 063
    一 电力行业社会责任发展指数（2017） …………………… 065
    二 家电行业社会责任发展指数（2017） …………………… 072
    三 特种设备制造业社会责任发展指数（2017） …………… 078
    四 银行业社会责任发展指数（2017） ……………………… 084
    五 汽车行业社会责任发展指数（2017） …………………… 091
    六 石油石化行业社会责任发展指数（2017） ……………… 097
    七 房地产业社会责任发展指数（2017） …………………… 102
    八 食品行业社会责任发展指数（2017） …………………… 108
    九 机械设备制造业社会责任发展指数（2017） …………… 116
    十 金属行业社会责任发展指数（2017） …………………… 122
    十一 日化行业社会责任发展指数（2017） ………………… 129
    十二 互联网行业社会责任发展指数（2017） ……………… 133
    十三 保险业社会责任发展指数（2017） …………………… 139
    十四 零售行业社会责任发展指数（2017） ………………… 145
    十五 医药行业社会责任发展指数（2017） ………………… 150
    十六 互联网金融平台社会责任发展指数（2017） ………… 156

Ⅳ 专题报告

B.6 中央企业社会责任发展报告（2017） ………………………… 162

一　研究背景 …………………………………………………… 162
　　二　样本特征 …………………………………………………… 163
　　三　评价结果 …………………………………………………… 165
　　四　中央企业社会责任发展阶段性特征 ……………………… 169
B.7　中国上市公司ESG研究报告（2017） ……………………… 173
　　一　前言 ………………………………………………………… 173
　　二　主要发现 …………………………………………………… 174
　　三　研究方法与技术路线 ……………………………………… 175
　　四　中国上市公司ESG发展指数（2017） …………………… 184
　　五　中国上市公司ESG指数阶段性特征（2017） …………… 194

Ⅴ　调研报告

B.8　分享责任中国行（2017） …………………………………… 212
　　一　中国环境保护集团有限公司：推进资源综合利用
　　　　履行央企社会责任 ………………………………………… 215
　　二　中国华能集团西藏雅江公司：情系高原　点亮雪域 …… 223
　　三　中国黄金集团华泰龙公司：雪域高原，铸造黄金品质；
　　　　责任为先，共建美好家园 ………………………………… 233
B.9　分享责任世界行（2017） …………………………………… 240
　　一　三星集团：跨国企业履责先锋——统一规划
　　　　却富有弹性的全球社会责任战略 ………………………… 241
　　二　现代汽车集团：共建社会责任新纪元 …………………… 254

Ⅵ　附录

B.10　附录一：中国企业300强社会责任发展指数（2017） …… 265

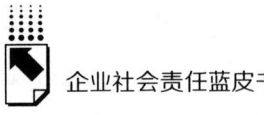

B.11 附录二：中国国有企业100强社会责任发展指数（2017）…… 287

B.12 附录三：中国民营企业100强社会责任发展指数（2017）…… 295

B.13 附录四：中国外资企业100强社会责任发展指数（2017）…… 301

B.14 附录五：重点行业社会责任发展指数（2017）…………… 307

B.15 附录六：中央企业社会责任发展指数（2017）…………… 327

B.16 附录七：人才建设/行业研究 ………………………………… 333

B.17 后　记 ……………………………………………………… 338

CONTENTS

Ⅰ General Report

B.1 The CSR Development Report of Chinese Enterprises (2017) / 002
    1. Ranking of The CSR Development Index of Enterprises
       in China (2017) / 002
    2. The Phrase Characteristics of CSR Development of
       Chinese Enterprises (2017) / 014
    3. Research Methods and Routes / 022

Ⅱ Partial Report

B.2 The CSR Development Index of Top 100 SOEs in China (2017) / 033
    1. The Background / 033
    2. The Characteristics of Samples / 036
    3. Evaluation Results The Phrase Characteristics of CSR
       Development of Top 100 SOEs in China / 040
B.3 The CSR Development Index of Top 100 Private Firms in
    China (2017) / 044
    1. The Characteristics of Samples / 044
    2. Evaluation Results / 046

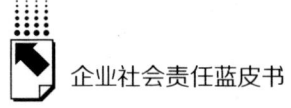

  3. The Phrase Characteristics of CSR Development of Top 100 Private Firms in China / 050

B.4 The CSR Development Index of Top 100 MNCs in China (2017) / 053
  1. The Characteristics of Samples / 053
  2. Evaluation Results / 054
  3. The Phrase Characteristics of CSR Development of Top 100 MNCs in China / 059

Ⅲ Industries Report

B.5 The CSR Development Index of Industry (2017) / 063
  1. The CSR Development Index in Power Industry (2017) / 065
  2. The CSR Development Index in Household Appliance Industry (2017) / 072
  3. The CSR Development Index in Special Equipment Manufacturing Industry (2017) / 078
  4. The CSR Development Index in Banking Industry (2017) / 084
  5. The CSR Development Index in Automobile Industry (2017) / 091
  6. The CSR Development Index in Petroleum and Petrochemical Industry (2017) / 097
  7. The CSR Development Index in Real Estate Industry (2017) / 102
  8. The CSR Development Index in Food and Drink Industry (2017) / 108
  9. The CSR Development Index in Equipment Manufacturing Industry (2017) / 116
  10. The CSR Development Index in Metal Manufacturing Industry (2017) / 122
  11. The CSR Development Index in Daily-used Chemical Industry (2017) / 129

12. The CSR Development Index in Internet Industry (2017)	/ 133
13. The CSR Development Index in Insurance Industry (2017)	/ 139
14. The CSR Development Index in Retail Industry (2017)	/ 145
15. The CSR Development Index in Biological Medicine Manufacturing Industry (2017)	/ 150
16. The CSR Development Index in Internet Finance Platform (2017)	/ 156

IV Special Report

B.6 The CSR Development Index of Chinese Central Enterprises (2017)	/ 162
1. Research Background	/ 162
2. The Characteristics of Samples	/ 163
3. Evaluation Results	/ 165
4. The Phrase Characteristics of CSR Development of Chinese Central Enterprises	/ 169
B.7 The CSR Development Index of Listed Companies in China (2017)	/ 173
1. Introduction	/ 173
2. The Main Discovery	/ 174
3. Research Methods and Routes	/ 175
4. The ESG Development Index of Chinese Listed Companies (2017)	/ 184
5. The ESG Index of Listed Companies in China (2017)	/ 194

V Practical Report

B.8 CSR Sharing China Tour (2017)	/ 212
1. China Environmental Protection Group Co., Ltd	/ 215

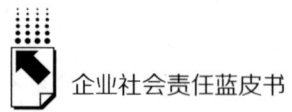

　　　　2. China Huaneng Group Tibet Yajiang Company　　　　/ 223
　　　　3. China Gold Tibet Huatailong Mining Development Co., Ltd　　　　/ 233
B.9　CSR Sharing World Tour (2017)　　　　/ 240
　　　　1. SAMSUNG　　　　/ 241
　　　　2. Hyundai Motor Company　　　　/ 254

VI Appendix

B.10　Appendix 1: The CSR Development Index of Top 300 Firms in China (2017)　　　　/ 265
B.11　Appendix 2: The CSR Development Index of Top 100 SOEs in China (2017)　　　　/ 287
B.12　Appendix 3: The CSR Development Index of Top 100 Private Firms in China (2017)　　　　/ 295
B.13　Appendix 4: The CSR Development Index of Top 100 MNCs in China (2017)　　　　/ 301
B.14　Appendix 5: The CSR Development Index of Key Industries (2017)　　　　/ 307
B.15　Appendix 6: The CSR Development Index of Chinese Central Enterprises (2017)　　　　/ 327
B.16　Appendix 7: Talent Construction / Industry Research　　　　/ 333

B.17　Postscript　　　　/ 338

总 报 告

General Report

2009年以来,课题组连续八年编著"企业社会责任蓝皮书",发布中国企业社会责任发展指数,评价中国企业年度社会责任管理状况和社会/环境信息披露水平,辨析中国企业社会责任发展进程的阶段性特征,为深入研究中国企业社会责任现状提供基准性参考,以期促进中国企业社会责任落实。

B.1
中国企业社会责任发展报告（2017）

摘　要： 本报告沿用"中国企业社会责任发展指数"指标评价体系，对中国企业300强、国有企业100强、民营企业100强、外资企业100强、16个重点行业企业以及中央企业的社会责任发展水平进行评价，研究中国企业社会责任2016～2017年度的最新进展，评价中国企业年度的社会责任管理状况和社会/环境信息披露水平。

关键词： 企业社会责任　社会责任发展指数　发展年度特征

一　中国企业社会责任发展指数排名（2017）

本部分选取了中国企业300强社会责任发展指数（2017）前100位，国有企业100强社会责任发展指数（2017）、民营企业100强社会责任发展指数（2017）、外资企业100强社会责任发展指数（2017）前20位，16个重点行业社会责任发展指数（2017）以及中央企业社会责任发展指数（2017）前50位得分情况（全部结果详见本书附录部分）。

1. 中国企业300强社会责任发展指数（2017）评价结果

表1　中国企业300强社会责任发展指数前100位

单位：分

排名	企业名称	公司性质	行业名称	指数得分	星级
1	华润(集团)有限公司	中央企业	混业(电力生产业；酒精及饮料酒制造业；房地产业)	96.8	★★★★★

续表

排名	企业名称	公司性质	行业名称	指数得分	星级
2	中国华电集团公司	中央企业	电力生产业	95.3	★★★★★
3	中国华能集团公司	中央企业	电力生产业	92.5	★★★★★
4	三星（中国）投资有限公司	外资企业	混业（电子产品及电子元件制造业；通信设备制造业）	92.0	★★★★★
5	中国石油化工集团公司	中央企业	石油和天然气开采业与加工业	91.9	★★★★★
6	中国建材集团有限公司	中央企业	非金属矿物制品业	91.8	★★★★★
7	中国南方电网有限责任公司	中央企业	电力供应业	91.6	★★★★★
8	现代汽车（中国）投资有限公司	外资企业	交通运输设备制造业	91.4	★★★★★
9	华为投资控股有限公司	民营企业	通信设备制造业	90.8	★★★★★
10	国家开发投资公司	中央企业	混业（电力生产业；证券期货基金及其他金融服务业）	90.2	★★★★★
11	阿里巴巴集团控股有限公司	民营企业	互联网服务业	89.9	★★★★★
12	中国铝业公司	中央企业	混业（金属冶炼及压延加工业；一般采矿业；批发贸易业）	89.6	★★★★★
13	东风汽车公司	中央企业	交通运输设备制造业	89.4	★★★★★
14	中国黄金集团公司	中央企业	一般采矿业	89.0	★★★★★
15	中国民生银行股份有限公司	民营企业	银行业	88.7	★★★★★
16	中国电力建设集团有限公司	中央企业	混业（建筑业；机械设备制造业）	88.3	★★★★★
17	LG 中国	外资企业	混业（电子产品及电子元件制造业；家用电器制造业）	87.9	★★★★★
18	神华集团有限责任公司	中央企业	煤炭开采与洗选业	87.6	★★★★★
19	中国电子信息产业集团有限公司	中央企业	电子产品及电子元件制造业	87.4	★★★★★
20	中国移动通信集团公司	中央企业	通信服务业	87.0	★★★★★
21	中国建筑股份有限公司	中央企业	建筑业	86.7	★★★★★
22	英特尔（中国）有限公司	外资企业	电子产品及电子元件制造业	86.6	★★★★★
23	松下电器（中国）有限公司	外资企业	混业（电子产品及电子元件制造业；家用电器制造业）	86.1	★★★★★

续表

排名	企业名称	公司性质	行业名称	指数得分	星级
24	中国节能环保集团公司	中央企业	一般制造业	85.7	★★★★★
25	中国交通建设股份有限公司	中央企业	建筑业	85.4	★★★★★
26	台达(中国)	外资企业	电子产品及电子元件制造业	85.2	★★★★★
27	中国第一汽车集团公司	中央企业	交通运输设备制造业	84.9	★★★★★
28	中国海洋石油总公司	中央企业	石油和天然气开采业与加工业	84.7	★★★★★
29	中国旅游集团公司	中央企业	旅游业	84.6	★★★★★
30	浦项(中国)投资有限公司	外资企业	金属冶炼及压延加工业	84.1	★★★★★
31	佳能(中国)有限公司	外资企业	混业(电子产品及电子元件制造业;计算机及相关设备制造业;计算机服务业)	84.0	★★★★★
32	招商局集团有限公司	中央企业	混业(交通运输服务业;房地产开发业;银行业)	83.9	★★★★★
33	新兴际华集团有限公司	中央企业	金属冶炼及压延加工业	83.8	★★★★★
34	TCL集团股份有限公司	民营企业	家用电器制造业	83.5	★★★★★
34	中国有色矿业集团有限公司	中央企业	混业(一般采矿业;金属冶炼及压延加工业;建筑业)	83.5	★★★★★
36	中国中煤能源集团有限公司	中央企业	煤炭开采与洗选业	83.2	★★★★★
37	中国联合网络通信集团有限公司	中央企业	通信服务业	82.6	★★★★★
38	中国长江三峡集团公司	中央企业	电力生产业	82.4	★★★★★
39	中国电信集团公司	中央企业	通信服务业	82.2	★★★★★
40	北京控股集团有限公司	国有企业	混业	82.1	★★★★★
41	国家电网公司	中央企业	电力供应业	81.7	★★★★★
41	太原钢铁(集团)有限公司	国有企业	金属冶炼及压延加工业	81.7	★★★★★
43	上海汽车集团股份有限公司	国有企业	交通运输设备制造业	80.4	★★★★★
44	中国盐业总公司	中央企业	食品饮料业	79.9	★★★★
45	内蒙古伊利实业集团股份有限公司	民营企业	食品饮料业	79.3	★★★★

续表

排名	企业名称	公司性质	行业名称	指数得分	星级
46	海航集团有限公司	民营企业	交通运输服务业	78.7	★★★★
47	中国五矿集团公司	中央企业	混业（一般采矿业；批发贸易业；金属冶炼及压延加工业）	78.6	★★★★
48	中兴通讯股份有限公司	民营企业	通信设备制造业	78.1	★★★★
49	交通银行股份有限公司	国有金融企业	银行业	77.3	★★★★
50	中国机械工业集团有限公司	中央企业	混业（机械设备制造业；建筑业；批发贸易业）	76.4	★★★★
51	浙江吉利控股集团有限公司	民营企业	交通运输设备制造业	76.1	★★★★
52	中国东方航空集团公司	中央企业	交通运输服务业	75.5	★★★★
53	中国人民保险集团股份有限公司	国有金融企业	保险业	74.8	★★★★
54	比亚迪股份有限公司	民营企业	交通运输设备制造业	74.7	★★★★
55	扬子江药业集团有限公司	民营企业	医药生物制造业	74.0	★★★★
56	中国铁建股份有限公司	中央企业	建筑业	73.9	★★★★
57	中国平安保险（集团）股份有限公司	民营企业	保险业	73.6	★★★★
57	万科企业股份有限公司	民营企业	房地产开发业	73.6	★★★★
59	中国农业银行股份有限公司	国有金融企业	银行业	73.2	★★★★
60	中国大唐集团公司	中央企业	电力生产业	72.9	★★★★
61	鞍钢集团公司	中央企业	金属冶炼及压延加工业	72.2	★★★★
62	中国石油天然气集团公司	中央企业	石油和天然气开采业与加工业	71.6	★★★★
63	中国工商银行股份有限公司	国有金融企业	银行业	71.3	★★★★
64	上海电气集团股份有限公司	国有企业	机械设备制造业	71.0	★★★★
65	国家电力投资集团公司	中央企业	电力生产业	69.9	★★★★
66	海亮集团有限公司	民营企业	混业（金属制品业；房地产开发业）	68.3	★★★★

续表

排名	企业名称	公司性质	行业名称	指数得分	星级
67	丰田汽车（中国）投资有限公司	外资企业	交通运输设备制造业	68.2	★★★★
68	上海浦东发展银行股份有限公司	国有金融企业	银行业	68.1	★★★★
69	中国南方航空集团公司	中央企业	交通运输服务业	67.8	★★★★
70	广州汽车集团股份有限公司	国有企业	交通运输设备制造业	67.6	★★★★
71	中国国电集团公司	中央企业	电力生产业	67.1	★★★★
72	广东温氏食品集团股份有限公司	民营企业	农林牧渔业	67.0	★★★★
73	中国太平洋保险（集团）股份有限公司	国有金融企业	保险业	66.1	★★★★
74	中粮集团有限公司	中央企业	混业（食品饮料业；房地产开发业；批发贸易业）	64.4	★★★★
75	上海医药集团股份有限公司	国有企业	医药生物制造业	64.3	★★★★
76	超威集团	民营企业	电子产品及电子元件制造业	63.6	★★★★
77	中国银行股份有限公司	国有金融企业	银行业	62.9	★★★★
77	中国中铁股份有限公司	中央企业	建筑业	62.9	★★★★
79	中国中化集团公司	中央企业	工业化学品制造业	62.8	★★★★
80	万洲国际有限公司	民营企业	食品饮料业	62.0	★★★★
80	陕西煤业化工集团有限责任公司	国有企业	煤炭开采与洗选业	62.0	★★★★
82	铜陵有色金属集团控股有限公司	国有企业	一般采矿业	61.9	★★★★
82	兴业银行股份有限公司	民营企业	银行业	61.9	★★★★
84	联想控股股份有限公司	民营企业	电子产品及电子元件制造业	61.1	★★★★
85	北京汽车集团有限公司	国有企业	交通运输设备制造业	60.8	★★★★
86	中国恒大集团	民营企业	房地产开发业	60.5	★★★★
87	唯品会（中国）有限公司	民营企业	零售业	60.1	★★★★
88	台积电（中国）有限公司	外资企业	电子产品及电子元件制造业	59.1	★★★
88	巴斯夫（中国）有限公司	外资企业	工业化学品制造业	59.1	★★★

续表

排名	企业名称	公司性质	行业名称	指数得分	星级
90	苹果公司	外资企业	电子产品及电子元件制造业	58.5	★★★
91	山西潞安矿业（集团）有限责任公司	国有企业	煤炭开采与洗选业	57.3	★★★
92	本田中国投资有限公司	外资企业	交通运输设备制造业	56.7	★★★
93	国际商业机器（中国）有限公司	外资企业	混业（互联网服务业；电子产品及电子元件制造业）	56.6	★★★
94	中国中车股份有限公司	中央企业	交通运输设备制造业	56.4	★★★
94	河钢集团有限公司	国有企业	金属冶炼及压延加工业	56.4	★★★
96	上海建工集团股份有限公司	国有企业	建筑业	55.9	★★★
97	麦德龙（中国）	外资企业	零售业	55.6	★★★
98	首钢集团有限公司	国有企业	金属冶炼及压延加工业	55.4	★★★
99	中国保利集团公司	中央企业	混业（房地产开发；文化娱乐业；一般服务业）	54.9	★★★
100	中国建设银行股份有限公司	国有金融企业	银行业	54.4	★★★

2. 国有企业100强社会责任发展指数（2017）评价结果

表2　国有企业100强社会责任发展指数前20位

单位：分

排名	企业名称	公司性质	行业名称	指数得分	星级
1	华润（集团）有限公司	中央企业	混业（电力生产业；酒精及饮料酒制造业；房地产业）	96.8	★★★★★
2	中国华电集团公司	中央企业	电力生产业	95.3	★★★★★
3	中国华能集团公司	中央企业	电力生产业	92.5	★★★★★
4	中国石油化工集团公司	中央企业	石油和天然气开采业与加工业	91.9	★★★★★
5	中国建材集团有限公司	中央企业	非金属矿物制品业	91.8	★★★★★
6	中国南方电网有限责任公司	中央企业	电力供应业	91.6	★★★★★
7	国家开发投资公司	中央企业	混业（电力生产业；证券期货基金及其他金融服务业）	90.2	★★★★★

续表

排名	企业名称	公司性质	行业名称	指数得分	星级
8	中国铝业公司	中央企业	混业（金属冶炼及压延加工业；一般采矿业；批发贸易业）	89.6	★★★★★
9	东风汽车公司	中央企业	交通运输设备制造业	89.4	★★★★★
10	中国黄金集团公司	中央企业	一般采矿业	89.0	★★★★★
11	中国电力建设集团有限公司	中央企业	混业（建筑业；机械设备制造业）	88.3	★★★★★
12	神华集团有限责任公司	中央企业	煤炭开采与洗选业	87.6	★★★★★
13	中国电子信息产业集团有限公司	中央企业	电子产品及电子元件制造业	87.4	★★★★★
14	中国移动通信集团公司	中央企业	通信服务业	87.0	★★★★★
15	中国建筑股份有限公司	中央企业	建筑业	86.7	★★★★★
16	中国节能环保集团公司	中央企业	一般制造业	85.7	★★★★★
17	中国交通建设股份有限公司	中央企业	建筑业	85.4	★★★★★
18	中国第一汽车集团公司	中央企业	交通运输设备制造业	84.9	★★★★★
19	中国海洋石油总公司	中央企业	石油和天然气开采业与加工业	84.7	★★★★★
20	中国旅游集团公司	中央企业	旅游业	84.6	★★★★★

3. 民营企业100强社会责任发展指数（2017）评价结果

表3 民营企业100强社会责任发展指数前20位

单位：分

排名	企业名称	总部所在地	行业名称	指数得分	星级
1	华为投资控股有限公司	广东	通信设备制造业	90.8	★★★★★
2	阿里巴巴集团控股有限公司	浙江	互联网服务业	89.9	★★★★★
3	中国民生银行股份有限公司	北京	银行业	88.7	★★★★★
4	TCL集团股份有限公司	广东	家用电器制造业	83.5	★★★★★
5	内蒙古伊利实业集团股份有限公司	内蒙古	食品饮料业	79.3	★★★★

续表

排名	企业名称	总部所在地	行业名称	指数得分	星级
6	海航集团有限公司	海南	交通运输服务业	78.7	★★★★
7	中兴通讯股份有限公司	广东	通信设备制造业	78.1	★★★★
8	浙江吉利控股集团有限公司	浙江	交通运输设备制造业	76.1	★★★★
9	比亚迪股份有限公司	广东	交通运输设备制造业	74.7	★★★★
10	扬子江药业集团有限公司	江苏	医药生物制造业	74.0	★★★★
11	中国平安保险（集团）股份有限公司	广东	保险业	73.6	★★★★
11	万科企业股份有限公司	广东	房地产开发业	73.6	★★★★
13	海亮集团有限公司	浙江	混业（金属制品业；房地产开发业）	68.3	★★★★
14	广东温氏食品集团股份有限公司	广东	农林牧渔业	67.0	★★★★
15	超威集团	浙江	电子产品及电子元件制造业	63.6	★★★★
16	万洲国际有限公司	香港	食品饮料业	62.0	★★★★
17	兴业银行股份有限公司	福建	银行业	61.9	★★★★
18	联想控股股份有限公司	北京	电子产品及电子元件制造业	61.1	★★★★
19	中国恒大集团	广东	房地产开发业	60.5	★★★★
20	唯品会（中国）有限公司	广东	零售业	60.1	★★★★

4. 外资企业100强社会责任发展指数（2017）评价结果

表4　外资企业100强社会责任发展指数前20位

单位：分

排名	企业名称	总部所在地	行业名称	指数得分	星级
1	三星（中国）投资有限公司	韩国	混业（电子产品及电子元件制造业；通信设备制造业）	92.0	★★★★★
2	现代汽车（中国）投资有限公司	韩国	交通运输设备制造业	91.4	★★★★★

续表

排名	企业名称	总部所在地	行业名称	指数得分	星级
3	LG中国	韩国	混业(电子产品及电子元件制造业;家用电器制造业)	87.9	★★★★★
4	英特尔(中国)有限公司	美国	电子产品及电子元件制造业	86.6	★★★★★
5	松下电器(中国)有限公司	日本	混业(电子产品及电子元件制造业;家用电器制造业)	86.1	★★★★★
6	台达(中国)	中国台湾	电子产品及电子元件制造业	85.2	★★★★★
7	浦项(中国)投资有限公司	韩国	金属冶炼及压延加工业	84.1	★★★★★
8	佳能(中国)有限公司	日本	混业(电子产品及电子元件制造业;计算机及相关设备制造业;计算机服务业)	84.0	★★★★★
9	丰田汽车(中国)投资有限公司	日本	交通运输设备制造业	68.2	★★★★
10	台积电(中国)有限公司	中国台湾	电子产品及电子元件制造业	59.1	★★★
10	巴斯夫(中国)有限公司	德国	工业化学品制造业	59.1	★★★
12	苹果公司	美国	电子产品及电子元件制造业	58.5	★★★
13	本田中国投资有限公司	日本	交通运输设备制造业	56.7	★★★
14	国际商业机器(中国)有限公司	美国	混业(互联网服务业;电子产品及电子元件制造业)	56.6	★★★
15	麦德龙(中国)	德国	零售业	55.6	★★★
16	长江和记实业有限公司	中国香港	混业(交通运输服务业;零售业;通信服务业等)	51.9	★★★
17	普利司通(中国)投资有限公司	日本	工业化学品制造业	48.1	★★★
18	可口可乐(中国)饮料有限公司	美国	食品饮料业	45.5	★★★
19	日立(中国)有限公司	日本	混业(机械设备制造业;家用电器制造业;计算机及相关设备制造业)	44.5	★★★
20	汇丰银行(中国)有限公司	中国香港	银行业	44.3	★★★

5. 重点行业社会责任发展指数（2017）评价结果

表5　16个重点行业社会责任发展指数（2017）

单位：%，分

排名	重点行业	报告发布比例	社会责任发展指数	星级
1	电力行业	100.0	76.0	★★★★
2	家电行业	60.0	54.8	★★★
3	特种设备制造业	54.5	52.3	★★★
4	银行业	82.1	50.0	★★★
5	汽车行业	42.9	42.7	★★★
6	石油石化行业	45.5	42.2	★★★
7	房地产业	52.8	37.3	★★
8	食品行业	37.5	35.6	★★
9	机械设备制造业	25.0	34.3	★★
10	金属行业	26.9	33.8	★★
11	日化行业	27.3	32.4	★★
12	互联网业	40.0	30.1	★★
13	保险业	44.4	28.4	★★
14	零售业	36.8	26.7	★★
15	医药行业	23.8	25.9	★★
16	互联网金融平台	6.9	6.5	★

6. 中央企业社会责任发展指数（2017）评价结果

表6　中央企业社会责任发展指数前50位

单位：分

排名	企业名称	总部所在地	行业名称	指数得分	星级
1	华润(集团)有限公司	香港	混业(电力生产业；酒精及饮料酒制造业；房地产业)	96.8	★★★★★
2	中国华电集团公司	北京	电力生产业	95.3	★★★★★
3	中国华能集团公司	北京	电力生产业	92.5	★★★★★
4	中国石油化工集团公司	北京	石油和天然气开采业与加工业	91.9	★★★★★
5	中国建材集团有限公司	北京	非金属矿物制品业	91.8	★★★★★

续表

排名	企业名称	总部所在地	行业名称	指数得分	星级
6	中国南方电网有限责任公司	广东	电力供应业	91.6	★★★★★
7	国家开发投资公司	北京	混业（电力生产业；证券期货基金及其他金融服务业）	90.2	★★★★★
8	中国铝业公司	北京	混业（金属冶炼及压延加工业；一般采矿业；批发贸易业）	89.6	★★★★★
9	东风汽车公司	湖北	交通运输设备制造业	89.4	★★★★★
10	中国黄金集团公司	北京	一般采矿业	89.0	★★★★★
11	中国电力建设集团有限公司	北京	混业（建筑业；机械设备制造业）	88.3	★★★★★
12	神华集团有限责任公司	北京	煤炭开采与洗选业	87.6	★★★★★
13	中国电子信息产业集团有限公司	北京	电子产品及电子元件制造业	87.4	★★★★★
14	中国移动通信集团公司	北京	通信服务业	87.0	★★★★★
15	中国建筑股份有限公司	北京	建筑业	86.7	★★★★★
16	中国兵器工业集团公司	北京	特种设备制造业	86.3	★★★★★
17	中国节能环保集团公司	北京	一般制造业	85.7	★★★★★
18	中国交通建设股份有限公司	北京	建筑业	85.4	★★★★★
19	中国第一汽车集团公司	吉林	交通运输设备制造业	84.9	★★★★★
20	中国电子科技集团公司	北京	特种设备制造业	84.8	★★★★★
21	中国海洋石油总公司	北京	石油和天然气开采业与加工业	84.7	★★★★★
22	中国旅游集团公司	香港	旅游业	84.6	★★★★★
23	招商局集团有限公司	香港	混业（交通运输服务业；房地产开发业；银行业）	83.9	★★★★★
24	新兴际华集团有限公司	北京	金属冶炼及压延加工业	83.8	★★★★★
25	中国有色矿业集团有限公司	北京	混业（一般采矿业；金属冶炼及压延加工业；建筑业）	83.5	★★★★★
26	中国中煤能源集团有限公司	北京	煤炭开采与洗选业	83.2	★★★★★

续表

排名	企业名称	总部所在地	行业名称	指数得分	星级
27	中国联合网络通信集团有限公司	北京	通信服务业	82.6	★★★★★
28	中国长江三峡集团公司	北京	电力生产业	82.4	★★★★★
29	中国电信集团公司	北京	通信服务业	82.2	★★★★★
30	国家电网公司	北京	电力供应业	81.7	★★★★★
31	中国盐业总公司	北京	食品饮料业	79.9	★★★★
32	中国五矿集团公司	北京	混业（一般采矿业；批发贸易业；金属冶炼及压延加工业）	78.6	★★★★
33	中国机械工业集团有限公司	北京	混业（机械设备制造业；建筑业；批发贸易业）	76.4	★★★★
34	中国东方航空集团公司	上海	交通运输服务业	75.5	★★★★
35	中国航天科技集团公司	北京	特种设备制造业	75.2	★★★★
36	中国铁建股份有限公司	北京	建筑业	73.9	★★★★
37	中国大唐集团公司	北京	电力生产业	72.9	★★★★
38	鞍钢集团公司	辽宁	金属冶炼及压延加工业	72.2	★★★★
39	中国石油天然气集团公司	北京	石油和天然气开采业与加工业	71.6	★★★★
40	中国航空工业集团公司	北京	特种设备制造业	71.3	★★★★
41	国家电力投资集团公司	北京	电力生产业	69.9	★★★★
42	中国南方航空集团公司	广东	交通运输服务业	67.8	★★★★
43	中国国电集团公司	北京	电力生产业	67.1	★★★★
44	中国铁路通信信号集团公司	北京	通信设备制造业	64.6	★★★★
44	上海诺基亚贝尔股份有限公司	上海	一般服务业	64.6	★★★★
46	中粮集团有限公司	北京	混业（食品饮料业；房地产开发业；批发贸易业）	64.4	★★★★
47	中国中铁股份有限公司	北京	建筑业	62.9	★★★★
48	中国中化集团公司	北京	工业化学品制造业	62.8	★★★★
49	中国广核集团有限公司	广东	电力生产业	61.1	★★★★
50	中国船舶工业集团公司	北京	特种设备制造业	60.3	★★★★

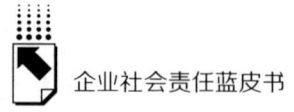

二 中国企业社会责任发展年度特征(2017)

1. 2017年,中国企业300强社会责任发展指数为37.4分,同比提高2.3分,整体处于起步者阶段;九年来,中国企业社会责任发展指数持续增长,且增速呈企稳回升态势

2009年,中国企业300强社会责任发展指数为15.2分,整体处于旁观者阶段。2012年,企业社会责任发展指数达到23.1分,整体从旁观者阶段进入起步者阶段。2017年,中国企业300强企业社会责任发展指数达到37.4分,同比2016年提升2.3分,整体仍处于起步者阶段。九年来,随着政府部门、新闻媒体、行业协会以及企业自身对社会责任的持续关注和重视,企业社会责任在我国不断向纵深发展,持续改进。2017年,面对国内外经济社会环境变化和企业自身重视程度的增强,我国企业社会责任发展指数得分持续增长且增速呈现企稳回升的态势。

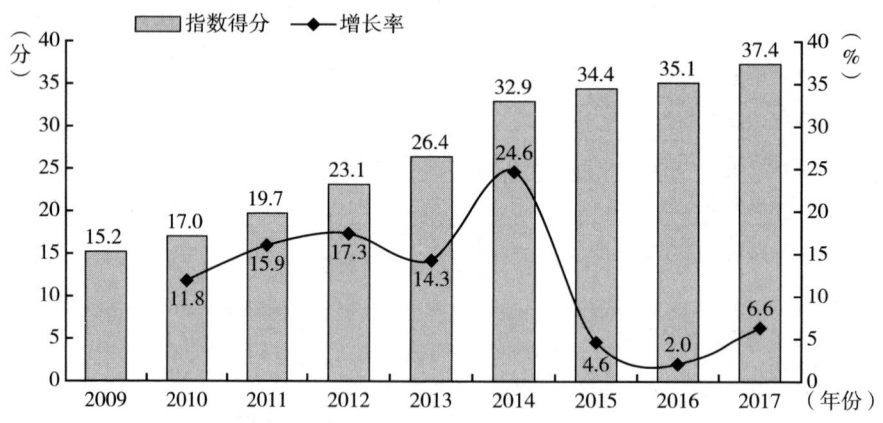

图1 2009~2017年中国企业300强社会责任发展指数

2. 超七成企业得分低于60分,处于三星级及以下水平,近五成企业为一星级,仍在"旁观",11家企业得分为0,未披露任何社会责任信息

如图2所示,有43家企业(占14.3%)的社会责任指数达五星级水平，处于卓越者阶段；有44家企业（占14.7%）社会责任指数达到四星级水平，处于领先者阶段；有39家企业（占13.0%）社会责任指数达到三星级，处于追赶者阶段；社会责任指数为二星级水平、处于起步者阶段的企业有44家（占14.7%）；社会责任指数为一星级水平、处于旁观者阶段的企业数量最多，有130家（占43.3%），其中有10家企业（占3.3%）的社会责任发展指数得分为0，未主动披露任何社会责任相关信息。

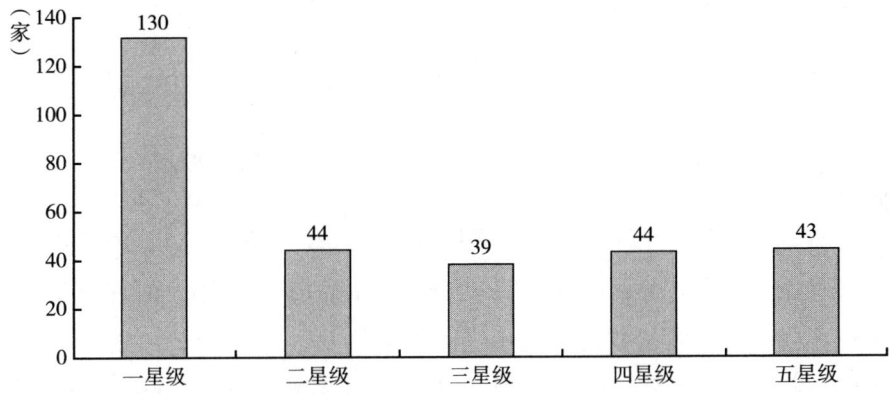

图2　2017年中国企业300强社会责任指数星级分布

2010年以来，社会责任发展指数达到五星级企业数量持续增加，由2010年的1家增加到2017年43家；而一星级的企业数量整体上呈现下降趋势，由2010年的218家下降到2017年的130家（见图3）。总体来看，我国企业300强呈现社会责任不断发展、优秀企业不断增多的态势；但需指出的是，2017年处于旁观者阶段、达到一星级水平的企业数量占比仍高达近44%，表明我国企业社会责任的发展依然任重而道远。

3.国有企业100强社会责任发展指数持续领先于民营企业100强、外资企业100强，并呈现差异化明显的趋势；国有企业100强和民营企业100强出现不同程度的增长，而外资企业100强呈现不断下降的趋势，且与国有企业100强的差距继续扩大

2017年，国有企业、民营企业和外资企业三类企业社会责任发展指数

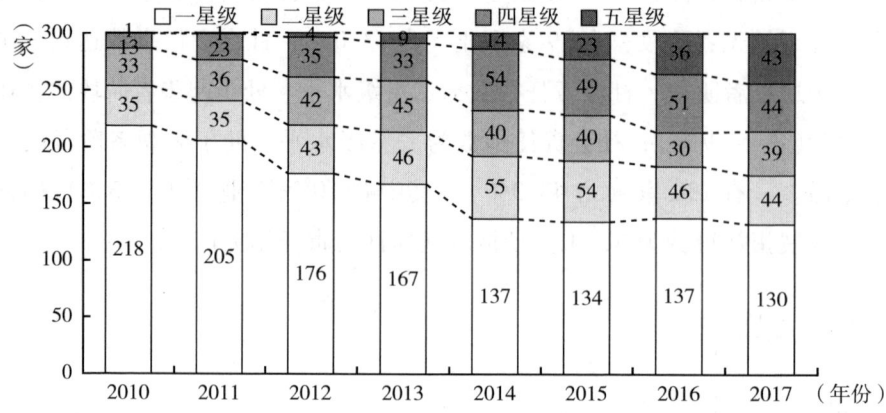

图3 2010～2017年中国企业300强社会责任指数星级分布

差异化明显,国有企业社会责任发展指数得分最高（58.7分）,民营企业其次（29.7分）,外资企业最低（23.9分）。与2016年相比,国有企业、民营企业社会责任发展指数均出现不同程度的增长,分别为2.6分、6.4分,而外资企业下降2.1分,且自2014年以来呈现不断下降的趋势,显示了在经济社会复杂多变的背景下,我国企业在社会责任管理、社会责任实践以及社会责任信息披露等方面整体改善和个体差异的特点（见图4）。

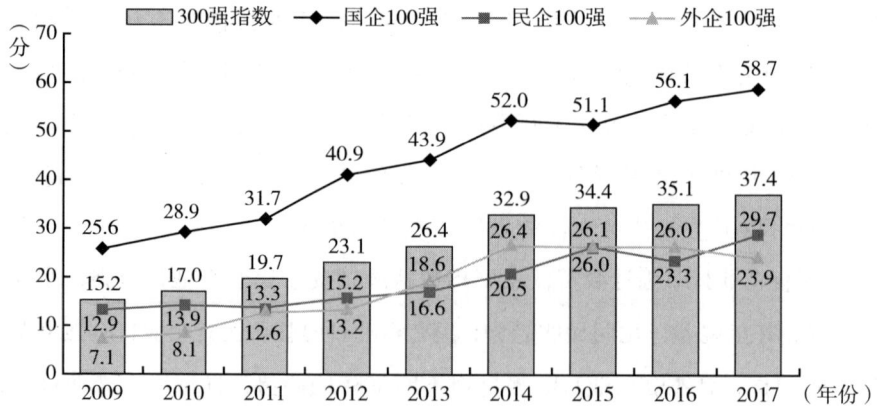

图4 2009～2017年企业社会责任发展指数年度变化

4. 在华外资企业社会责任指数存在较大差异，东亚地区（韩国、中国香港、日本、中国台湾）企业表现相对较好，其中韩企表现最好，达到72.5分，而欧美地区（美国、瑞士、英国、法国）企业表现相对较差，低于20分，仅为一星级水平

外资企业100强社会责任发展指数显示，2017年，外企100强社会责任发展指数平均得分为23.9分，不同国家/地区间存在较大差异，东亚地区的企业远好于欧美地区的企业。其中，韩资企业得分最高（72.5分），达到四星级水平，处于领先者阶段；港资企业其次（48.1分），达到三星级水平，处于追赶者阶段；日资企业（33.1分）、台资企业（32.0分）、德国（20.6分），为二星级水平，处于起步者阶段；而美国（18.7分）、瑞士（17.5分）、英国（14.5分）、法国（11.0分）、其他国家（10.7分）的企业社会责任发展指数依次降低，为一星级，处于旁观者阶段（见图5）。

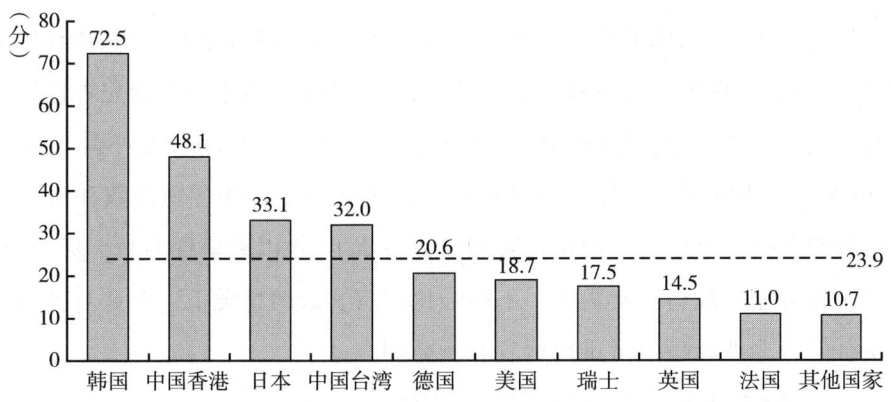

图5　不同国家和地区在华外资企业社会责任发展指数

5. 责任实践指数持续增长，并再次领先责任管理指数，责任管理指数呈继续下降趋势；社会责任指数高于市场责任和环境责任指数

企业社会责任包括责任管理和责任实践两大板块。2017年，中国企业300强责任管理指数得分为35.8分，责任实践指数①得分为37.6分，两者均处于二星级水平、起步者阶段。责任实践三个方面均处于起步者阶段，其

---

① 责任实践指数为市场责任指数、社会责任指数和环境责任指数的平均值。

中，社会责任指数得分最高（41.5分），好于市场责任指数（37.0分）和环境责任指数（34.2分）（见图6）。

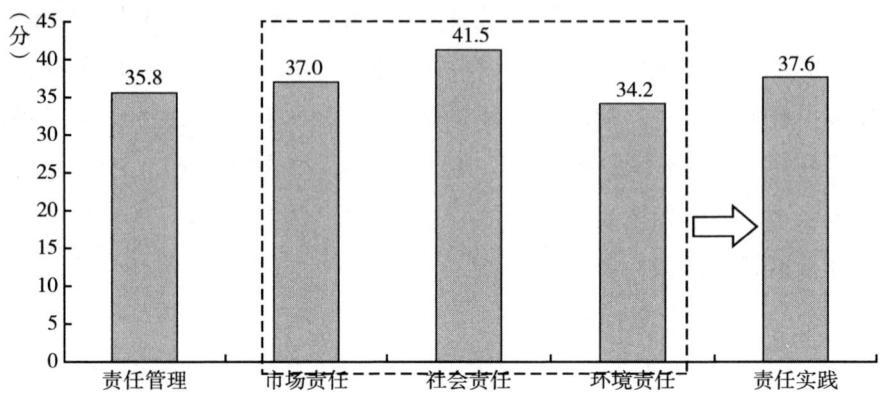

图6　2017年企业社会责任发展指数的结构特征

图7显示，与2016相比，2017年责任实践指数持续增长，由2016年的34.5分上升为37.6分，提高了3.1分，且自2014年以来再次领先责任管理指数，而责任管理指数呈现继续下降趋势，由2016年的36.4分下降到2017年35.8分，下降了0.6分。2010年以来，我国企业责任管理指数和责任实践指数整体呈上升趋势，但责任管理指数自2015年以来呈现不断下降趋势，说明在企业坚持履行社会责任、不断强化履责实践的情况下，企业对推动社会责任融入企业管理运营重视程度有所减弱。

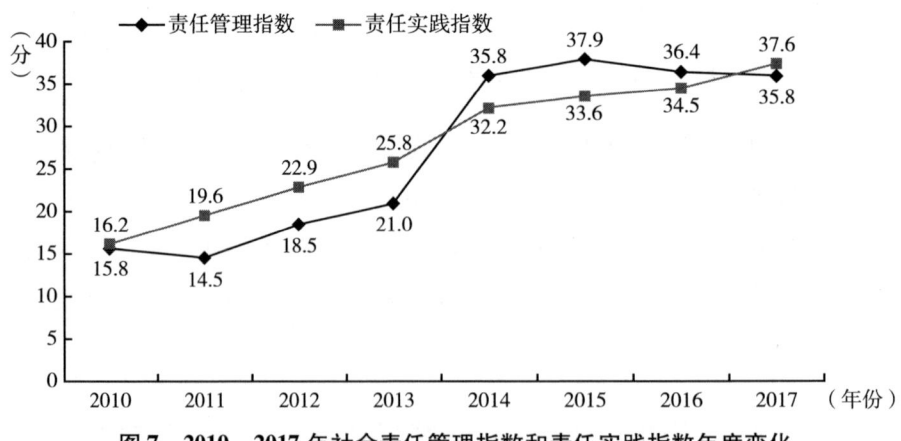

图7　2010~2017年社会责任管理指数和责任实践指数年度变化

6. 国有企业100强各项责任议题指数整体好于民营企业100强、外资企业100强，且三者差异化较为明显；相对来说，国有企业倾向于披露依法经营和股东权益等方面数据，民营企业在社区关系、股东权益等方面信息披露相对突出；而外资企业更加注重对供应链管理和社区关系的信息披露

对比社会责任议题得分情况，国企100强各项社会责任议题指数得分整体上好于民营企业100强和外资企业100强，且三者之间差异较为明显。具体来看，国有企业100强倾向于披露依法经营和股东权益等方面数据信息，

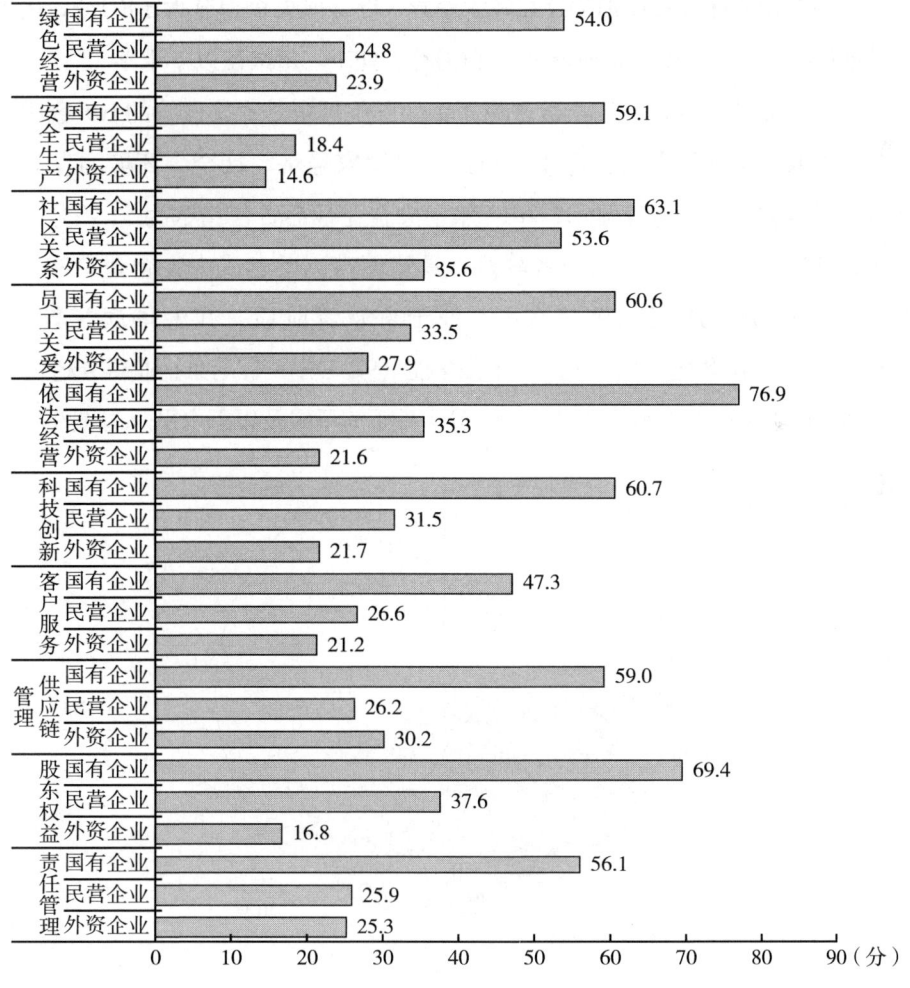

图8 国有企业、民营企业、外资企业社会责任议题指数表现

民营企业100强在社区关系、股东权益等方面信息披露相对突出；而外资企业100强更加注重对供应链管理和社区关系的信息披露。

究其原因，国有企业100强作为全民所有制企业，依法经营和国有资产保值增值成为其重要关注点，民营企业100强大多为上市公司，对股东权益和社区关系比较关注，而两者作为内资企业，在供应链管理方面表现相对较弱；而外资企业大多为跨国公司，本地化运营和全球资源整合是其能否在所在地取得成功的关键因素，因此对社区关系和供应链管理披露较为充分。

7. 中央企业社会责任指数存在较大差异，近三成央企得分大于80分，达到五星级水平，超五成中央企业得分低于60分，处于三星级及以下水平

中央企业社会责任发展指数选取了由国务院国资委直接监管的101家中央企业，选取样本是规模大、行业分布广，对国家经济、社会、环境的发展具有重要影响的企业。研究显示，2017年中央企业社会责任指数为51.7分，总体达到三星级水平，处于追赶者阶段。具体而言，近三成中央企业（30家）得分大于80分，达到五星级水平，处于卓越者阶段，其中华润（集团）（96.8分）、中国华电（95.3分）、中国华能（92.5分）等七家企业得分超过90分，超五成中央企业（51家）低于60分，处于三星级及以下水平（见图9）。

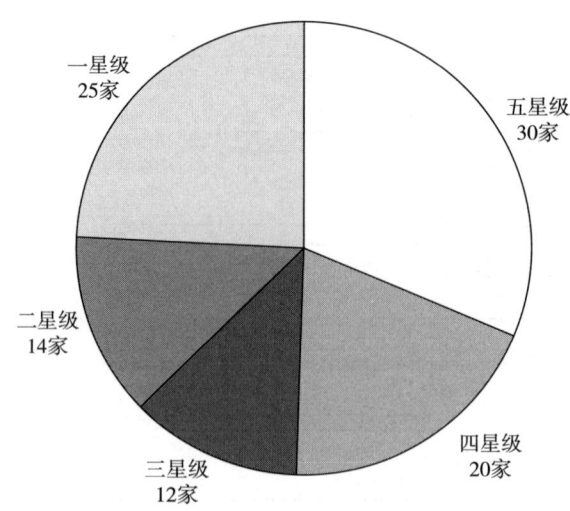

图9 中央企业社会责任指数星级分布

8. 16个重点行业社会责任指数差距明显，电力行业得分领先，达到了四星级，而互联网金融平台则表现相对较差，仅为一星级

重点行业社会责任发展指数选取了16个社会关注度高，对经济、社会、环境影响较大的行业/领域进行重点分析。从行业得分来看，电力行业社会责任发展指数得分最高，为76.0分，达到四星级水平，处于领先者阶段，其中中国华电（95.3分）、中国华能（92.5分）、南方电网（91.6分）等企业表现卓越；家电、特种设备制造、银行、汽车、石油石化5个行业的社会责任发展指数得分在40~60分，达到三星级水平，处于追赶者阶段，其中表现优秀的有中国三星（92.0分）、中国电子（87.4分）、民生银行（88.7分）、现代汽车（中国）（91.4分）中国石化（91.9分）；而近年来新兴的互联网金融平台相对较差（6.5分），在企业社会责任管理和信息披露方面亟待加强（见图10）。

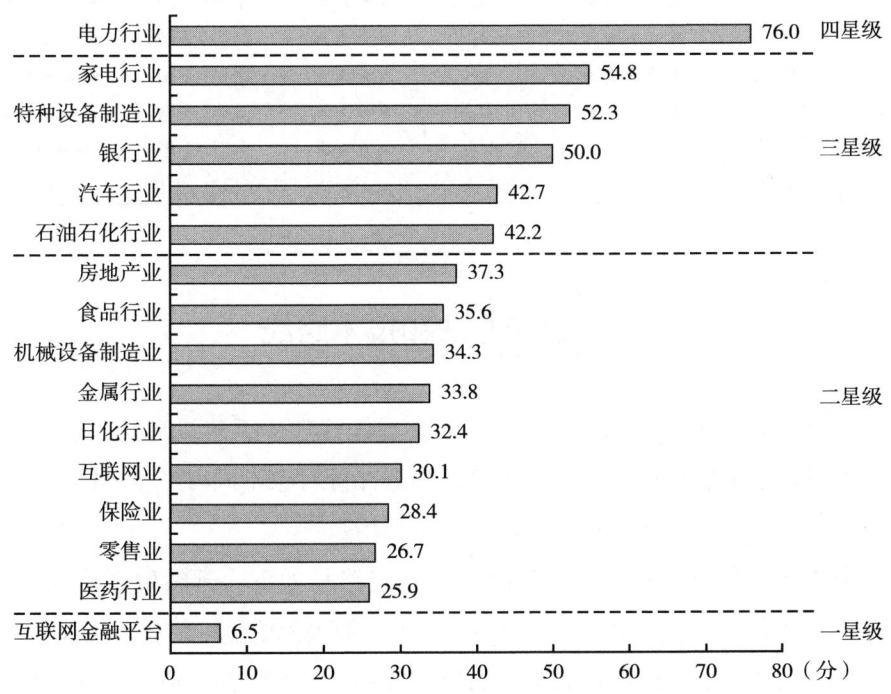

图10　重点行业社会责任发展指数及发展阶段

9. 前10位的国企均为五星级企业，前10位的民企仅有4家为五星级，而前10位的外企有8家为五星级，国企前10位的社会责任平均得分（91.8分），要远高于民企（81.4分）和外企（82.5分）；从行业来看，国企前10位大多为能源、矿业类企业，而民企和外企多为ICT行业；从地域来看，国企主要集中在北京，民企集中在广东、江浙一带，而外企前10位中韩资4家，日资3家，其次为台资2家，美资1家

表7　国企、民企、外企社会责任发展指数前10位企业

排名	国有企业		民营企业		外资企业	
	企业名称	星级水平	企业名称	星级水平	企业名称	星级水平
1	华润（集团）	★★★★★	华为	★★★★★	中国三星	★★★★★
2	中国华电	★★★★★	阿里巴巴	★★★★★	现代汽车（中国）	★★★★★
3	中国华能	★★★★★	民生银行	★★★★★	LG中国	★★★★★
4	中国石化	★★★★★	TCL	★★★★★	英特尔（中国）	★★★★★
5	中国建材	★★★★★	伊利集团	★★★★	松下（中国）	★★★★★
6	南方电网	★★★★★	海航集团	★★★★	台达（中国）	★★★★★
7	国开投	★★★★★	中兴通讯	★★★★	浦项（中国）	★★★★★
8	中国铝业	★★★★★	吉利集团	★★★★	佳能（中国）	★★★★★
9	东风汽车	★★★★★	比亚迪	★★★★	丰田（中国）	★★★★
10	中国黄金	★★★★★	扬子江药业	★★★★	台积电（中国）	★★★

三　研究方法和技术路线

企业社会责任发展指数是对企业社会责任管理体系建设现状和社会/环境信息披露水平进行评价的综合指数，根据评价对象不同可产生不同的指数分类，进而形成中国企业社会责任发展系列指数。

企业社会责任发展指数（2017）的研究路径如下：延续责任管理、市场责任、社会责任、环境责任"四位一体"的理论模型；参考ISO26000等国际社会责任指数、国内社会责任倡议文件和世界500强企业社会责任报告指标，优化分行业社会责任指标体系；从企业社会责任报告、企业年报、企

业单项报告①、企业官方网站收集企业2016/2017年度的社会责任信息；对企业社会责任信息进行内容分析和定量分析，得出企业社会责任发展指数得分（见图11）。

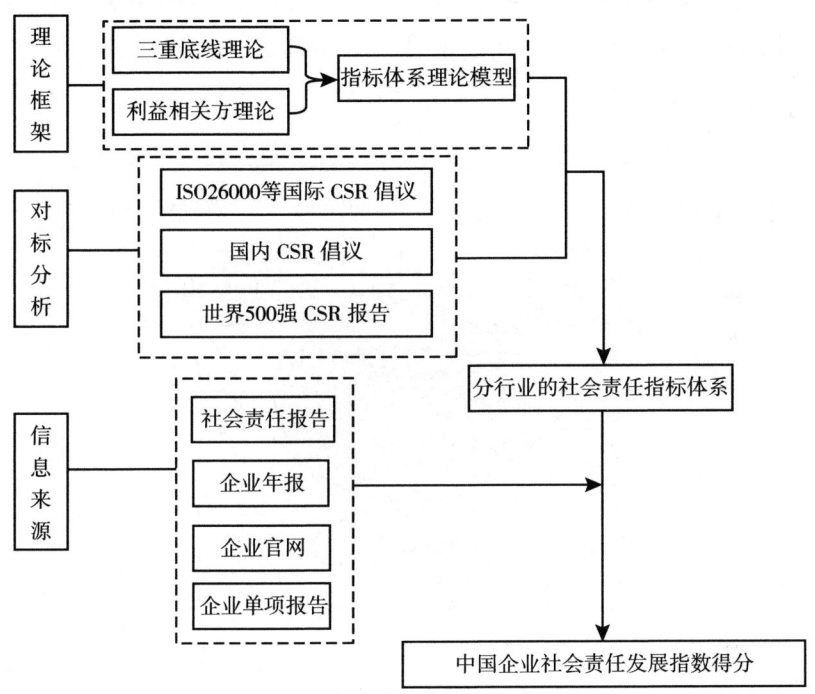

图11 中国企业社会责任发展指数研究路径

1. 理论模型

本研究延续责任管理、市场责任、社会责任、环境责任"四位一体"的理论模型（见图12）。责任管理位于模型的核心，是每个企业社会责任实践的原点。企业责任管理包括责任战略、责任治理、责任融合、责任绩效、责任沟通和责任能力。市场责任居于模型基部。企业是经济性组织，为市场高效率、低成本地提供有价值的产品或服务，取得较好的

---

① 企业单项报告包括：企业公益报告书、环境报告书、员工报告书、客户报告书等针对特定相关方而对外发布的报告。

财务绩效是企业可持续发展的基础。市场责任包括客户责任、伙伴责任和股东责任等与企业业务活动密切相关的责任。社会责任为模型的左翼，包括政府责任、员工责任和社区责任。环境责任为模型的右翼，包括环境管理、节约资源能源、降污减排等内容。整个模型围绕责任管理这一核心，以市场责任为基石，社会责任、环境责任为两翼，形成一个稳定的闭环三角结构。

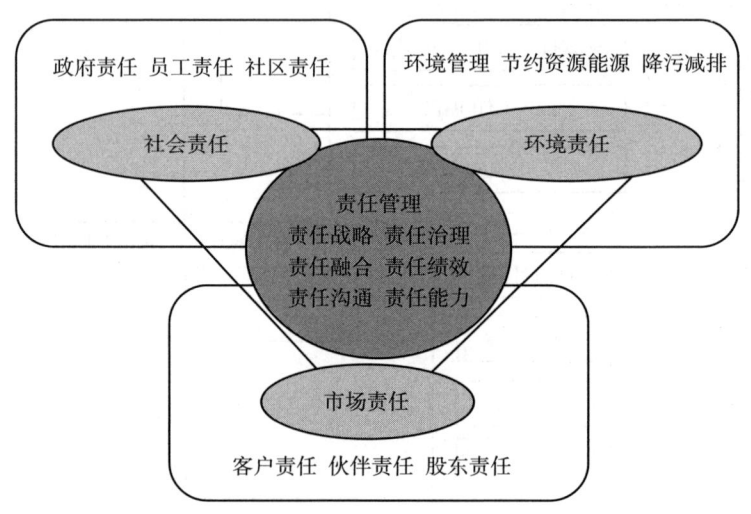

图12 "四位一体"理论模型

2. 指标体系

（1）对标分析

为了使中国企业社会责任发展指数指标体系既能遵从国际规范又符合中国实践，本研究参考了国际企业社会责任倡议和指标体系、国内企业社会责任倡议以及世界500强企业的社会责任报告。

参考的国际企业社会责任倡议和指标体系包括国际标准化组织颁布的社会责任指南（ISO26000）、全球报告倡议组织（GRI）可持续发展报告指南（G4）、《财富》100强责任排名指数、道琼斯可持续发展指数等；参考的国内企业社会责任倡议和指南包括《中央企业履行社会责任的指导意见》、

《关于国有企业更好履行社会责任的指导意见》、GB/T 36000-2015《社会责任指南》、《深圳证券交易所上市公司社会责任指引》、联交所《环境、社会及管治报告指引》、《中国企业社会责任报告编写指南之一般框架（CASS-CSR4.0）》等；参考的世界500强企业的社会责任报告主要是所涉及企业的社会责任报告，以借鉴其中的行业关键指标。

（2）分行业的指标体系

不同行业社会责任议题的重要性存在着较大差别，中国企业社会责任发展指数（2017）依据不同行业的社会责任特性，构建了分行业的企业社会责任指标体系。行业分类以国家统计局的"国民经济行业分类"为基础，参考证监会13个门类划分方式，根据各行业社会责任关键议题的相近程度，进行合并和拆分，最终确定了中国企业社会责任发展指数47个行业的划分标准（见表8）。

表8 中国企业社会责任发展指数行业划分

序号	行业类别	描述信息
1	农林牧渔业	指对各种农作物的种植活动、林产品种植、为了获得各种畜禽产品而从事的动物饲养活动、海洋动植物养殖业及农林牧渔相关服务业
2	煤炭采选业	对各种煤炭的开采、洗选、分级等生产活动，不包括煤制品的生产和煤炭勘探活动
3	石油和天然气开采业与加工业	主要包括天然原油和天然气开采、加工及炼焦，以及与石油和天然气开采和加工有关的服务活动
4	一般采矿业	主要包括黑色金属矿采选业、有色金属矿采选业、非金属矿采选业及对地热资源、矿泉水资源以及其他未列明的自然资源的开采活动
5	金属冶炼及压延加工业	包括黑色金属冶炼及压延加工业和有色金属冶炼及压延加工业
6	金属制品业	包括结构性金属制品制造、金属工具制造、集装箱及金属包装容器制造、金属丝绳及其制品的制造、建筑或安全用金属制品制造、金属表面处理机热处理加工、不锈钢及类似日用金属制品制造等
7	非金属矿物制品业	包括水泥制造业，水泥制品和石棉水泥制品业，砖瓦、石灰和轻质建筑材料制造业，玻璃及玻璃制品业，陶瓷制品业，耐火材料制品业，石墨及碳素制品业，矿物纤维及制品业以及砂轮、油石、砂布、砂纸、金刚砂等磨具、磨料的制造，晶体材料的生产等

续表

序号	行业类别	描述信息
8	工业化学品制造业	包括基础化学原料制造、肥料制造、农药制造、涂料油墨颜料制造、合成材料制造、专用化学品制造等
9	日用化学品制造业	包括肥皂及合成洗涤剂制造、化妆品制造、口腔清洁用品制造、香料及香精制造等
10	机械设备制造业	普通机械及专用设备制造业包括普通机械制造业和专用设备制造业
11	交通运输设备制造业	包括铁路运输设备制造业、汽车制造业、摩托车制造业、自行车制造业、电车制造业、船舶制造业以及航空航天器制造业等
12	通信设备制造业	指用于工控环境的有线通信设备和无线通信设备制造
13	家用电器制造业	又称民用电器制造、日用电器制造,包括制冷电器制造、空调器制造、清洁电器制造、厨房电器制造、整容保健电器制造、声像电器制造等
14	电子产品及电子元件制造业	包括电子元件及组件制造和印制电路板制造
15	计算机及相关设备制造业	包括电子计算机整机制造、电子计算机网络设备制造和电子计算机外部设备制造
16	特种设备制造业	主要指生产和销售军事相关技术和设备
17	电力生产业	按照生产形式,可分为火力发电、水力发电、核力发电和其他能源发电
18	电力供应业	指利用电网出售给用户电能的输送、分配与供电活动
19	食品饮料业	指从事食品和饮料加工生产的行业,主要包括三大类:农副食品加工、食品制造以及饮料制造
20	酒精及饮料酒制造业	指用玉米、小麦、薯类等淀粉质原料或用糖蜜等含糖质原料,经蒸煮、糖化、发酵及蒸馏等工艺制成的酒精产品的生产以及白酒、啤酒、葡萄酒等酒类的生产业
21	纺织业	指利用棉花、羊绒、羊毛、蚕茧丝、化学纤维、羽毛羽绒等从事棉纺织、化纤、麻纺织、毛纺织、丝绸、纺织品针织行业、印染业等
22	服装鞋帽制造业	包括纺织服装制造、纺织面料鞋的制造和制帽业
23	木材家具制造业	主要包括两部分:木材加工及木、竹、藤、棕、草制品业和家具制造业
24	医药生物制造业	包括五大类:化学药品原药制造业、化学药品制剂制造业、中药材及中成药加工业、动物药品制造业以及生物制品业
25	造纸及纸制品业	包括纸浆制造、造纸与纸制品制造。纸浆制造指经机械或化学方法加工纸浆的生产活动

续表

序号	行业类别	描述信息
26	印刷业	指从事出版物、包装装潢印刷品和其他印刷品的印刷经营活动
27	废弃资源及废旧材料回收加工业	指从各种废料[包括固体废料、废水(液)、废气等]中回收,并使之便于转化为新的原材料的再加工处理活动
28	建筑业	专门从事土木工程、房屋建设和设备安装以及工程勘察设计工作的生产部门
29	交通运输服务业	服务业的重要组成部分,包括铁路运输业、道路运输业、城市公共交通业、水上运输业、航空运输业、寄递服务等六大领域,涉及客运和物流两大类别
30	互联网行业	指网络公司通过互联网为客户提供信息的服务
31	零售业	指百货商店、超级市场、专门零售商店、品牌专卖店、售货摊等主要面向最终消费者(如居民等)的销售活动
32	批发贸易业	指批发商向批发、零售单位及其他企业、事业、机关批量销售生活用品和生产资料的活动,以及从事进出口贸易和贸易经纪与代理的活动
33	通信服务业	指通过电缆、光缆、无线电波、光波等传输的通信服务,主要包括固定电信业务、移动电信业务和其他电信业务
34	计算机服务业	为满足使用计算机或信息处理的有关需要而提供软件和服务的行业,计算机服务业的内容包括处理服务、软件产品、专业服务和统合系统等方面,以及计算机和有关设备的租赁、修理和维护等
35	银行业	包括三部分:中央银行、商业银行和其他银行
36	保险业	包括人身保险业、财产保险业、再保险业和其他保险业
37	证券、期货、基金等其他金融业	包括证券期货业、金融信托业、基金业、互联网金融平台及其他金融业
38	餐饮业	指在一定场所,对食物进行现场烹饪、调制,并出售给顾客主要供现场消费的服务活动的行业,主要包括四大类:正餐服务、快餐服务、饮料及冷饮服务、其他餐饮服务
39	酒店业	指从事有偿为顾客提供临时住宿的服务活动的行业,主要包括两大类:旅游饭店、一般旅馆
40	旅游业	凭借旅游资源和设施,专门或者主要从事招徕、接待游客、为其提供交通、游览、住宿、餐饮、购物、文娱等六个环节的综合性行业
41	房地产开发业	指房地产开发企业进行的基础设施建设、房屋建设,并转让房地产开发项目或者销售、出租商品房的活动
42	房地产服务业	指为房地产经纪活动提供信息咨询、研究、培训、软件和网络等,包括物业管理、房地产中介和其他房地产服务
43	水的生产和供应业	包括自来水的生产和供应、污水处理及其再生利用以及其他水的处理、利用与分配三个方面

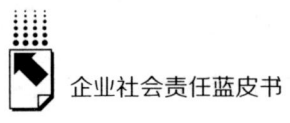

续表

序号	行业类别	描述信息
44	燃气的生产和供应业	指利用煤炭、油、燃气等能源生产燃气，或外购液化石油气、天然气等燃气，并进行输配,向用户销售燃气的活动，以及对煤气、液化石油气、天然气输配及使用过程中的维修和管理活动。但不包括专门从事罐装液化石油气零售业务的活动
45	文化娱乐业	包括新闻出版业、广播电视电影和音像业、文化艺术业和娱乐业
46	一般制造业	指不包括以上制造业的普通制造业
47	一般服务业	指不包括以上服务业的普通服务业

（3）议题型的指标体系

考虑到不同行业间社会责任议题的差异，因此项目组从企业社会责任的一般议题出发，构建企业社会责任的通用议题评价指标，并结合行业特定社会责任议题，构建了行业特定社会责任议题评价指标，最终形成了中国企业社会责任发展指数（2017）"通用议题＋行业特定议题"的评价指标体系。

表9 中国企业社会责任发展指数（2017）的指标体系

责任板块	责任议题	责任板块	责任议题
责任管理	责任管理	社会责任	依法经营
市场责任	股东权益		员工关爱
	供应链管理		社区关系
	客户服务		安全生产
	科技创新		行业特定议题
	行业特定议题	环境责任	绿色经营
			行业特定议题

3. 指标赋权与评分

中国企业社会责任发展指数的赋值和评分共为六个步骤：

（1）根据各行业指标体系中各项企业社会责任内容的相对重要性，运用层次分析法确定责任管理、市场责任、社会责任、环境责任等四大类责任板块的权重；

（2）根据不同行业的实质性和重要性，为每大类责任议题以及每一议题下面具体指标赋权；

（3）根据企业社会责任管理现状和信息披露的情况，给出各项社会责任内容下的每一个指标的得分；①

（4）根据权重和各项责任板块的得分，计算企业在所属行业下社会责任发展指数的初始得分。计算公式为：企业社会责任指数初始得分 = $\sum_{j=1,2,3,4} A_j \times W_j$，其中，$A_j$ 为企业某社会责任板块得分，W_j 为该项责任板块的权重；

（5）初始得分加上调整项得分就是企业在所属行业下的社会责任发展指数得分，调整项得分包括企业社会责任相关奖项的奖励分、企业社会责任管理的创新实践加分，以及年度重大社会责任缺失扣分项；

（6）如果企业的经营范围为单一行业，则所属行业下的社会责任发展指数得分就是该企业的社会责任发展指数最终得分。如果企业被确定为混业经营，则该企业的社会责任指数最终得分 = $\sum_{j=1..k} B_j \times I_j$，其中，$B_j$ 为企业在某行业下的社会责任发展指数得分，I_j 为该行业的权重，各行业权重按照行业的社会责任敏感度设定，跨两个行业的企业，按照"六四"原则赋权，社会责任敏感度较高的行业权重为60%，敏感度较低的行业权重为40%；跨三个行业的企业，按照"五三二"原则赋权，社会责任敏感度最高的行业权重为50%，其次为30%，再次为20%。②

4. 数据来源

中国企业社会责任发展指数的评价信息来自企业主动、公开披露的社会/环境信息。这些信息应该满足以下基本原则：①主动性，向社会主动披露社会/环境信息是企业的重要责任，因此，这些信息应该是企业主动披露的信息；②公开性，利益相关方能够通过公开渠道方便地获取相关信息；③实质性，这些信息要能切实反映企业履行社会责任的水平；④时效性，这

---

① 评分标准是：无论管理类指标或绩效类指标，如果从企业公开信息中能够说明企业已经建立了相关体系或者披露了相关绩效数据，就给分，否则，该项指标不得分。指标得分之和就是该项责任板块的得分。

② 社会责任敏感度主要从环境敏感度、客户敏感度考察，能耗大、污染多的行业环境敏感度较高；与消费者直接接触的行业敏感度较高。

些信息要反映出企业最新的责任实践。

本年度的信息搜集截止日期为2017年7月30日。如果企业在此之前公开发布了2016年度的企业社会责任报告、企业年度报告和企业单项报告，则纳入信息采集范围；否则不作为信息来源。企业官方网站的信息采集区间为2016年8月1日至2017年7月30日发布的消息。

此外，本研究在对企业履行社会责任的情况进行评价时，还考虑了企业的缺失行为和负面信息。中国企业很少主动披露负面信息，因此企业社会责任负面信息的来源不局限于社会责任报告、年报和官方网站，课题组统计了新华网、人民网等权威媒体和政府网站的相关报道。

依据上述原则，本研究确定了五类信息来源：2016年度企业社会责任报告①、企业年报、企业单项报告及企业官方网站，以及外部权威媒体新闻报道。

5. 星级划分

为了直观地反映企业的社会责任管理现状和信息披露水平，课题组根据企业社会责任发展的阶段特征，将企业年度社会责任发展指数进行星级分类，分别为：五星级、四星级、三星级、二星级和一星级等五个星级水平，分别对应卓越者、领先者、追赶者、起步者和旁观者五个发展阶段，各类企业对应的社会责任发展指数星级水平和企业社会责任发展特征参见表10。

表10　企业社会责任发展类型

序号	星级水平	得分区间	发展阶段	企业特征
1	五星级（★★★★★）	80分以上	卓越者	企业建立了完善的社会责任管理体系，社会责任信息披露完整，是我国企业社会责任的卓越引领者
2	四星级（★★★★）	60~80分	领先者	企业逐步建立社会责任管理体系，社会责任信息披露较为完整，是我国企业社会责任的先行者
3	三星级（★★★）	40~60分	追赶者	企业开始推动社会责任管理工作，社会责任披露基本完善，是社会责任领先企业的追赶者

---

① 企业社会责任报告是企业非财务报告的统称，包括环境报告、可持续发展报告、企业公民报告、企业社会责任报告等。

续表

序号	星级水平	得分区间	发展阶段	企业特征
4	二星级（★★）	20~40分	起步者	企业社会责任工作刚刚起步,尚未建立系统的社会责任管理体系,社会责任信息披露也较为零散、片面,与领先者和追赶者有着较大的差距
5	一星级（★）	20分以下	旁观者	企业社会责任信息披露严重不足

6. 企业社会责任发展系列指数

企业社会责任发展指数是对企业社会责任管理体系建设现状和社会/环境信息披露水平进行评价的综合指数,根据评价对象不同可产生不同的分类指数,按照企业性质划分,可形成国有企业、民营企业和外资企业等社会责任发展指数;按照企业所在行业划分,可形成电力、医药、食品等行业型社会责任发展指数;按照所在地区划分,可形成国别、省市等地区型社会责任发展指数;而按照责任议题划分,可形成员工、股东、环境等议题型社会责任发展指数,进而形成中国企业社会责任发展系列指数。

本研究,项目组根据企业性质、所在行业、所在地区划分,中国企业社会责任发展指数（2017）形成了包括"国有企业100强社会责任发展指数"、"民营企业100强社会责任发展指数"、"外资企业100强社会责任发展指数"、"中央企业社会责任发展指数"和"重点行业社会责任发展指数"5个分类指数（见表11）。

表11 中国企业社会责任发展指数组

	指数分类	指数名称
中国企业社会责任发展指数系列	（一）按企业性质划分	1. 国有企业100强社会责任发展指数
		2. 民营企业100强社会责任发展指数
		3. 外资企业100强社会责任发展指数
		4. 中央企业社会责任发展指数
	（二）按所在行业划分	5. 重点行业社会责任发展指数
	（三）按所在地区划分	6. 国别社会责任发展指数
		7. 省域社会责任发展指数
	（四）按责任议题划分	8. 重要议题社会责任发展指数

分 报 告
Partial Report

分报告分为三部分，分别为"国有企业 100 强社会责任发展指数（2017）""民营企业 100 强社会责任发展指数（2017）""外资企业 100 强社会责任发展指数（2017）"。从不同角度评价、分析各类企业社会责任管理与社会责任信息披露，有利于把握中国企业的社会责任发展特征，有重点地推动各类企业的社会责任发展。

B.2 中国国有企业100强社会责任发展指数（2017）

摘　要： 在我国社会主义市场经济条件下，国有企业作为一种特殊性质的企业组织，在市场经济中占据主导地位。国有企业所处的重要行业和关键领域，大多关系国家安全和国民经济命脉、服务于国家战略目标，是推进国家现代化、保障人民共同利益的重要力量，国有企业因此也承担着更多的社会责任。本研究在"中国企业社会责任发展指数"研究框架基础上，对中国国有企业100强的社会责任管理与社会责任信息披露情况进行了综合评价，以把握中国国有企业社会责任的阶段性特征。

关键词： 中国国有企业　社会责任发展指数　阶段性特征

一　样本特征

中国国有企业100强的样本以中国企业联合会、中国企业家协会联合发布的"2017年中国企业500强"榜单和国务院国资委监管的央企名单为基础，按照营业收入依次选取前100家企业，并做出如下调整：①剔除特种行业企业；②剔除依靠财政拨款和政策性银行融资的企业；③剔除兼并重组、破产倒闭的企业；④增加2016年营业收入达到100强要求的企业；⑤如果股份公司占集团资产的90%以上，以股份公司为评价对象。调整后的100家国有企业涉及26个行业，中央企业54家，国有金融企业13家，其他国有企业33家，样本规模大、行业分布广，符合我国国有企业的基本特点，具有较强的代表性。

1. 行业分布广泛，覆盖26个行业

2017年中国国有企业100强行业分布广泛，共覆盖26个行业。具体来说，跨多个行业（即混业）的国有企业占比最大，共有17家；煤炭开采与洗选业有11家，银行业、建筑业均有7家；金属冶炼及压延加工业、交通运输设备制造业和电力生产业均有6家；交通运输服务业有5家，保险业、石油和天然气开采业与加工业均有4家；批发贸易业、通信服务业和一般采矿业均有3家；电力供应业、电子产品及电子元件制造业等5个行业均有2家；房地产开发业、非金属矿物制品业等8个行业均有1家（见图1）。

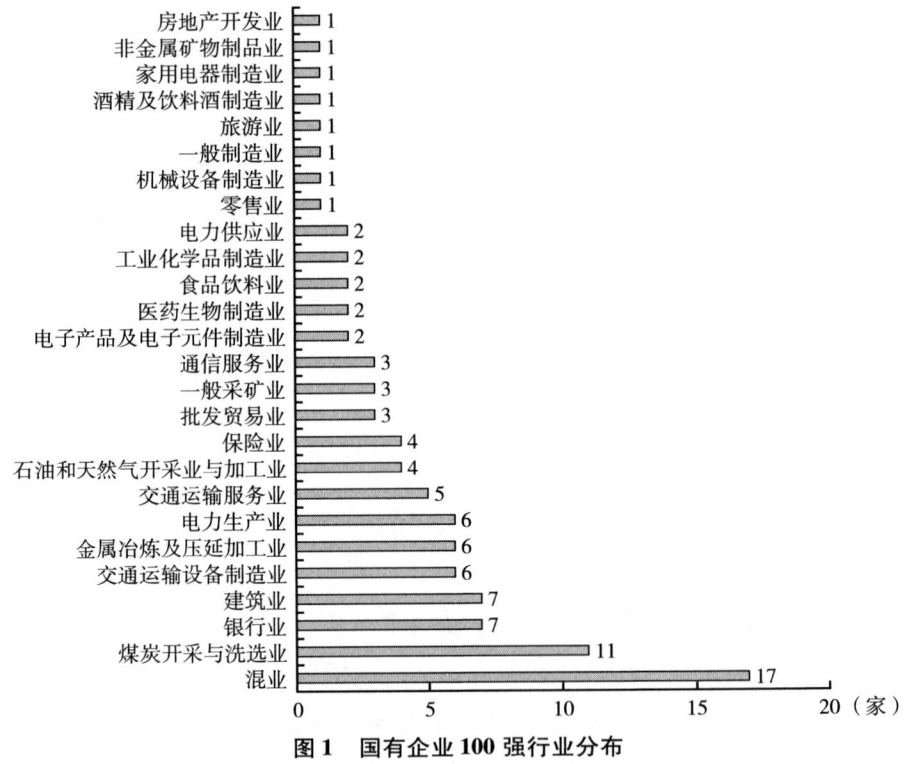

图1 国有企业100强行业分布

2. 中央企业数量占近六成

将企业性质按照中央企业、国有金融企业和其他国有企业进一步细分，国有企业100强中，中央企业有54家，国有金融企业13家，其他国有企业33家（见图2）。

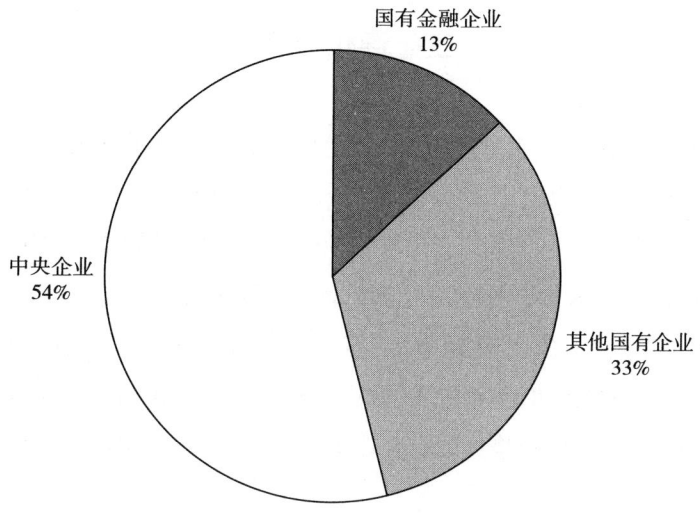

图2　国有企业100强企业性质构成

3. 总部所在地以北京居多

国有企业100强中，总部位于北京的企业最多（57家），其次为上海（13家）、山西（6家）、广东（3家）、河北（3家）、香港（3家）、四川（2家）、陕西（2家）、天津（2家）、福建（2家）。总部位于安徽、湖北、吉林等7个省份的国有企业均仅有1家（见图3）。

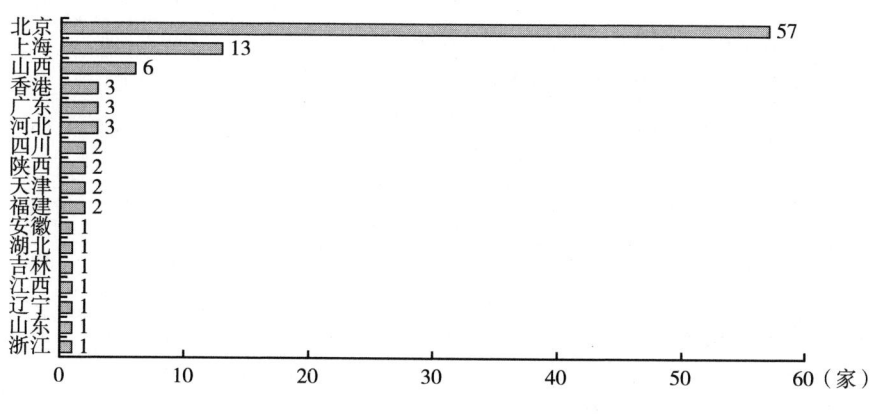

图3　国有企业100强总部所在地分布

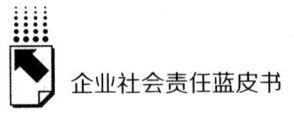

二 评价结果

2017年，我国国有企业100强社会责任发展指数平均得分为58.7分，与2016年的56.1分相比，得分提高了2.6分。从得分上看，58%的国有企业超过平均水平，其中华润（集团）、中国华电、中国华能、中国石化等31家企业达到五星级水平，处于卓越者阶段；从数量上看，达到五星级的企业数量从2016年的25家上升到2017年31家，而处于一星级的企业数量从2016年的17家减少到2017年的14家；从整体上看，国有企业100强社会责任发展整体水平呈向好趋势。国有企业100强具体得分和排名如表1所示。

表1 国有企业100强社会责任发展指数（2017）

单位：分

排名	企业名称	行业名称	公司性质	社会责任发展指数
★★★★★（31家）				
1	华润(集团)有限公司	混业(电力生产业；酒精及饮料酒制造业；房地产业)	中央企业	96.8
2	中国华电集团公司	电力生产业	中央企业	95.3
3	中国华能集团公司	电力生产业	中央企业	92.5
4	中国石油化工集团公司	石油和天然气开采业与加工业	中央企业	91.9
5	中国建材集团有限公司	非金属矿物制品业	中央企业	91.8
6	中国南方电网有限责任公司	电力供应业	中央企业	91.6
7	国家开发投资公司	混业(电力生产业；证券期货基金及其他金融服务业)	中央企业	90.2
8	中国铝业公司	混业(金属冶炼及压延加工业；一般采矿业；批发贸易业)	中央企业	89.6
9	东风汽车公司	交通运输设备制造业	中央企业	89.4
10	中国黄金集团公司	一般采矿业	中央企业	89.0
11	中国电力建设集团有限公司	混业(建筑业；机械设备制造业)	中央企业	88.3
12	神华集团有限责任公司	煤炭开采与洗选业	中央企业	87.6
13	中国电子信息产业集团有限公司	电子产品及电子元件制造业	中央企业	87.4

续表

排名	企业名称	行业名称	公司性质	社会责任发展指数
14	中国移动通信集团公司	通信服务业	中央企业	87.0
15	中国建筑股份有限公司	建筑业	中央企业	86.7
16	中国节能环保集团公司	一般制造业	中央企业	85.7
17	中国交通建设股份有限公司	建筑业	中央企业	85.4
18	中国第一汽车集团公司	交通运输设备制造业	中央企业	84.9
19	中国海洋石油总公司	石油和天然气开采业与加工业	中央企业	84.7
20	中国旅游集团公司	旅游业	中央企业	84.6
21	招商局集团有限公司	混业（交通运输服务业；房地产开发业；银行业）	中央企业	83.9
22	新兴际华集团有限公司	金属冶炼及压延加工业	中央企业	83.8
23	中国有色矿业集团有限公司	混业（一般采矿业；金属冶炼及压延加工业；建筑业）	中央企业	83.5
24	中国中煤能源集团有限公司	煤炭开采与洗选业	中央企业	83.2
25	中国联合网络通信集团有限公司	通信服务业	中央企业	82.6
26	中国长江三峡集团公司	电力生产业	中央企业	82.4
27	中国电信集团公司	通信服务业	中央企业	82.2
28	北京控股集团有限公司	混业	国有企业	82.1
29	国家电网公司	电力供应业	中央企业	81.7
29	太原钢铁(集团)有限公司	金属冶炼及压延加工业	国有企业	81.7
31	上海汽车集团股份有限公司	交通运输设备制造业	国有企业	80.4
★★★★(27家)				
32	中国盐业总公司	食品饮料业	中央企业	79.9
33	中国五矿集团公司	混业（一般采矿业；批发贸易业；金属冶炼及压延加工业）	中央企业	78.6
34	交通银行股份有限公司	银行业	国有金融企业	77.3
35	中国机械工业集团有限公司	混业（机械设备制造业；建筑业；批发贸易业）	中央企业	76.4
36	中国东方航空集团公司	交通运输服务业	中央企业	75.5
37	中国人民保险集团股份有限公司	保险业	国有金融企业	74.8
38	中国铁建股份有限公司	建筑业	中央企业	73.9

续表

排名	企业名称	行业名称	公司性质	社会责任发展指数
39	中国农业银行股份有限公司	银行业	国有金融企业	73.2
40	中国大唐集团公司	电力生产业	中央企业	72.9
41	鞍钢集团公司	金属冶炼及压延加工业	中央企业	72.2
42	中国石油天然气集团公司	石油和天然气开采业与加工业	中央企业	71.6
43	中国工商银行股份有限公司	银行业	国有金融企业	71.3
44	上海电气集团股份有限公司	机械设备制造业	国有企业	71.0
45	国家电力投资集团公司	电力生产业	中央企业	69.9
46	上海浦东发展银行股份有限公司	银行业	国有金融企业	68.1
47	中国南方航空集团公司	交通运输服务业	中央企业	67.8
48	广州汽车集团股份有限公司	交通运输设备制造业	国有企业	67.6
49	中国国电集团公司	电力生产业	中央企业	67.1
50	中国太平洋保险（集团）股份有限公司	保险业	国有金融企业	66.1
51	中粮集团有限公司	混业（食品饮料业；房地产开发业；批发贸易业）	中央企业	64.4
52	上海医药集团股份有限公司	医药生物制造业	国有企业	64.3
53	中国银行股份有限公司	银行业	国有金融企业	62.9
53	中国中铁股份有限公司	建筑业	中央企业	62.9
55	中国中化集团公司	工业化学品制造业	中央企业	62.8
56	陕西煤业化工集团有限责任公司	煤炭开采与洗选业	国有企业	62.0
57	铜陵有色金属集团控股有限公司	一般采矿业	国有企业	61.9
58	北京汽车集团有限公司	交通运输设备制造业	国有企业	60.8
★★★（15家）				
59	山西潞安矿业（集团）有限责任公司	煤炭开采与洗选业	国有企业	57.3
60	中国中车股份有限公司	交通运输设备制造业	中央企业	56.4
60	河钢集团有限公司	金属冶炼及压延加工业	国有企业	56.4

续表

排名	企业名称	行业名称	公司性质	社会责任发展指数
62	上海建工集团股份有限公司	建筑业	国有企业	55.9
63	首钢集团有限公司	金属冶炼及压延加工业	国有企业	55.4
64	中国保利集团公司	混业(房地产开发;文化娱乐业;一般服务业)	中央企业	54.9
65	中国建设银行股份有限公司	银行业	国有金融企业	54.4
66	北京银行股份有限公司	银行业	国有金融企业	53.7
67	物产中大集团股份有限公司	批发贸易业	国有企业	50.1
68	光明食品(集团)有限公司	食品饮料业	国有企业	50.0
69	中国航空集团公司	交通运输服务业	中央企业	49.2
70	中国航空油料集团公司	批发贸易业	中央企业	48.0
71	大同煤矿集团有限责任公司	煤炭开采与洗选业	国有企业	47.3
72	中国医药集团总公司	医药生物制造业	中央企业	44.5
73	厦门国贸控股集团有限公司	混业(房地产开发;证券期货基金及其他金融服务业;一般制造业)	国有企业	41.8
★★(13家)				
74	厦门建发集团有限公司	混业(房地产开发业;酒店业)	国有企业	39.0
75	开滦(集团)有限责任公司	煤炭开采与洗选业	国有企业	37.4
76	新华人寿保险股份有限公司	保险业	国有金融企业	35.3
77	中国宝武钢铁集团有限公司	金属冶炼及压延加工业	中央企业	34.5
78	江西铜业集团公司	一般采矿业	国有企业	34.4
79	山西焦煤集团有限责任公司	煤炭开采与洗选业	国有企业	28.4
80	山东能源集团有限公司	煤炭开采与洗选业	国有企业	27.9
81	阳泉煤业(集团)有限责任公司	煤炭开采与洗选业	国有企业	27.5
82	陕西延长石油(集团)有限责任公司	石油和天然气开采业与加工业	国有企业	25.5
82	中国化工集团公司	工业化学品制造业	中央企业	25.5
84	中国诚通控股集团有限公司	混业(批发贸易业;造纸业;交通运输服务业)	中央企业	23.1
85	山西晋城无烟煤矿业集团有限责任公司	煤炭开采与洗选业	国有企业	23.0

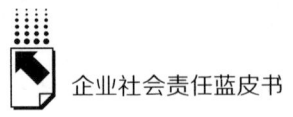

续表

排名	企业名称	行业名称	公司性质	社会责任发展指数
86	中国中信集团有限公司	混业（银行业；证券期货基金及其他金融服务业；房地产开发业）	国有金融企业	21.4
★（14家）				
87	四川省宜宾五粮液集团有限公司	酒精及饮料酒制造业	国有企业	19.3
88	中国人寿保险（集团）公司	保险业	国有金融企业	18.7
89	绿地控股集团股份有限公司	房地产开发业	国有企业	17.0
90	中国能源建设集团有限公司	建筑业	中央企业	15.6
91	中国邮政集团公司	交通运输服务业	国有企业	13.2
92	中国通用技术（集团）控股有限责任公司	混业（机械设备制造业；医药生物制造业；批发贸易业）	中央企业	12.6
93	中国化学工程集团公司	建筑业	中央企业	11.3
94	四川长虹电子集团有限公司	家用电器制造业	国有企业	9.2
95	中国光大集团股份有限公司	混业（银行业；证券期货基金及其他金融服务业）	国有金融企业	6.7
96	天津中环电子信息集团有限公司	电子产品及电子元件制造业	国有企业	6.2
97	冀中能源集团有限责任公司	煤炭开采与洗选业	国有企业	4.9
98	百联集团有限公司	零售业	国有企业	4.8
99	天津物产集团有限公司	批发贸易业	国有企业	4.2
100	中国远洋海运集团有限公司	交通运输服务业	中央企业	3.7

三 国有企业100强社会责任发展阶段性特征

1. 国有企业社会责任发展指数平均得分为58.7分，整体达到三星级水平，处于追赶者阶段

2017年，中国国有100强企业社会责任发展指数平均得分为58.7分，整体达到三星级水平，处于追赶者阶段，整体水平较2016年提升2.6分。其中，有31家企业达到五星级水平，处于卓越者阶段；27家企业达到四星级水平，处于领先者阶段；但仍有 14 家企业为一星级水平，处于旁观者阶段（见图 4）。

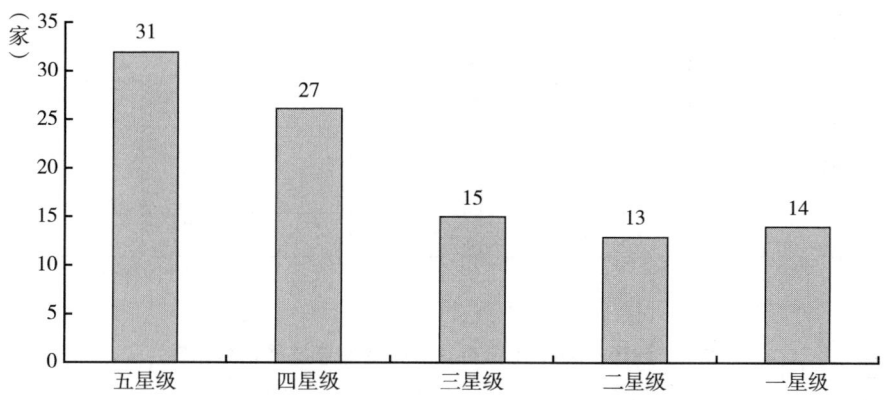

图 4　国有企业 100 强企业社会责任发展指数星级分布

2. 中央企业社会责任发展指数最高，其他国有企业社会责任发展指数有所上升

2017 年，300 强企业中的中央企业社会责任发展指数平均得分为 70.7 分，高于国有金融企业（52.6 分）和其他国有企业（41.4 分）。三类企业与上年相比，除国有金融企业社会责任发展指数下降外，其他两类社会责任发展指数均有所上升，其中，中央企业得分较上年增长 3.7 分，其他国有企业增长 2.3 分，国有金融企业下降 1.9 分（见图 5）。

3. 国有企业责任管理指数有所下降，责任实践指数有所提升，且责任实践指数超过责任管理指数

2017 年国有企业 100 强责任实践指数（59.0 分）整体表现优于责任管理指数（56.1 分），与 2016 年相比，责任实践指数超过责任管理指数，责任实践指数增加 4.0 分，表明社会责任管理部门制定相关政策已见成效。从责任实践内部来看，社会责任指数（64.1 分）和市场责任指数（58.8 分）高于环境责任指数（54.0 分），且三者较 2016 年均有所提升（见图 6）。

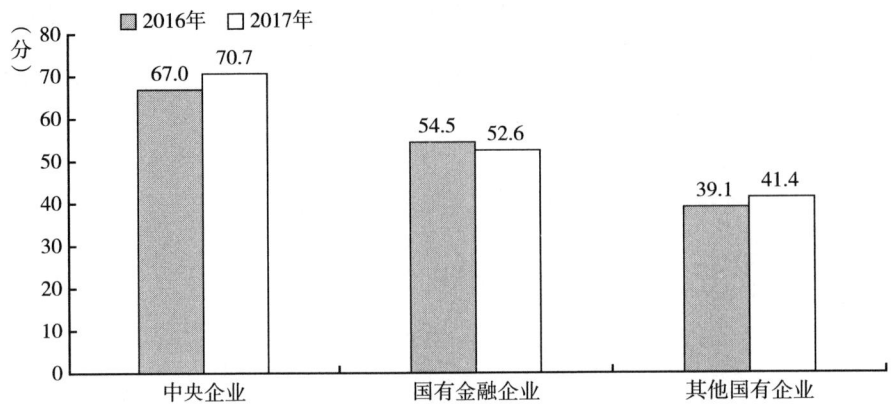

图5　2016～2017年国有企业社会责任发展指数比较

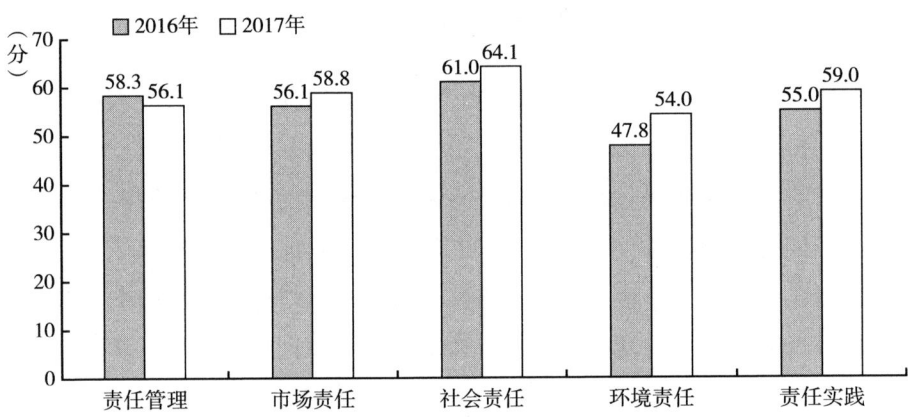

图6　2016～2017年国有企业100强社会责任发展指数结构比较

4. 依法经营得分高于客户服务及绿色经营

从国有企业各议题表现来看，依法经营（76.9分）最好，达到四星级水平，处于领先者阶段；客户服务（47.3分）及绿色经营（54.0分）等议题信息披露情况相对较差，仅为三星级水平，处于追赶者阶段（见图7）。可见，在依法治国和反腐败深入推进的新形势下，依法经营成为国有企业重要的关注点。

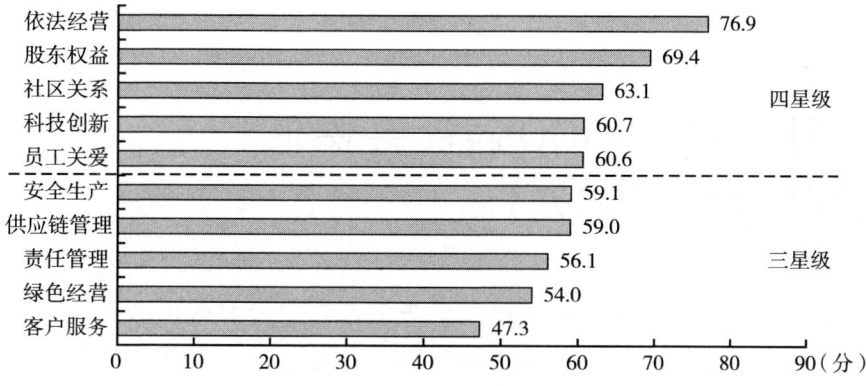

图7　国有企业责任议题指数分布情况

B.3
中国民营企业100强社会责任发展指数（2017）

摘　要： 党的十八届三中全会《中共中央关于全面深化改革若干重大问题的决定》提出"必须毫不动摇鼓励、支持、引导非公有制经济发展，激发非公有制经济活力和创造力"。在我国经济进入新常态的背景下，民营企业成为近年来经济发展领域的亮点，民营企业对我国GDP贡献率高达60%以上，提供了80%的城镇就业岗位，吸纳了70%以上的农村转移劳动力，新增就业的90%在民营企业，来自民营企业的税收占比超过50%，积极推进民营企业践行在市场、社会、环境方面的责任，对于加快完善社会主义市场经济体制和加快转变经济发展方式具有重要的作用和战略意义。本报告在"中国企业社会责任发展指数"研究框架的基础上，对中国民营企业100强的社会责任管理与社会责任信息披露情况进行评价，以把握中国民营企业社会责任的阶段性特征。

关键词： 民营企业　社会责任发展指数　阶段性特征

一　样本特征

民营企业100强的样本选取是以中国企业联合会、中国企业家协会联合发布的"2017年中国企业500强"排行榜，全国工商联发布的2017年度民企500强排行榜等权威机构发布的相关榜单为基础，以民营资本控股为原则,根据营业收入规模及稳定性选出中国民营企业100强。民营企业涉及27个行业,总部分布在我国21个省、自治区和直辖市。

1. **行业分布广泛,覆盖27个行业**

中国民营企业100强行业分布广泛,共涉及27个行业。其中,所处行业最多的为混业,共17家;房地产开发业10家;金属冶炼及压延加工业8家;批发贸易业7家;食品饮料业5家;保险业、工业化学品制造业、互联网服务业、家用电器制造业、机械设备制造业、石油和天然气开采业与加工业4家;电子产品及电子元件制造业、零售业、农林牧渔业、医药生物制造业3家;银行业、交通运输设备制造业、服装鞋帽制造业、通信设备制造业、一般服务业各2家;证券、期货、基金等其他金融业,纺织业,计算机服务业,建筑业,交通运输服务业,造纸及纸制品业和燃气的生产和供应业各1家(见图1)。

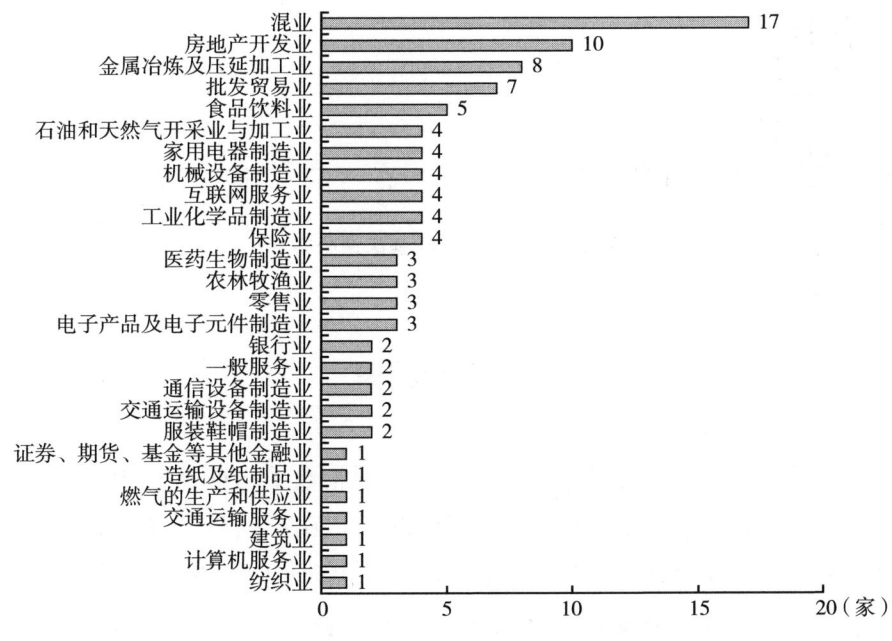

图1 民营企业100强行业分布

2.总部所在地多位于东南沿海地区

从地域上看，100家民营企业共涉及21个省、自治区和直辖市和特别行政区。其中，华东地区企业有38家；华北地区企业有25家，华南地区企业有21家，华中地区、西南地区、东北地区和西北地区的企业数量较少。另外，由图2可以看出，包括浙江、广东、山东、上海、江苏等在内的沿海9个省份共拥有71家民营100强企业，可知民营企业100强绝大多数分布于沿海经济发达地区（见图2）。

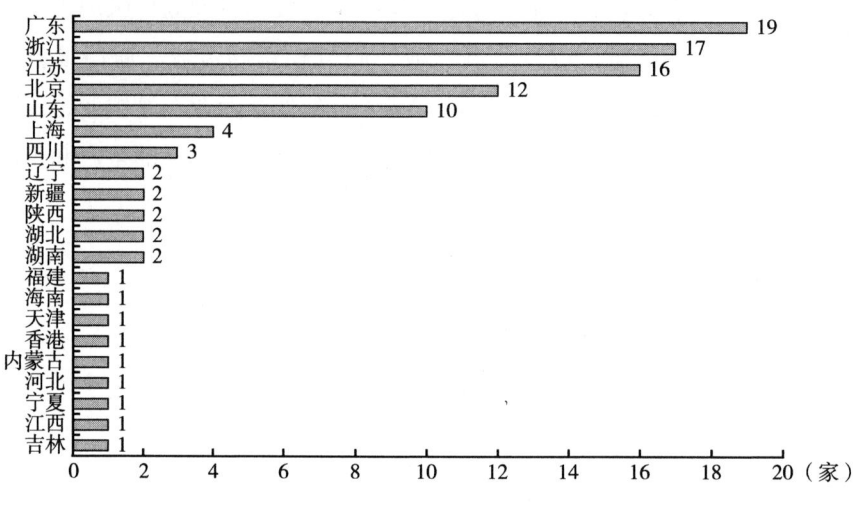

图2 民营企业100强区域分布

二 评价结果

2017年中国民营企业100强社会责任发展指数平均得分为29.7分。在评价的100家民营企业中，华为、阿里巴巴、中国民生银行、TCL的社会责任发展指数达五星级水平，处于卓越者阶段；伊利集团、海航集团、中兴通讯、比亚迪、中国平安保险等16家企业的社会责任发展指数达到四星级水平，处于领先者阶段。中国民营企业100强社会责任发展指数具体得分和排名如表1所示。

中国民营企业100强社会责任发展指数（2017）

表1 民营企业100强社会责任发展指数（2017）

单位：分

排名	企业名称	行业名称	总部所在省份	社会责任发展指数
★★★★★（4家）				
1	华为投资控股有限公司	通信设备制造业	广东	90.8
2	阿里巴巴集团控股有限公司	互联网服务业	浙江	89.9
3	中国民生银行股份有限公司	银行业	北京	88.7
4	TCL集团股份有限公司	家用电器制造业	广东	83.5
★★★★（16家）				
5	内蒙古伊利实业集团股份有限公司	食品饮料业	内蒙古	79.3
6	海航集团有限公司	交通运输服务业	海南	78.7
7	中兴通讯股份有限公司	通信设备制造业	广东	78.1
8	浙江吉利控股集团有限公司	交通运输设备制造业	浙江	76.1
9	比亚迪股份有限公司	交通运输设备制造业	广东	74.7
10	扬子江药业集团有限公司	医药生物制造业	江苏	74.0
11	中国平安保险（集团）股份有限公司	保险业	广东	73.6
11	万科企业股份有限公司	房地产开发业	广东	73.6
13	海亮集团有限公司	混业（金属制品业；房地产开发业）	浙江	68.3
14	广东温氏食品集团股份有限公司	农林牧渔业	广东	67.0
15	超威集团	电子产品及电子元件制造业	浙江	63.6
16	万洲国际有限公司	食品饮料业	香港	62.0
17	兴业银行股份有限公司	银行业	福建	61.9
18	联想控股股份有限公司	电子产品及电子元件制造业	北京	61.1
19	中国恒大集团	房地产开发业	广东	60.5
20	唯品会（中国）有限公司	零售业	广东	60.1
★★★（11家）				
21	华夏幸福基业股份有限公司	房地产开发业	北京	53.1
22	广州富力地产股份有限公司	房地产开发业	广东	52.4
23	美的集团股份有限公司	家用电器制造业	广东	51.6
24	阳光保险集团股份有限公司	保险业	北京	48.6
25	九州通医药集团股份有限公司	批发贸易业	湖北	48.1

续表

排名	企业名称	行业名称	总部所在省份	社会责任发展指数
26	腾讯控股有限公司	互联网服务业	广东	46.5
27	碧桂园控股有限公司	房地产开发业	广东	46.4
28	雅戈尔集团股份有限公司	混业（服装鞋帽制造业；房地产开发业）	浙江	45.7
29	亨通集团有限公司	混业（电子产品及电子元件制造业；证券、期货、基金等其他金融业）	江苏	43.8
30	天能电池集团有限公司	电子产品及电子元件制造业	浙江	42.7
31	百度股份有限公司	互联网服务业	北京	40.0
★★（15家）				
32	国美电器有限公司	零售业	北京	38.2
33	海尔集团有限公司	家用电器制造业	山东	37.8
34	山东京博控股股份有限公司	石油和天然气开采业与加工业	山东	36.9
35	江苏沙钢集团有限公司	金属冶炼及压延加工业	江苏	34.3
36	中天钢铁集团有限公司	金属冶炼及压延加工业	江苏	33.4
37	大连万达集团股份有限公司	房地产开发业	辽宁	30.4
38	恒力集团有限公司	混业（工业化学品制造业；纺织业）	江苏	30.0
38	新城控股集团股份有限公司	房地产开发业	上海	30.0
40	雪松控股集团有限公司	一般服务业	广东	27.1
41	青山控股集团有限公司	金属冶炼及压延加工业	浙江	22.3
42	新疆广汇实业投资（集团）有限责任公司	混业（煤炭开采与洗选业；一般采矿业；房地产开发业）	新疆	21.8
43	修正药业集团	医药生物制造业	吉林	21.2
44	红豆集团有限公司	服装鞋帽制造业	江苏	20.9
45	通威集团有限公司	食品饮料业	四川	20.3
46	三胞集团有限公司	混业（零售业；房地产开发业）	江苏	20.1
★（54家）				
47	万达控股集团有限公司	石油和天然气开采业与加工业	山东	19.7
48	北京建龙重工集团有限公司	混业（金属冶炼及压延加工业；一般采矿业）	北京	18.8
49	浙江荣盛控股集团有限公司	混业（工业化学品制造业；房地产开发业）	浙江	18.6
50	新华联集团有限公司	混业（房地产开发业；一般采矿业；工业化学品制造业）	湖南	18.3

续表

排名	企业名称	行业名称	总部所在省份	社会责任发展指数
51	中融新大集团有限公司	批发贸易业	山东	18.2
52	深圳市怡亚通供应链股份有限公司	一般服务业	广东	17.3
53	河北津西钢铁集团股份有限公司	金属冶炼及压延加工业	北京	16.7
54	天津荣程祥泰投资控股集团有限公司	金属冶炼及压延加工业	天津	15.3
55	三一集团有限公司	机械设备制造业	湖南	15.1
56	京东集团	互联网服务业	北京	15.0
57	山东大海集团有限公司	机械设备制造业	山东	14.8
58	盾安控股集团有限公司	机械设备制造业	浙江	14.7
59	大商集团有限公司	零售业	辽宁	14.6
60	盛虹控股集团有限公司	工业化学品制造业	江苏	13.6
61	苏宁控股集团有限公司	混业（零售业；房地产业；互联网业）	江苏	13.5
62	稻花香集团	食品饮料业	湖北	13.4
63	泰康保险集团股份有限公司	保险业	北京	12.8
64	正邦集团有限公司	农林牧渔业	江西	12.7
65	深圳市大生农业集团有限公司	农林牧渔业	广东	12.4
65	腾邦集团有限公司	计算机服务业	广东	12.4
65	中国华信能源有限公司	批发贸易业	上海	12.4
68	杭州娃哈哈集团有限公司	食品饮料业	浙江	12.3
68	银亿集团有限公司	批发贸易业	浙江	12.3
70	正威国际集团有限公司	混业（金属冶炼及压延加工业；电子产品及电子元件制造业）	广东	12.1
71	西安迈科金属国际集团有限公司	批发贸易业	陕西	12.0
72	海澜集团有限公司	服装鞋帽制造业	江苏	11.8
73	新希望集团有限公司	混业（食品饮料业；工业化学品制造业）	四川	11.7
74	苏宁环球集团有限公司	房地产开发业	江苏	11.4
75	杭州锦江集团有限公司	金属冶炼及压延加工业	浙江	10.7
76	奥克斯集团有限公司	家用电器制造业	浙江	10.4
76	东岭集团股份有限公司	混业（批发贸易业；一般采矿业；金属冶炼及压延加工业）	陕西	10.4

续表

排名	企业名称	行业名称	总部所在省份	社会责任发展指数
78	中南控股集团有限公司	房地产开发业	江苏	9.7
79	安邦保险集团股份有限公司	保险业	北京	9.5
79	深圳市爱施德股份有限公司	批发贸易业	广东	9.5
79	新奥集团股份有限公司	燃气的生产和供应业	河北	9.5
82	山东魏桥创业集团有限公司	纺织业	山东	8.5
83	华泰集团有限公司	造纸及纸制品业	山东	8.4
84	中天控股集团有限公司	混业（建筑业；房地产开发业）	浙江	8.3
85	浙江恒逸集团有限公司	工业化学品制造业	浙江	8.2
86	广厦控股集团有限公司	混业（建筑业；房地产开发业）	浙江	7.9
87	上海均和集团有限公司	混业	上海	7.6
88	宁夏天元锰业有限公司	金属冶炼及压延加工业	宁夏	6.4
89	远大物产集团有限公司	批发贸易业	浙江	5.6
90	阳光金控投资集团有限公司	证券、期货、基金等其他金融业	上海	5.1
91	江阴澄星实业集团有限公司	工业化学品制造业	江苏	5.0
92	中国太平洋建设集团有限公司	建筑业	江苏	4.2
93	南通三建控股（集团）有限公司	房地产开发业	江苏	4.1
94	山东东明石化集团有限公司	石油和天然气开采业与加工业	山东	3.5
95	科创控股集团有限公司	医药生物制造业	四川	3.1
96	河北新华联合冶金控股集团有限公司	金属冶炼及压延加工业	北京	1.4
97	亚邦投资控股集团有限公司	混业	江苏	0.7
98	济宁如意投资有限公司	工业化学品制造业	山东	0.0
98	利华益集团股份有限公司	石油和天然气开采业与加工业	山东	0.0
98	新疆特变电工集团有限公司	机械设备制造业	新疆	0.0

三 民营企业100强社会责任发展阶段性特征

1. 民营企业社会责任发展指数平均得分为29.7分，整体达到二星级水平，处于起步者阶段，近六成企业仍在"旁观"，3家企业得分为0

2017年，中国民营企业100强社会责任发展指数平均得分为29.7分，比 2016 年提高 6.4 分，整体达到二星级水平，处于起步者阶段。华为、阿里巴巴、中国民生银行、TCL 四家企业社会责任发展指数达五星级水平；伊利集团、吉利控股、中兴通讯、比亚迪、中国平安保险等 16 家企业的社会责任发展指数达到四星级水平。近六成企业（54 家）得分低于 20 分，仍处于旁观者阶段，其中 3 家企业得分为 0（见图 3）。

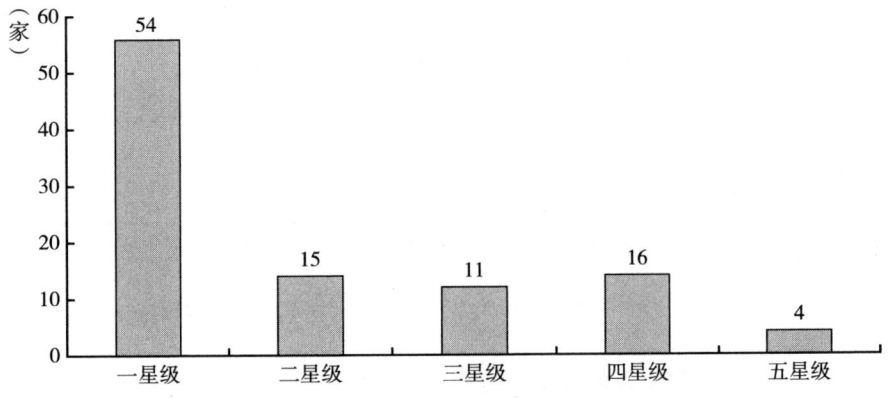

图 3　民营企业 100 强企业社会责任发展指数星级分布

2. 民营企业责任管理和责任实践指数均有所上升，社会责任好于市场责任和环境责任

2017 年，我国民营企业 100 强责任管理指数平均得分为 25.9 分，责任实践（30.2 分）优于责任管理，责任实践较上年（13.3 分）有明显增长，其中社会责任指数（34.8 分）高于市场责任指数（31.0 分）和环境责任指数（24.8 分）（见图 4）。

2017 年中国民营企业 100 强的责任管理、市场责任、社会责任、环境责任和责任实践指数得分相比 2016 年均有所提高，其中责任实践指数得分增长最大，较 2016 年提高 16.9 分。2017 年国务院《政府工作报告》指出，要更好地激发非公有制经济活力，大幅放宽电力、电信、交通等领域市场准入，消除各种隐性壁垒，鼓励民营企业扩大投资、参与国有企业改革，在项目核准、融资服务、财税政策、土地使用等方面一视同仁。在此背景下，民营企业进一步加强履行社会责任就显得尤为重要，民营企业应意识到履行社会责任是实现可持续发展的关键，进一步强化责任担当、加强责任管理、提升责任实践、促进信息披露。

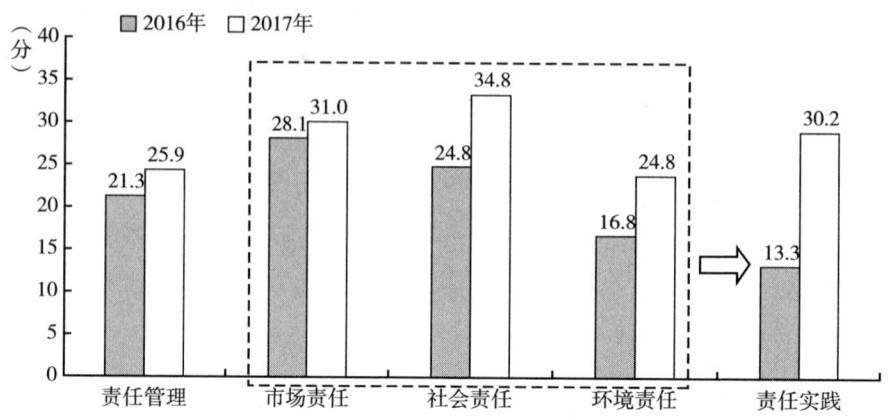

图4　2015~2016年民营企业100强社会责任发展指数结构比较

3. 社区关系责任议题得分相对较高，安全生产议题得分相对较低

民营企业100强责任议题平均得分为31.3分，比2016年提高6.2分，整体达到二星级水平，处于起步者阶段。其中社区关系议题得分最高，为53.6分，处于三星级水平，股东权益、依法经营等议题次之；安全生产议题相对最低，为18.4分（见图5）。可见，民营企业较为重视社区关系，注重维护企业形象，而在安全生产管理方面信息披露情况欠佳。

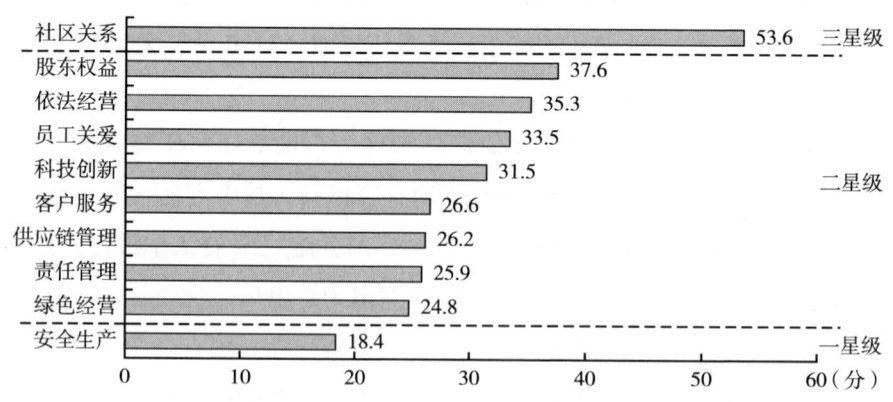

图5　民营企业100强责任议题指数分布情况

B.4 中国外资企业100强社会责任发展指数（2017）

摘　要： 据国家商务部统计，2016年1～12月，全国设立外商投资企业27900家，同比增长5%；实际使用外资金额8132.2亿元人民币，同比增长4.1%（不含银行、证券、保险领域数据）。外资企业在助推中国经济发展的同时，也为其他领域的国际交流提供了便利。跨国公司是企业社会责任理念和实践在全球的践行者和传播者，在各个国家企业社会责任发展历程中均扮演着重要角色。本报告对中国外资企业100强2016～2017年度社会责任管理水平以及社会责任信息披露情况进行了综合评价，把握中国外资企业社会责任的阶段性特征。

关键词： 外资企业　社会责任发展指数　阶段性特征

一　样本特征

2017年外资企业100强的选择以《财富》杂志公布的"2017年世界500强"榜单为基础，按照全球营业收入选取前100家企业，剔除在中国没有经营业务的外资企业，再依据在中国经营业务的深度、影响力和品牌知名度进行增补，最终确定外资企业100强名单。

1.国别代表性强，美资企业居多

从国别分布看，美资企业最多，达到36家；其次为日资企业，有16家；德国企业数量为11家；法国企业数量为8家；中国台湾的企业数量为6家；

英国和韩国的企业数量均为5家；瑞士的企业数量为4家；中国香港企业数量为2家；企业总部位于其他国家和地区的外资企业共7家（见图1）。

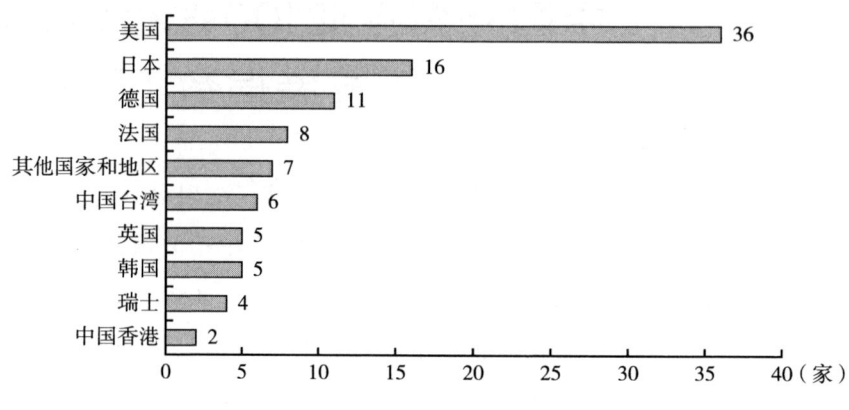

图1　外资企业100强国别分布

2. 行业分布广泛，覆盖25个行业

外资企业100强行业分布广泛，总共涉及25个行业。其中交通运输设备制造业企业数量最多，达16家；其次为跨行业经营的企业，有15家；此外，其他企业为石油和天然气开采业与加工业（8家）、零售业（8家）、电子产品及电子元件制造业（7家）、医药生物制造业（6家）、食品饮料业（5家）；银行业等18个行业的企业数量均在5家以下（见图2）。

二　评价结果

2017年外资企业100强社会责任发展指数平均得分为23.9分，与2016年相比下降了2.1分，大体保持平稳。在评价的100家外资企业中，从企业来看，六成的外资企业处于一星级水平，仍处在旁观者阶段，但不乏表现优秀的企业，如中国三星、现代汽车（中国）和LG中国分别以92.0分、91.4分和87.9分的社会责任发展指数得分夺得前三名，且三家企业均为韩资企业，从数据来看，韩资企业在社会责任管理和信息披露方面的表现领先于其他国家和地区。从国家与地区来看，韩资企业、港资企业、日资企业、

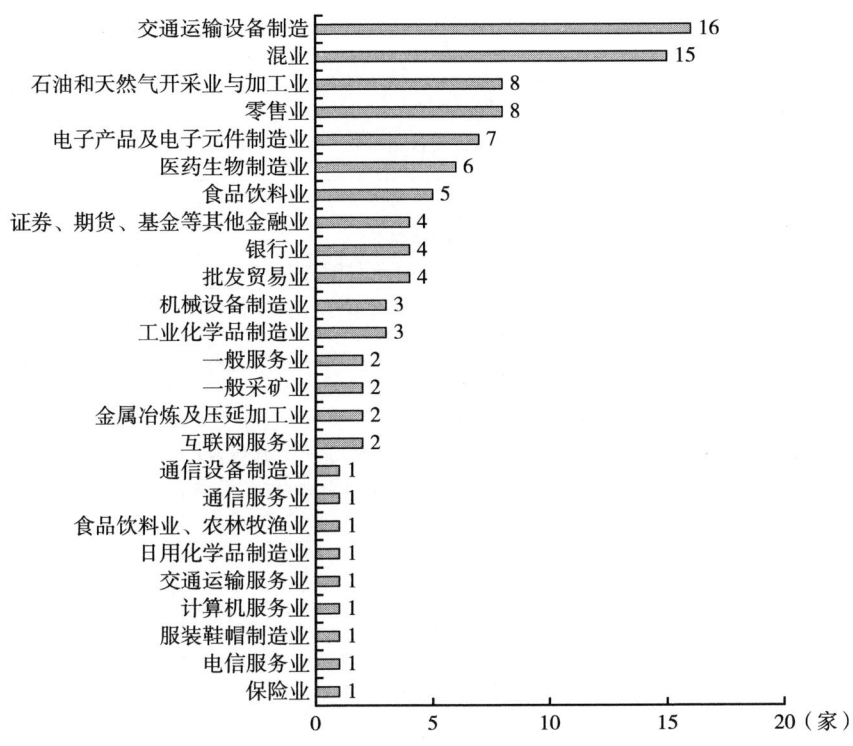

图 2　外资企业 100 强行业分布

台资企业的社会责任发展指数超过平均分，其中韩资企业社会责任发展指数平均得分达到 72.5 分，处于四星级水平，表现最好，大幅领先于其他国家和地区；欧美在华企业社会责任发展指数整体偏低，落后于亚洲国家和地区。外资企业 100 强社会责任发展指数具体得分和星级如表 1 所示。

表 1　外资企业 100 强社会责任发展指数（2017）

单位：分

排名	企业名称	行业名称	国家/地区	社会责任发展指数
★★★★★（8家）				
1	三星（中国）投资有限公司	混业（电子产品及电子元件制造业；通信设备制造业）	韩国	92.0

续表

排名	企业名称	行业名称	国家/地区	社会责任发展指数
2	现代汽车(中国)投资有限公司	交通运输设备制造业	韩国	91.4
3	LG 中国	混业(电子产品及电子元件制造业;家用电器制造业)	韩国	87.9
4	英特尔(中国)有限公司	电子产品及电子元件制造业	美国	86.6
5	松下电器(中国)有限公司	混业(电子产品及电子元件制造业;家用电器制造业)	日本	86.1
6	台达(中国)	电子产品及电子元件制造业	中国台湾	85.2
7	浦项(中国)投资有限公司	金属冶炼及压延加工业	韩国	84.1
8	佳能(中国)有限公司	混业(电子产品及电子元件制造业;计算机及相关设备制造业;计算机服务业)	日本	84.0
★★★★(1家)				
9	丰田汽车(中国)投资有限公司	交通运输设备制造业	日本	68.2
★★★(13家)				
10	台积电(中国)有限公司	电子产品及电子元件制造业	中国台湾	59.1
10	巴斯夫(中国)有限公司	工业化学品制造业	德国	59.1
12	苹果公司	电子产品及电子元件制造业	美国	58.5
13	本田中国投资有限公司	交通运输设备制造业	日本	56.7
14	国际商业机器(中国)有限公司	混业(互联网服务业;电子产品及电子元件制造业)	美国	56.6
15	麦德龙(中国)	零售业	德国	55.6
16	长江和记实业有限公司	混业(交通运输服务业;零售业;通信服务业等)	中国香港	51.9
17	普利司通(中国)投资有限公司	工业化学品制造业	日本	48.1
18	可口可乐(中国)饮料有限公司	食品饮料业	美国	45.5
19	日立(中国)有限公司	混业(机械设备制造业;家用电器制造业;计算机及相关设备制造业)	日本	44.5
20	汇丰银行(中国)有限公司	银行业	中国香港	44.3
21	沃尔玛(中国)投资有限公司	零售业	美国	41.7
22	日产(中国)投资有限公司	交通运输设备制造业	日本	41.3

续表

排名	企业名称	行业名称	国家/地区	社会责任发展指数
★★（16家）				
23	索尼（中国）有限公司	混业（电子产品及电子元件制造业；家用电器制造业）	日本	39.1
24	雀巢中国	食品饮料业	瑞士	36.6
25	BP中国	石油和天然气开采业与加工业	英国	36.3
26	花旗银行（中国）有限公司	银行业	美国	31.9
27	西门子中国	机械设备制造业	德国	31.7
28	通用汽车（中国）	交通运输设备制造业	美国	30.1
29	美亚财产保险有限公司	保险业	美国	29.2
30	福特汽车（中国）有限公司	交通运输设备制造业	美国	26.7
31	永旺（中国）投资有限公司	零售业	日本	26.5
32	埃克森美孚	石油和天然气开采业与加工业	美国	24.7
33	GE中国	混业（机械设备制造业；家用电器制造业；电子产品及电子元件制造业）	美国	24.0
33	家乐福（中国）	零售业	法国	24.0
35	富士康科技集团	电子产品及电子元件制造业	中国台湾	23.9
36	大众汽车集团（中国）	交通运输设备制造业	德国	23.8
37	和硕联合科技股份有限公司	混业（电子产品及电子元件制造业；计算机及相关设备制造业）	中国台湾	23.5
38	辉瑞中国	医药生物制造业	美国	22.9
★（62家）				
39	摩根大通中国	证券、期货、基金等其他金融业	美国	19.0
40	宝洁（中国）有限公司	日用化学品制造业	美国	18.8
41	博世（中国）投资有限公司	交通运输设备制造业	德国	17.5
42	3M中国有限公司	医药生物制造业	美国	17.4
42	安赛乐米塔尔中国	金属冶炼及压延加工业	卢森堡	17.4
44	联合利华（中国）有限公司	混业（日用化学品制造业；食品饮料业）	英国	16.9
45	Engie中国	石油和天然气开采业与加工业	法国	16.7
46	住友商事（中国）有限公司	批发贸易业	日本	16.2
47	戴尔（中国）有限公司	计算机服务业	美国	16.0
48	壳牌（中国）有限公司	石油和天然气开采业与加工业	荷兰	15.7
49	空中客车中国有限公司	交通运输设备制造业	法国	15.0
50	百事（中国）投资有限公司	食品饮料业	美国	14.5

续表

排名	企业名称	行业名称	国家/地区	社会责任发展指数
51	ABB（中国）有限公司	机械设备制造业	瑞士	14.0
52	波音中国	交通运输设备制造业	美国	13.9
53	宝马中国	交通运输设备制造业	德国	13.5
54	高盛（中国）	证券、期货、基金等其他金融业	美国	12.8
55	法国巴黎银行（中国）有限公司	银行业	法国	12.6
56	罗氏中国	医药生物制造业	瑞士	12.2
57	强生（中国）投资有限公司	混业（医药生物制造业；日用化学品制造业）	美国	11.2
58	道达尔中国	石油和天然气开采业与加工业	法国	10.7
59	拜耳（中国）	混业（医药生物制造业；工业化学品制造业）	德国	10.6
60	埃森哲（中国）有限公司	一般服务业	爱尔兰	10.2
61	康德乐中国	批发贸易业	美国	10.0
62	百威英博中国	食品饮料业	比利时	9.5
63	三菱商事（中国）有限公司	批发贸易业	日本	9.2
64	泰森食品中国	食品饮料业	美国	9.1
65	微软中国	互联网服务业	美国	8.9
66	埃尼中国	石油和天然气开采业与加工业	意大利	8.2
67	沃尔沃（中国）投资有限公司	交通运输设备制造业	瑞典	7.6
67	雪佛龙中国能源公司	石油和天然气开采业与加工业	美国	7.6
67	英国葛兰素史克（中国）投资有限公司	医药生物制造业	英国	7.6
70	力拓中国	一般采矿业	英国	7.4
71	诺华中国	医药生物制造业	瑞士	7.1
72	SK中国	石油和天然气开采业与加工业	韩国	6.9
73	思科中国	通信设备制造业	美国	6.8
74	邦吉公司	食品饮料业、农林牧渔业	荷兰	6.5
75	赛诺菲中国	医药生物制造业	法国	6.2
76	亚马逊中国	零售业	美国	6.1
77	摩根士丹利中国	证券、期货、基金等其他金融业	美国	5.5
78	DHL中国	一般服务业	德国	5.4
79	德电（中国）	电信服务业	德国	5.1
80	乐购中国	零售业	英国	4.4

续表

排名	企业名称	行业名称	国家/地区	社会责任发展指数
81	卡特彼勒(中国)投资有限公司	机械设备制造业	美国	4.1
82	三井物产(中国)有限公司	混业(金属制品业;机械设备制造业)	日本	4.0
82	陶氏化学(中国)有限公司	工业化学品制造业	美国	4.0
84	蒂森克虏伯(中国)投资有限公司	一般采矿业	德国	3.4
85	慧与(中国)有限公司	电子产品及电子元件制造业	美国	3.0
85	联邦快递(中国)有限公司	交通运输服务业	美国	3.0
85	中国惠普有限公司	电子产品及电子元件制造业	美国	3.0
88	NTT通信系统(中国)有限公司	通信服务业	日本	2.0
88	Seven & I 控股公司	零售业	日本	2.0
88	欧尚(中国)投资有限公司	零售业	法国	2.0
91	戴姆勒中国	交通运输设备制造业	德国	1.4
91	铃木(中国)投资有限公司	交通运输设备制造业	日本	1.4
93	法国兴业银行(中国)有限公司	银行业	法国	1.0
94	华特迪士尼(中国)有限公司	混业(旅游业;文化娱乐业)	美国	0.0
94	甲骨文(中国)	互联网服务业	美国	0.0
94	来宝集团	批发贸易业	中国台湾	0.0
94	联合技术	交通运输设备制造业	美国	0.0
94	耐克体育(中国)有限公司	服装鞋帽制造业	美国	0.0
94	软银中国资本	证券、期货、基金等其他金融业	日本	0.0
94	怡和集团	交通运输设备制造业	中国台湾	0.0

三 外资企业100强社会责任发展阶段性特征

1. 外资企业社会责任发展指数平均得分23.9分，六成企业处于旁观者阶段

2017年外资企业100强社会责任发展指数平均得分为23.9分，同2016年的26.0分比较，分数略有下降仍徘徊在起步阶段。社会责任发展指数达到五星级水平的企业为8家，分别是中国三星、现代汽车（中国）、LG中国、英特尔（中国）、松下电器（中国）、台达（中国）、浦项（中国）和佳能（中国），这些企业在社会责任信息披露方面表现卓越；四星级企业有1家；13家企业达三星级水平，处于追赶者阶段；16家企业处于二星级水平属于起步者阶段；一星级水平的企业数量最多，为62家，处于旁观者阶段，社会责任管理及信息披露情况仍不乐观（见图3）。

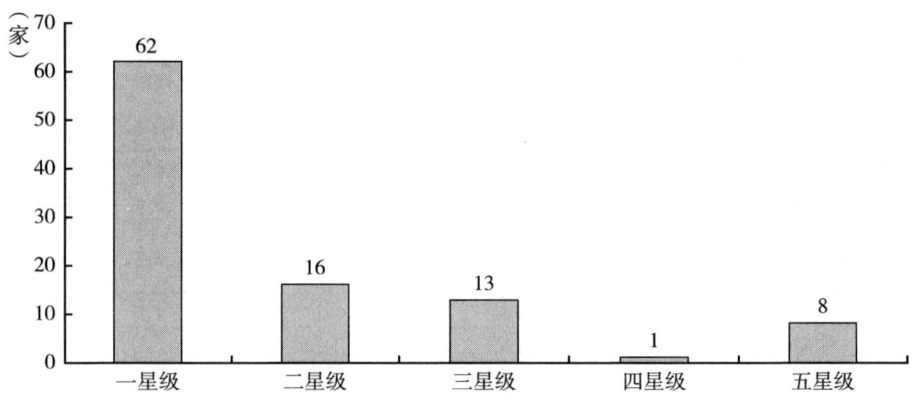

图3　外资企业100强社会责任发展指数星级分布

2. 东亚地区企业社会责任发展指数得分较高，领先于欧美企业

外资企业100强社会责任发展指数显示，2017年外资企业100强社会责任发展指数平均得分为23.9分，地区间存在较大差异，东亚地区的企业远好于欧美地区的企业。其中，韩资企业得分最高（72.5分），达到四星级水平，处于领先者阶段；港资企业（48.1分），达到三星级水平，处于追赶者阶段；日资企业（33.1分）、台资企业（32.0分）以及德国企业（20.6分），均为二星级水平，处于起步者阶段；美国（18.7分）、瑞士（17.5分）、英国（14.5分）以及其他国家（10.7分）企业的企业社会责任发展指数依次降低，均为一星级，处于旁观者阶段（见图4）。

3. 责任管理指数领先于责任实践指数，社会责任和环境责任指数高于市场责任指数

2017年外资企业100强责任管理指数得分（25.3分）领先于责任实践得分（23.6分）。在由环境责任、社会责任和市场责任三部分构成的责任实

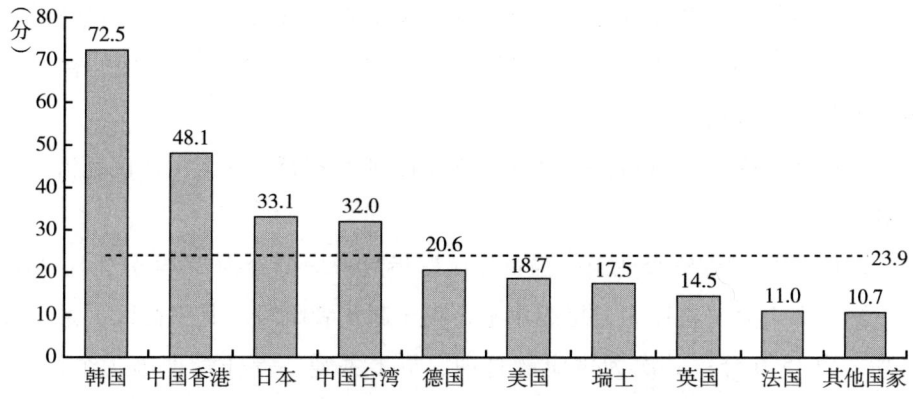

图4　不同国家和地区在华外资企业社会责任发展指数

践中，社会责任（25.5分）和环境责任（23.9分）指数高于市场责任（21.3分）。可见，外资企业对于披露财务数据信息持较为保守的态度，更倾向于披露环境责任和社会责任的相关信息（见图5）。

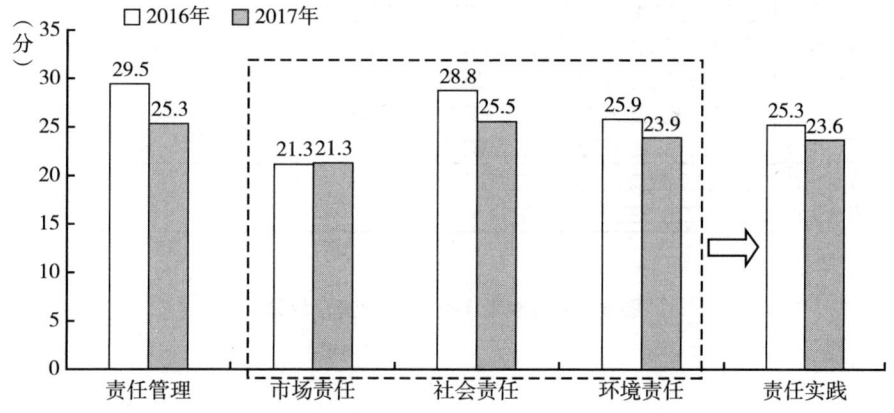

图5　2016～2017年外资企业100强社会责任发展指数结构比较

在责任管理和责任实践指数得分2016年与2017年的对比中，市场责任指数得分保持不变，社会责任指数和环境责任指数与2016年相比均有所降低；责任管理指数从2016年的29.5分下降至2017年的25.3分。外资企业的社会责任发展指数下降与我国在新常态下劳动力、土地等成本上升，经济发展速度放缓,以及部分外商投资企业的战略调整或经营不善等因素有关,但也可以看出外资企业在经营管理中,对股东权益、供应链管理、客户服务、科技创新等信息披露程度保持平稳。

4. 社区关系、供应链管理得分相对较高,股东权益、安全生产议题得分相对最低

2017年中国外资企业100强责任议题指数平均得分为23.9分,比2016年下降了2.1分,整体为二星级水平,处于起步者阶段。其中社区关系得分最高,为35.6分;其次为供应链管理、员工关爱、责任管理等7个议题,均处于二星级水平。而股东权益和安全生产议题得分相对较低。可见,相对于企业相关财务数据和安全生产信息,外资企业更注重于披露社区关系、供应链管理等方面的信息(见图6)。

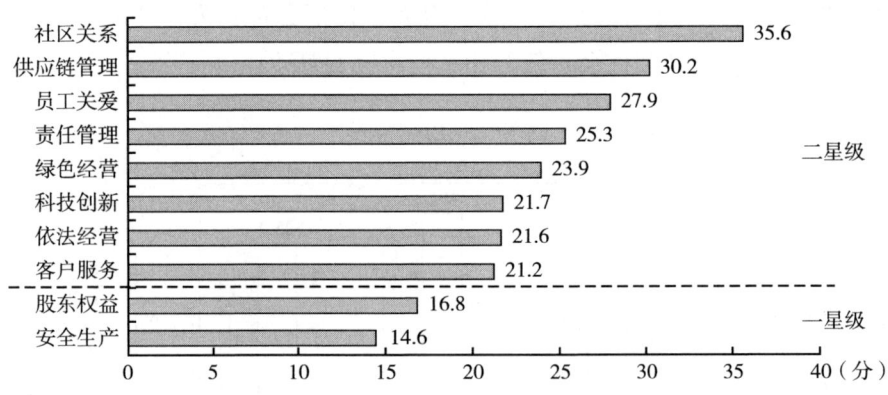

图6 外资企业100强社会责任议题

行业报告
Industries Report

B.5 重点行业社会责任发展指数（2017）

摘　要： 本报告选取了16个社会关注度高，对经济、社会、环境影响力大的行业进行重点分析，通过探究各行业中重点企业的社会责任发展指数，反映行业社会责任管理水平与社会责任信息披露水平。

关键词： 重点行业　社会责任发展指数　阶段性特征

为了保证各行业样本企业具有代表性，行业划分在"中国企业社会责任发展指数行业划分"的基础上做了适当合并，并根据企业规模，增补了一些样本企业，最终形成了"重点行业社会责任发展指数（2017）"。选取的16个重点行业及其企业构成如表1所示。

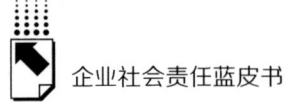

表1 重点行业企业构成及社会责任报告发布情况（2017）

单位：家，%

序号	行业名称	样本企业数量	社会责任报告发布比例
1	电力行业	13	100.0
2	银行业	28	82.1
3	家电行业	10	60.0
4	特种设备制造业	11	54.5
5	房地产业	36	52.8
6	石油石化行业	11	45.5
7	保险业	27	44.4
8	汽车行业	28	42.9
9	互联网业	10	40.0
10	食品行业	40	37.5
11	零售业	38	36.8
12	日化行业	11	27.3
13	金属行业	26	26.9
14	机械设备制造业	20	25.0
15	医药行业	21	23.8
16	互联网金融平台	29	6.9

从行业得分来看，电力行业社会责任发展指数得分最高，为76.0分，达到四星级水平，处于领先者阶段，其中中国华电（95.3分）、中国华能（92.5分）、南方电网（91.6分）等企业表现卓越；家电、特种设备制造、银行、汽车、石油石化5个行业的社会责任发展指数得分在40～60分，达到三星级水平，处于追赶者阶段，其中表现优秀的有中国三星（92.0分）、中国电子（87.4分）、中国民生银行（88.7分）、现代汽车（中国）（91.4分）中国石化（91.9分）；而近年来新兴的互联网金融平台相对较差（6.5分），在企业社会责任管理和信息披露方面亟待加强（见图1）。

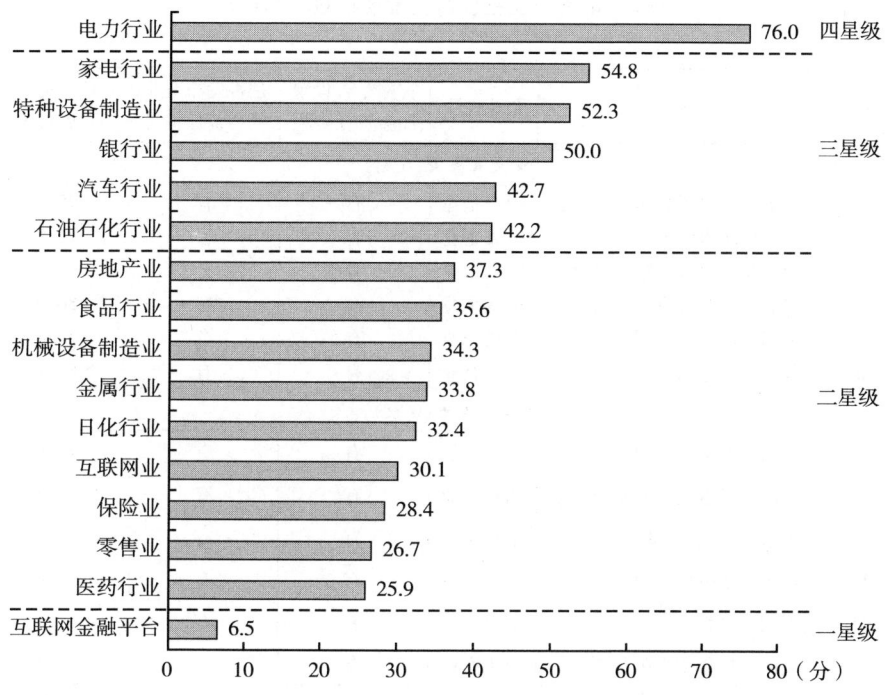

图1 重点行业社会责任发展指数及发展阶段

一 电力行业社会责任发展指数（2017）

（一）评价结果

本部分评价的电力行业是指从事电力生产和供应的行业，主要包括两大类：电力生产业和电力供应业。电力生产业指依靠火力、水力、核力或其他能源发电的行业；电力供应业指利用电网出售给用户电能的输送、分配与供电的行业。2017年电力行业评价样本共有13家，其中电力供应业企业2家，其余均为电力生产业企业。电力行业13家样本企业的社会责任发展指数排名及得分如表2所示。

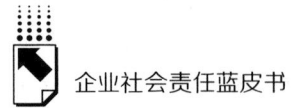

表2 电力行业社会责任发展指数（2017）

单位：分

排名	企业名称	企业性质	官网是否设置社会责任专栏	是否发布企业社会责任报告	社会责任发展指数
★★★★★（6家）					
1	中国华电集团公司	中央企业	有	有	95.3
2	中国华能集团公司	中央企业	有	有	92.5
3	中国南方电网有限责任公司	中央企业	有	有	91.6
4	华润电力控股有限公司	国有企业	有	有	86.0
5	中国长江三峡集团公司	中央企业	有	有	82.4
6	国家电网公司	中央企业	有	有	81.7
★★★★（6家）					
7	中国大唐集团公司	中央企业	有	有	72.9
8	广东省粤电集团有限公司	国有企业	有	有	71.3
9	国家电力投资集团公司	中央企业	有	有	69.9
10	神华国华电力公司	国有企业	有	有	69.0
11	中国国电集团公司	中央企业	有	有	67.1
12	中国广核集团有限公司	中央企业	有	有	61.1
★★★（1家）					
13	国投电力控股股份有限公司	国有企业	有	有	47.8

（二）阶段性特征

1. 电力行业社会责任发展指数为76.0分，总体处于四星级水平

电力行业社会责任发展指数平均得分为76.0分，整体为四星级水平，处于领先者阶段，相较于2015年的72.4分有所提高，在评价的16个行业中继续保持领先（见图2）。具体来看，五星级企业6家，分别为中国华电集团公司（95.3分）、中国华能集团公司（92.5分）、中国南方电网有限责任公司（91.6分）、华润电力控股有限公司（86.0分）、中国长江三峡集团公司（82.4分）以及国家电网公司（81.7分）；四星级企业6家；三星级企业1家。

电力行业是与生产生活密切相关的行业，保障电力稳定供应，服务民生是电力企业义不容辞的责任。2016年，全国用电形势呈现增速同比提高、

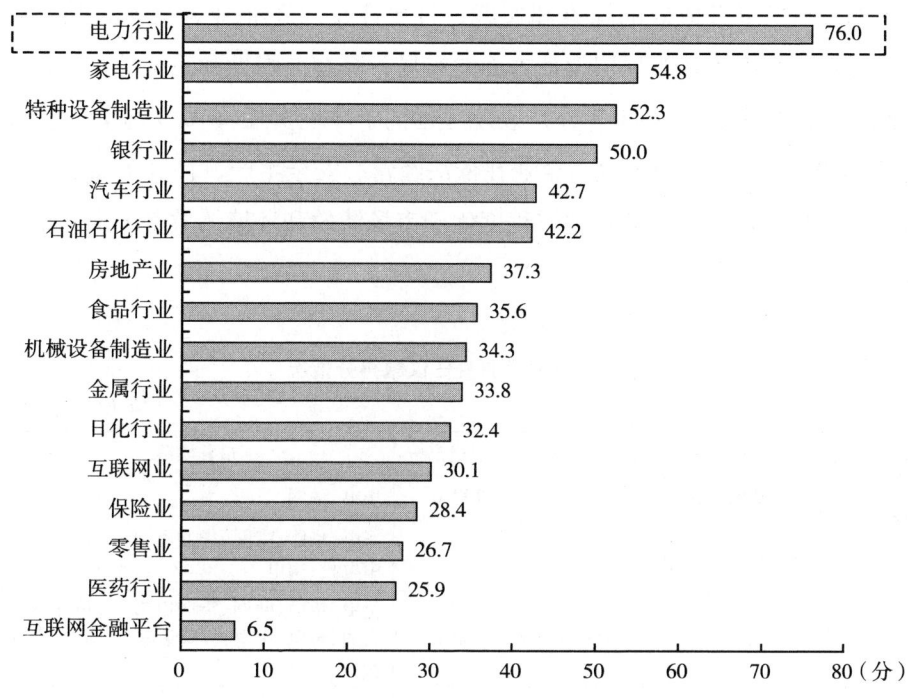

图 2　电力行业社会责任发展阶段与排名

动力持续转换、消费结构继续调整的特征①。从当前形势来看，电力行业一直保持着先发优势，社会责任体系日臻完善，社会责任发展表现卓越，领先于其他行业。从长远发展角度看，我国电力行业企业要主动适应经济发展新常态，积极转变发展理念，着力践行能源转型升级，持续节能减排，加大国际合作和"走出去"步伐，推动电力行业的可持续发展，不断提升电力行业企业履行社会责任的能力。

2. 电力行业责任管理优于责任实践，社会责任表现最佳；电力企业注重责任沟通、依法经营和科技创新，在客户服务方面表现欠佳

电力行业责任管理（81.2分）和责任实践（74.6分）两者得分均比较高，且责任管理优于责任实践，可见电力企业在社会责任战略管理和实践开

---

① 中电联规划发展部：《2016~2017年度全国电力供需形势分析预测报告》。

展上都进行了卓有成效的探索和实践，且更注重对于企业社会责任战略理念、规划、组织体系等顶层设计方面的布局，具有前瞻性和系统性。就责任实践而言，社会责任（83.8分）表现远远优于环境责任（70.9分）及市场责任（69.1分），体现了电力企业在依法经营、安全生产、社区关系和员工关爱等社会绩效方面的信息披露程度优于市场绩效和环境绩效等方面的信息披露程度（见表3）。

表3 电力行业责任议题得分情况

单位：分

责任板块	责任议题	行业平均分	行业最高分	最佳实践
责任管理（81.2）	责任战略与治理	73.8	100.0	华电、南网
	利益相关方参与	76.9	100.0	华电、华能、南网、华润电力、三峡、大唐、中电投、国电
	责任沟通	100.0	100.0	华电、华能、南网、华润电力、三峡、国网、大唐、粤电、中电投、国华电力、国电、中广核、国投电力
市场责任（69.1）	股东权益	75.8	100.0	华电、南网、华润电力、国网、大唐、国电
	客户服务	46.2	90.0	华能
	科技创新	86.2	100.0	华电、华能、南网、华润电力、三峡、国网、粤电、中电投、中广核
	供应链管理	84.6	100.0	华电、华能、南网、华润电力、三峡、国网、粤电、中电投、国华电力、国电、中广核
社会责任（83.8）	员工关爱	76.9	100.0	华电、华能
	依法经营	100.0	100.0	华电、华能、南网、华润电力、三峡、国网、大唐、粤电、中电投、国华电力、国电、中广核、国投电力
	安全生产	82.7	100.0	华电、华能、南网、华润电力、三峡
	社区关系	82.7	100.0	华能、三峡、国网
环境责任（70.9）	环境责任	70.9	100.0	华电

从议题角度来看，电力企业在责任沟通（100.0分）、依法经营（100.0分）和科技创新（86.2分）方面信息披露水平相对较高，可见绝大多数

电力企业都注重与利益相关方进行沟通，并重视电力研发创新能力的提升。需要指出的是，电力企业在客户服务方面（46.2分）议题表现相对较差，因此，电力企业应加强在客户关系管理、应对客户投诉、客户满意度等客户服务方面信息的披露和报告。电力企业应加强客户责任管理工作，提升市场责任信息披露的系统性和连续性。

（三）最佳实践

对电力行业13家样本企业的社会责任报告进行综合分析可以看出，电力行业信息披露的重点集中于保障安全生产、推动科技创新、推进绿色管理、确保安全运营等方面。

1. 重视安全生产

中国华电以创造经济社会价值为使命，推进企业社会责任实践，实行事前风险预控、事中隐患排查治理和事后应急保障的"三阶段"工作机制，建立健全安全管控机制、加快落实安全隐患排查、巩固完善安全应急制度、组织开展安全教育培训，实现安全生产责任"全覆盖"，积极推动安全生产责任管理（见图3）。

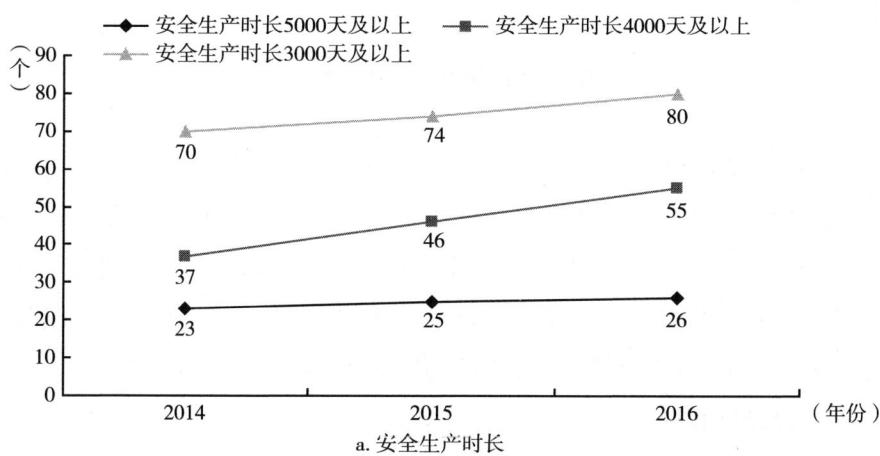

a. 安全生产时长

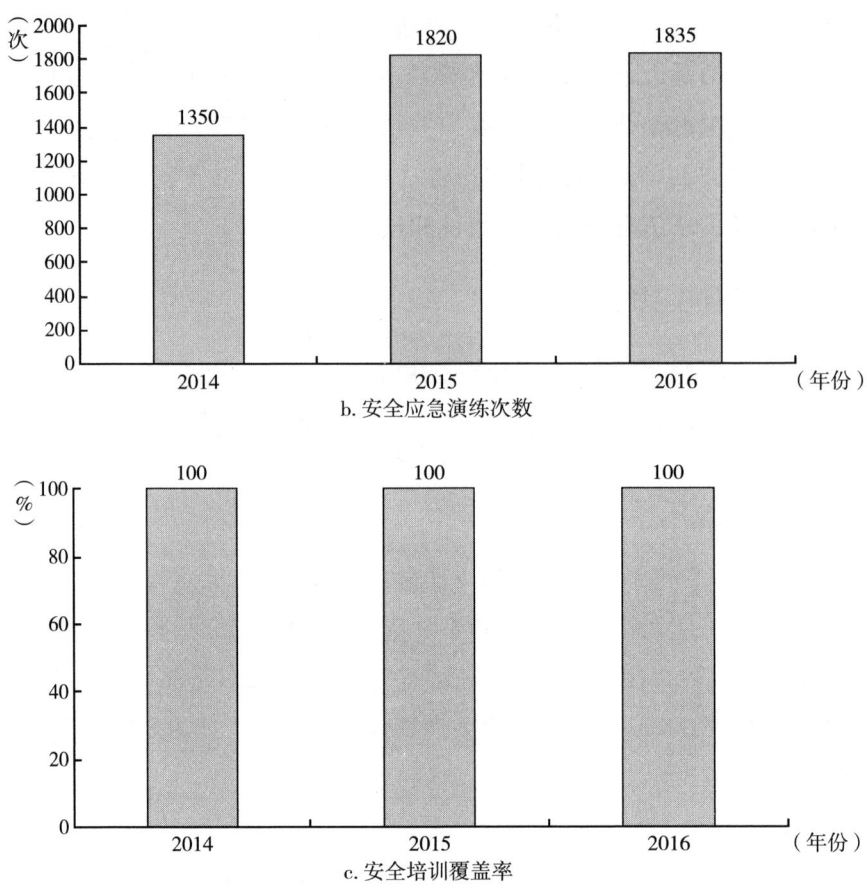

图3 中国华电安全管理绩效

2. 加速科技创新

中国华能积极响应国家"大众创业、万众创新"号召,大力推进"双创"工作。2016年,首次设立37项企业员工技术创新项目;开展第一批技术创新工作室申报和评审认定;构建多层次"双创"技术平台,完成公司"众创空间"技术平台建设实施方案编制(见图4)。

3. 建设绿色电网

在电网工程建设中,中国南方电网坚持开放、透明、诚信的原则,主动与各利益相关方就电磁辐射、线行走向、土地占用等环境和资源方面的疑问

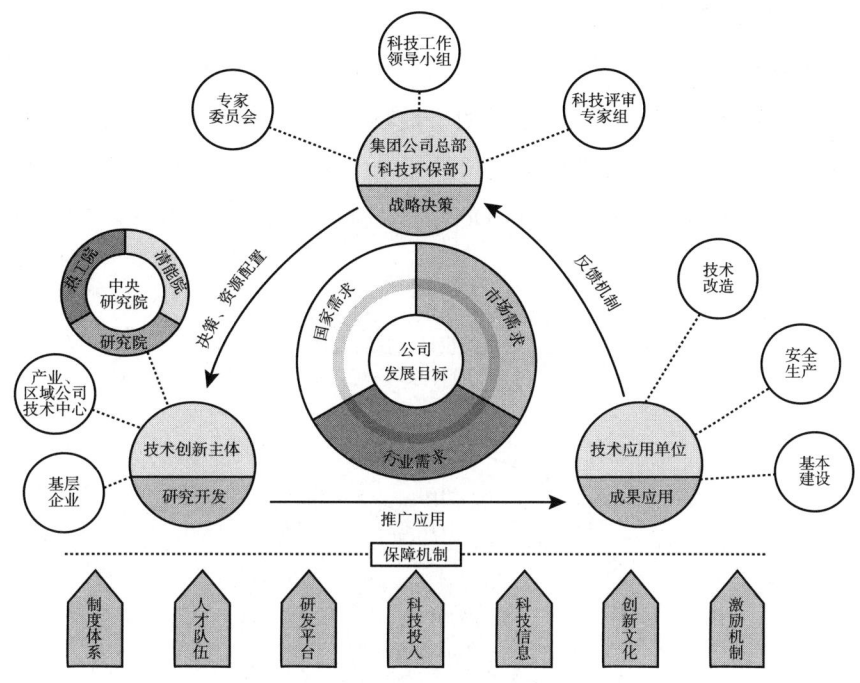

图 4　中国华能创新体系运行机制

进行沟通，努力获得利益相关方的理解和支持，携手设计绿色电网工程，共同推动绿色电网建设（见图 5）。

图 5　南方电网建设绿色电网

4. 加强风险管理

作为国有资产的受托经营者，为了提高资产安全性，华润电力不断完善风险管控体系建设，充分发挥法律、审计、监察等部门职能，致力于设计"事前、事中、事后"三位一体的风险防控长效机制，探索建立以战略为驱动轴、以"组织、流程、制度"为核心要素的OPP内部控制与风险管理整合框架（见图6）。

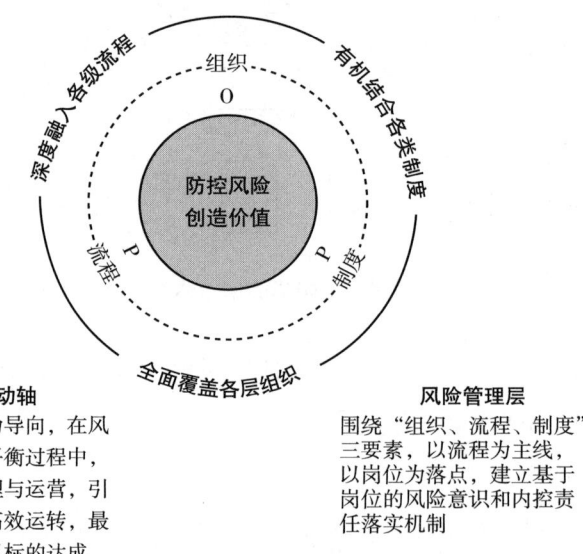

图6 华润电力OPP内部控制与风险管理整合框架

二 家电行业社会责任发展指数（2017）

（一）评价结果

本部分评价的家电行业包括电子产品及电子元件制造业、通信设备制造业以及家用电器制造业三大类。其中电子产品及电子元件制造包括电子元件及组件制造和印制电路板制造；通信设备制造业是针对用于工控环境的有线通信设备和无线通信设备制造行业；家用电器制造业又称民用电器制造、日用电器制造，包括制冷电器制造、空调电器制造、清洁电器制造、厨房电器制造、整容保健电器制造、声像电器制造等。家电行业10家样本企业的企业社会责任发展指数排名及得分如表4所示。

表4 家电行业社会责任发展指数（2017）

单位：分

排名	企业名称	企业性质	官网是否设置社会责任专栏	是否发布企业社会责任报告	社会责任发展指数
★★★★★（4家）					
1	三星（中国）投资有限公司	外资企业	有	有	92.0
2	LG中国	外资企业	有	有	87.9
3	松下电器（中国）有限公司	外资企业	有	有	86.1
4	TCL集团股份有限公司	民营企业	有	有	83.5
★★★（2家）					
5	美的集团股份有限公司	民营企业	有	有	51.6
6	珠海格力电器股份有限公司	国有企业	有	有	50.2
★★（2家）					
7	索尼（中国）有限公司	外资企业	有	无	39.1
8	海尔集团有限公司	民营企业	有	无	37.8
★（2家）					
9	奥克斯集团有限公司	民营企业	有	无	10.4
10	四川长虹电子集团有限公司	国有企业	无	无	9.2

（二）阶段性特征

1. 家电行业社会责任发展指数为54.8分，总体处于三星级水平

家电行业社会责任发展指数为54.8分，在本报告评价的16个行业中排名第二，整体为三星级水平，处于追赶者阶段（见图7），但样本企业社会

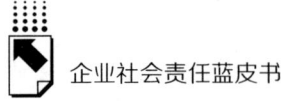

责任发展指数得分差异显著，10家样本企业中有4家五星级企业，分别为中国三星（92.0分）、LG中国（87.9分）、松下电器（中国）（86.1分）以及TCL（83.5）；两家三星级企业，两家二星级企业和两家一星级企业。

2016年，中国家电业在经历了上半年的整体市场清淡后，下半年逐步转好，消费升级态势良好，呈现产业结构优化、产品结构升级、产品品质提升的态势，行业转型升级稳步推进，经济运行质量持续提升。当前，家电产品已与家庭生活结合得更加紧密，中国消费者已不满足于过去简单地拥有家电、使用产品，转而追求更好的品质生活，市场对家电产品的需求呈现高端化、时尚化、个性化、多样化的趋势，消费升级的势头为产品升级孕育了巨大的市场机遇。因此，家电行业企业应该秉承"市场、服务、客户"的理念，把握消费升级，强化技术创新，从环保节约、安全生产、顾客与消费者权益等方面切实履行社会责任，促进家电行业和社会的可持续发展。

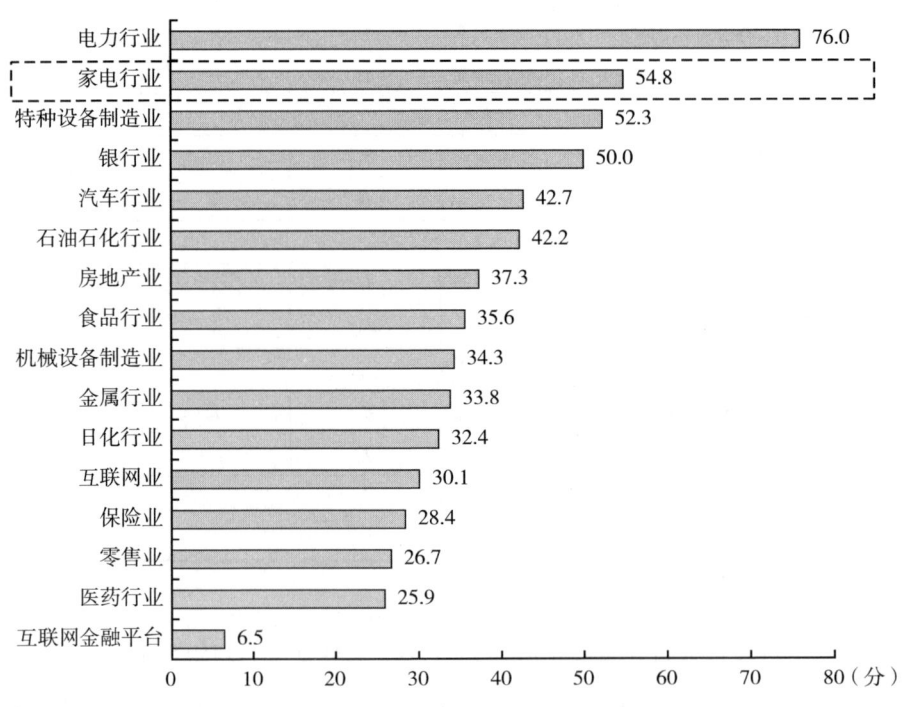

图7　家电行业社会责任发展阶段与排名

2. 家电行业责任实践优于责任管理，责任沟通表现最佳；家电行业注重责任沟通、社区关系、员工关爱和股东权益，在责任战略与治理、利益相关方参与以及安全生产方面表现欠佳

家电行业的责任实践（57.7分）优于责任管理（43.8分），且都处于追赶者阶段。就责任实践而言，环境责任（59.2分）表现好于社会责任（57.0分）及市场责任（56.8分），体现了家电行业在环境保护方面的信息披露水平高于依法经营、员工关爱和经营业绩等方面的信息披露水平。

从议题表现来看，责任沟通（72.0分）与社区关系（70.0分）得分最高，已达到领先者阶段，其次为员工关爱（59.4分）、股东权益（58.5分）、科技创新（58.0分）、客户服务（57.0分）、依法经营（55.0分）、供应链管理（52.0分）、安全生产（44.3分）、利益相关方参与（40.0分），这些议题的得分均处于40~60分，即都处于追赶者阶段；另外，责任战略与治理（31.5分）处于起步者阶段，在各议题中得分最低。家电行业各项社会责任议题得分如表5所示。

表5 家电行业社会责任议题得分

单位：分

责任板块	责任议题	行业平均分	行业最高分	领先实践
责任管理（43.8）	责任战略与治理	31.5	90.0	中国松下、中国三星、LG中国
	利益相关方参与	40.0	100.0	中国三星
	责任沟通	72.0	100.0	中国三星、中国松下、LG中国、TCL、美的、格力
市场责任（56.8）	股东权益	58.5	100.0	TCL、LG中国
	供应链管理	52.0	100.0	中国三星、索尼中国、LG中国、中国松下
	客户服务	57.0	100.0	中国三星、中国松下、LG中国
	科技创新	58.0	100.0	中国松下、LG中国、TCL、美的
社会责任（57.0）	依法经营	55.0	100.0	中国三星、中国松下、LG中国、TCL
	员工关爱	59.4	100.0	中国三星、中国松下
	社区关系	70.0	100.0	中国三星、海尔、美的
	安全生产	44.3	100.0	中国三星、LG中国
环境责任（59.2）	环境责任	59.2	100.0	中国三星、TCL

（三）最佳实践

对标家电行业的样本企业，可以看出，家电行业信息披露的重点集中于注重安全生产、完善供应链管理、提供优质产品及服务以及开展绿色经营等方面。

1. 注重安全生产

为贯彻"安全第一，预防为主"的安全生产方针，中国三星建立了完善的安全生产制度，通过培训、安全演习等措施保证广大员工掌握必要的安全生产知识和安全技能，提高员工安全生产意识和自我保护能力。为了提高员工安全意识，培养员工学会身处危险的时候如何做到科学、快速、高效地自救、施救，中国三星的8家工厂建立了安全体验馆，合计占地面积约3552平方米。内容涉及逃生体验通道、防护用品体验、消防报警设施展示、化学品使用、心肺复苏模拟训练、安全帽撞击体验等内容。各类实地体验项目让安全防护培训更有针对性，不再"纸上谈兵"的安全教育让员工收益颇丰。生产设备长时间使用可能会产生损坏或老化，中国三星及时检测和维护生产设备可以避免一些事故发生。同时，对生产车间等场所的硬件设施也要进行安全检测，避免不必要事故发生（见图8）。

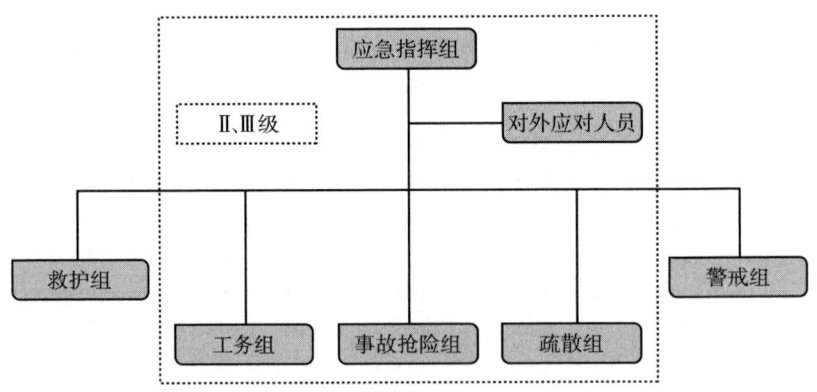

图8 中国三星安全应急指挥系统

2. 完善供应链管理

中国松下认为，以责任价值链建设为导向，进而带动产业链上下游协同发展、互利共赢，是企业践行社会责任的最优方式。通过与供应商沟通，分享经验，中国松下进一步强化供应商的社会责任管理，对行业的进步贡献光和热，推动整个价值链的可持续发展。中国松下严格遵守《绿色采购准则》等社会责任标准，实施负责任的采购活动，打造责任价值链，与供应商共同推动责任采购的有序开展。在同等条件下，优先采购保护生物多样性企业的产品和服务（见图9）。

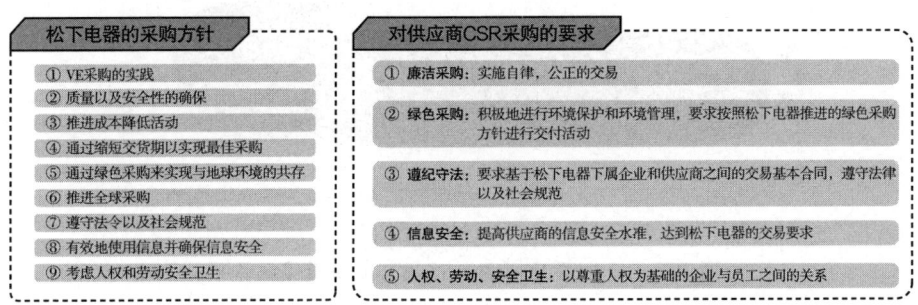

图9　中国松下的采购方针及对供应商CSR采购要求

3. 提供优质产品及服务

LG中国致力于"成为顾客认可的最高品质的LG"，坚守着无暇品质的企业文化。LG中国积极完善产品质量体系管理，对品质生产实行闭环管理；LG Hausys制定产品开发质量保证体系Q-Gate（见图10），从商品的策划阶段到产品的生产和初期流通管理，持续对质量进行控制，为顾客提供更加优质的产品。2016年12月，LG中国在北京举办"本质美学"LG SIGNATURE玺印品牌发布会，标志着LG中国高端家电品牌LG SIGNATURE玺印正式登陆中国市场。

4. 开展绿色经营

TCL"以保护环境为己任"，制定了完善的环境管理机制和环境事件应急管理办法。TCL遵守所有环保法律，最小化使用危险材料能源和其

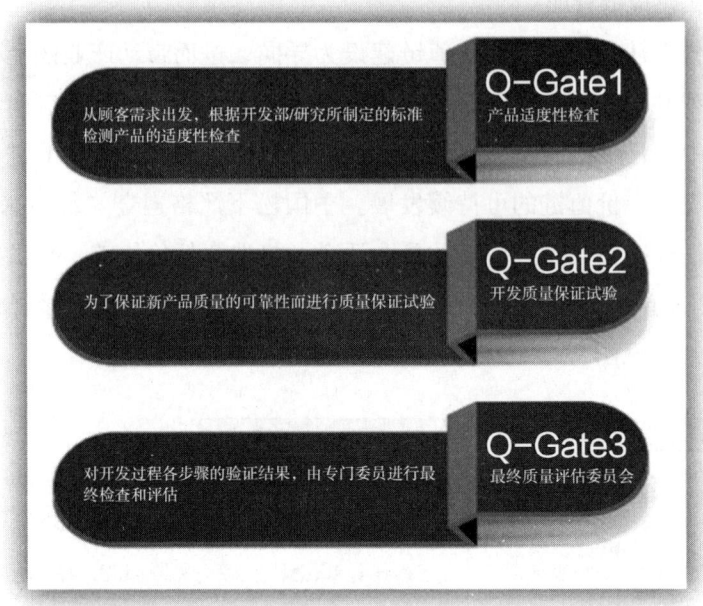

图10　LG中国Q-Gate产品开发质量保证体系

他资源；重视污染预防，不断改善生产工艺，采用绿色材料，推进绿色生产。

TCL坚持绿色发展方向，积极推进绿色生产，加大环保投资。2016年，TCL投资800余万元进行节能减排改造，涉及生产运输的各个环节，取得了突出的成效。

三　特种设备制造业社会责任发展指数（2017）

（一）评价结果

本部分评价的特种设备制造业主要针对我国十一大军工设备制造企业。由于行业的特殊性，11家特种设备制造企业均为国有企业，且都是中央企业。这11家样本企业的社会责任发展指数排名及得分如表6所示。

表6 特种设备制造业社会责任发展指数（2017）

单位：分

排名	企业名称	企业性质	官网是否设置社会责任专栏	是否发布企业社会责任报告	社会责任发展指数
★★★★★(3家)					
1	中国电子信息产业集团有限公司	中央企业	有	有	87.4
2	中国兵器工业集团公司	中央企业	有	有	86.3
3	中国电子科技集团公司	中央企业	有	有	84.8
★★★★(3家)					
4	中国航天科技集团公司	中央企业	有	无	75.2
5	中国航空工业集团公司	中央企业	有	有	71.3
6	中国船舶工业集团公司	中央企业	有	有	60.3
★★★(1家)					
7	中国航天科工集团公司	中央企业	有	有	58.9
★★(1家)					
8	中国核工业集团公司	中央企业	有	无	22.8
★(3家)					
9	中国兵器装备集团公司	中央企业	有	无	16.5
10	中国船舶重工集团公司	中央企业	无	无	7.5
11	中国核工业建设集团公司	中央企业	有	无	4.8

（二）阶段性特征

1. 特种设备制造业社会责任发展指数平均分为52.3分，总体处于三星级水平

特种设备制造业社会责任发展指数平均得分为52.3分，整体达到三星级水平，处于追赶者阶段。相较于2016年的58.8分有所下降，在评价的16个行业中位列第三（见图11）。在11家样本企业中，有3家五星级企业，分别是：中国电子（87.4分）、中国兵器工业（86.3分）和中国电科（84.8分）；3家四星级企业，分别是：中国航天（75.2分）、中航工业

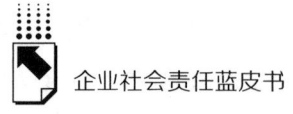

(71.3分)、中船集团（60.3分）；1家三星级企业、1家二星级企业和3家一星级企业。

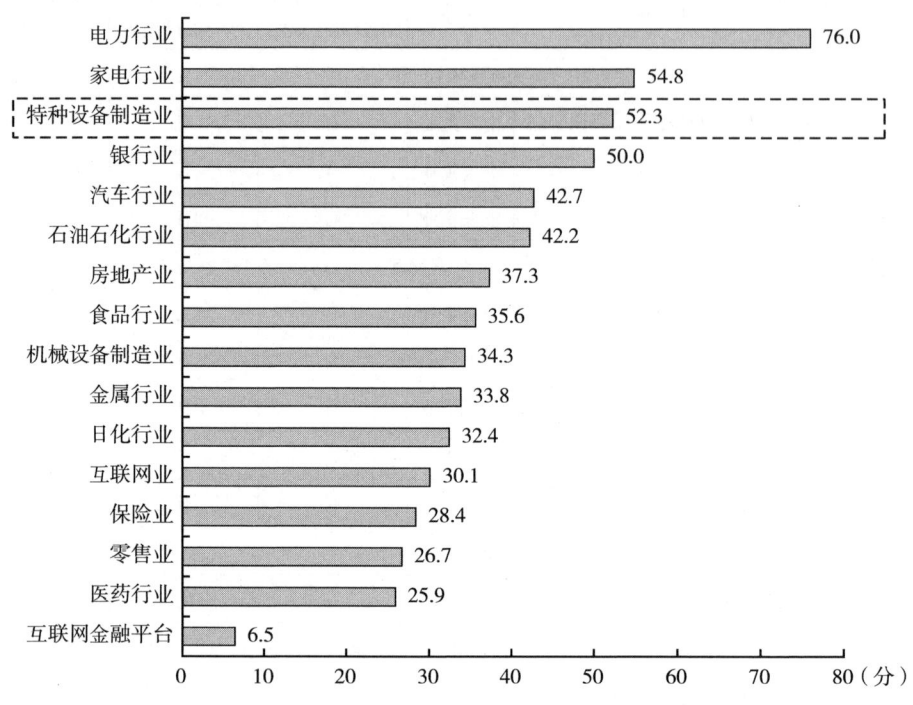

图11 特种设备制造业社会责任发展阶段与排名

特种设备制造业由于其生产经营往往涉及国防利益和公共安全，故而决定了其特殊性，需要遵循特殊的管理规则。因此，该类企业在社会责任实践中更应注重依法经营、安全生产、环境保护和科研创新等方面。就整体而言，特种设备制造企业在依法经营方面表现优秀，在科技创新和安全生产方面表现良好；但在环境保护方面还存在不足之处，企业应更加关注和努力改进。

2.特种设备制造业责任管理优于责任实践，社会责任表现较好；特种设备制造企业注重责任沟通和依法经营，在客户服务方面表现欠佳

对比责任管理与责任实践，可以看出责任管理得分（53.2分）高于责任实践得分（51.3分），可见特种设备制造企业在企业社会责任顶层设计和战略规划方面较为突出，企业社会责任实践和信息披露方面工作相对欠缺。就责任实践而言，社会责任（57.3分）和环境责任（49.4分）表现优于市场责任（47.1分），体现了特种设备制造企业在社会业绩方面和环境保护业绩方面的信息披露水平高于经营业绩的披露水平（见表7）。

表7 特种设备制造业责任议题得分情况

单位：分

责任板块	责任议题	行业平均分	行业最高分	最佳实践
责任管理（53.2）	责任战略与治理	37.7	85.0	中国电子、中国兵器
	利益相关方参与	59.1	100.0	中国电子、中国兵器、中国电科、中国航天、中航工业、航天科工
	责任沟通	78.2	100.0	中国电子、中国兵器、中国电科、中国航天、中航工业、中船集团、航天科工
市场责任（47.1）	股东权益	52.7	100.0	中国电子、中国电科、中国航天
	客户服务	37.3	70.0	中国电科、中国航天、中航工业
	科技创新	62.7	100.0	中国电子、中国兵器、中国电科、中国船舶
	供应链管理	40.0	100.0	中国电子、中国兵器、中国电科、中国航天
社会责任（57.3）	员工关爱	50.6	87.5	中国兵器
	依法经营	70.5	100.0	中国电子、中国兵器、中国电科
	安全生产	60.2	100.0	中国兵器、中国电科
	社区关系	54.5	100.0	中航工业
环境责任（49.4）	环境责任	49.4	96.0	中国电子

从议题角度来看，特种设备制造企业在责任沟通（78.2分）、依法经营（70.5分）方面信息披露水平较高，可见特种设备制造企业能通过发布报告或网站信息等方式与利益相关方有良好的沟通，并且依照相关法律法规对企业经营生产进行管理。而在客户服务（37.3分）和供应链管理（40.0分）议题上的表现相对较差。

（三）最佳实践

整体上看，特种设备制造业信息披露的重点集中于供给创新、供应商管理、科技创新和绿色制造等方面。

1. 创造行业价值

中国电子狠抓自主创新、联合创新、引进消化吸收再创新，着力解决行业发展中的基础性难题，突破核心技术和基础产品受制于人的困境，支撑全行业创新发展。中国电子在G8.5液晶玻璃基板、高铝盖板玻璃技术上打破国外垄断，填补国内空白，并基于IGZO技术推出"中国超屏"，引起业界瞩目。彩虹集团的努力，成功打破了国外公司高度垄断的产业格局，有效改善了国内"缺芯少板"的失衡局面，促使产品价格年均降幅达到15%，为国内面板企业节约原材料成本约100亿元，累计节约成本近千亿元，也为国家节约了大量外汇，并间接促使显示终端的价格同步下降，使广大消费者从中受惠，社会效益明显。

2. 健全两级供应商管理机制

中国兵器工业以《中国兵器工业集团公司集团级供应商管理规定》为基础，建立健全两级供应商管理机制，规范供应商管理标准和流程，持续加强供应链体系建设，初步实现供应商网上管理，实现集团级供应商100%网上考核评价（见图13）。

3. 打造科技创新布局

中国电科立足国家创新驱动发展战略和建设创新型国家要求，加快推进

图12 彩虹集团基板玻璃生产线

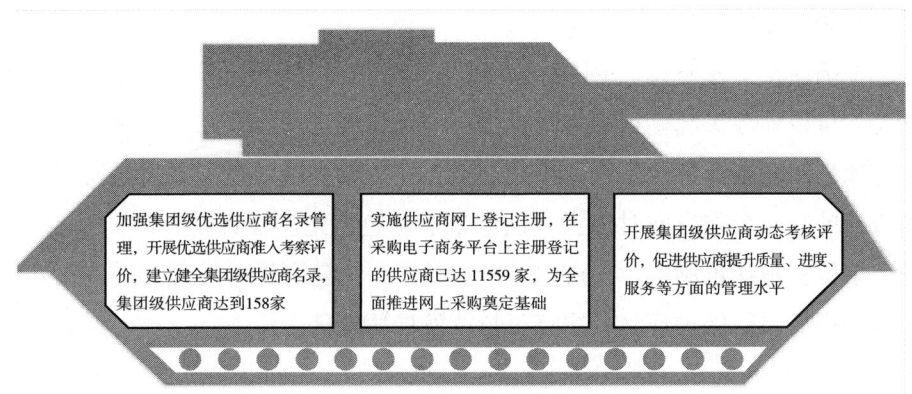

图 13　中国兵器供应商管理机制

以科技创新为核心的全面创新，为打造世界一流创新型企业谋篇布局；积极探索前沿技术研究，抓好国防领域项目实施，组织国家重大专项、重大工程，推进创新特区建设，推行科技成果转化激励制度（见图14）。

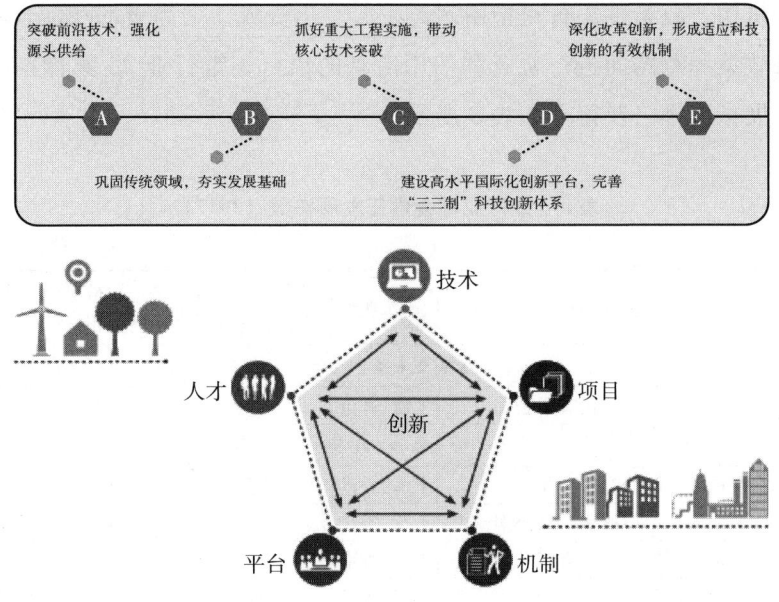

图 14　中国电科科技创新布局

4. 推进绿色制造

中国航空工业坚持"创新、协调、绿色、开放、共享"的可持续发展理念，自设计源头起推行绿色环保的可持续发展理念，并在生产制造各环节推进绿色制造企业评价工作。中国航空工业持续开展绿色航空技术研究，并积极开展国际合作，同时依据《航空工业绿色制造企业评价标准》，持续推进各单位实施绿色制造，推进绿色产业发展，构建资源节约型和环境友好型企业，积极履行保护环境、维持可持续发展的责任。

四 银行业社会责任发展指数（2017）

（一）评价结果

本部分评价的银行业包含了商业银行和政策性银行。商业银行具体包括国有独资商业银行、股份制银行、城市商业银行、城市信用社、农村信用社等金融机构。政策性银行是指由政府发起、出资成立，为贯彻和配合政府特定经济政策和意图而进行融资和信用活动的银行。银行业28家样本的社会责任发展指数排名及得分如表8所示。

表8 银行业社会责任发展指数（2017）

单位：分

排名	企业名称	上市地点	官网是否设置社会责任专栏	是否发布企业社会责任报告	社会责任发展指数
★★★★★（1家）					
1	中国民生银行股份有限公司	上海、香港	有	有	88.7
★★★★（11家）					
2	交通银行股份有限公司	上海、香港	有	有	77.3
3	中国农业银行股份有限公司	上海、香港	有	有	73.2
4	中国工商银行股份有限公司	上海、香港	有	有	71.3
5	招商银行股份有限公司	上海、香港	有	有	71.2
6	上海浦东发展银行股份有限公司	上海	有	有	68.1

续表

排名	企业名称	上市地点	官网是否设置社会责任专栏	是否发布企业社会责任报告	社会责任发展指数
7	中国光大银行股份有限公司	上海	有	有	67.7
8	广发银行股份有限公司	—	有	有	64.4
9	中国银行股份有限公司	上海、香港	有	有	62.9
10	中国邮政储蓄银行股份有限公司	香港	有	有	62.5
11	平安银行股份有限公司	深圳	有	有	62.1
12	兴业银行股份有限公司	上海	有	有	61.9
★★★(8家)					
13	华夏银行股份有限公司	上海	有	有	59.4
14	江苏银行股份有限公司	—	有	有	58.3
15	中信银行股份有限公司	上海、香港	无	有	57.4
16	中国建设银行股份有限公司	上海、香港	有	有	54.4
17	北京银行股份有限公司	上海	有	有	53.7
18	天津银行股份有限公司	香港	有	有	51.8
19	上海银行股份有限公司	—	有	有	47.7
20	汇丰银行(中国)有限公司	—	有	有	44.3
★★(3家)					
21	中国进出口银行	—	有	有	35.1
22	花旗银行(中国)有限公司	—	有	有	31.9
23	南京银行股份有限公司	上海	无	有	28.0
★(5家)					
24	中国农业发展银行	—	有	无	18.8
25	法国巴黎银行(中国)有限公司	—	有	无	12.6
26	渤海银行股份有限公司	—	有	无	12.0
27	国家开发银行股份有限公司	—	有	无	2.0
28	法国兴业银行中国有限公司	巴黎、东京、纽约	无	无	1.0

(二)阶段性特征

1. 银行业社会责任发展指数为50.0分,总体处于三星级水平

银行业社会责任发展指数平均得分为50.0分,整体为三星级水平,处于追赶者阶段,相较于2016年的50.2分有所下降,在评价的16个行业中的排名与2016年的行业排名持平(见图15)。五星级企业有1家,为中国民生银行(88.7分);四星级企业则由2016年的10家上升为11家,四星级及以上的企业共有12家,占样本企业的42.9%左右。

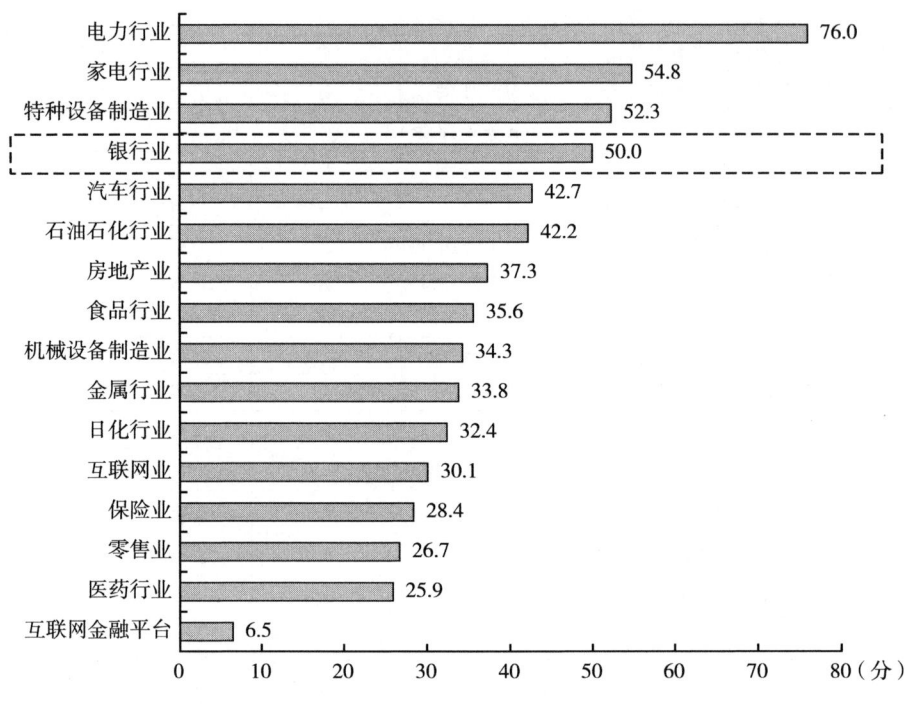

图15　银行业社会责任发展阶段与排名

2016年,银行业认真贯彻落实国家政策要求,支持"三去一降一补"工作全面推进,改革取得积极进展,服务实体经济与社会发展的水平继续提升,重点领域的风险防控能力有所增强,但部分领域的风险有所积累。面对经济金融稳定运行的基础还不牢固、经济下行压力依然较大的形势,银行业企业应推进"负责任"的金融发展,坚持金融服务实体经济的本质要求,重点支持国家战略,满足国家重点领域金融服务需求,促进经济社会健康可持续发展;同时要注重塑造责任品牌,实现自身强劲可持续发展。

2. 银行业责任管理优于责任实践，责任沟通表现最佳；银行业企业注重责任沟通，在安全生产、科技创新和责任战略与治理等方面表现欠佳

对比责任管理与责任实践，可以看出责任管理得分（50.8 分）高于责任实践（49.3 分），样本企业中，89% 以上的企业都设置了企业社会责任专栏，82% 以上的企业都发布了企业社会责任报告。可见银行业企业更注重责任战略与治理、利益相关方参与及责任沟通等责任管理方面的信息披露工作，而在具体责任实践的总结及披露则尚待完善（见表9）。

从议题角度来看，银行业企业对责任沟通（86.4 分）议题的信息披露水平较高，处于领先者阶段。而在安全生产（8.0 分）、科技创新（30.4 分）及环境责任（42.9 分）等议题的披露情况则不太理想，应重点加强对该部分议题的总结及信息披露，以提升社会责任信息披露的完整性，从而进一步强化企业的社会责任管理水平。

表9　银行业责任议题得分情况

单位：分

责任板块	责任议题	行业平均分	行业最高分	领先实践
责任管理（50.8）	责任战略与治理	32.5	85.0	民生银行、交通银行、工商银行、招商银行
	利益相关方参与	51.8	100.0	民生银行、交通银行、农业银行、工商银行、浦发银行、邮储银行、兴业银行、建设银行、花旗银行
	责任沟通	86.4	100.0	民生银行、交通银行、农业银行、工商银行、招商银行、浦发银行
市场责任（52.9）	股东权益	73.4	100.0	民生银行、交通银行、农业银行、工商银行、浦发银行、光大银行
	供应链管理	42.1	100.0	民生银行、交通银行、农业银行、招商银行、浦发银行、中国银行、邮储银行、平安银行、江苏银行
	客户服务	48.9	100.0	民生银行
	科技创新	30.4	40.0	光大银行

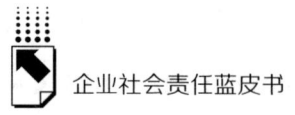

续表

责任板块	责任议题	行业平均分	行业最高分	领先实践
社会责任（52.0）	依法经营	72.3	100.0	民生银行、农业银行、工商银行、浦发银行、广发银行、邮储银行、平安银行、兴业银行、华夏银行等
	员工关爱	52.5	93.8	交通银行、浦发银行
	社区关系	75.0	100.0	民生银行、工商银行、招商银行、光大银行、广发银行、中国银行、平安银行等
	安全生产	8.0	75.0	民生银行
环境责任（42.9）	环境责任	42.9	82.0	民生银行、工商银行

（三）最佳实践

对标所选取的银行业样本企业，可以看出，银行业信息披露的重点集中于脱贫攻坚奋战、创新服务道路、绿色采购制度和内控管理水平。

1. 助力脱贫攻坚

中国民生银行积极服务政府投资及财政支出，支持国家"十三五"期间的西部开发战略，在依托地方资源促进自身发挥发展的同时，始终不忘反哺支持区域经济，通过加大信贷支持力度，为我国"一带一路"经济发展及区域经济发展做出贡献。

2. 践行创新服务

跨界融合，"互联网+金融"省心又省力持续探索，逐步确立"一扇门、两朵云、三个e"的开放式互联网金融战略体系（见图17），光大银行通过完善的电子渠道和便捷的职能服务打破人们获得金融服务的种种壁垒，不断提升客户金融服务体验。

3. 坚持绿色采购

交通银行坚持阳光采购、绿色采购，严格遵守相关政策规定，在采购中充分考虑环境因素，减少环境影响，带动供应商提高环保意识。报告期内，修订并印发了《交通银行总行集中采购实施细则》《交通银行总行集中采购

健全扶贫管理组织体系

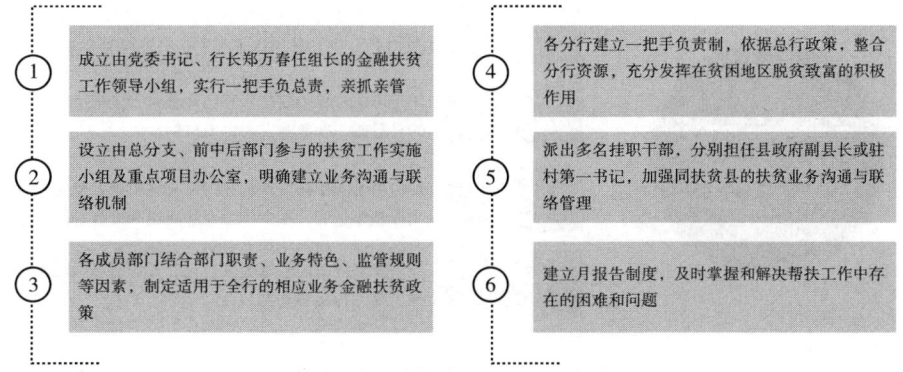

图16　民生银行扶贫管理组织体系

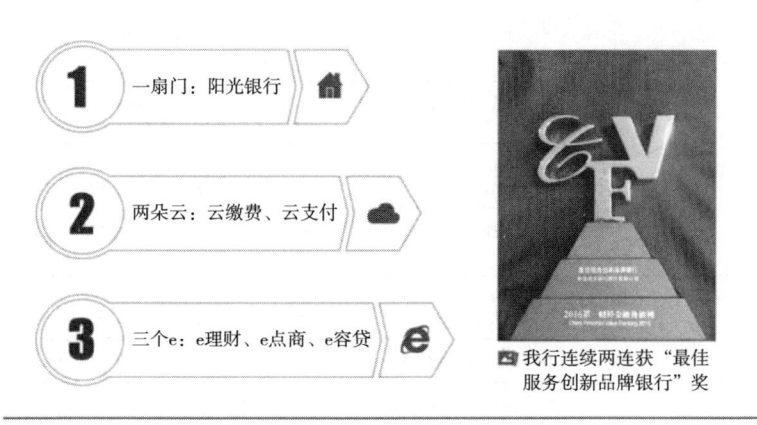

图17　开放式互联网金融战略体系

评审专家管理办法》，并制定《交通银行总行供应商管理办法》等规章制度，确保整个采购过程有章可循（见图18）。

4. 提升内控管理

农业银行以廉政建设促进业务经营发展，为建设国际一流商业银行集团提供坚强保障。开展反腐倡廉活动，完善反洗钱管理体系，务实反洗钱管理基础，优化反洗钱风险监测模型工具，提升反洗钱管理效率和水平（见图19）。

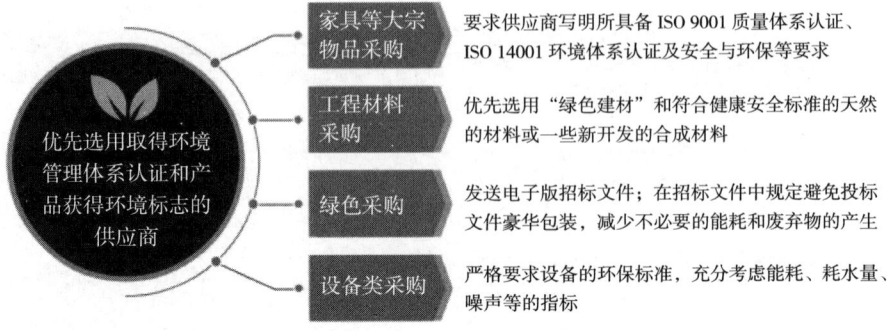

图 18 交通银行绿色采购体系

持续提升制度管理	多形式提高制度质量	・做好制度审查工作 ・组织、参加制度研讨会 ・向专家咨询制度中难点、疑点法律问题 ・启动基层行联络点机制,拓宽上下级行意见沟通渠道
	开展总行制度立改废工作	・拟制定或修订规章制度166项 ・批量废止部门制度,确保制度体系的有效性
	规范境外机构和子公司制度管理	・撰写《境外机构制度管理情况调研报告》 ・对总行31个制度进行翻译,并先行交付境外机构使用
	推进制度系统优化升级	・做好系统上线、使用培训、操作手册编写、数据移植等工作
深入推进"法治农行"建设	推动"法治农行"建设落地实施	・制定下发《中国农业银行全面推进"法治农行"建设纲要》,并进行了任务分解和责任落实
	加强法律知识培训	・组织编写《银行业领导人员学法用法读本》
	开展"学刑法、明底线、知敬畏"活动	・梳理刑法中与银行员工犯罪相关的非法集资、非法吸收公众存款等罪名及处罚,共计十大类55项罪名 ・在城乡金融报开辟"学刑法、明底线、知敬畏"专栏
持续加强合规文化建设	推进合规文化制度建设	・起草《关于加强合规文化建设的意见》
	开展合规文化宣讲	・开展合规文化宣讲5049场次,受众35万人
深入开展法律研究	强化法规解读成果利用	・编写银行业相关重点法律法规汇编,并通过网站、微信等渠道推送优秀解读文章
	组织开展法律讲座	・开展法律讲座四期,为业务开展和开拓国际视野提供有益指导
	认真做好立法征询	・提出45条有效意见

图 19 农业银行合规经营建设

五 汽车行业社会责任发展指数（2017）

（一）评价结果

本部分评价的汽车行业特指生产各类汽车如乘用车、商用车及其零部件等汽车产品的企业。汽车行业28家样本企业的社会责任发展指数排名及得分如表10所示。

表10 汽车行业社会责任发展指数（2017）

单位：分

排名	企业名称	企业性质	官网是否设置社会责任专栏	是否发布企业社会责任报告	社会责任发展指数
★★★★★（4家）					
1	现代汽车（中国）投资有限公司	外资企业	有	有	91.4
2	东风汽车公司	中央企业	有	有	89.4
3	中国第一汽车集团公司	中央企业	有	有	84.9
4	上海汽车集团股份有限公司	国有企业	有	有	80.4
★★★★（6家）					
5	浙江吉利控股集团有限公司	民营企业	有	有	76.1
6	比亚迪股份有限公司	民营企业	有	有	74.7
7	安徽江淮汽车集团有限公司	国有企业	有	有	68.3
8	丰田汽车（中国）投资有限公司	外资企业	有	有	68.2
9	广州汽车集团股份有限公司	国有企业	有	有	67.6
10	北京汽车集团有限公司	国有企业	有	有	60.8
★★★（4家）					
11	本田中国投资有限公司	外资企业	有	有	56.7
12	长城汽车股份有限公司	民营企业	无	有	53.0
13	郑州宇通集团有限公司	民营企业	有	无	41.6
14	日产（中国）投资有限公司	外资企业	有	无	41.3

续表

排名	企业名称	企业性质	官网是否设置社会责任专栏	是否发布企业社会责任报告	社会责任发展指数
★★(6家)					
15	通用汽车(中国)	外资企业	有	无	30.1
16	陕西汽车控股集团有限公司	国有企业	有	无	28.6
17	奇瑞汽车股份有限公司	民营企业	有	无	27.6
18	厦门金龙汽车集团股份有限公司	国有企业	有	无	27.3
19	福特汽车(中国)有限公司	外资企业	有	无	26.7
20	大众汽车集团(中国)	外资企业	有	无	23.8
★(8家)					
21	中国重型汽车集团有限公司	国有企业	有	无	19.9
22	江铃汽车集团公司	民营企业	有	无	18.3
23	宝马中国	外资企业	有	无	13.5
24	山东时风(集团)有限责任公司	民营企业	无	无	13.1
25	沃尔沃(中国)投资有限公司	外资企业	有	无	7.6
26	中国长安汽车集团股份有限公司	国有企业	有	无	2.0
27	戴姆勒中国	外资企业	无	无	1.4
27	铃木(中国)投资有限公司	外资企业	无	无	1.4

(二)阶段性特征

1. 汽车行业社会责任发展指数为42.7分,总体处于三星级水平

2017年汽车行业社会责任发展指数平均得分为42.7分,整体为三星级水平,处于追赶者阶段,在评价的16个行业中排名第五(见图20)。28家样本企业中,五星级企业4家,分别是现代汽车(中国)(91.4分)、东风汽车(89.4分)、中国一汽(84.9分)以及上汽集团(80.4分);四星级企业6家;三星级企业4家;二星级及以下的企业共14家。汽车行业样本企业的社会责任发展指数之间差距较大,其中三星级及以上的企业除郑州宇通和日产(中国)无社会责任报告外均发布企业社会责任报告,而二星级及以下企业均无企业社会责任报告,且二星级及以下企业比例占样本总量的50%，可见，汽车行业社会责任信息披露水平仍有待于进一步提高。

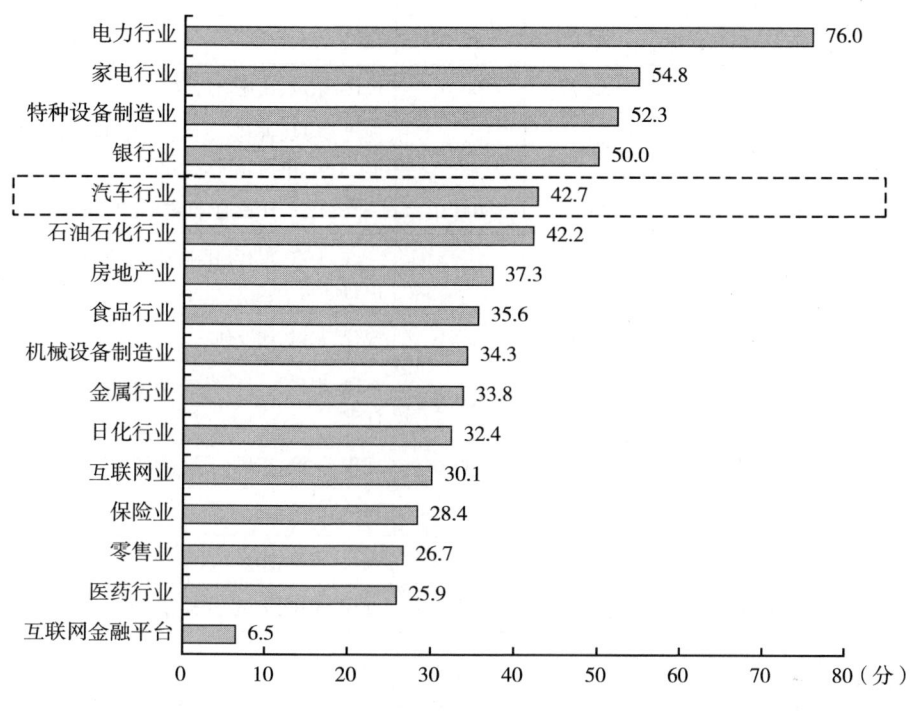

图20 汽车行业社会责任发展阶段与排名

2. 汽车行业责任管理与责任实践较为均衡，责任实践表现得分略高于责任管理；汽车企业注重依法经营、社区关系、责任沟通、环境责任，在责任战略与治理和利益相关方参与的信息披露方面表现欠佳

汽车行业的社会责任管理（37.6分）与责任实践（43.7分）两方面的发展较为平衡，责任实践表现得分略高于责任管理。就责任实践层面而言，市场责任（48.4分）表现得分高于社会责任（41.2分）和环境责任（41.5分），三者得分均为三星级，处于追赶者阶段，可见企业在责任实践方面的信息披露上还有待提高（见表11）。

从议题角度来看，汽车企业在责任沟通（57.1分）、科技创新（53.9分）、供应链管理（50.0分）等方面信息披露水平相对较高，说明汽车行业

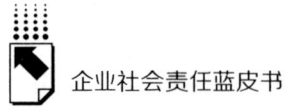

表11 汽车行业责任议题得分情况

单位：分

责任板块	责任议题	行业平均分	行业最高分	领先实践
责任管理（37.6）	责任战略与治理	28.8	85.0	东风、吉利
	利益相关方参与	35.7	100.0	现代、东风、比亚迪、吉利、一汽、上汽
	责任沟通	57.1	100.0	现代、东风、吉利、一汽、上汽、比亚迪、江淮、丰田、本田、广汽、北汽
市场责任（48.4）	股东权益	46.4	100.0	一汽、上汽、比亚迪、江淮、北汽、长城
	供应链管理	50.0	100.0	一汽、上汽、现代、比亚迪、北汽、东风、丰田、日产
	客户服务	46.8	90.0	现代、东风、比亚迪
	科技创新	53.9	100.0	东风、现代、一汽、长城、吉利、上汽、宇通、江淮
社会责任（41.2）	依法经营	39.3	100.0	现代、一汽、东风、上汽、江淮、广汽
	员工关爱	40.6	81.3	现代、丰田
	社区关系	47.3	100.0	现代、丰田、东风
	安全生产	37.9	100.0	现代、东风、上汽、江淮、广汽
环境责任（41.5）	环境责任	41.5	100.0	现代

当前注重品牌建设、合规经营，对环境保护日益重视，并通过设置社会责任专栏和发布社会责任报告的方式披露社会责任信息。而汽车企业在责任战略与治理（28.8分）和利益相关方参与（35.7分）方面信息披露表现欠佳。可见，汽车行业应加强社会责任治理和责任战略的建立，加强相关信息的披露，且汽车行业应加强与利益相关方的沟通，推动利益相关方履行社会责任。

（三）最佳实践

通过比较社会责任发展指数排名靠前的汽车行业发现，信息披露的重点集中于制定发展战略、开发安全技术、加强责任治理以及注重产品创新等方面。

1. 制订"润"计划2.0

东风汽车为适应国家经济社会发展要求和东风公司发展战略，制订了新一轮社会责任五年规划，以进一步加强战略引领，深化责任融入，提升社会责任工作整体水平，打造卓越的汽车企业公民，不断增强经济新常态下的可持续发展能力。东风公司社会责任"十三五"规划定名为"润"计划2.0，以体现对"十二五"期间"润"计划战略思想、行动实践的传承与发展。

2. 开发安全技术

汽车企业对交通安全负有天然的责任，现代汽车（中国）深知，并努力践行这一责任，不仅在车辆设计上，以驾乘人员与行人安全为首要考虑因素，积极研发安全技术，而且大力开展安全行车倡导活动，从"刚"与"柔"两个方面保障交通安全，达至一个更安全的未来。在注重采用安全材料和安全工艺的同时，现代汽车（中国）还致力于安全技术研发，并在技术开发过程中，针对碰撞发生前、碰撞发生时、驾驶生疏者非常看重的驻车以及防盗问题，分别研发了完善的主动安全系统和被动安全系统，提供最适宜的安全驾驶辅助。

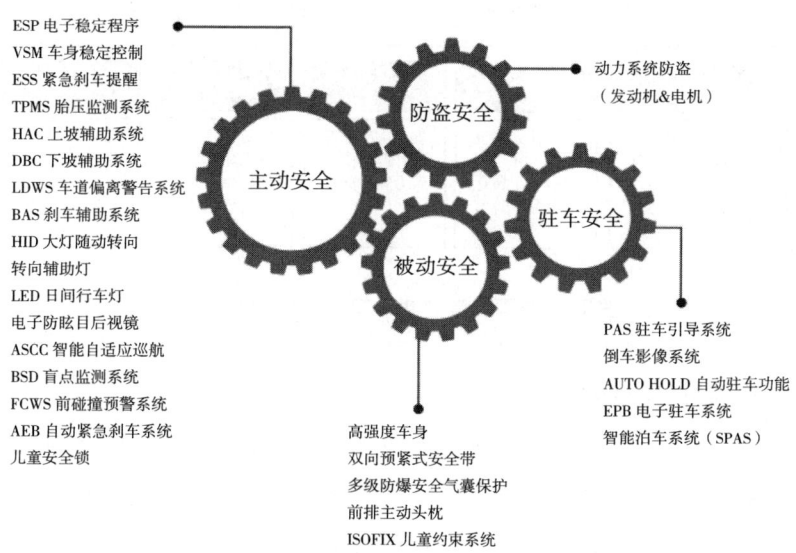

图21 现代汽车（中国）安全策略

3. 加强责任战略与治理

中国一汽积极贯彻落实党的十八大及十八届三中、四中、五中全会精神和国务院国资委对中央企业履行社会责任的部署和要求，以可持续发展为核心，强化社会责任管理，推动社会责任融入企业运营，2016年提出推动"十三五"社会责任规划目标切实落地的行动路线图，称为"悦·享计划"（见图22）。公司建立了社会责任管理委员会领导集团社会责任的开展，并建立了社会责任办公室，在社会责任委员会的领导下负责统筹协调社会责任工作。

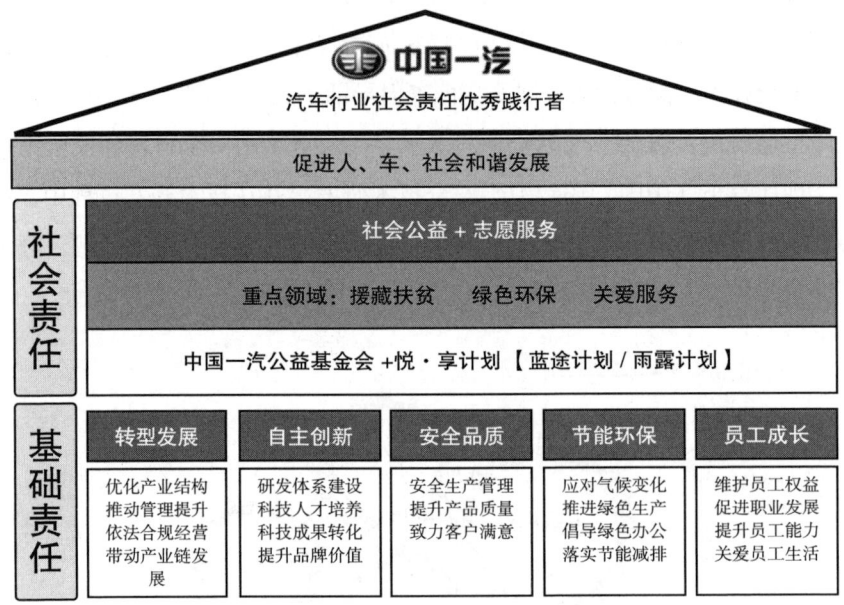

图22　中国一汽"悦·享计划"总目标

4. 注重创新与产业转型升级

2016年，上汽把握"市场演变大格局、科技进步大方向、产业变革大趋势"，瞄准汽车产业"电动化、网联化、智能化、共享化"的发展趋势，围绕价值链部署创新链，按照"向两端加快延伸、加快转型"的构思，在大数据时代背景下，在产业链、价值链重构的过程中，全力抢占有利地位，积极探索汽车产业转型升级的解决方案。在这期间，公司取得了首款互联网汽车成功上市、新能源汽车销量继续高速增长、分时租赁快速布局等一些积极成果。同时，在体制机制变革、文化氛围营造、人才队伍建设等方面，开展了大量创新实践与探索，并取得了积极进展。

六 石油石化行业社会责任发展指数（2017）

（一）评价结果

本部分评价的石油石化行业包括油气勘探、油气田开发、钻井工程、采油工程、油气集输、原油储运、石油炼制、化工生产、油品/化工销售等，生产社会需要的汽油、煤油、柴油、润滑油、化工原料、合成树脂、合成橡胶、合成纤维、化肥等多种石油、化工产品。石油石化业11家样本企业的社会责任发展指数排名及得分如表12所示。

表12 石油石化业社会责任发展指数（2017）

单位：分

排名	企业名称	企业性质	官网是否设置社会责任专栏	是否发布企业社会责任报告	社会责任发展指数
★★★★★（3家）					
1	中国石油化工集团公司	中央企业	有	有	91.9
2	LG化学（中国）投资有限公司	外资企业	有	有	87.8
3	中国海洋石油总公司	中央企业	有	有	84.7
★★★★（1家）					
4	中国石油天然气集团公司	中央企业	有	有	71.6
★★（3家）					
5	BP中国	外资企业	有	无	36.3
6	陕西延长石油（集团）有限公司	国有企业	有	有	25.5
7	埃克森美孚	外资企业	有	无	24.7
★（4家）					
8	壳牌（中国）有限公司	外资企业	有	无	15.7
9	道达尔中国	外资企业	有	无	10.7
10	埃尼中国	外资企业	有	无	8.2
11	SK中国	外资企业	有	无	6.9

（二）阶段性特征

1. 石油石化业社会责任发展指数为42.2分，总体处于三星级水平

石油石化业社会责任发展指数平均得分为42.2分，整体为三星级水平，处于追赶者阶段，在评价的16个行业中排名第六（见图23）。11家样本企业中，五星级企业3家，中国石化（91.9分），LG化学（87.8分）和中海油（84.7分）；四星级企业一家，中国石油（71.6分）；3家二星级企业，4家一星级企业。

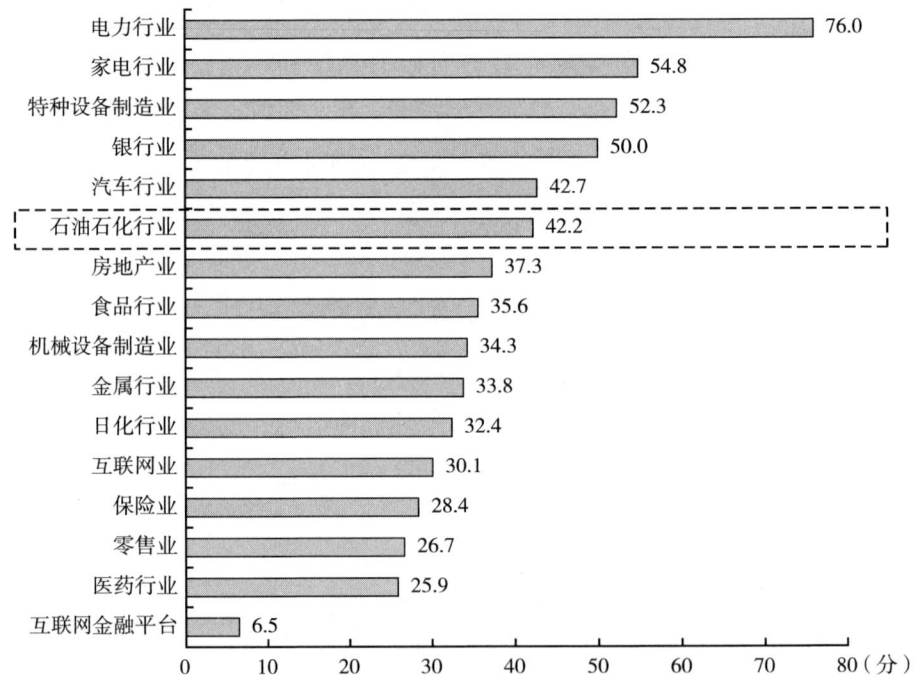

图23 石油石化行业社会责任发展阶段与排名

从整体来看，石油石化业是关系国计民生的重要行业，且与消费者息息相关，尤其在保障产品持续供应、节能减排等方面具有义不容辞的责任。从目前来看，石油化工业近年来社会责任信息披露水平较高。石油石化业应强化意识，继续加强社会责任信息披露工作。

2. 石油石化业责任实践优于责任管理，社会责任表现最佳；石油石化企业注重责任沟通和社区关系，在责任战略与治理和利益相关方参与方面表现欠佳

对比责任管理与责任实践，可以看出责任实践（43.2分）高于责任管理（39.8分），石油石化业对于社会责任战略管理的推进有待提升，社会责任实践也还需要进一步加强。就责任实践而言，社会责任（46.8分）和环境责任（45.8分）的表现优于市场责任（36.8分），体现了石油石化企业在社会责任和环境保护方面的信息披露率高于市场经营绩效的信息披露率（见表13）。

从议题角度来看，石油石化业在责任沟通（67.3分）和社区关系（58.0分）方面信息披露水平相对较高，可见大部分石油石化企业重视利益相关方的沟通，能通过发布报告或网站信息与消费者沟通，并且更加重视社会公益慈善社会责任实践方面。责任战略与治理（30.0分）议题表现最差，其中5家外资企业的责任战略与治理一项得分为0分。石油石化企业应加大对中国责任战略与治理方面的信息公布，提升社会责任信息披露的系统性和连续性。

表13 石油石化业责任议题得分情况

单位：分

责任板块	责任议题	行业平均分	行业最高分	领先实践
责任管理（39.8）	责任战略与治理	30.0	85.0	中石化、LG化学
	利益相关方参与	31.8	100.0	中石化、LG化学、中石油
	责任沟通	67.3	100.0	中石化、LG化学、中海油、中石油、延长石油
市场责任（36.8）	股东权益	36.8	100.0	中石化、中海油、BP中国
	供应链管理	36.4	100.0	中石化、LG化学、中海油、中石油
	客户服务	36.4	80.0	中石化
	科技创新	38.2	100.0	中海油、中石油
社会责任（46.8）	依法经营	44.3	100.0	中石化、LG化学、中海油
	员工关爱	44.9	100.0	LG化学、中海油
	社区关系	58.0	100.0	中石化、中海油
	安全生产	52.5	100.0	中石化、LG化学
环境责任（45.8）	环境责任	42.0	100.0	LG化学、中海油

3.对比2016年石油石化业社会责任发展指数，2017年石油石化业社会责任发展指数有所下降，石油石化业社会责任信息披露仍有待重视与提高

对比2016年石油石化业社会责任发展指数（44.3分），2017年石油石化业社会责任发展指数（42.2分）有所下降。其中2016年石油石化业共有5家企业发布社会责任报告，而2017年也有5家企业发布社会责任报告，社会责任报告发布数没有变化。具体到责任板块，2017年石油石化社会责任（46.8分）低于2016年石油石化业社会责任（49.5分）。石油石化业应重视社会责任建设，加大社会责任信息披露工作。

（三）最佳实践

通过比较社会责任发展指数排名靠前的石油石化企业，可以看出，石油化工业信息披露在环境保护、安全生产、科技创新、供应链管理等方面较为突出。

1.倡导环境保护

中国石化践行绿色发展战略，大力倡导环境保护，积极应对气候变化，推进清洁生产，对生产到消费全过程进行清洁管理（见图24）。此外，中国石化积极应对气候变化，开展碧水蓝天环保活动，共实施环保治理项目870个；严格控制污染物排放，在水资源匮乏地区，增加污水回用及高盐水处理装置，在生态脆弱地区开展钻井废弃泥浆循环利用，积极减少废气排放；保护生物多样性，注重节能降耗，2016年，公司万元产值综合能耗同比下降1.59%，履行了企业应尽的社会责任。

2.落实安全生产工作

LG化学高度重视企业的安全生产工作，持续完善安全生产管理制度，保障企业安全生产规范化运营。LG化学（中国）安全环境部门负责对LG化学安全环境活动的统筹和业务指导，各个生产法人设有专门的安全生产管理部门和专职人员，在法人内的各个车间、部门也设有专职或兼职的安全员，负责具体的安全生产业务。通过对员工进行安全生产教育及培训，提升安全生产意识和工作能力（见图25）。

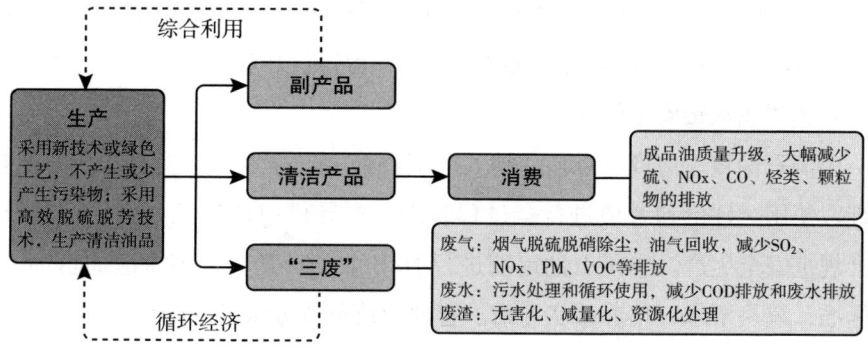

图24 中国石化生产清洁全过程管理

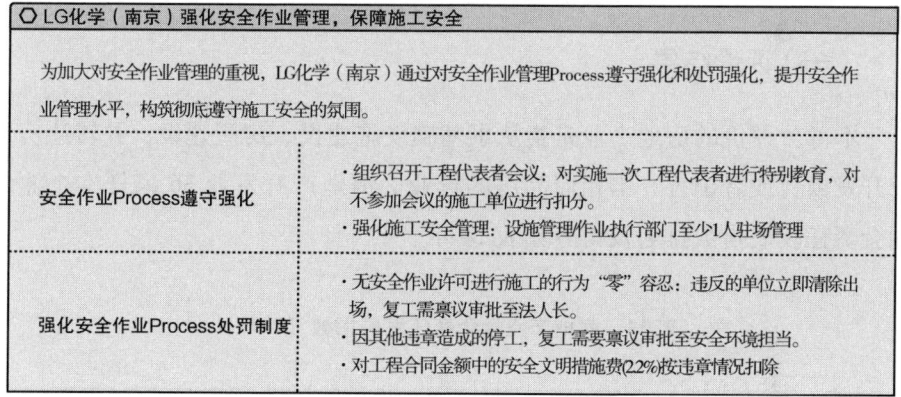

图25 LG化学（南京）强化安全作业管理

3. 注重科技创新

科技创新是企业发展的战略引擎。中海油作为国际能源公司，一直致力于持续供应优质能源，以油气主业为基石，以科技创新为驱动力，不断探索海洋新型能源，为公司的可持续发展提供不竭动力。公司大力实施"科技驱动"战略。按照"统筹、突出、规范、提升"的科技工作思路，充分发挥科技创新的驱动和引领作用，加大关键核心技术攻关，不断深化科技体制机制改革，全面提升科技管理水平，科技创新体系不断完善，自主创新能力明显增强。2016年，公司发布实施"十三五"科技规划和科技重大项目顶层设计，深入开展促进科

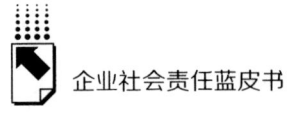

技创新运行机制研究，成功召开中海油第八次科技大会和首届创新大会，加强以科技项目管理为核心的各项职能工作管理，取得良好效果。

4. 推进供应链安全管理

中国石油将供应商、承包商纳入中国石油的安全管理，对其准入、选择、培训、使用、评价和考核进行全过程管理，引导供应商依法经营，按照质量标准规范安全生产。中国石油定期进行 HSE 业绩评估，加强供应商培训，统一标准，统一要求，培养诚实守信、管理规范且业务水平高的供应商。

七 房地产业社会责任发展指数（2017）

（一）评价结果

本部分评价的房地产业是指从事基础设施建设、房屋建设，并转让房地产开发项目或者销售、出租商品房的行业。房地产开发业 36 家样本企业的社会责任发展指数排名及得分如表 14 示。

表 14 房地产业社会责任发展指数（2017）

单位：分

排名	企业名称	企业性质	官网是否设置社会责任专栏	是否发布企业社会责任报告	社会责任发展指数
★★★★（1家）					
1	华润置地有限公司	国有企业	有	有	87.9
★★★（8家）					
2	招商局蛇口工业区控股股份有限公司	国有企业	有	有	76.3
3	万科企业股份有限公司	民营企业	有	有	73.6
4	远洋集团控股有限公司	外资企业	有	有	71.6
5	中国海外发展有限公司	国有企业	有	有	62.9
6	荣盛房地产发展股份有限公司	民营企业	有	有	61.2
7	保利房地产（集团）股份有限公司	国有企业	有	有	60.8
8	中国恒大集团	民营企业	有	有	60.5
9	融创中国控股有限公司	民营企业	无	有	60.0

续表

排名	企业名称	企业性质	官网是否设置社会责任专栏	是否发布企业社会责任报告	社会责任发展指数
★★★（9家）					
10	龙湖地产有限公司	外资企业	有	有	55.8
11	华夏幸福基业股份有限公司	民营企业	无	有	53.1
12	广州富力地产股份有限公司	民营企业	有	有	52.4
13	绿城中国控股有限公司	国有企业	有	有	51.9
14	金地（集团）股份有限公司	国有企业	无	有	50.7
15	碧桂园控股有限公司	民营企业	有	有	46.4
16	雅戈尔集团股份有限公司	民营企业	有	有	45.7
17	旭辉控股（集团）有限公司	民营企业	有	有	45.5
18	雅居乐集团控股有限公司	民营企业	有	有	45.3
★★（7家）					
19	金科地产集团股份有限公司	民营企业	有	无	35.5
20	大连万达集团股份有限公司	民营企业	有	无	30.4
21	新城控股集团股份有限公司	民营企业	有	无	30.0
22	鲁能集团有限公司	国有企业	有	无	26.4
23	阳光城集团股份有限公司	民营企业	有	有	25.5
24	新疆广汇实业投资（集团）有限责任公司	民营企业	有	无	21.8
25	三胞集团有限公司	民营企业	有	无	20.1
★（11家）					
26	新华联集团有限公司	民营企业	有	无	18.3
27	绿地控股集团股份有限公司	国有企业	有	无	17.0
28	苏宁环球集团有限公司	民营企业	有	无	11.4
29	中南控股集团有限公司	民营企业	有	无	9.7
30	世茂房地产控股有限公司	外资企业	无	无	8.4
31	中天控股集团有限公司	民营企业	无	无	8.3
32	广厦控股集团有限公司	民营企业	有	无	7.9
33	世纪金源投资集团有限公司	民营企业	有	无	4.8
34	南通三建控股（集团）有限公司	民营企业	有	无	4.1
35	江苏高力集团有限公司	民营企业	有	无	2.7
36	浙江省兴合集团有限责任公司	民营企业	无	无	0.0

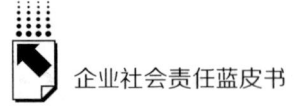

（二）阶段性特征

1. 房地产业社会责任发展指数为37.3分，总体处于二星级水平

房地产业社会责任发展指数平均得分为37.3分，较2016年有所提高，整体仍为二星级水平，处于起步者阶段（见图26）。36家样本企业中，有1家五星级企业，为华润置地（87.9分）；四星级企业8家，招商局蛇口（76.3分）、万科（73.6分）、远洋集团（71.6分）、中国海外（62.9分）、荣盛股份（61.2分）、保利房地产（60.8分）、中国恒大（60.5分）、融创中国（60.0分）。

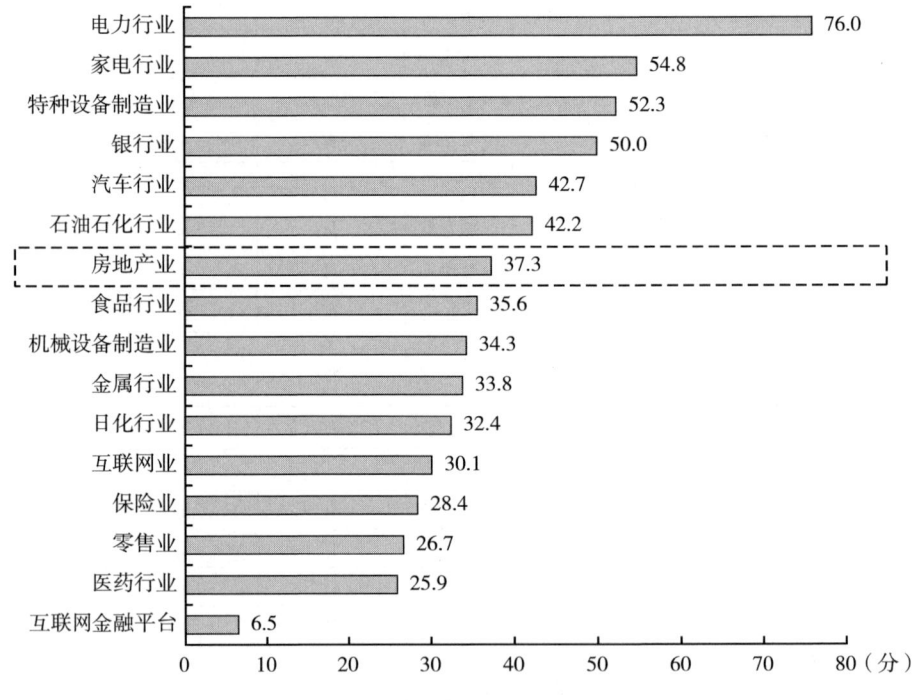

图26 房地产业社会责任发展阶段与排名

房地产开发行业是与居民工作生活紧密相关的行业，在保证房屋质量以及客户服务方面具有义不容辞的责任，但从房地产企业自身来看，近几年房地产企业社会责任发展指数提升不明显；与其他行业企业相对比，房地产企业排名也无明显进步。因此，房地产业近年来社会责任信息披露水平还有很大的提升空间，房地产企业应强化责任意识，加强社会责任信息披露工作。

2. 房地产开发业责任实践优于责任管理，社会责任表现最佳；房地产开发业注重责任沟通、社区关系和依法经营，在责任战略与治理方面表现欠佳

对比责任管理与责任实践，可以看出责任实践（37.9 分）高于责任管理（32.2 分），可见房地产业对于社会责任战略管理布局有待提升，在责任管理方面，房地产企业应加强在市场、环境和社会等方面的责任履责。就责任实践具体表现而言，社会责任（43.1 分）和市场责任（41.5 分）表现优于环境责任（29.0 分），体现了房地产企业在公益慈善和经营业绩方面的信息披露率高于环境保护的信息披露率（见表15）。

表15 房地产开发业责任议题得分情况

单位：分

责任板块	责任议题	行业平均分	行业最高分	领先实践
责任管理（32.2）	责任战略与治理	15.3	85.0	华润置地
	利益相关方参与	31.9	100.0	万科、远洋集团
	责任沟通	66.1	100.0	万科、远洋集团、中国恒大、龙湖地产
市场责任（41.5）	股东权益	54.0	100.0	华润置地、远洋集团
	供应链管理	44.4	100.0	华夏幸福基业、招商蛇口
	客户服务	36.7	90.0	招商蛇口、华润置地、中国海外发展
	科技创新	23.3	100.0	招商蛇口
社会责任（43.1）	依法经营	52.4	100.0	华润置地、远洋集团
	员工关爱	42.7	93.8	远洋集团
	社区关系	56.9	100.0	万科、远洋地产、雅居乐
	安全生产	20.5	100.0	华润置地
环境责任（29.0）	环境责任	29.0	100.0	华润置地

从议题角度来看，房地产业在责任沟通（66.1 分）、社区关系（56.9 分）和股东权益（54.0 分）方面信息披露水平相对较高，可见大部分房地产开发企业通过发布报告、年报、网站等途径与利益相关方保持了良好的沟通，并重视股东权益和慈善公益活动，帮助社区发展。与2016年相比，责

任沟通和社区关系得分都有提高。责任战略与治理（15.3分）和安全生产（20.5分）议题表现相对较差，但两个议题得分较2016年都有小幅提升，可见房地产企业应在责任战略与治理方面加大信息披露力度并重视安全生产方面的工作，提升社会责任信息披露的系统性和连续性。

（三）最佳实践

综合优秀房地产企业社会责任信息披露情况可以看出，房地产企业信息披露的重点集中于责任沟通、社区关系、依法经营等方面。

1. 贴心客户服务

华润置地根据客户在不同阶段的关注焦点，设计并形成了从预售到收购的全面客户服务体系，以CRM为资源管理平台，满意度为工具，与客户触点为抓手，以开放心态倾听客户声音，将客户的期待与诉求融入服务产品线，不断提升客户服务体验，同时通过多种渠道进行产品和服务咨询的宣传和普及，供客户及潜在客户了解华润置地的产品和服务，并提供意见和建议（见图27）。

2. 强化质量安全保障

质量和安全是一切工作的基石。招商局蛇口切实加强对产品规划设计、建筑施工、运营维护全过程的质量安全管控，恪守品质承诺和安全标准，保证客户安心享受品质生活。工程项目建设涉及面广、过程复杂，公司建立了四级质量监管体系和P-D-C-A质量闭环管控机制，全力推动工程质量持续提升，力求为客户提供超出预期的高品质产品（见图28）。

3. 建立绿色供应链管理

2016年6月5日，阿拉善SEE生态协会、中城联盟、全联房地产商会、朗诗、万科共同发布了"房地产行业绿色供应链行动"。加入绿色供应链行动的企业一致承诺：在共同的采购指南和行动方案的指导下，管理自身供应链，坚持绿色采购，从原材料采购源头、生产过程、终端消费等多个角度入手，绿化整个供应链条，提高环境效益和资源利用效率，为中国社会发展、环境保护承担起自己的责任。万科始终注重供应链的管理，始终将绿色采购

贴心服务客户

全流程客服体系

华润置地根据客户在不同阶段的关注焦点，设计并形成了从预售到售后的全面客户服务体系，以CRM为资源管理平台，满意度为工具，与客户触点为抓手，以开放的心态倾听客户声音，将客户的期待与诉求融入服务产品线，不断提升客户服务体验。我们亦通过多种渠道进行产品和服务资讯的宣传和普及，供客户及潜在客户了解我们的产品和服务，并提供意见和建议。

【案例】"一点万象"手机客户端及微信平台

围绕客户在万象城的消费全流程场景，华润置地打造了"一点万象"App及微信平台，为客户提供寻车缴费，商场活动，会员特权，投诉建议等服务。

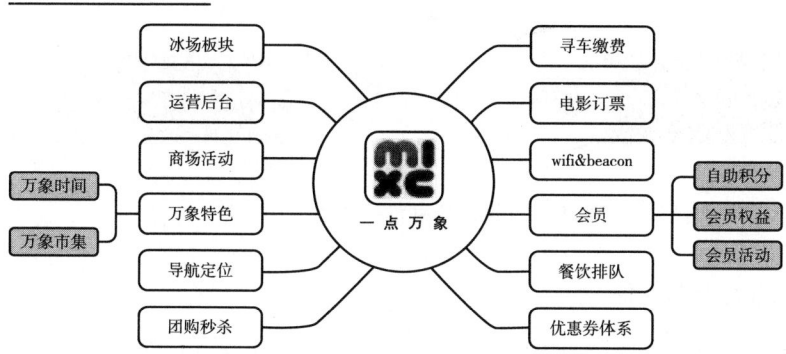

图27　全流程客户服务体系

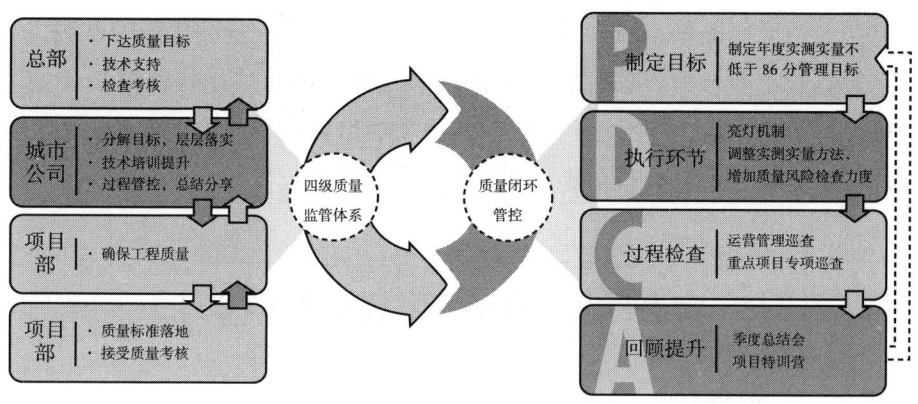

图28　招商局蛇口全方位质量管控体系

作为管理供应链的重中之重。房地产行业绿色供应链行动计划从2016年到2025年，分三个阶段实施。第一阶段提出了钢材、水泥重污染排放，铝合金无铬钝化，木材来源合法化，室内装饰人造板等四个品类的采购控制。在实施一段时间后，将联合第三方评估机构，发布合格供应商的白名单，并公布不合格供应商的黑名单（见图29）。

图29　万科绿色采购行动重点

4. 积极践行公益责任

远洋集团对于社区参与的企业社会责任，主要由远洋出资成立的"远洋之帆公益基金会"完成和履行。远洋之帆公益基金会网聚善的力量，深耕教育，其专业平台有效地整合了远洋资源，为远洋集团及合作伙伴的公益捐赠与公益合作提供了最为专业、合规的渠道。经过将近10年的发展，远洋已建立起有效、完善的社会责任社区参与体系，由"小伙伴成长计划"、"园丁奖"和"大学生社会实践奖"三个子项目具体实现远洋"微公益、共参与、可持续"的公益价值观。

八　食品行业社会责任发展指数（2017）

（一）评价结果

本部分评价的食品行业是指从事食品和饮料加工生产的行业，主要包括三大类：农副食品加工、食品制造、酒精和饮料酒制造。食品行业39家样本企业的社会责任发展指数排名及得分如表16所示。

表16 食品行业社会责任发展指数（2017）

单位：分

排名	企业名称	企业性质	官网是否设置社会责任专栏	是否发布企业社会责任报告	社会责任发展指数
★★★★★（2家）					
1	内蒙古蒙牛乳业集团股份有限公司	国有企业	有	有	86.6
2	华润雪花啤酒（中国）有限公司	国有企业	有	有	83.0
★★★★（8家）					
3	中国盐业总公司	中央企业	有	有	79.9
4	内蒙古伊利实业集团股份有限公司	民营企业	有	有	79.3
5	中国贵州茅台酒厂（集团）有限责任公司	国有企业	有	有	78.1
6	新希望六和股份有限公司	民营企业	有	无	76.3
7	康师傅控股有限公司	外资企业	有	有	70.9
8	北京三元食品股份有限公司	国有企业	无	有	69.3
9	万洲国际有限公司	民营企业	有	有	62.0
10	光明乳业股份有限公司	国有企业	有	有	61.3
★★★（6家）					
11	中国汇源果汁集团有限公司	外资企业	有	有	56.9
12	统一企业中国控股有限公司	外资企业	有	有	52.1
13	青岛啤酒股份有限公司	国有企业	有	有	49.5
14	江苏洋河酒厂股份有限公司	国有企业	有	有	47.8
15	可口可乐（中国）饮料有限公司	外资企业	有	有	45.5
★★（10家）					
16	雀巢中国	外资企业	有	无	36.6
17	郑州三全食品股份有限公司	民营企业	有	无	32.3
18	达能（中国）有限公司	外资企业	有	无	29.1
19	维维食品饮料股份有限公司	民营企业	无	无	29.0
20	亿滋中国	外资企业	有	无	26.0
21	临沂新程金锣肉制品集团有限公司	民营企业	有	无	22.2
22	益海嘉里	外资企业	有	无	22.0
23	麦当劳（中国）有限公司	外资企业	有	无	21.9
24	通威集团有限公司	民营企业	有	无	20.3
25	山东鲁花集团有限公司	民营企业	有	无	20.2

续表

排名	企业名称	企业性质	官网是否设置社会责任专栏	是否发布企业社会责任报告	社会责任发展指数
★（13家）					
26	四川省宜宾五粮液集团有限公司	国有企业	有	无	19.3
27	百事（中国）投资有限公司	外资企业	有	无	14.5
28	稻花香集团	民营企业	有	无	13.4
29	完达山乳业股份有限公司	国有企业	无	无	13.3
30	杭州娃哈哈集团有限公司	民营企业	有	无	12.3
31	农夫山泉股份有限公司	民营企业	无	无	11.1
32	山东得利斯食品股份有限公司	民营企业	无	无	9.5
32	百威英博中国	外资企业	有	无	9.5
34	泰森食品中国	外资企业	无	无	9.1
35	石家庄君乐宝乳业有限公司	民营企业	无	无	9.0
36	邦吉公司	外资企业	有	无	6.5
37	燕京啤酒集团公司	国有企业	无	无	2.0
38	北京二商集团有限责任公司	国有企业	无	无	0.0
38	恒天然乳品集团	外资企业	有	无	0.0

（二）阶段性特征

1. 食品行业社会责任发展指数平均分为35.6分，总体处于二星级水平

食品企业社会责任发展指数平均得分为35.6分，整体为二星级水平，处于起步者阶段，相较于2016年的28.9分有所提升，在评价的16个行业中排名第八，与2016年的行业第12位的排名相比有较大提升。39家样本中，五星级企业两家，分别为蒙牛（86.6分）和华润雪花（83.0分）；四星级企业8家，分别为中盐（79.9分）、伊利（79.3分）、贵州茅台（78.1分）、新希望六和（76.3分）、康师傅（70.9分）、三元（69.3分）、万洲国际（62.0分）及光明乳业（61.3分）（见图30）。

食品行业是与消费者密切相关的行业，食品安全与消费者健康息息相关。对于食品企业而言，定期披露食品安全信息有助于缓和消费者与食品企

重点行业社会责任发展指数（2017）

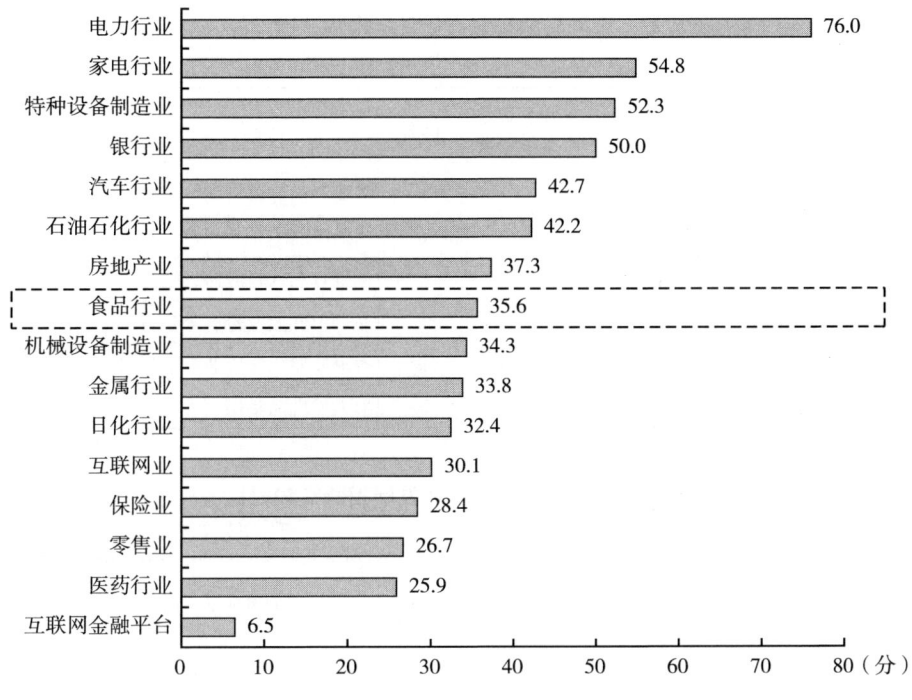

图30 食品行业社会责任发展阶段与排名

业之间信息不对称矛盾，对于解决因信息不对称引起的食品安全问题具有重要意义，就目前来看，食品企业社会责任信息披露水平较2016年有所提高，说明食品企业越来越重视企业社会责任实践。

2. 乳品企业中，蒙牛、伊利、三元排名前三；酒类企业中，华润雪花、贵州茅台领先

从行业细分的角度来看，乳品企业（41.3分）与酒类企业（46.6分）社会责任信息披露得分高于食品行业平均得分，可见，乳品企业及酒类企业相较于其他细分行业在信息披露方面具有一定的领先性。乳品行业中，蒙牛、伊利、三元位居前三，其中蒙牛以86.6分荣登第一，为五星级水平；酒类行业企业中，华润雪花以83.0分领先，为五星级水平，贵州茅台以78.1分位居第二，为四星级水平（见表17和表18）。

111

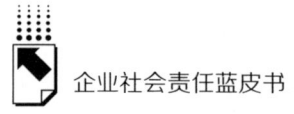

表17 乳品企业社会责任发展指数（2017）

单位：分

排名	乳品企业	社会责任发展指数	排名	乳品企业	社会责任发展指数
1	内蒙古蒙牛乳业集团股份有限公司	86.6	5	雀巢中国有限公司	36.6
			6	达能（中国）有限公司	29.1
2	内蒙古伊利实业集团股份有限公司	79.3	7	维维食品饮料股份有限公司	29.0
			8	完达山乳业股份有限公司	13.3
3	北京三元食品股份有限公司	69.3	9	石家庄君乐宝乳业有限公司	9.0
4	光明乳业股份有限公司	61.3	10	恒天然乳品集团	0.0

表18 酒类企业社会责任发展指数（2017）

单位：分

排名	酒类企业	社会责任发展指数	排名	酒类企业	社会责任发展指数
1	华润雪花啤酒(中国)有限公司	83.0	4	江苏洋河酒厂股份有限公司	47.8
2	中国贵州茅台酒厂（集团）有限责任公司	78.1	5	四川省宜宾五粮液集团有限公司	19.3
3	青岛啤酒股份有限公司	49.5	6	燕京啤酒集团公司	2.0

3.食品行业责任实践优于责任管理，市场责任表现最佳；更注重责任沟通、依法经营和社区关系，在责任战略方面表现欠佳

对比责任管理与责任实践，可以看出责任实践（37.0分）高于责任管理（28.6分），其中责任战略与治理（19.9分）议题表现最差，可见食品企业更注重于社会责任活动的开展，对于社会责任工作顶层设计的思考相对欠缺。就责任实践而言，市场责任（41.4分）表现优于社会责任（39.9分）及环境责任（29.7分），体现了食品企业在经营业绩方面的信息披露率高于环境保护及公益慈善等方面的信息披露率（见表19）。

从议题角度来看，食品企业在责任沟通（52.0分）、社区关系（46.3分）及依法经营（44.4分）方面信息披露水平相对较高，可见大部分食品

表 19 食品行业责任议题得分情况

单位：分

责任板块	责任议题	行业平均分	行业最高分	最佳实践
责任管理（28.6）	责任战略与治理	19.9	85.0	新希望六和
	利益相关方参与	22.5	100.0	蒙牛、伊利、新希望六和、康师傅、中国汇源
	责任沟通	52.0	100.0	蒙牛、华润雪花、中国盐业、伊利、贵州茅台、新希望六和等
市场责任（41.4）	股东权益	43.8	100.0	蒙牛、华润雪花、伊利、贵州茅台、康师傅、中国汇源、青岛啤酒
	供应链管理	42.5	100.0	蒙牛、华润雪花、伊利、康师傅、中国盐业、新希望六和等
	客户服务	39.0	100.0	康师傅
	科技创新	40.5	100.0	伊利、贵州茅台、中国盐业、新希望六和、三元
社会责任（39.9）	依法经营	44.4	100.0	蒙牛、华润雪花、伊利、贵州茅台、中国汇源、新希望六和等
	员工关爱	39.7	87.5	蒙牛、华润雪花、伊利、中国盐业、新希望六和
	社区关系	46.3	100.0	蒙牛、华润雪花、贵州茅台、完达山乳业
	安全生产	29.4	100.0	青岛啤酒、三元
环境责任（29.7）	环境责任	29.7	86.0	中国盐业

企业能通过发布报告或网站信息与消费者沟通，并重视社会公益慈善以及公司运营管理的合规性。

（三）最佳实践

对标社会责任发展指数排名靠前的食品企业，可以看出，食品行业信息披露的重点集中于食品安全、产品研发、绿色经营和供应链管理等方面。

1. 注重食品健康与安全

蒙牛始终注重食品的健康与安全，确保到消费者手中的每一滴牛奶都是健康和新鲜的,挤奶过程坚持科学挤奶,让每滴牛奶更健康,挤奶结束2小时内,通过冷排系统制冷至4℃以下,保障新鲜品质并在24小时内运输至工厂,确保原奶新鲜。每批鲜奶出厂都要经过9道程序,36个监控站,105个检测指标的检测,重重把关,确保每一滴牛奶的健康和安全。

图31 蒙牛乳业质检程序

2. 注重科技创新

中盐总公司注重科技创新,积极构建行业领先的科技创新机制体制,打造坚实的科技创新平台(见图32),以更规范有效的管理激活创新活力和创造潜力。编制《中盐"十三五"科技发展规划》,对科技发展进行战略布局;制定《中盐总公司科技投入管理办法》,提高科研资金使用效率;制定《专利管理办法》,引导企业加大专利的申请与授权,提高专利质量。同时积极构建科技创新平台,近年在"4+1"科技创新平台的基础上,公司进一步打造企业创新集群,带动中盐技术创新和成果转化。不仅如此,公司还注重培养科技创新人才,公司整合现有科技力量,引进优秀科技人才,成立总公司科学技术专家库,发挥高级人才集聚效应,为公司转型发展提供人才支撑,使中盐创新能力再上新台阶。

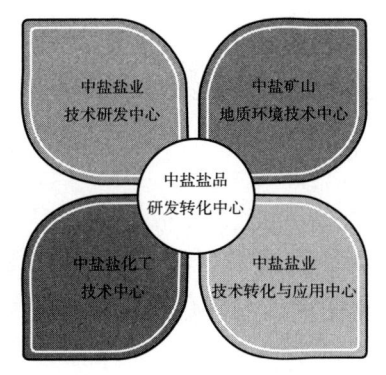

图32 中盐"4+1"科技创新平台

3. 坚持绿色经营

伊利努力打造"绿色产业链",形成健康的产业生态,尤其针对乳制品企业赖以生存的农牧业,伊利不仅高标准要求自身,还在行业内推广可持续发展理念;在产业发展方面,伊利坚持绿色产业发展方向,倡导由领先企业向整个行业延伸的绿色理念,确立绿色标准,采用节能减排、低碳环保的方式进行生产,保证各类废弃物、污染物处理得当并达标排放;在实践绿色运输方面,伊利开发了流量流向规划软件,通过采取提高车辆满载率、工厂直发客户比例、专线运输等措施,减少发运车次、空车回流,提高了车辆使用率,从而减少了车辆环境污染的影响。

4. 打造责任供应链

高质量的供应商队伍是酿造高品质啤酒的基础,优质的经销商队伍是服务更多消费者的前提。华润雪花不断提升供应商和经销商队伍履责能力,打造责任供应链。2016年,合同履约率为100%,责任采购率为92%,供应商通过质量、环境和职业健康安全管理体系认证率为89.28%。公司坚持品质采购,建立由内向外延伸的业务控制、自上而下垂直的制度流程管理体系,实现分工专业化、操作流程化、管理规范化、考核绩效化。同时与经销商开展业务合作，促进社会就业，指导、培训、激励以提升经销商责任竞争力，实现与经销商的共同成长。

九 机械设备制造业社会责任发展指数（2017）

（一）评价结果

本部分评价的机械设备制造业包括普通机械制造业和专用设备制造业。机械设备制造业20家样本企业的社会责任发展指数排名及得分如表20所示。

表20 机械设备制造业社会责任发展指数（2017）

单位：分

排名	企业名称	企业性质	官网是否设置社会责任专栏	是否发布企业社会责任报告	社会责任发展指数
★★★★★（2家）					
1	斗山（中国）投资有限公司	外资企业	有	有	91.7
2	中国电力建设集团有限公司	中央企业	有	有	88.3
★★★★（2家）					
3	中国机械工业集团有限公司	中央企业	有	有	76.4
4	上海电气集团股份有限公司	国有企业	有	有	71.0
★★（6家）					
7	中国中钢集团公司	中央企业	有	无	39.0
8	艾默生中国	外资企业	有	无	33.2
9	人民电器集团有限公司	民营企业	无	无	32.8
10	西门子中国	外资企业	有	无	31.7
11	哈尔滨电器集团公司	中央企业	有	无	27.6
12	施耐德（中国）投资有限公司	外资企业	有	无	26.1
★★★（2家）					
5	日立（中国）有限公司	外资企业	有	无	44.5
6	中国东方电气集团有限公司	中央企业	有	有	43.9

续表

排名	企业名称	企业性质	官网是否设置社会责任专栏	是否发布企业社会责任报告	社会责任发展指数
★（8家）					
13	飞利浦电子（中国）集团	外资企业	有	无	16.9
14	三一集团有限公司	民营企业	有	无	15.1
15	山东大海集团有限公司	民营企业	有	无	14.8
16	ABB（中国）有限公司	外资企业	有	无	14.0
17	中国通用技术（集团）控股有限责任公司	中央企业	有	无	12.6
18	卡特彼勒（中国）投资有限公司	外资企业	无	无	4.1
19	正泰集团股份有限公司	民营企业	无	无	2.0
20	新疆特变电工集团股份有限公司	民营企业	无	无	0.0

（二）阶段性特征

1. 机械设备制造业社会责任发展指数为34.3分，总体处于二星级水平

机械设备制造企业社会责任发展指数平均得分为34.3分，整体为二星级水平，仍处于起步者阶段，并且在指数得分和行业排名上相较于2016年有所降低。其中发展指数比2016年降低5.0分，在16个行业中居第9位（见图33）。在20家样本企业社会责任发展指数中五星级的企业分别是斗山（中国）（91.7分）、中国电建（88.3分）；四星级企业2家，为国机集团（76.4分）、上海电气（71.0分）。

从整体来看，机械设备制造业广泛应用于经济社会的建设当中，是我国第一、二产业发展的基础，与人民的生产生活息息相关。目前来看，机械设备制造业近年来社会责任信息披露水平相对2016年略有不足，尤其在环境责任和市场责任方面较2016年披露信息不足，说明机械设备制造业应更加重视企业社会责任履责实践。

2. 机械设备制造业责任实践优于责任管理，社会责任表现最佳；机械设备制造业企业重视依法经营、责任沟通及科技创新，在责任战略与治理方面还需努力

2017年，机械设备制造业20家样本企业的责任实践（36.1分）高于

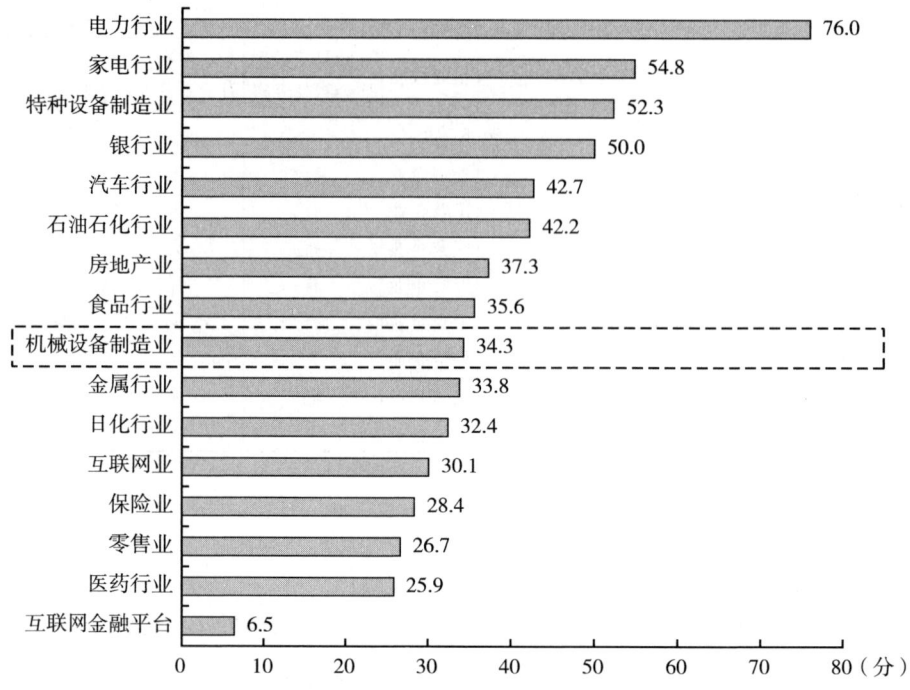

图33　机械设备制造业社会责任发展阶段与排名

责任管理（28.9分），但责任管理与责任实践仍处于起步者阶段，机械设备制造企业在社会责任实践开展和企业社会责任战略管理上都需要进一步推进，责任实践和责任管理均还存在较大的提升空间。就责任实践而言，社会责任成效最为显著，得分为41.1分，其次为环境责任（35.2分）和市场责任（32.0分）；由此看出环境、社会和市场三方面的责任实践差距缩小，体现了机械设备制造企业在注重公益慈善等方面的履责实践和信息披露的同时，依然注重环境保护、节能减排和经营业绩等方面的信息披露，值得肯定（见表21）。

从议题角度来看，机械设备制造企业在依法经营（47.5）、责任沟通（47.0分）、科技创新（43.0分）方面信息披露水平相对较高，可见大部分机械设备制造企业重视守法合规管理，通过发布报告或网站信息与利益相关方沟通，不断提升产品研发及创新能力。责任战略与治理（19.3分）和利

表21 机械设备制造业责任议题得分情况

单位：分

责任板块	责任议题	行业平均分	行业最高分	最佳实践
责任管理 (28.9)	责任战略与治理	19.3	85.0	斗山(中国)
	利益相关方参与	30.0	100.0	斗山(中国)、中国电建、国机集团、日立(中国)、中国中钢
	责任沟通	47.0	100.0	斗山(中国)、中国电建、国机集团、上海电气、东方电气
市场责任 (32.0)	股东权益	29.0	100.0	斗山(中国)、中国电建、国机集团、上海电气、日立(中国)
	供应链管理	30.0	100.0	中国电建、国机集团
	客户服务	30.5	90.0	斗山(中国)、中国电建
	科技创新	43.0	100.0	斗山(中国)、国机集团、上海电气、东方电气
社会责任 (41.1)	依法经营	47.5	100.0	斗山(中国)、中国电建、国机集团、上海电气
	员工关爱	40.0	87.5	斗山(中国)、上海电气
	社区关系	41.9	100.0	斗山(中国)、中国电建
	安全生产	36.3	100.0	斗山(中国)、国机集团、上海电气
环境责任 (35.2)	环境责任	35.2	96.0	斗山(中国)

益相关方参与（30.0分）表现较差，这也在一定程度上导致机械设备制造业在责任管理方面的表现相对落后，同时也说明机械设备制造企业不仅要重视信息发布，更要拓展利益相关方参与的途径和方式，主动邀请利益相关方参与企业社会责任建设，与利益相关方形成双向、有效的沟通。

（三）最佳实践

从整体上看，机械设备制造业信息披露在责任供应链、扶贫公益、安全生产和科技创新等方面表现较为突出。

1. 打造责任供应链

斗山（中国）将社会责任理念融入供应链之中，持续引导供应商关注

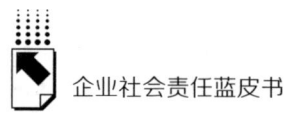

环境、社会影响,坚持 CSR 采购,共同打造责任产业链。每年通过对供应商进行"满意度调查",搭建双方相互促进成长的平台,发现和总结业务改善方向,共同为客户提供安全、优质的产品。

领 域	采购政策
供应商选定	为确保品质竞争力、稳定供应、价格竞争力,确立透明而合理的供应商选定程序,并继续实施。 定期对各类部品特点和供应市场分析,确保供应商基础最优化。 为确保稳定的部品供应和引导健康竞争,对核心部品的采购以双重采购为基本原则。
供应商管理	根据对供应商的定期评估,弥补发展外协供应商的最优化方案。 管理外协供应商的财务、运营、商业等综合指标,同时监控管理供应风险,出现情况时,按照事先制定的应对指南提前控制风险。

图 34 斗山(中国)采购政策

2. 把握精准扶贫方向

中国电建深入贯彻落实党中央、国务院部署,自 2013 年成立定点扶贫开发领导小组、扶贫工作办公室,主要以基础设施建设、产业扶贫、教育扶贫、技能培训四个方面入手,针对定点扶贫地区,全面开展扶贫攻坚战,取得了令人瞩目的成绩,并积累了许多宝贵经验。

3. 注重安全生产

国机集团秉持"安全第一、预防为主、综合治理"的理念,在夯实生产管理的同时注重提升员工安全素质。一方面持续加强安全管理制度和组织体系建设,优化安全管理机制,加大安全生产投入,规范细化安全生产目标责任;另一方面注重员工安全生产能力的培育,推进安全文化建设。定期开展"安全生产月"和"安全生产万里行"活动,提供覆盖全员的安全宣传

2016年中国电建重点扶贫方向	2016年中国电建精准扶贫工作成绩概览
· 基础设施建设	· 国务院扶贫办安排的定点扶贫县2个；
· 产业扶贫	· 地方政府或其他方面安排的定点扶贫县（乡、村）29个；
· 教育扶贫	· 投入扶贫金额1868.81万元；
· 技能培训	· 帮助建档立卡贫困人口脱贫数1443人；
	· 选派挂职干部24人

图35　中国电建重点扶贫方向

教育培训，强化安全发展观念，不断提高员工安全预警及事故应急处理能力，提升员工安全素质及能力。

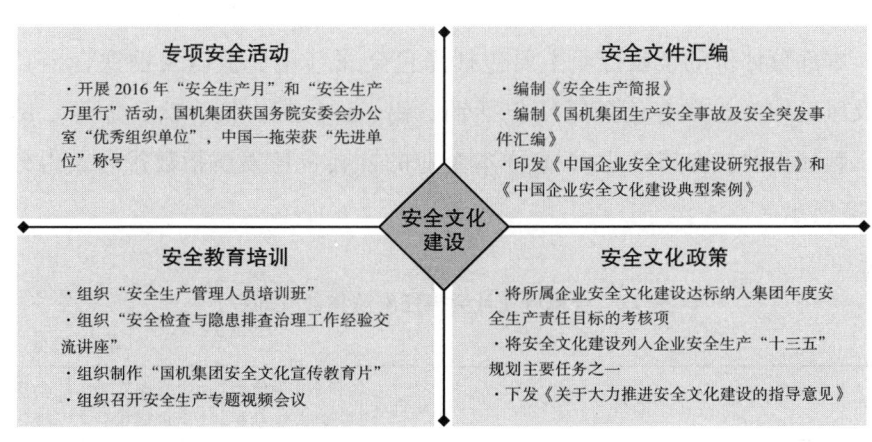

图36　国机集团安全管理体系

4. 把握技术优势创新

上海电气始终坚持技术高端化的方向，按照“创新驱动、转型发展”要求，抓住新能源变革的机遇，聚焦能源装备、工业装备、集成服务三大板块，最终使技术优势转化为经济优势。

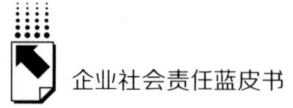

图 37　上海电气科技发展四大领域

十　金属行业社会责任发展指数（2017）

（一）评价结果

本部分评价的金属行业主要包括黑色金属（钢、铁以及钢铁合金）冶炼及压延加工业和有色金属（包括铜、锡、锑、铝、镁、钛、金等）冶炼及压延加工业。金属行业 26 家样本企业的社会责任发展指数排名及得分如表 22 所示。

表 22　金属行业社会责任发展指数（2017）

单位：分

排名	企业名称	企业性质	官网是否设置社会责任专栏	是否发布企业社会责任报告	社会责任发展指数
★★★★★（4 家）					
1	中国铝业公司	中央企业	有	有	89.6
2	浦项（中国）投资有限公司	外资企业	有	有	84.1
3	新兴际华集团有限公司	中央企业	有	有	83.8
4	太原钢铁（集团）有限公司	国有企业	有	有	81.7
★★★★（2 家）					
5	中国五矿集团公司	中央企业	有	有	78.6
6	鞍钢集团公司	中央企业	有	有	72.2

续表

排名	企业名称	企业性质	官网是否设置社会责任专栏	是否发布企业社会责任报告	社会责任发展指数
★★★（3家）					
7	河钢集团有限公司	国有企业	有	有	56.4
8	首钢集团有限公司	国有企业	有	无	55.4
9	日照钢铁控股集团有限公司	民营企业	有	无	42.4
★★（4家）					
10	中国宝武钢铁集团有限公司	中央企业	有	无	34.5
11	江苏沙钢集团有限公司	民营企业	有	无	34.3
12	中天钢铁集团有限公司	民营企业	有	无	33.4
13	青山控股集团有限公司	民营企业	无	无	22.3
★（13家）					
14	安赛乐米塔尔中国	外资企业	有	无	17.4
15	河北津西钢铁集团股份有限公司	民营企业	有	无	16.7
16	天津荣程祥泰投资控股集团有限公司	民营企业	无	无	15.3
17	唐山港陆钢铁有限公司	民营企业	无	无	12.9
18	马钢(集团)控股有限公司	国有企业	无	无	10.8
19	杭州锦江集团有限公司	民营企业	有	无	10.7
20	宁夏天元锰业有限公司	民营企业	无	无	6.4
21	唐山瑞丰钢铁(集团)有限公司	民营企业	无	无	6.0
22	江苏华西集团有限公司	民营企业	无	无	4.9
23	三井物产(中国)有限公司	外资企业	有	无	4.0
24	南山集团有限公司	民营企业	无	无	3.5
25	河北新华联合冶金控股集团有限公司	民营企业	无	无	1.4
26	江苏申特钢铁有限公司	民营企业	无	无	0.0

（二）阶段性特征

1. 金属行业社会责任发展指数为33.8分，总体处于二星级水平

金属行业社会责任发展指数平均得分为33.8分，整体为二星级水平，处于起步者阶段，相较于2016年的34.6分略有下降，在评价的16个行业中排第10名（见图38）。26家样本企业中，五星级企业4家，分别为中国铝业（89.6分）、浦项（中国）（84.1分）、新兴际华（83.8分）和太原钢铁（81.7分）；四星级企业2家，三星级企业3家，其余17家企业社会责任发展指数得分均为二星级及以下水平。

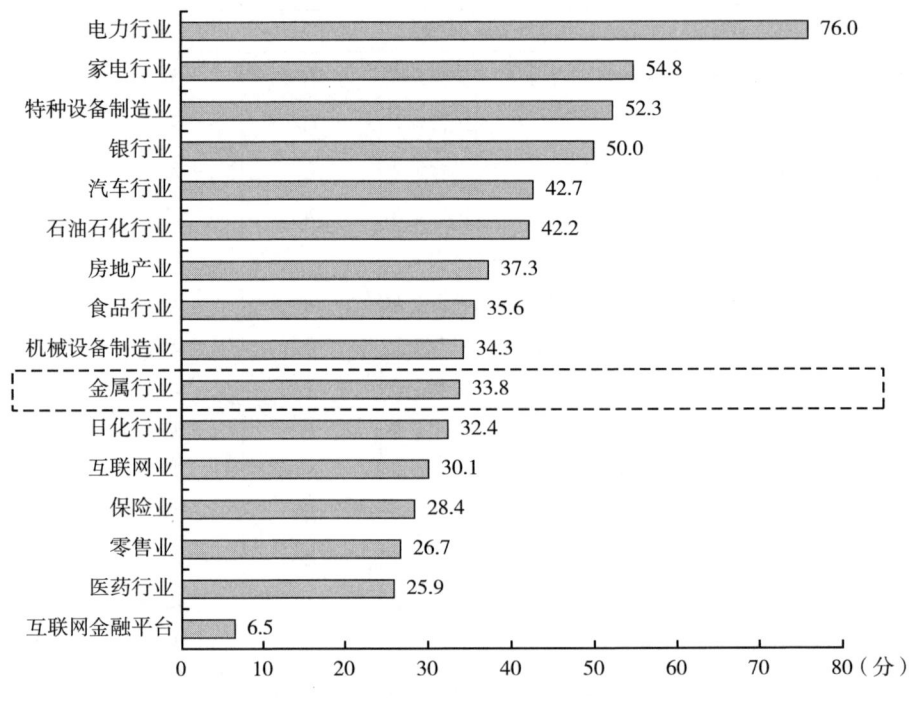

图38　金属行业社会责任发展阶段与排名

金属行业是关系国计民生的基础性行业，在保证信息透明，尤其在节能减排、安全生产等方面的信息透明具有义不容辞的责任。目前来看，金属行业近年来社会责任信息披露水平有所提升，但整体水平较差，且增长较为缓慢，26家企业中虽然有六成企业在官网设置社会责任专栏，但仅有7家企业发布了社会责任报告。金属行业应强化意识，加强社会责任信息披露工作。

2. 金属行业责任实践优于责任管理，社会责任表现最佳；金属行业注重责任沟通、依法经营和社区关系，在责任战略与治理方面表现欠佳

对比责任管理与责任实践，可以看出责任实践（36.2分）得分明显高于责任管理（24.8分），可见金属行业应加强责任管理布局，完善责任管理组织体系；就责任实践而言，环境责任（37.3分）和社会责任（38.1分）表现相当，均优于市场责任（33.2分），体现了金属行业企业在环境保护及公益慈善等方面信息披露率高于经营业绩方面的信息披露率（见表23）。

表23 金属行业责任议题得分情况

单位：分

责任板块	责任议题	行业平均分	行业最高分	领先实践
责任管理（24.8）	责任战略与治理	18.1	85.0	中国五矿
	利益相关方参与	23.1	100.0	中国五矿、太原钢铁、新兴际华、鞍钢、中国铝业
	责任沟通	40.0	100.0	中国五矿、太原钢铁、鞍钢、中国铝业、浦项（中国）、河钢
市场责任（33.2）	股东权益	36.5	100.0	中国五矿、鞍钢、中国铝业、新兴际华、首钢、宝钢
	供应链管理	29.2	100.0	中国五矿、中国铝业、浦项（中国）、太原钢铁、河钢
	客户服务	30.0	90.0	中国铝业、鞍钢
	科技创新	36.9	100.0	中国铝业、太原钢铁、新兴际华、首钢
社会责任（38.1）	依法经营	40.9	100.0	中国铝业、太原钢铁、新兴际华、首钢、鞍钢、河钢、浦项（中国）
	员工关爱	35.1	100.0	中国铝业、浦项（中国）
	社区关系	40.9	100.0	日照钢铁
	安全生产	38.5	100.0	中国铝业、太原钢铁、浦项（中国）、新兴际华
环境责任（37.3）	环境责任	37.3	100.0	中国铝业、浦项（中国）、新兴际华

从议题角度来看，金属行业企业在依法经营（40.9分）、社区关系（40.9分）、责任沟通（40.0分）方面信息披露水平相对较高，可见大部分

金属行业企业能通过发布报告或在官网设置社会责任专栏与利益相关方沟通，重视合规经营和管理并关注社区建设和公益慈善事业。相对而言，责任战略与治理（18.1分）表现最差，得分较2016年的26.0分有所下降，该议题的表现亟待提高，金属行业企业应加强社会责任管理工作，提升社会责任信息披露的系统性和连续性。

（三）最佳实践

对标金属行业社会责任发展指数排名比较靠前的企业，可以看出，这些企业信息披露的重点集中于绿色发展、安全生产、科技创新、产品质量等方面。

1. 推进绿色发展

中国铝业追求实现企业运营与环境保护的协调发展，着重做好可持续开采、提高资源利用率、工业废料循环利用、节能减排等方面工作，将绿色发展理念融入企业运营的每一个环节。中国铝业在生产中采用先进的节能环保技术（见图39），在环保方面取得了突出成效。2016年，中国铝业二氧化硫同比减排19.04%，氮氧化物同比减排15.63%，同比节能100万吨标煤，连续4年节能量超过百万吨标煤。

2. 加强安全生产

浦项（中国）坚持安全第一的理念，完善安全管理，加强安全培训，制定安全应急措施，从各方面保证安全生产。浦项（中国）始终把安全生产摆在首位，为避免生产过程中的安全风险，确保员工安全，严格遵守POSCO Family保健经营体制，建立了年度安全目标及战略（见图40）。2016年，浦项（中国）安全生产事故11起，相比往年有大幅下降。

3. 打造科技创新体系

中国五矿坚定不移地推进科技创新战略的实施，发挥科技创新在全面创新中的引领作用，各项创新指标均在中央企业中名列前茅。中国五矿注重加强科技创新的顶层设计，强化制度、组织和机制建设，打造了具有公司特色的科技创新体系，营造了良好的科技创新氛围，为科技创新活动打

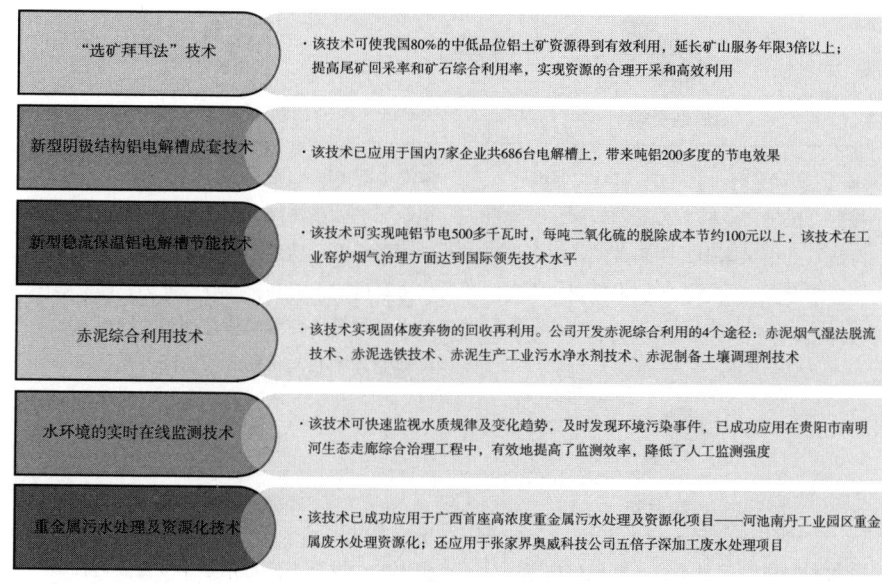

图39 中国铝业公司节能环保技术

图40 浦项（中国）2016年安全目标及推进战略

下坚实的基础（见图41）。

4. 保障产品质量

太原钢铁以科技质量管理机制优化为契机，以客户需求为导向，以法治

规划引领

编制《集团公司"十三五"科技发展规划》,按照"围绕产业链、布局创新链、统筹资源链"的指导原则,明确重点开展海洋矿产资源开发利用等十个技术领域的研究。

机制完善

推广实施《技术创新管理体系规范》,加强企业标准体系建设,将自主优势技术转化成国际标准;加强组织领导,建立科技咨询决策机构,提高科技管控能力;建立业务中心与科研院所的科技创新协同机制,推动业务中心与科研院所协同互动。

过程监管

通过科技管理信息平台,开展科技专项计划自查;聘请业内知名技术专家和财务专家组成验收专家组,对项目进行中期检查或验收。

激励导向

根据公司发展方向等拟定年度重点科技项目并给予经费支持;细化科技奖励奖金发放流程,确保奖金发放到位;组织年度科技奖励评选表彰,增设技术发明奖奖项;对海洋矿产资源开发专项工作和2015年度国家技术发明二等奖等成果予以专项奖励。

图41 中国五矿集团公司科技创新体系

化体系和科学方法为支撑,弘扬创新文化和工匠精神,建立产品工程师全线质量管理团队,实施本质性质量设计、控制和改进,打造优质精品,并且获得多项质量体系认证(见图42)。

开展质量改进活动	产品工程师制度	产品信息化管理	质量体系认证
组织开展以创"精品工序"、"精品产线"和"精品产品"为主要内容的"精品工程"创建活动,在基层质量管理制度的完善、工艺文件的规范、岗位质量控制点的建立和员工标准化操作等方面实施重点推进	搭建包括"主管产品工程师、专项产品工程师、工序产品工程师"的产品工程师三级团队,实施"以产品为龙头、以产品工程师为主导"的质量管理,保证质量设计、控制和改进职责的进一步明确和有效履行	构建起完整的"标准+α"质量管理体系和满足不锈钢复杂特点的质量体系基础数据库,实施全程在线质量管控,实现检化验实绩自动判定、材料自动综合判定,提升了产品质量把关的效率	积极履行社会责任、满足质量安全要求,贯彻国家相关法律法规和特殊行业认证规范,重点实施危险化学品、压力容器、造船用钢等特殊产品的质量保障体系建设

图42 太原钢铁产品质量管理体系

十一 日化行业社会责任发展指数（2017）

（一）评价结果

本部分评价的日化行业主要包括从事肥皂及合成洗涤剂制造、化妆品制造、口腔清洁用品制造、香料及香精制造等。日化行业11家样本企业的社会责任发展指数排名及得分如表24所示。

表24 日化业社会责任发展指数（2017）

单位：分

排名	企业名称	企业性质	官网是否设置社会责任专栏	是否发布企业社会责任报告	社会责任发展指数
★★★★★（1家）					
1	爱茉莉太平洋（中国）	外资企业	有	有	90.3
★★★★（1家）					
2	安利（中国）日用品有限公司	外资企业	有	有	72.1
★★★（2家）					
3	资生堂（中国）投资有限公司	外资企业	有	无	46.6
4	上海家化联合股份有限公司	民营企业	有	有	43.1
★★（2家）					
5	欧莱雅（中国）有限公司	外资企业	有	无	32.6
6	纳爱斯集团有限公司	民营企业	有	无	24.6
★（5家）					
7	宝洁（中国）有限公司	外资企业	有	无	18.8
8	联合利华（中国）有限公司	外资企业	有	无	16.9
9	强生（中国）投资有限公司	外资企业	有	无	11.2
10	雅芳（中国）有限公司	外资企业	无	无	0.0
11	雅诗兰黛集团中国公司	外资企业	无	无	0.0

（二）阶段性特征

1.日化行业社会责任发展指数为32.4分，总体处于二星级水平

整体来看，日化行业社会责任发展指数平均得分为32.4分，整体为二星级水平，处于起步者阶段，相较于2016年的36.6分有小幅降低，在所评价的16个行业中的排名也从第8位降至第11位。具体来看，日化行业企业得分差别很大，例如爱茉莉太平洋（中国）得分最高，为90.3分，处于领先者阶段，雅诗兰黛集团中国公司和雅芳（中国）有限公司的得分为0分，还处于旁观者阶段（见图43）。

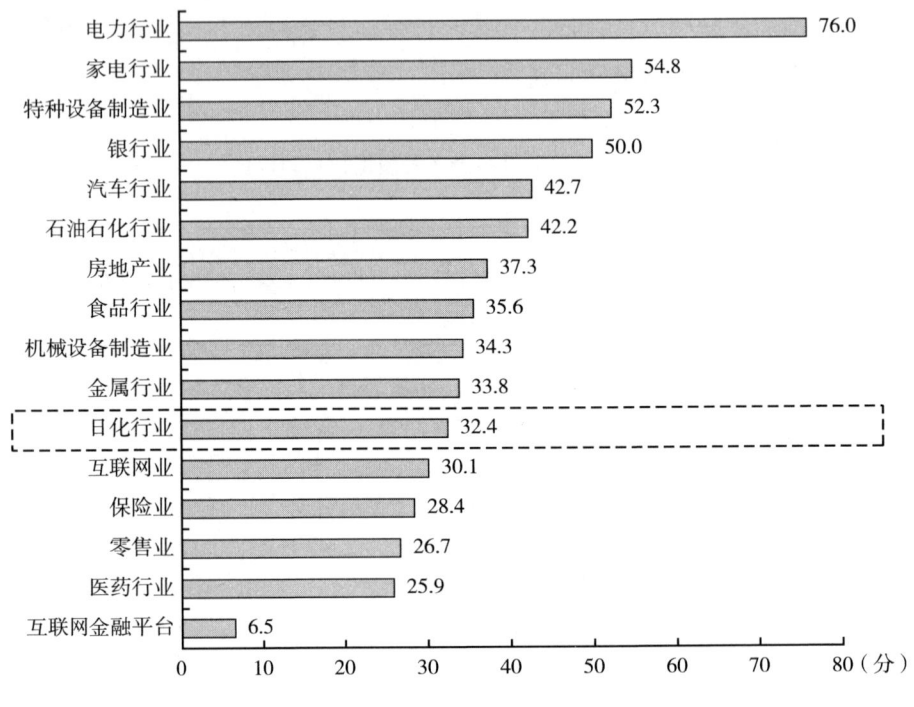

图43　日化行业社会责任发展阶段与排名

作为与消费者生活健康密切相关的行业，日化行业在保证产品质量方面具有重要的责任，日化行业应进一步加强行业内企业先进履责实践经验的分享和交流，以领先促共赢。

2. 日化行业责任实践优于责任管理，市场责任表现最佳；日化行业企业注重供应链管理、责任沟通和社区关系，但在安全生产、利益相关方参与与股东权益等方面表现欠佳

将日化行业责任管理与责任实践的得分进行对比，可以看出其责任实践

（33.5分）略优于责任管理（27.5分），且两者均处于起步者阶段。较之2016年责任实践的得分（38.6分），可见日化行业企业在责任实践的探索方面还需要进一步加强。综合来看，市场责任（35.0分）表现最佳，已上升到追赶者阶段；社会责任（33.2分）次之；总体差异不大，体现了日化企业社会责任信息总体披露水平攀升的现状（见表25）。

表25 日化行业责任议题得分情况

单位：分

责任板块	责任议题	行业平均分	行业最高分	领先实践
责任管理（27.5分）	责任战略与治理	21.4	85.0	爱茉莉
	利益相关方参与	18.2	100.0	爱茉莉、安利（中国）
	责任沟通	49.1	100.0	爱茉莉、强生（中国）、上海家化
市场责任（35.0分）	股东权益	19.1	35.0	安利（中国）
	供应链管理	50.9	100.0	安利（中国）、上海家化
	客户服务	40.9	90.0	安利（中国）
	科技创新	39.1	100.0	爱茉莉
社会责任（33.2分）	依法经营	31.8	100.0	爱茉莉
	员工关爱	36.9	93.8	爱茉莉
	社区关系	44.3	100.0	爱茉莉
	安全生产	15.9	100.0	爱茉莉
环境责任（32.3分）	环境责任	32.3	100.0	爱茉莉

从议题角度来看，日化行业企业在供应链管理（50.9分）、责任沟通（49.1分）以及社区关系（44.3分）方面的信息披露水平相对较高，均处于追赶者阶段，而在安全生产（15.9分）、利益相关方参与（18.2分）以及股东权益（19.1分）等方面表现不理想，这可能与所选取的11家样本企业82%来自外企有关。

（三）最佳实践

对标所选取的日化行业企业，可以看出，日化行业信息披露的重点集中于推行供应链管理、加强产品质量管理及注重安全生产等方面。

1. 推行供应链管理

爱茉莉太平洋（中国）逐步优化供应商管理体系，完善供应商选择和考评机制，在供应选择方面有严格的评估过程（见图44），通过收集供应商企业的基本信息和相关证件，由品质部和采购部对供应商进行现场评估，通过评估的供应商进入合格供应商名录。公司同样注重责任采购，推进本地化采购政策，对供应商可持续经营能力进行评估，推动公司的绿色采购，带动供应商履行社会责任。

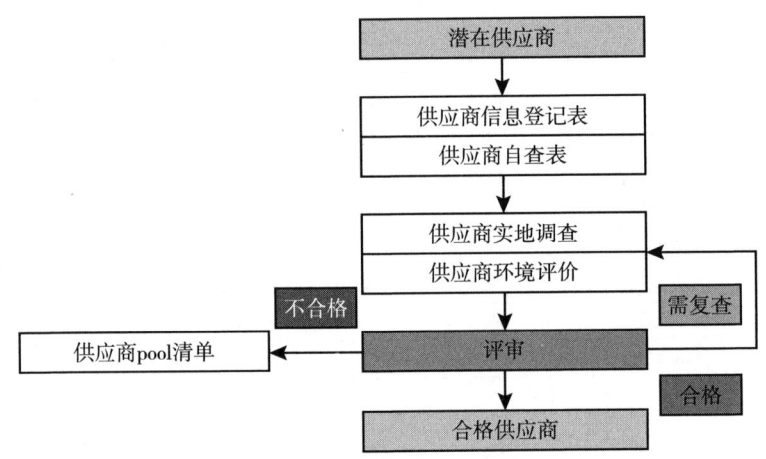

图44 爱茉莉太平洋（中国）供应商评估过程

2. 加强产品质量管理

安利建立了全方位的品质保证系统，在质量管理方面，安利从产品设计到交付消费者使用的整个供应链全过程实施以预防为目的的质量控制，在人、机、料、法、环、检测多个方面构建全面质量管理，不断追求卓越、精益求精；安利工厂内部自设"来料检验"、"制程检验"、"成品检验"以及"出货检验"四道品质监控关卡，进行严格的品质检测；此外，安利努力建设卓越的生产环境，持续进行质量改进，从各个环节保证了产品的质量。

3. 注重安全生产

上海家化坚持"安全第一、预防为主、综合治理"的方针，成立了安全管理委员会，建立了自上而下的安全管理网络，着力抓好安全生产工作。上海家化建立了完善的安全生产监督控制体系，以避免安全事故的发生，并且对新员工进行应急急救能力培训，提高员工面对意外和自然灾害等紧急情况的应变能力，保障其人身安全（见图45）。

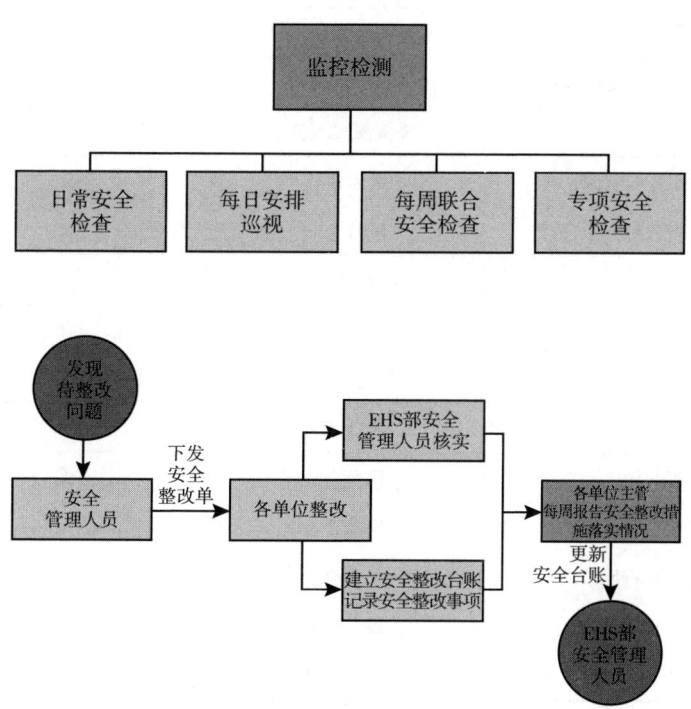

图45 上海家化安全生产体系

十二 互联网行业社会责任发展指数（2017）

（一）评价结果

本部分评价的互联网行业是指从事互联网技术服务、提供互联网产品以及平台的行业。主要包括互联网技术类、平台类企业。互联网行业10家样本的社会责任发展指数排名及得分如表26所示。

表26 互联网业社会责任发展指数（2017）

单位：分

排名	企业名称	企业性质	官网是否设置社会责任专栏	是否发布企业社会责任报告	社会责任发展指数
★★★★★（1家）					
1	阿里巴巴集团控股有限公司	民营企业	有	有	89.9
★★★（2家）					
2	腾讯控股有限公司	民营企业	有	有	46.5
3	百度股份有限公司	民营企业	有	有	40.0
★★（2家）					
4	奇虎360	民营企业	无	有	26.0
5	新浪公司	民营企业	无	无	24.7
★（5家）					
6	搜狐集团	民营企业	有	无	18.9
7	网易公司	民营企业	无	无	17.2
8	携程旅行网	民营企业	有	无	16.9
9	京东集团	民营企业	无	无	15.0
10	美团点评	民营企业	无	无	5.9

（二）阶段性特征

1. 互联网行业社会责任发展指数为30.1分，总体处于二星级水平

互联网行业社会责任发展指数平均得分为30.1分，整体为二星级水平，处于起步者阶段，在评价的16个行业中排第12位（见图46）。9家样本企业中，五星级企业1家，为阿里巴巴（89.9分）；三星级企业两家，分别为腾讯（46.5分）和百度（40.0分）；二星级企业两家，分别为奇虎360

（26.0分）和新浪公司（24.7分）；其余5家评价企业均为一星级。

从整体来看，互联网行业是与社会公众日常工作生活密切相关的行业，在产品创新及客户服务方面具有义不容辞的责任。目前来看，互联网行业2017年社会责任信息披露水平有所提高，已上升至追赶者阶段，但仍有较大进步空间，在16个行业中仍处于落后位置。互联网行业仍需强化责任意识，加强社会责任信息披露工作。

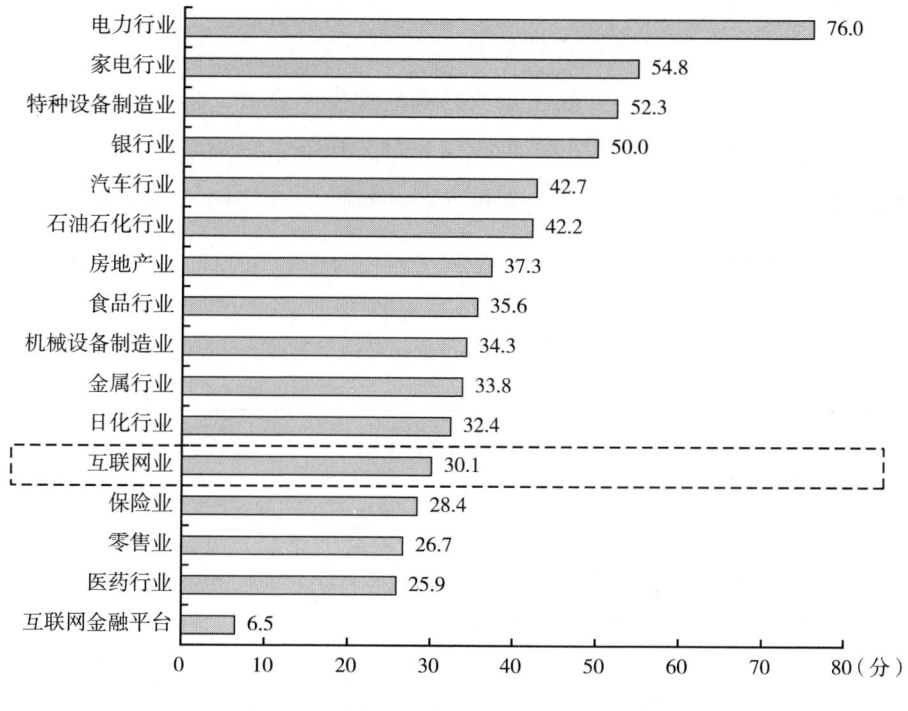

图46　互联网行业社会责任发展阶段与排名

2. 互联网行业市场责任表现最佳；互联网服务企业注重股东权益、依法经营和责任沟通，在安全生产方面表现欠佳

对比责任管理与责任实践，可以看出责任实践（29.6分）高于责任管理（27.8分），互联网行业对于社会责任战略管理的布局有待提升，社会责任实践也还需要进一步加强。就责任实践而言，市场责任（37.5分）和社会责任（33.8分）的表现优于环境责任（17.5分），体现了互联网企业在经营绩效和社会责任方面的信息披露率高于环境保护方面的信息披露率。

从议题角度来看,互联网行业在股东权益(48.0分)、依法经营(45.0分)和责任沟通(44.0分)方面信息披露水平相对较高,可见大部分互联网企业重视股东权益保护,合法合规经营,能通过发布报告或网站信息与消费者沟通。利益相关方参与(25.0分)、责任战略与治理(21.0分)与供应链管理(20.0分)的得分均为二星级,说明互联网企业在责任采购、责任沟通和责任管理方面表现欠佳。安全生产(2.5分)议题表现最差,虽然这与互联网行业的低危险生产有关,但互联网行业也应注意到新型安全生产问题的产生,比如过劳死等,加强安全生产与培训工作,提升社会责任信息披露的系统性和连续性。互联网行业责任议题得分详细情况如表27所示。

表27 互联网行业责任议题得分情况

单位:分

责任板块	责任议题	行业平均分	行业最高分	领先实践
责任管理 (27.8)	责任战略与治理	21.0	85.0	阿里巴巴
	利益相关方参与	25.0	100.0	阿里巴巴
	责任沟通	44.0	100.0	阿里巴巴、百度、腾讯
市场责任 (37.5)	股东权益	48.0	100.0	阿里巴巴、腾讯
	供应链管理	20.0	100.0	阿里巴巴、腾讯
	客户服务	40.0	90.0	阿里巴巴、携程
	科技创新	29.0	100.0	阿里巴巴
社会责任 (33.8)	依法经营	45.0	100.0	阿里巴巴
	员工关爱	40.6	87.5	阿里巴巴、新浪、腾讯
	社区关系	40.0	100.0	阿里巴巴
	安全生产	2.5	25.0	阿里巴巴
环境责任 (17.5)	环境责任	17.5	91.0	阿里巴巴

3. 对比2016年互联网行业社会责任发展指数，2017年互联网行业社会责任发展指数显著提高，互联网行业社会责任信息披露水平应继续提高

对比2016年互联网行业社会责任发展指数（19.0分），2017年互联网行业社会责任发展指数（30.1分）显著回升。其中，2017年互联网行业共有4家企业发布社会责任报告，较2016年（1家）有所增加，但在16个行业中社会责任发展指数仍处于落后水平。互联网行业应继续加强社会责任建设，加大社会责任信息披露工作。

（三）最佳实践

通过比较社会责任发展指数排名靠前的互联网企业，可以看出，互联网企业信息披露的重点集中于热心公益慈善、注重产品创新和建立互联网安全责任体系等方面。

1. 热心公益慈善

公益是阿里巴巴集团业务的共同基因。阿里巴巴一直以来大力支持公益慈善事业，阿里巴巴公益的特质是"最广泛的参与"，倡导"每人每年公益3小时"公益活动。2017财年，阿里巴巴员工志愿者服务9.6万人次，共计14.1万小时。阿里巴巴将集团年收入的千分之三用作公益基金，基金主要资助环境保护（含互联网+环保、环境教育、环境创新三大板块）、委员会特别项目、集团承诺项目三个大方向。此外，阿里巴巴充分利用平台优势，

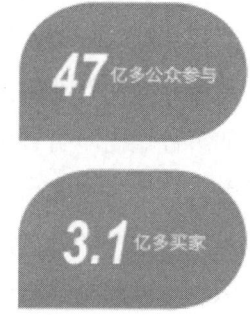

图47　阿里巴巴公益宝贝2.0计划发布会

推出公益宝贝、公益网店等公益项目，推进全民参与社会公益。

2. 注重产品创新

百度公司自创立以来，从 PC 到移动互联网，一直是互联网领域技术创新的引领者和推动者。百度大脑是一个人工智能网络，拥有亿万级的参数，能够模拟人脑的工作机制。目前，百度人工智能已经在多个领域展现威力，应用于超过 30 条业务线，公开的专利超过 2000 件。百度公司建立了开放的技术平台 PaddlePaddle 平台，现在，不论是在校学生、创业者，还是各界技术人员都可以通过该平台进行学习和开发，促进了科技的发展。

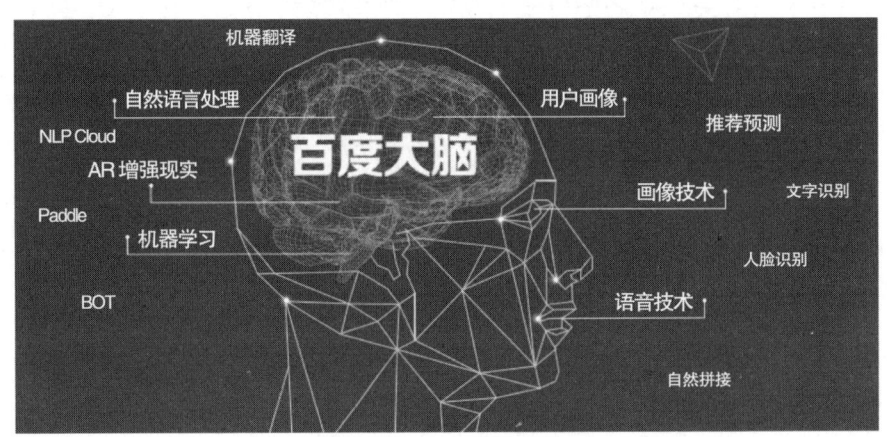

图 48　"百度大脑"示意

3. 建立互联网安全责任体系

随着互联网行业的高速发展，互联网安问题变得日益重要。互联网攻击和犯罪事件层出不穷，木马、病毒、电信诈骗、钓鱼网站、垃圾邮件等严重影响着人们的生产和生活。奇虎 360 致力于通过高品质的安全服务，为用户解决互联网安全问题。通过用户体验创新、商业模式创新、安全技术创新，奇虎 360 在互联网威胁监测、防御等方面为用户提供全方位的服务，与各利益相关方共同打造安全的互联网环境。

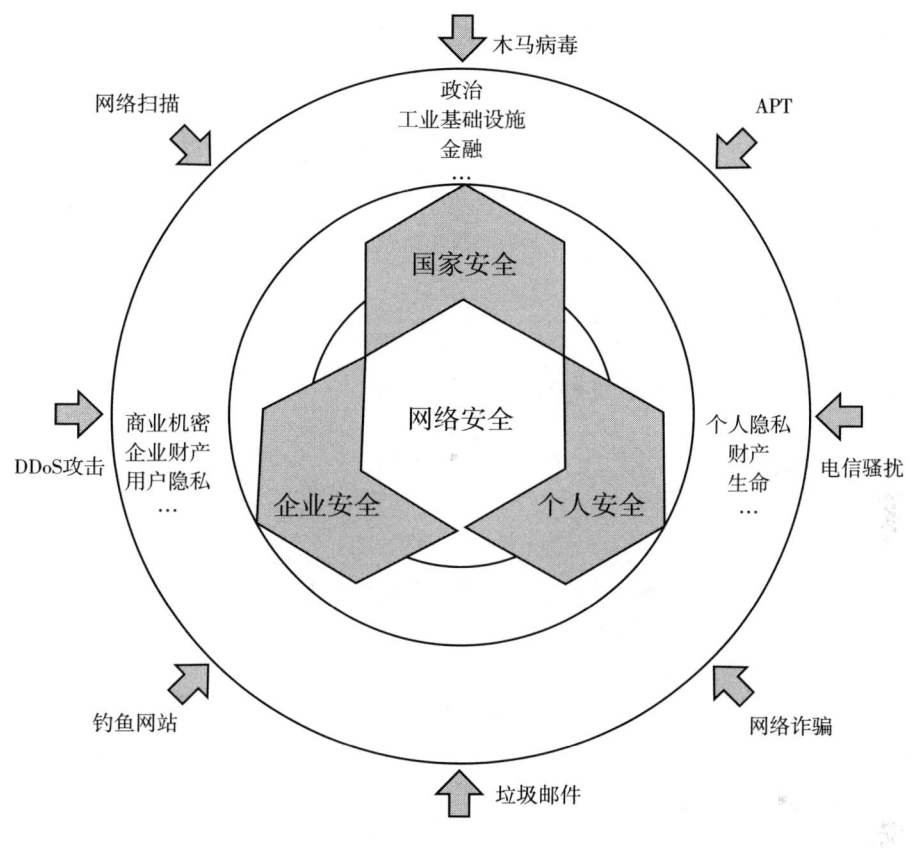

图 49　互联网安全问题

十三　保险业社会责任发展指数（2017）

（一）评价结果

本部分评价的保险业包括人身保险业、财产保险业、再保险业和其他保险业。财产保险以财产及其相关利益为保险标的。人身保险以人的寿命和身体为保险标的。再保险也称分保，是保险人在原保险合同的基础上，通过签订分保合同，将其所承保的部分风险和责任向其他保险人进行再次保险的行为。保险业27家样本的社会责任发展指数排名及得分如表28所示。

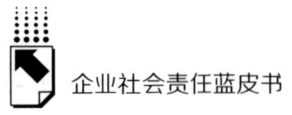

表28 保险业社会责任发展指数（2017）

单位：分

排名	企业名称	企业性质	官网是否设置社会责任专栏	是否发布企业社会责任报告	社会责任发展指数
★★★★(4家)					
1	中国人民保险集团股份有限公司	国有金融企业	有	有	74.8
2	中国平安保险(集团)股份有限公司	民营企业	有	有	73.6
3	中国太平洋保险(集团)股份有限公司	国有金融企业	有	有	66.1
4	中国太平保险集团有限责任公司	国有金融企业	有	有	62.3
★★★(2家)					
5	阳光保险集团股份有限公司	民营企业	有	有	48.6
6	工银安盛人寿保险有限公司	外资企业	有	有	43.5
★★(9家)					
7	富德生命人寿保险股份有限公司	民营企业	有	有	39.1
8	新华人寿保险股份有限公司	国有金融企业	有	有	35.3
9	建信人寿保险有限公司	国有金融企业	无	有	34.7
10	美亚财产保险有限公司	外资企业	有	有	29.2
11	中华联合保险集团股份有限公司	国有金融企业	有	有	28.1
12	信诚人寿保险有限公司	外资企业	无	有	24.9
13	苏黎世财产保险(中国)有限公司	外资企业	有	无	24.6
14	友邦保险控股有限公司	外资企业	有	无	22.8
15	中邮人寿保险股份有限公司	国有金融企业	无	无	22.7
★(12家)					
16	农银人寿保险股份有限公司	国有金融企业	无	无	19.9

续表

排名	企业名称	企业性质	官网是否设置社会责任专栏	是否发布企业社会责任报告	社会责任发展指数
17	中国人寿保险(集团)公司	国有金融企业	有	无	18.7
18	合众人寿保险股份有限公司	民营企业	有	无	17.2
19	泰康保险集团股份有限公司	民营企业	有	无	12.8
20	天安财产保险股份有限公司	外资企业	有	无	10.4
20	中意人寿保险有限公司	外资企业	有	无	10.4
22	安盛天平财产保险股份有限公司	外资企业	无	无	10.0
23	中英人寿保险有限公司	外资企业	无	无	9.8
24	安邦保险集团股份有限公司	民营企业	有	无	9.5
25	中德安联人寿保险有限公司	外资企业	有	无	7.5
26	中国出口信用保险公司	国有金融企业	有	无	6.8
27	中国大地财产保险股份有限公司	国有金融企业	无	无	4.4

（二）阶段性特征

1. 保险业社会责任发展指数为28.4分，总体处于二星级水平

保险业社会责任发展指数平均得分为28.4分，在所评价的16个行业中排第13位，较2016年下降了3位，整体为仍为二星级水平，处于起步者阶段。所选取的27家样本企业中，没有五星级企业；四星级企业仅4家，其中中国人民保险以74.8的得分位居第一；三星级企业两家；二星级企业9家；一星级企业12家（见图50）。

保险业是与人们工作、学习、生活密切相关的行业，保险业企业利用自身的专业优势履行社会责任对于和谐社会的构建具有重要的意义。但目前来看，保险业社会责任发展指数整体偏低，且后劲不足。保险业企业应进一步深化责任理念，强化责任实践。

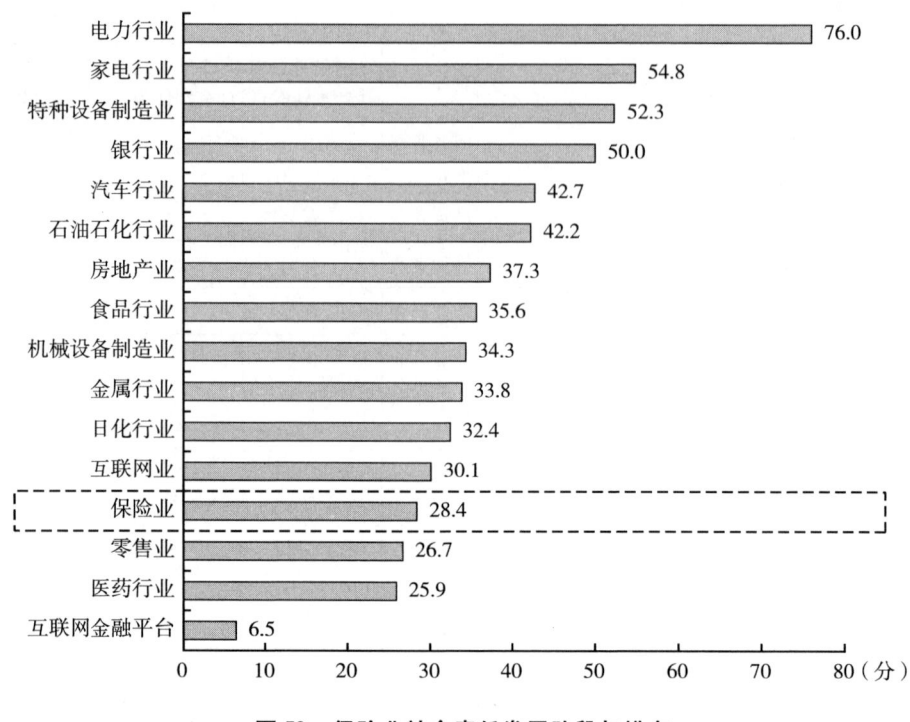

图 50　保险业社会责任发展阶段与排名

2. 保险业责任管理优于责任实践，市场责任表现最佳；保险业企业注重股东权益保护及责任沟通等，而在安全生产、环境责任以及责任战略与治理等方面表现欠佳

对比责任管理与责任实践，可以看出保险业责任管理（28.8分）得分优于责任实践（27.0分），可见保险业责任管理正在逐步加强。27家样本企业中，有8家企业开辟了社会责任专栏，12家发布了社会责任报告。就责任实践而言，市场责任（37.7分）表现最佳，社会责任（30.0分）次之，环境责任（13.4分）居末，体现了保险业企业对经济绩效的披露力度远高于在环境治理及生态改善等环境绩效方面的披露（见表29）。

从议题角度看，保险业企业在股东权益方面得分最高，为61.3分，其次为责任沟通（58.5分），两者均处于领先者阶段；相反，各议题中得分较低的安全生产（2.3分）、环境责任（13.4分）、科技创新（16.3分）和责

表29 保险业社会责任议题得分

单位：分

责任板块	责任议题	行业平均分	行业最高分	最佳实践
责任管理 （28.8）	责任战略与治理	17.2	85.0	中国太平洋保险
	利益相关方参与	22.2	100.0	中国太保、中国人保、中国平安、
	责任沟通	58.5	100.0	中国太保、中国人保、中国平安、
市场责任 （37.7）	股东权益	61.3	100.0	美亚财产、中国人保、中国平安、
	供应链管理	20.7	100.0	中国平安、中国人保、
	客户服务	33.3	80.0	富德生命人寿
	科技创新	16.3	40.0	中国平安、中国太保
社会责任 （30.0）	依法经营	44.0	100.0	中国人保、中国平安
	员工关爱	30.1	87.5	中国平安、中国太保
	社区关系	43.5	100.0	中国人保、中国人寿、友邦保险
	安全生产	2.3	37.5	中国太保
环境责任 （13.4）	环境责任	13.4	73.0	中国人保

任战略与治理（17.2分）等议题的披露程度则都还处于旁观者阶段。可见保险业企业的社会责任工作需要引起高层的重视，并切实落地到企业运营的日常中去。

（三）最佳实践

对标保险业样本企业，可以看出，保险业信息披露的重点集中于践行产品创新、提供优质服务、情系公益事业三个方面。

1.践行产品创新

中国人保持续完善客户服务及产品体系，通过产品服务创新，融合传统优势与互联网新优势，以"互联网＋"推进新业态布局，打造客户生态圈，在满足客户需求的同时为客户创造更多价值。在人身险领域，推出两款"惠众"个人税优健康险产品，创新开发"安居乐"住房反向抵押养老保险产品；在资产管理领域，中国人保积极创设发行多款结构化金融产品，其中"人保资产—中国石化混合所有制改革股权投资计划"获上海金融创新奖提名奖。中国人保通过服务和产品创新，不断提升客户服务质量。

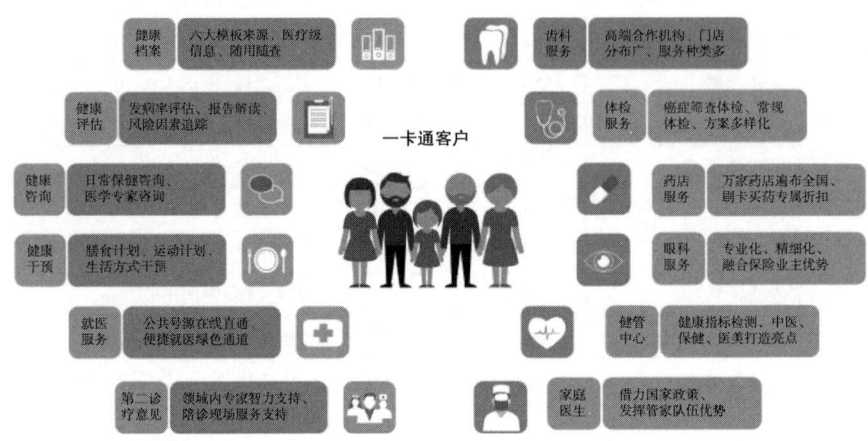

图51　中国人保"人民健康一卡通"创新服务模式

2. 提供优质服务

2016年，是中国平安致力于以极致服务和科技创新提升客户服务体验的一年。中国平安一直以"国际领先的个人金融生活服务提供商"为目标，怀着"让平安在客户身边"的心愿，为客户提供简单、便捷、安全的服务，努力从每一次与客户接触做起，提升服务质量，改善服务体验，满足客户的需求。中国平安聚焦客户的医疗健康管理和金融资产管理两大领域，秉持"专业，让生活更简单"理念，通过移动互联网、大数据、云服务等新科技、新思维，从社交化、移动化、专业化、场景化切入，把复杂留给自己，让客户的生活更加简单、便捷、健康而有品质。

3. 情系公益事业

太平洋保险热心公益事业，大力支持爱心支教、公众健康、关怀弱势群体以及爱心助老等多项公益事业。太平洋保险先后在全国捐建了60余所希望小学；与中国健康教育中心开展跨界合作，推出"公众健康教育课堂"公益活动；携手残疾人关爱事业发展中心，创新推出"买保险献爱心"助残公益项目；开展"爱在你身边，情系敬老院"助老公益活动；并且积极响应国家号召，开展精准扶贫项目。

十四　零售行业社会责任发展指数（2017）

（一）评价结果

本部分评价的零售行业包括一般意义上的零售业和批发贸易业。其中零售业主要指百货商店、超级市场、专门零售商店、品牌专卖店、售货摊等主要面向最终消费者（如居民等）的销售行业。批发贸易业则指批发商向批发、零售单位及其他企业、事业、机关批量销售生活用品和生产资料的活动，以及从事进出口贸易和贸易经纪与代理的活动。包括以互联网、邮政、电话、售货机等方式从事销售活动的企业。谷物、种子、饲料、牲畜、矿产品、生产用原料、化工原料、农用化工产品、机械设备（乘用车、计算机及通信设备除外）等生产资料的销售不作为零售活动。零售行业38家样本企业社会责任发展指数排名及得分如表30所示。

表30　零售行业社会责任发展指数（2017）

单位：分

排名	企业名称	企业性质	官网是否设有社会责任专栏	是否发布企业社会责任报告	社会责任发展指数
★★★★★（2家）					
1	阿里巴巴集团控股有限公司	民营企业	有	有	89.9
2	广州百货企业集团有限公司	国有企业	有	有	85.3
★★★★（4家）					
3	永辉超市股份有限公司	民营企业	有	有	67.0
4	联华超市股份有限公司	外资企业	无	有	62.2
5	苏宁云商集团股份有限公司	民营企业	有	有	61.9
6	唯品会（中国）有限公司	民营企业	无	有	60.1

续表

排名	企业名称	企业性质	官网是否设有社会责任专栏	是否发布企业社会责任报告	社会责任发展指数
★★★(4家)					
7	华润万家有限公司	国有企业	有	有	59.1
8	麦德龙(中国)	外资企业	有	有	55.6
9	天虹商场股份有限公司	国有企业	无	有	46.0
10	沃尔玛(中国)投资有限公司	外资企业	有	有	41.7
★★(7家)					
11	国美电器有限公司	民营企业	有	有	38.2
12	银座集团股份有限公司	国有企业	有	有	38.0
13	中百控股集团股份有限公司	国有企业	无	无	34.8
14	永旺(中国)投资有限公司	外资企业	有	有	26.5
15	庞大汽贸集团股份有限公司	民营企业	无	无	25.1
16	王府井集团股份有限公司	国有企业	无	无	24.5
17	家乐福(中国)	外资企业	有	有	24.0
★(21家)					
18	合肥百货大楼集团股份有限公司	国有企业	无	无	17.4
19	京东集团	民营企业	无	无	15.0
20	重庆商社(集团)有限公司	国有企业	有	无	14.6
20	大商集团有限公司	民营企业	无	无	14.6
22	长春欧亚集团股份有限公司	国有企业	无	无	13.6
23	宏图三胞高科技术有限公司	民营企业	有	无	12.7
24	家家悦集团股份有限公司	民营企业	无	无	12.3
25	利群集团股份有限公司	民营企业	无	无	10.2
25	物美控股集团有限公司	民营企业	无	无	10.2
27	康成投资(中国)有限公司	外资企业	有	无	10.0
28	武汉武商集团股份有限公司	国有企业	无	无	9.7
28	步步高集团	民营企业	无	无	9.7
30	亚马逊中国	外资企业	有	无	6.1
31	百联集团有限公司	国有企业	无	无	4.8
32	乐购中国	外资企业	无	无	4.4
33	北京居然之家投资控股集团有限公司	国有企业	无	无	3.5
34	Seven & I 控股公司	外资企业	有	无	2.0
34	欧尚(中国)投资有限公司	外资企业	有	无	2.0
36	农工商超市(集团)有限公司	国有企业	无	无	1.0
37	石家庄北国人百集团有限责任公司	国有企业	无	无	0.0
37	烟台市振华百货集团股份有限公司	国有企业	无	无	0.0

（二）阶段性特征

1. 零售行业社会责任发展指数为26.7分，总体处于起步者阶段

零售行业社会责任发展指数为26.7分，较2016年的得分（21.8分）有所上升。在本部分评价的16个行业中排第14位，整体为二星级水平，处于起步者阶段。38家样本企业的星级分布整体呈金字塔形状，分别为五星级企业2家，四星级企业4家，三星级企业4家，二星级企业以及一星级企业28家。阿里巴巴（89.9分）和广百集团（85.3分）的五星级表现远超其他企业，处于卓越者阶段；永辉超市（67.0分）、联华超市（62.2分）和苏宁云商（61.9分）则处于领先者阶段；此外，三星级及以下企业有32家，占零售行业样本企业数量的80%以上。零售行业与人们的日常生活息息相关，但近年来，零售行业的社会责任信息披露都不甚理想，社会责任工作任重道远（见图52）。

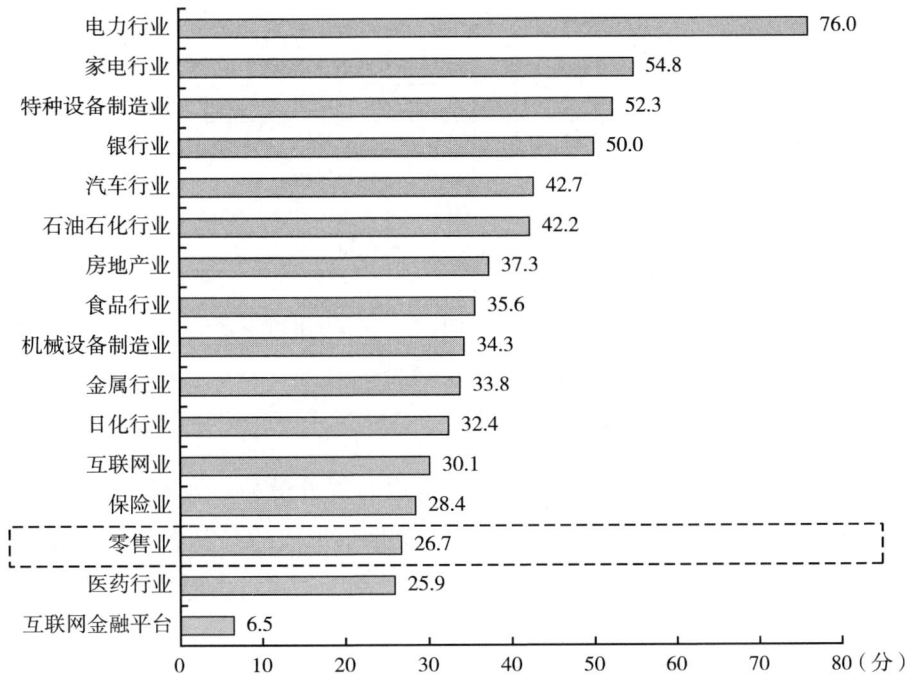

图52 零售行业社会责任发展阶段与排名

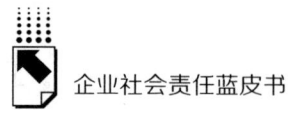

2. 零售行业责任实践略优于责任管理，市场责任表现最佳；零售行业注重责任沟通、股东权益和供应链管理，在科技创新、责任战略与治理以及安全生产方面表现欠佳

对比零售行业的责任管理与责任实践，可以看出责任实践（22.1分）略优于责任管理（18.5分），但都还处于较低水平。观察行业平均分与行业最高分可以发现，零售行业各责任议题的最高分均在70分以上，平均分却有40%以上的议题低于20分，可见零售行业样本企业的社会责任信息披露度差别很大（见表31）。

表31 零售行业社会责任议题得分

单位：分

责任板块	责任议题	行业平均分	行业最高分	领先实践
责任管理（18.5）	责任战略与治理	14.7	85.0	广百集团、阿里巴巴
	利益相关方参与	17.1	100.0	广百集团、永辉超市
	责任沟通	42.6	100.0	广百集团、永辉超市、阿里巴巴
市场责任（26.7）	股东权益	34.5	100.0	阿里巴巴、联华超市
	供应链管理	33.2	100.0	广百集团、永辉超市、阿里巴巴
	客户服务	32.1	100.0	广百集团
	科技创新	13.7	100.0	阿里巴巴
社会责任（24.8）	依法经营	31.6	100.0	阿里巴巴、广百集团
	员工关爱	30.6	87.5	阿里巴巴
	社区关系	35.2	100.0	阿里巴巴
	安全生产	11.8	87.5	广百集团、华润万家
环境责任（14.7）	环境责任	18.1	100.0	广百集团

从议题角度来看，零售行业在责任沟通的得分最高，为42.6分，这可能是因为零售行业与人们日常生活密切相关倒逼形成的；安全生产议题得分最低，仅为11.8分，说明零售行业在安全生产方面还有待提升。

（三）最佳实践

对标社会责任发展指数排名前五的零售企业，可以看出，零售行业信息披露的重点集中于保障商品质量安全、提升客户服务和严格供应链管理等方面。

1. 保障商品质量安全

广百集团始终坚持以顾客为中心，以质量标准为基本依据，以质量文化建设为载体，在质量自律的基础上，实施全员质量责任战略，全系统质量管理体系覆盖率为100%（见图53）。

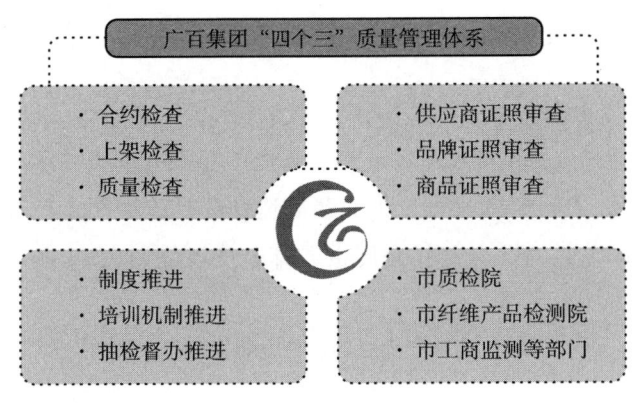

图53　广百集团产品质量管理体系

2. 提升客户服务

苏宁通过丰富线上线下购物体验、拓展个性化与增值服务、升级支付方式，不仅为消费者提供最优质的产品，更提供精彩极致的品质体验，全力满足用户丰富多元的需求。苏宁加速布局承载着O2O优质服务能力的苏宁实体店，持续升级用户线下购物体验；在O2O融合的全渠道运营策略推动下，苏宁率先实现线上线下商品和用户的打通，推出了千人千面、智能推送以及智能客服等服务项目；苏宁重视每一位消费者的个性化需求，2016年苏宁推出了苏宁V购私人定制导购、绿色通道、大力推动货物自提等多项个性化服务。

3. 严格供应链管理

华润万家高度重视供应商的质量安全管控，通过源头管控、过程管控、反馈改进、与供应商沟通等全方位、全过程的管控，不断优化供应链管理体系，优化供应商反馈机制，增进供应商沟通。

华润万家不断优化供应商服务系统，建立了产品可追溯体系；强化供应商管理，2016年持续开展商品常规监督抽检，全国共抽检2023个单品；注重优质供应商培养，2016年共培养8家OEM认证工厂及45个农产品认证基地；此外，华润万家实时跟踪商品质量、严格商品验收标准，加强门店现场管理，并建立了优化供应商反馈机制，携手供应商履行社会责任。

十五 医药行业社会责任发展指数（2017）

（一）评价结果

本部分评价的医药行业可分为医药制造和药品流通两个产业环节。医药行业21家样本企业的社会责任发展指数排名及得分如表32所示。

表32 医药行业社会责任发展指数（2017）

单位：分

排名	企业名称	企业性质	官网是否设置社会责任专栏	是否发布企业社会责任报告	社会责任发展指数
★★★★★（2家）					
1	上海复星医药(集团)股份有限公司	民营企业	有	有	87.6
2	华润医药集团有限公司	国有企业	有	有	84.1
★★★★（2家）					
3	扬子江药业集团有限公司	民营企业	有	有	74.0
4	上海医药集团股份有限公司	国有企业	有	有	64.3
★★★（1家）					
5	中国医药集团总公司	中央企业	有	无	44.5
★★（3家）					
6	阿斯利康中国	外资企业	有	无	29.5
7	辉瑞中国	外资企业	有	有	22.9
8	修正药业集团	民营企业	有	无	21.2
★（13家）					
9	3M中国有限公司	外资企业	有	无	17.4
10	罗氏中国	外资企业	有	无	12.2
11	天津市医药集团有限公司	国有企业	有	无	11.7

续表

排名	企业名称	企业性质	官网是否设置社会责任专栏	是否发布企业社会责任报告	社会责任发展指数
12	广州医药集团有限公司	国有企业	无	无	11.5
13	强生（中国）投资有限公司	外资企业	有	无	11.2
14	拜耳（中国）	外资企业	有	无	10.6
15	英国葛兰素史克（中国）投资有限公司	外资企业	有	无	7.6
16	雅培中国	外资企业	有	无	7.2
17	诺华中国	外资企业	有	无	7.1
18	赛诺菲中国	外资企业	有	无	6.2
19	天狮集团有限公司	民营企业	有	无	4.8
20	陕西医药控股集团有限责任公司	国有企业	有	无	4.7
21	科创控股集团有限公司	民营企业	无	无	3.1

（二）阶段性特征

1. 医药行业社会责任发展指数为25.9分，总体处于二星级水平

医药行业社会责任发展指数平均得分为25.9分，整体为二星级水平，处于起步者阶段，相较于2016年的28.1分有小幅下降。在评价的16个行业中排第15位（见图54）。21家样本企业中，五星级企业仅有2家，为复星医药（87.6分）和华润医药（84.1分）；四星级企业2家，为扬子江药业（74.0分）和上海医药（64.3分）；三星级企业共1家，二星级企业3家，其余13家企业的得分均为一星级。

整体而言，医药行业的社会责任发展指数在2017年有所下降；且样本企业间社会责任发展指数差异较大。除2家企业处于五星级水平，2家企业处于四星级水平外，其他样本企业均为三星级及以下水平，比例高达86%；一星级企业（13家）虽大多数在官方网站设置社会责任或可持续发展专栏，但均未发布企业社会责任报告。医药行业是传统产业和现代产业相结合的行业，对于保护和增进人民健康、提高生活质量、促进经济发展和社会进步均具有十分重要的作用，但从目前来看，医药行业社会责任信息披露水平亟待提高。医药行业应强化意识，注重药品质量与安全，提升科技创新能力，开展清洁生产，加强社会责任信息披露工作。

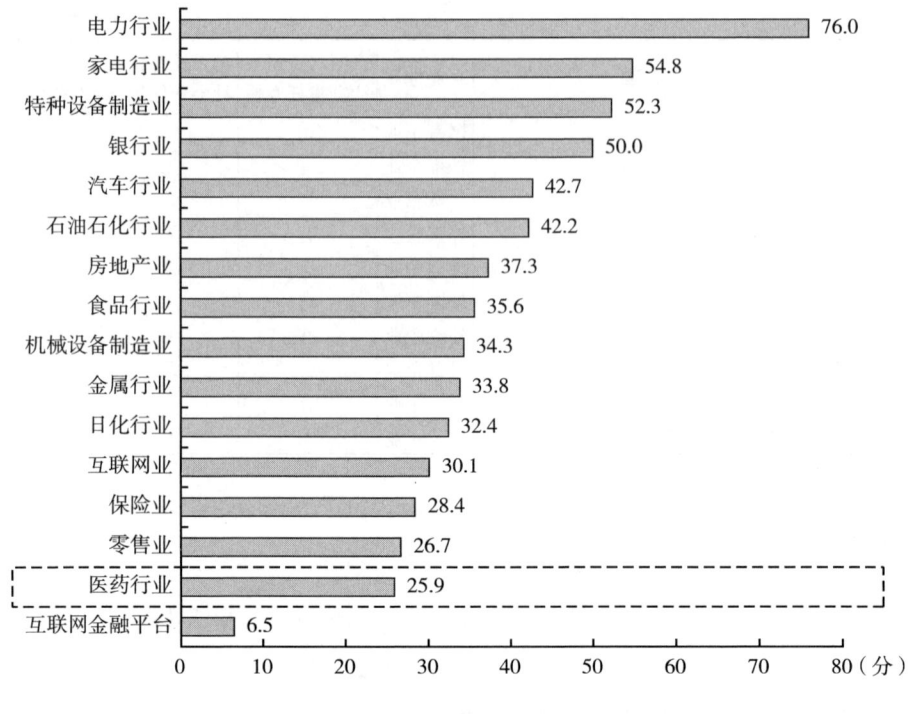

图54 医药行业社会责任发展阶段与排名

2.医药行业责任管理表现优于责任实践，在责任实践方面，社会责任与市场责任方面的表现优于环境责任

对比责任管理与责任实践，医药行业的责任实践（25.6分）表现得分略高于责任管理（24.9分），说明医药行业的社会责任管理与责任实践表现相当，但在责任沟通方面表现较好（50.5分）。就责任实践而言，社会责任（31.5分）表现优于市场责任（26.4分）及环境责任（18.8分），体现了医药行业企业更为注重社会责任的信息披露，而对环境、市场领域信息的披露表现相对较差。

从议题角度来看，医药行业企业在责任沟通（50.5分）方面得分最高，样本企业中大多数在官网设置社会责任或可持续发展专栏披露信息，部分企业通过发布社会责任报告积极与利益相关方沟通。医药行业在科技创新（41.0分）、社区关系（38.7分）、员工关爱（32.7分）和依法经营（31.5

分）方面信息披露水平相对较高。说明医药行业企业重视产品研发、科技创新、品牌美誉度、合法合规经营以及人才的关爱和培养。议题表现最差的是利益相关方参与（14.3 分），医药行业企业应加强与利益相关方的沟通，并推动利益相关方积极履行社会责任。医药行业议题的具体得分如表33 所示。

表33　医药行业议题得分情况

单位：分

责任板块	责任议题	行业平均分	行业最高分	领先实践
责任管理（24.9）	责任战略与治理	17.4	100.0	复星医药、华润医药
	利益相关方参与	14.3	100.0	华润医药、复星医药
	责任沟通	50.5	100.0	华润医药、复星医药、上海医药
市场责任（26.4）	股东权益	24.5	100.0	复星医药、上海医药
	供应链管理	25.7	100.0	中国医药、扬子江药业
	客户服务	21.4	100.0	复星医药
	科技创新	41.0	100.0	华润医药、复星医药、修正药业
社会责任（31.5）	依法经营	31.5	100.0	华润医药、复星医药、中国医药
	员工关爱	32.7	93.8	扬子江药业、华润医药
	社区关系	38.7	100.0	扬子江药业、复星医药
	安全生产	22.0	100.0	复星医药、华润医药
环境责任（18.8）	环境责任	18.8	77.0	华润医药

（三）最佳实践

通过对社会责任发展指数得分较高的企业进行分析，这些企业的社会责任信息披露重点集中于药品质量与安全、科技创新、社区关系、员工关爱等方面。

1. 注重药品质量与安全

复星医药重点关注产品整个生命周期内的质量风险管理，在产品研发、临床试验、技术转移、生产制造、市场销售等各环节，制定了严格的质量安全管理机制，以确保药品和医疗产品的安全。同时，复星医药不断完善质量体系建设，至今，集团已有13个原料药通过美国FDA、欧盟、日本厚生省和德国卫生局等国家卫生部门GMP认证，从制度上保证了产品的质量。此外，复星医药及时收集上报药品不良反应信息，注重不良反应信息的监管和管理（见图55），2016年因药品质量缺陷导致的群体不良反应事件为零。

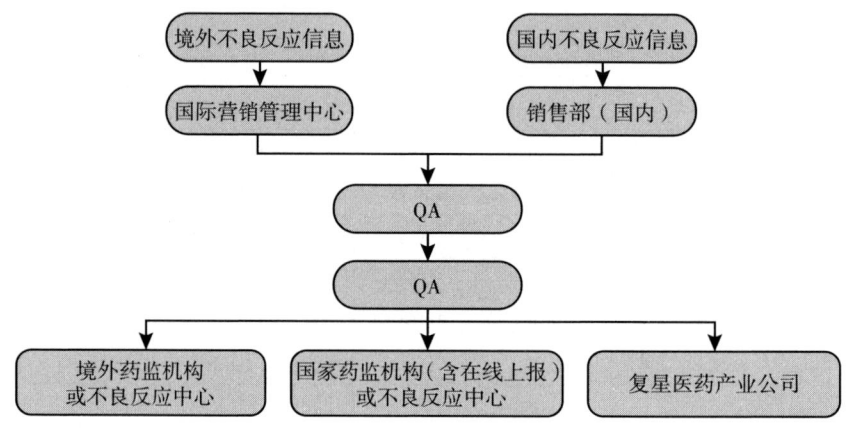

图55　华润医药不良反应信息处理流程

2.加强科技创新

华润医药不断加强科技创新，完善研发战略规划。同时，继续强化研发一体化体系建设，通过多种形式促进和加强各研发平台协同交流，成立了跨平台的创新药研发团队，加快产品开发。华润医药不断加强科研项目储备，加快产品引进；加快研发投入，2016年研发投入7.3亿元港币；同时紧跟政策变化，抢先发力一致性评价；2016年，华润医药旗下企业收到国家知识产权局颁发的两项发明专利证书。

3.支持社区建设和公益事业

"社区精神"是辉瑞中国的核心价值观之一。辉瑞中国充分利用制药企业的资源优势和专业知识，积极承担社会责任，支持社会公益建设，促进社会和谐发展。辉瑞中国与社会慈善机构在扶贫、救灾、济困、促进健康等方面合作，提供了包括药品、资金、人员培训等多项经济救助和技术支持。辉瑞中国开展多项公益活动（见图56），关爱贫困听障儿童，关爱青少年成长，帮助社区老年人，开展"阳光计划"，多次获得政府和公益组织的嘉奖，积极履行了社会责任。

图 56　辉瑞中国"为爱出发"公益活动

4. 关爱员工和人才发展

扬子江药业不断完善阶梯式人才培养机制，通畅发展通道，为员工提供了充分的发展空间。根据员工不同层级、不同工作种类等因素，公司规划和设计了不同层次的人员发展与培训内容，并且制定了员工技能评定及发展机制（见图57），激励员工不断自我提升。

级别	与管理通道待遇对标	操作类通道	技术类通道	文职类通道
五级	部长级	资深技师Ⅲ 资深技师Ⅱ 资深技师Ⅰ	工程专家Ⅲ 工程专家Ⅱ 工程专家Ⅰ	资深专员Ⅲ 资深专员Ⅱ 资深专员Ⅰ
四级	处长级	高级技师Ⅲ 高级技师Ⅱ 高级技师Ⅰ	高级工程师Ⅲ 高级工程师Ⅱ 高级工程师Ⅰ	高级专员Ⅲ 高级专员Ⅱ 高级专员Ⅰ
三级	主管	中级技师Ⅲ 中级技师Ⅱ 中级技师Ⅰ	中级工程师Ⅲ 中级工程师Ⅱ 中级工程师Ⅰ	中级专员Ⅲ 中级专员Ⅱ 中级专员Ⅰ
二级	班组长	技师Ⅲ 技师Ⅱ 技师Ⅰ	工程师Ⅲ 工程师Ⅱ 工程师Ⅰ	专员Ⅲ 专员Ⅱ 专员Ⅰ
一级	员工级	助理技师	助理工程师	助理专员

图 57　扬子江药业员工晋升标准模型

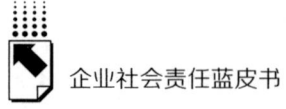

此外,公司同样重视员工关爱,建立了完善的薪酬福利保障制度,员工依法享受休假,每年定期参加体检,组织各种文化活动。公司格外注意保护女员工权益,对女工劳动实行特殊保护,定期组织女工体检、孕检,开展女工身心健康和素质教育。

十六 互联网金融平台社会责任发展指数(2017)

(一)评价结果

本部分评价的互联网金融平台是指依托互联网工具,实现资金融通、支付和信息中介等业务的一种新兴金融平台,包括P2P、第三方支付、众筹、大数据金融、互联网金融门户等。互联网金融平台29家样本的社会责任发展指数排名及得分如表34所示。

表34 互联网金融平台社会责任发展指数(2017)

单位:分

排名	企业名称	企业性质	官网是否设置社会责任专栏	是否发布企业社会责任报告	社会责任发展指数
★★(2家)					
1	蚂蚁金服	民营企业	有	有	40.3
2	金盈所	民营企业	有	有	30.0
★(27家)					
3	人人贷	民营企业	有	无	17.6
4	搜易贷	民营企业	无	无	15.1
5	PPmoney	民营企业	无	无	12.0
6	陆金服	民营企业	无	无	11.4
7	你我贷	民营企业	无	无	9.5
8	宜人贷	民营企业	无	无	8.6
9	积木盒子	民营企业	有	无	8.0
10	团贷网	民营企业	无	无	7.7
11	开鑫金服	国有企业	无	无	5.1
12	人人聚财	民营企业	无	无	4.1
13	网信理财	民营企业	有	无	3.4

续表

排名	企业名称	企业性质	官网是否设置社会责任专栏	是否发布企业社会责任报告	社会责任发展指数
14	爱钱进	民营企业	无	无	3.1
15	微贷网	民营企业	无	无	3.0
16	冠群驰骋	民营企业	有	无	2.7
17	小牛在线	民营企业	无	无	2.1
18	拍拍贷	民营企业	无	无	2.0
19	小赢理财	民营企业	无	无	2.0
20	爱投资	民营企业	无	无	1.4
21	百度金融	民营企业	无	无	0.0
21	红岭创投	民营企业	无	无	0.0
21	京东金融	民营企业	无	无	0.0
21	苏宁金融	民营企业	无	无	0.0
21	腾讯理财通	民营企业	无	无	0.0
21	有利网	民营企业	无	无	0.0
21	麻袋理财	民营企业	无	无	0.0
21	投哪网	民营企业	无	无	0.0
21	诺诺镑客	民营企业	无	无	0.0

（二）阶段性特征

1. 互联网金融平台社会责任发展指数为6.5分，总体处于一星级水平

互联网金融平台社会责任发展指数平均得分为6.5分，在评价的16个行业中位居末尾，整体为一星级水平，尚处于旁观者阶段。29家样本企业的得分都分布在一星级和二星级的区域，其中二星级企业仅2家，分别为蚂蚁金服（40.3分）和金盈所（30.0分）（见图58）。

近年来，互联网金融行业呈现快速的发展势头。与此同时，随着监管文件的密集出台，这个新兴行业也将逐步告别"野蛮生长"，走上健康理性的发展之路。互联网金融是传统金融行业与互联网趋势相结合的新兴领域，从技术角度来说，互联网金融虽然具有自身优势，但合规运营和风险管理仍是互联网金融不可忽视的问题。因此,互联网金融平台领域应加强对社会责任工作的宣传,提高社会责任信息披露水平。

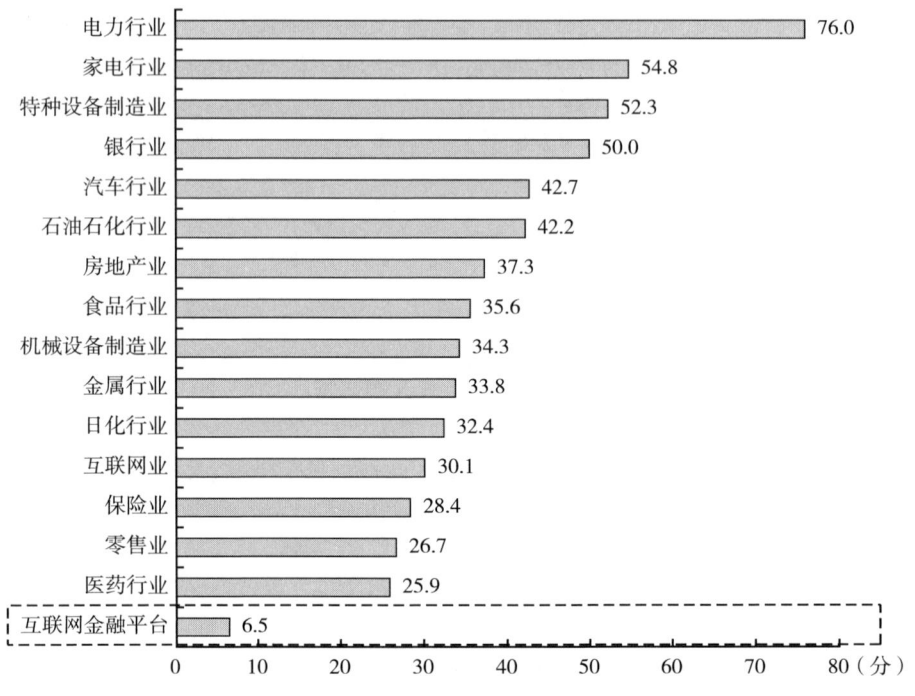

图58 互联网金融平台社会责任发展阶段与排名

2. 互联网金融平台责任实践略高于责任管理,环境责任表现欠佳;互联网金融平台注重依法经营和股东权益,但在安全生产和环境责任议题方面表现较差

对比责任管理与责任实践,可以看出互联网金融平台领域责任实践(6.6分)略高于责任管理(4.1分),但整体都还处于旁观者阶段,责任意识亟待提升。就责任实践而言,市场责任(11.2分)表现优于社会责任(7.2分)及环境责任(1.4分),但整体比较落后(见表35)。

从议题角度来看,互联网金融平台在依法经营(17.2分)、股东权益(15.3分)方面信息披露水平相对较高。安全生产(0分)议题表现最差,29家样本企业均未披露任何相关信息,得分为0。此外,环境责任也披露较少,整体得分为1.4分,行业最高分23分,可见这两个议题的低得分对行业平均分也产生了一定的影响。

表35 互联网金融平台责任议题得分情况

单位:分

责任板块	责任议题	行业平均分	行业最高分	领先实践
责任管理 (4.1)	责任战略与治理	1.7	30.0	蚂蚁金服
	利益相关方参与	1.7	50.0	蚂蚁金服
	责任沟通	11.0	100.0	金盈所、蚂蚁金服
市场责任 (11.2)	股东权益	15.3	100.0	PPmoney、陆金服
	供应链管理	6.2	60.0	蚂蚁金服、金盈所
	客户服务	9.0	50.0	蚂蚁金服、金盈所
	科技创新	12.4	40.0	人人贷
社会责任 (7.2)	依法经营	17.2	75.0	蚂蚁金服
	员工关爱	4.1	68.8	蚂蚁金服
	社区关系	10.8	62.5	人人贷
	安全生产	0.0	0.0	无
环境责任 (1.4)	环境责任	1.4	23.0	蚂蚁金服

(三)最佳实践

对标样本企业,可以看出,互联网金融平台信息披露的重点主要集中于坚持依法经营、普惠金融价值、推动行业自律,引领行业健康发展等方面。

1. 坚持依法经营

蚂蚁金服始终恪守商业道德,遵守所有相关的法律法规和监管要求,与客户、业务伙伴、股东等相关方开展业务往来,致力于遵循最高标准的商业行为规范。重视风险防控,积极参与制定新的行业规范与国际标准,以降低潜在的监管风险。蚂蚁金服一直秉承合规运营的理念,设立了畅通的沟通机制和完善的监督机制,倡导公平竞争,保护知识产权,维护人权,反对歧视,并杜绝任何形式的腐败和商业贿赂。

2. 普惠金融价值

冠群驰骋致力于打造债权和股权相结合的全金融产业链新商业模式(见图59),并建立冠群实体企业生态圈,让有需求的中小微实体企业均能够得到有效的资金支持与完善的资源体系。

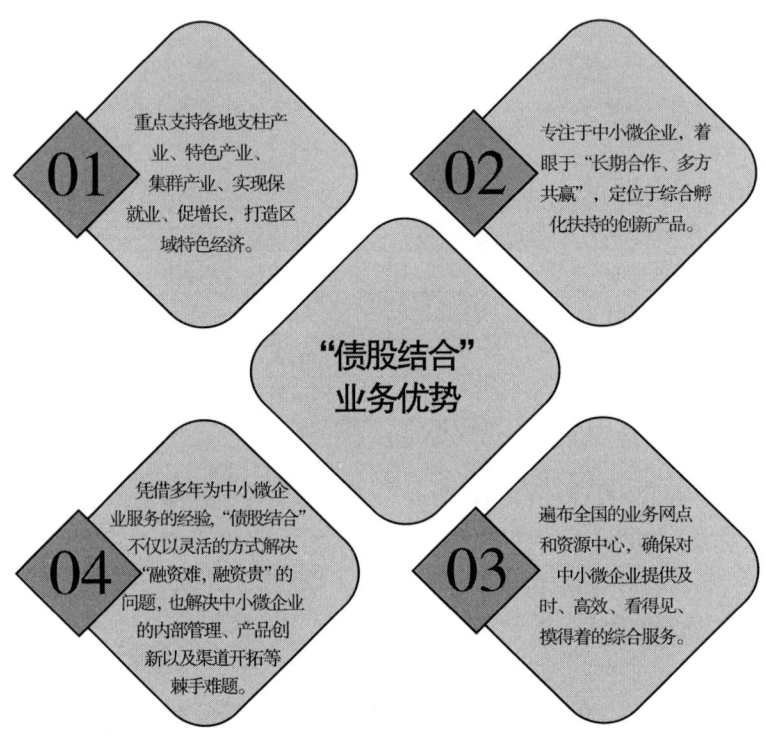

图59 冠群打造"债股结合"的创新金融模式

3. 推动行业自律,引领行业健康发展

搜易贷十分注重加强行业交流互动,分享经验与教训,引导社会对行业的正确认知,以营造有利于行业良性发展的生态圈。搜易贷自上线之初,深耕互联网房产金融领域,2016年继续发力,互联网房产金融产品不断创新,继续引领行业健康发展。

专题报告

Special Report

专题报告分为两部分，分别为《中央企业社会责任发展报告（2017）》《中国上市公司 ESG 研究报告（2017）》。《中央企业社会责任发展报告（2017）》以中央企业为研究对象，重点分析了中央企业社会责任管理与社会责任信息披露情况；《中国上市公司 ESG 研究报告（2017）》以沪深 300 指数成分股为样本企业，以"环境、社会及管治（ESG）"为框架，详细分析了样本企业的相关数据，得出中国上市公司 ESG 排名，并且深入研究了中国上市公司 ESG 指数等级分布、ESG 指数与公司营业收入关系、不同行业得分差异以及不同交易所得分差异等课题，以把握中国上市公司 ESG 阶段性发展特征。

B.6
中央企业社会责任发展报告（2017）

摘　要： 本报告旨在研究中央企业社会责任的发展情况，以国务院国资委直接监管的101家中央企业为研究样本，采用责任管理、市场责任、社会责任、环境责任"四位一体"的理论模型和"中国企业社会责任发展指数"指标评价体系为研究方法和路线，分析了中央企业履行社会责任的社会背景和政策要求，评价了中央企业2016/2017年度的社会责任管理状况和社会/环境信息披露水平，辨析了中央企业社会责任发展的阶段性特征。

关键词： 中央企业　社会责任发展指数　阶段性特征

一　研究背景

企业社会责任是当今世界企业发展的重要时代潮流，是经济全球化时代新的商业规则，是现代企业核心价值观和竞争力的重要体现。在我国，随着社会主义市场经济体制的确立和不断完善，在贯彻落实科学发展观、构建社会主义和谐社会和转变经济发展方式的推动下，企业社会责任的理论和实践得到了迅速发展，涌现了一大批自觉履行社会责任的优秀企业，企业社会责任已蔚然成风、渐成潮流。

在我国，中央企业大多是各行业的领头羊和排头兵，处于关系国民经济命脉的重要行业和关键领域，在支撑、引导和带动经济社会发展，充分发挥国有经济的控制力、影响力和带动力方面，发挥着不可替代的重要作用，肩负着引领我国产业结构优化升级、促进经济发展方式转变的使命和责任，必须切实履行社会责任。

2008年，国务院国资委发布《关于中央企业履行社会责任的指导意见》，开启了中央企业履行社会责任的新征程，使中央企业迅速走在中国企业社会责任发展的前列。2008~2017年，国务院国资委在推动中央企业履行社会责任方面已经走过了十个年头，其间开展了大量全面深入且卓有成效的工作。

2011年9月，国务院国资委颁布《中央企业"十二五"和谐发展战略实施纲要》，明确要求中央企业以可持续发展为核心，以履行社会责任为载体，深入推进诚信央企、绿色央企、平安央企、活力央企和责任央企建设；2012年，国务院国资委启动了为期两年的中央企业管理提升活动，将社会责任管理列为13个专项管理提升重点领域之一；2013年启动《中央企业社会责任管理指引》制定工作，为中央企业更好履行社会责任提供了制度性基础；2016年7月，国务院国资委发布了《关于国有企业更好履行社会责任的指导意见》，这是继2008年发布《关于中央企业履行社会责任的指导意见》，促进国有企业履行社会责任的又一里程碑文件，意见对象不仅瞄准国有企业，还包含了中央企业，对今后中央企业更好履行社会责任提出了明确的指导思想、基本原则、主要目标、重要方向，成为中央企业下一步履行社会责任的重要指导性和约束性文件。应该说，国务院国资委上述工作的推进，为中央企业履行社会责任创造了良好的政策环境和履责氛围。

在此背景下，课题组在"中国企业社会责任发展指数"研究框架基础上，对中央企业的社会责任管理与社会责任信息披露情况进行了综合评价，以了解中央企业履行社会责任的现状，从而为政府制定相应政策、中央企业更好地加强社会责任管理、推动社会责任融入提供可参考的现实依据。

二 样本特征

2016年7月，国务院印发了《关于推动中央企业结构调整与重组的指导意见》，对中央企业结构调整与重组工作做出了具体明确的部署，央企数量处于不断整合变化中。本次研究中中央企业的样本选择,是以国务院国有资产监督管理委员会公布的直接监管企业为基础,研究时间节点为2017年7月30日,根据国务院国资委官方网站数据,纳入本次研究的中央企业数量共计101家,选取样本规模大、行业分布广,涵盖了中央企业的分布和资产构成,符合中央企业的基本特点。

1. 行业分布广泛,覆盖25个行业

中央企业的行业分布广泛,共覆盖25个行业。具体来说,中央企业中跨行业经营的中央企业(混业)数量最多,为13家;其次为一般服务业企业,为12家;特种设备制造业有11家;电力生产业有7家;建筑业和交通运输服务业均有6家;其他行业的中央企业数量均为5家及以下(见图1)。中央企业行业分布广泛,101家企业涉及了25个行业,有65%的中央企业分布于混业、特种设备制造业、电力生产业、建筑业等行业,可见,中央企业较为集

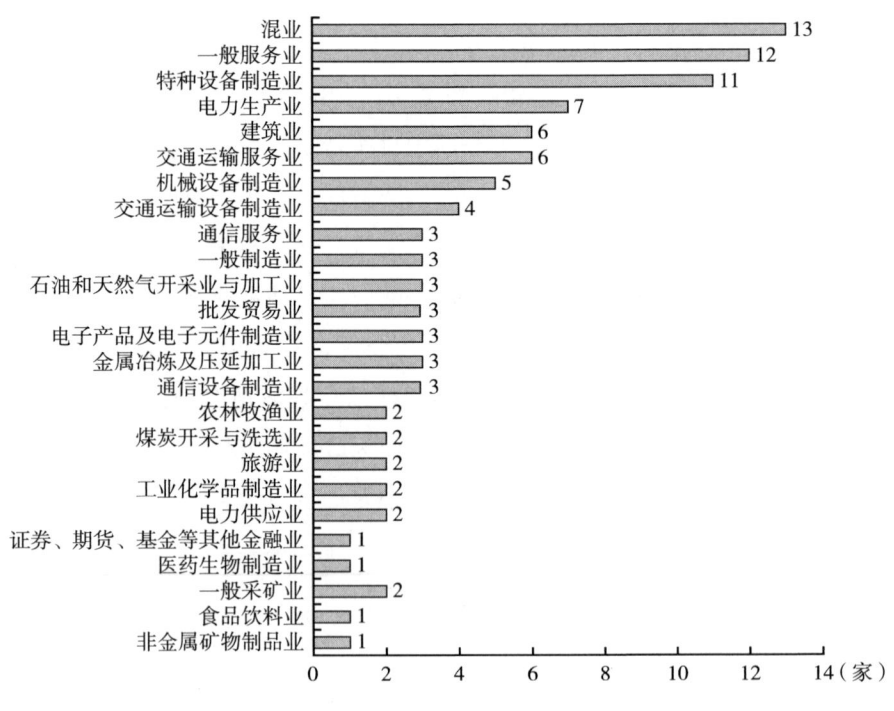

图1 中央企业行业分布

中于特种设备制造、交通运输设备制造、电力等关乎国家经济命脉的行业。

2. 央企总部集群效应明显，近八成总部所在地为北京

中央企业总部地区分布显示，总部位于北京的企业数量为79家，占比78.2%，其次为上海（5家）、广东（4家）、香港（3家），辽宁、湖北、黑龙江均为2家，澳门、四川、陕西、吉林的中央企业都仅有1家（见图2）。

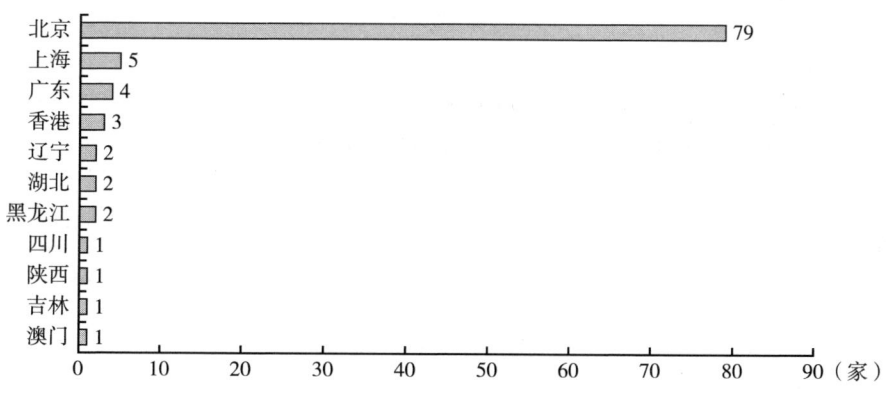

图2 中央企业总部所在地分布

三 评价结果

表1 中央企业100强社会责任发展指数（2017）

单位：分

排名	企业名称	行业名称	总部所在地	社会责任发展指数
★★★★★（30家）				
1	华润（集团）有限公司	混业（电力生产业；酒精及饮料酒制造业；房地产业）	香港	96.8
2	中国华电集团公司	电力生产业	北京	95.3
3	中国华能集团公司	电力生产业	北京	92.5
4	中国石油化工集团公司	石油和天然气开采业与加工业	北京	91.9
5	中国建材集团有限公司	非金属矿物制品业	北京	91.8

续表

排名	企业名称	行业名称	总部所在地	社会责任发展指数
6	中国南方电网有限责任公司	电力供应业	广东	91.6
7	国家开发投资公司	混业(电力生产业;证券期货基金及其他金融服务业)	北京	90.2
8	中国铝业公司	混业(金属冶炼及压延加工业;一般采矿业;批发贸易业)	北京	89.6
9	东风汽车公司	交通运输设备制造业	湖北	89.4
10	中国黄金集团公司	一般采矿业	北京	89.0
11	中国电力建设集团有限公司	混业(建筑业;机械设备制造业)	北京	88.3
12	神华集团有限责任公司	煤炭开采与洗选业	北京	87.6
13	中国电子信息产业集团有限公司	电子产品及电子元件制造业	北京	87.4
14	中国移动通信集团公司	通信服务业	北京	87.0
15	中国建筑股份有限公司	建筑业	北京	86.7
16	中国兵器工业集团公司	特种设备制造业	北京	86.3
17	中国节能环保集团公司	一般制造业	北京	85.7
18	中国交通建设股份有限公司	建筑业	北京	85.4
19	中国第一汽车集团公司	交通运输设备制造业	吉林	84.9
20	中国电子科技集团公司	特种设备制造业	北京	84.8
21	中国海洋石油总公司	石油和天然气开采业与加工业	北京	84.7
22	中国旅游集团公司	旅游业	香港	84.6
23	招商局集团有限公司	混业(交通运输服务业;房地产开发业;银行业)	香港	83.9
24	新兴际华集团有限公司	金属冶炼及压延加工业	北京	83.8
25	中国有色矿业集团有限公司	混业(一般采矿业;金属冶炼及压延加工业;建筑业)	北京	83.5
26	中国中煤能源集团有限公司	煤炭开采与洗选业	北京	83.2
27	中国联合网络通信集团有限公司	通信服务业	北京	82.6
28	中国长江三峡集团公司	电力生产业	北京	82.4
29	中国电信集团公司	通信服务业	北京	82.2
30	国家电网公司	电力供应业	北京	81.7

续表

排名	企业名称	行业名称	总部所在地	社会责任发展指数
★★★★（20家）				
31	中国盐业总公司	食品饮料业	北京	79.9
32	中国五矿集团公司	混业（一般采矿业；批发贸易业；金属冶炼及压延加工业）	北京	78.6
33	中国机械工业集团有限公司	混业（机械设备制造业；建筑业；批发贸易业）	北京	76.4
34	中国东方航空集团公司	交通运输服务业	上海	75.5
35	中国航天科技集团公司	特种设备制造业	北京	75.2
36	中国铁建股份有限公司	建筑业	北京	73.9
37	中国大唐集团公司	电力生产业	北京	72.9
38	鞍钢集团公司	金属冶炼及压延加工业	辽宁	72.2
39	中国石油天然气集团公司	石油和天然气开采业与加工业	北京	71.6
40	中国航空工业集团公司	特种设备制造业	北京	71.3
41	国家电力投资集团公司	电力生产业	北京	69.9
42	中国南方航空集团公司	交通运输服务业	广东	67.8
43	中国国电集团公司	电力生产业	北京	67.1
44	中国铁路通信信号集团公司	通信设备制造业	北京	64.6
44	上海诺基亚贝尔股份有限公司	一般服务业	上海	64.6
46	中粮集团有限公司	混业（食品饮料业；房地产开发业；批发贸易业）	北京	64.4
47	中国中铁股份有限公司	建筑业	北京	62.9
48	中国中化集团公司	工业化学品制造业	北京	62.8
49	中国广核集团有限公司	电力生产业	广东	61.1
50	中国船舶工业集团公司	特种设备制造业	北京	60.3
★★★（12家）				
51	中国航天科工集团公司	特种设备制造业	北京	58.9
52	中国中车股份有限公司	交通运输设备制造业	北京	56.4
53	中国保利集团公司	混业（房地产开发；文化娱乐业；一般服务业）	北京	54.9
54	中国商用飞机有限责任公司	交通运输设备制造业	上海	53.2

续表

排名	企业名称	行业名称	总部所在地	社会责任发展指数
55	中国航空集团公司	交通运输服务业	北京	49.2
56	中国航空油料集团公司	批发贸易业	北京	48.0
57	大唐电信科技产业集团	电子产品及电子元件制造业	北京	44.6
58	中国医药集团总公司	医药生物制造业	北京	44.5
59	中国东方电气集团有限公司	机械设备制造业	四川	43.9
60	中国民航信息集团公司	一般服务业	北京	43.8
61	北京矿冶研究总院	一般服务业	北京	40.6
62	中国国际工程咨询公司	一般服务业	北京	40.4
63	中国中钢集团公司	金属冶炼及压延加工业	北京	39.0
★★（14家）				
64	中国宝武钢铁集团有限公司	金属冶炼及压延加工业	上海	34.5
65	中国煤炭地质总局	一般服务业	北京	32.7
66	中国中丝集团公司	批发贸易业	北京	30.2
67	中国西电集团公司	机械设备制造业	陕西	28.2
68	哈尔滨电气集团公司	机械设备制造业	黑龙江	27.6
69	中国储备粮管理总公司	一般服务业	北京	27.1
70	中国航空发动机集团有限公司	特种设备制造业	北京	25.9
70	中国第一重型机械集团公司	机械设备制造业	黑龙江	25.9
70	中国化工集团公司	工业化学品制造业	北京	25.5
73	中国诚通控股集团有限公司	混业（批发贸易业；造纸业；交通运输服务业）	北京	23.1
74	中国核工业集团公司	特种设备制造业	北京	22.8
75	中国煤炭科工集团有限公司	机械设备制造业	北京	21.5
76	机械科学研究总院	一般服务业	北京	20.2
★（23家）				
77	华侨城集团公司	旅游业	广东	19.6
78	中国工艺（集团）公司	一般制造业	北京	17.4
79	中国兵器装备集团公司	特种设备制造业	北京	16.5
80	北京有色金属研究总院	一般服务业	北京	16.1
81	南光（集团）有限公司	批发贸易业	澳门	15.9

续表

排名	企业名称	行业名称	总部所在地	社会责任发展指数
82	中国能源建设集团有限公司	建筑业	北京	15.6
83	武汉邮电科学研究院	通信设备制造业	湖北	13.9
84	中国通用技术(集团)控股有限责任公司	混业(机械设备制造业;医药生物制造业;批发贸易业)	北京	12.6
85	中国钢研科技集团有限公司	一般服务业	北京	11.7
86	中国普天信息产业集团公司	通信设备制造业	北京	11.6
87	中国林业集团公司	农林牧渔业	北京	11.3
87	中国化学工程集团公司	建筑业	北京	11.3
89	中国国际技术智力合作公司	一般服务业	北京	10.3
90	中国轻工集团公司	一般制造业	北京	9.7
91	中国冶金地质总局	一般服务业	北京	8.3
92	中国华录集团有限公司	电子产品及电子元件制造业	辽宁	8.1
93	中国建筑科学研究院	一般服务业	北京	7.5
93	中国船舶重工集团公司	特种设备制造业	北京	7.5
95	中国农业发展集团有限公司	农林牧渔业	北京	6.2
96	中国铁路物资股份有限公司	交通运输服务业	北京	5.1
97	中国核工业建设集团公司	特种设备制造业	北京	4.8
98	中国航空器材集团公司	交通运输服务业	北京	4.4
99	中国国新控股有限责任公司	证券、期货、基金等其他金融业	北京	3.7
99	中国远洋海运集团有限公司	交通运输服务业	上海	3.7
101	中国建筑设计研究院	一般服务业	北京	2.0

四 中央企业社会责任发展阶段性特征

1. 中央企业社会责任发展指数平均得分为51.7分，整体达到三星级水平；中央企业社会责任指数存在较大差异，近三成中央企业得分大于80分，达到五星级水平，五成中央企业得分低于60分，处于三星级及以下水平

2017年，中央企业社会责任指数为51.7分，总体达到三星级水平，处于追赶者阶段。具体而言，近三成中央企业（30家）得分大于80分，达到五星级水平，处于卓越者阶段，其中，华润（集团）（96.8分）、中国华电

(95.3分)、中国华能(92.5分)、中国石化(91.9分)等七家企业超过90分，五成中央企业(51家)低于60分，处于三星级及以下水平(见图3)。

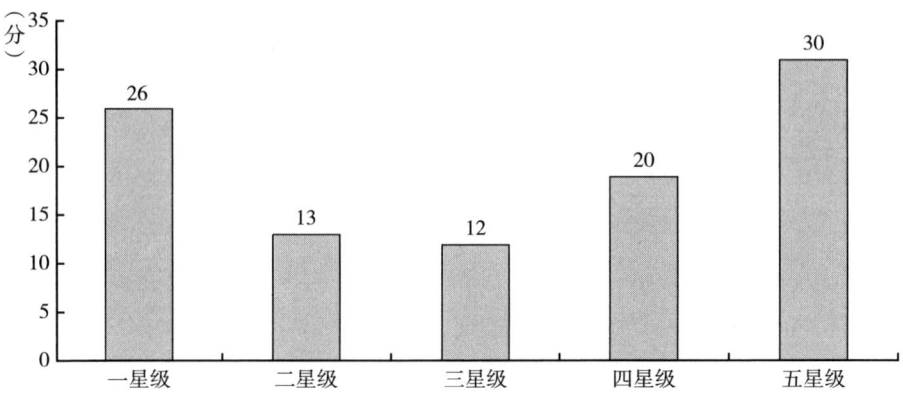

图3　2017年中央企业社会责任发展指数

2. 责任管理指数领先于责任实践，社会责任指数高于市场责任和环境责任指数；300强企业社会责任发展指数与中央企业存在显著差异

2017年，中央企业责任管理指数得分(53.2分)高于责任实践指数得分(51.1分)。就责任实践来说，社会责任指数(57.5分)远高于市场责任指数(49.2分)和环境责任指数(46.5分)(见图4)。

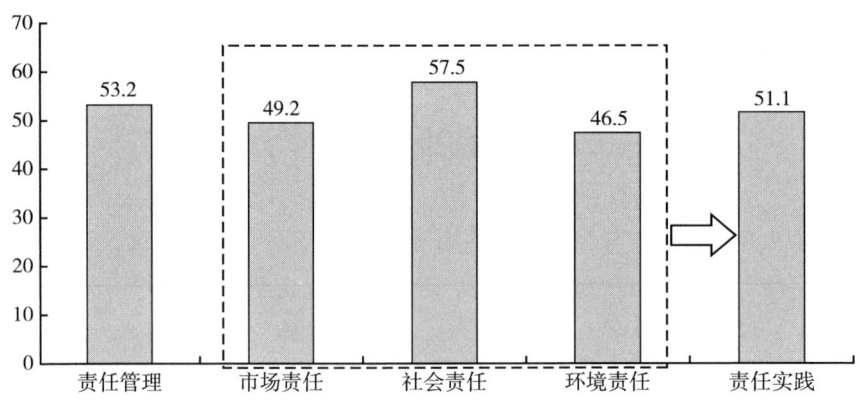

图4　2017年中央企业社会责任发展指数的结构特征

国务院国资委对中央企业履行社会责任的持续关注和推动，使中央企业迅速走在中国企业社会责任发展的前列。2017年，300强企业社会责任指数与中央企业相比，中央企业责任管理指数为53.2分，责任实践指数为51.1分，均远超300强企业各项得分，两者差距较为显著。可见，300强企业履行社会责任依然任重而道远（见图5）。

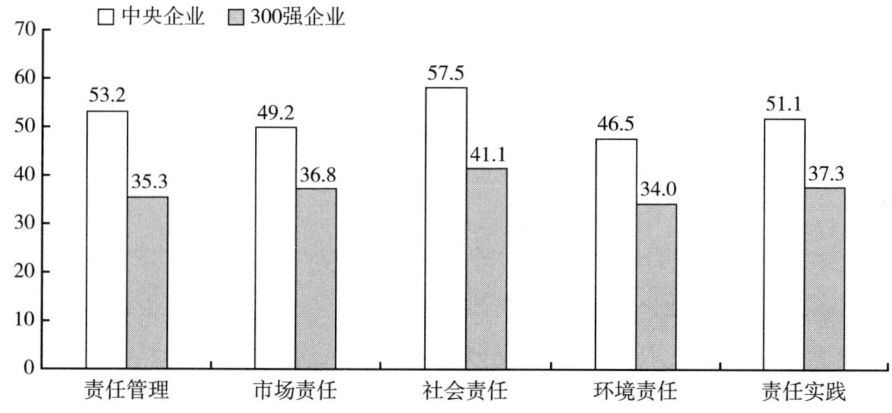

图5　2017年中央企业和300强企业社会责任发展指数结构比较

3. 依法经营责任议题表现相对较好，客户服务、绿色经营议题得分相对较低

中央企业责任议题平均得分为53.3分，整体达到三星级水平，处于追赶者阶段。其中依法经营指数得分最高，为68.4分，处于四星级水平；科技创新（57.6分）、安全生产（55.6分）、员工关爱（54.5分）、社区关系（54.0分）等依次降低，客户服务（41.8分）、绿色经营（46.5分）等指数得分相对较差。可见，在依法治国和依法治企深入推进的形势下，依法经营成为中央企业重要的关注点（见图6）。

4. 中央企业报告发布数量和比例下降明显

2017年，99家中央企业共发布2016年度社会责任报告58份，发布比例为57.4%，报告发布数量和发布比例创近六年来新低（见图7）。

2008~2017年，中央企业报告发布数量呈现先升后降的趋势。2008~

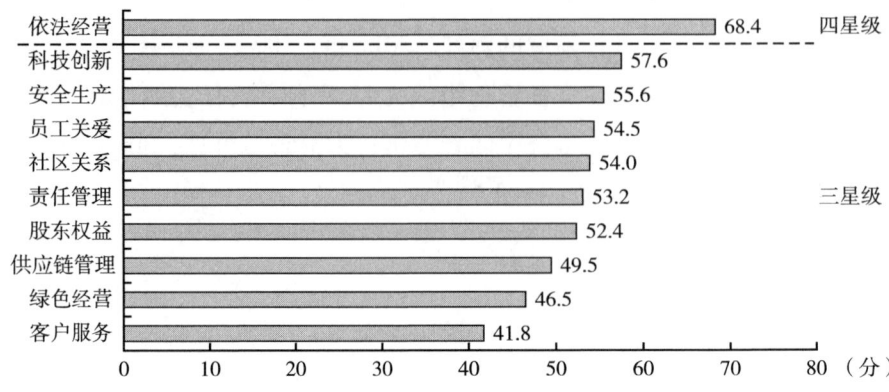

图6 中央企业责任议题指数分布情况

2014年,国务院国资委采取多种手段积极推动中央企业社会责任工作。2010年提出中央企业三年内要全部发布社会责任报告,2012年报告发布数量和比例达到高峰。2014年以后部分企业对社会责任报告的重视程度减弱,编制和发布的积极性降低。可见中央企业社会责任报告的发布受政策影响较强,主管部门的有力推动是提高中央企业社会责任沟通能力和水平的关键外部力量。

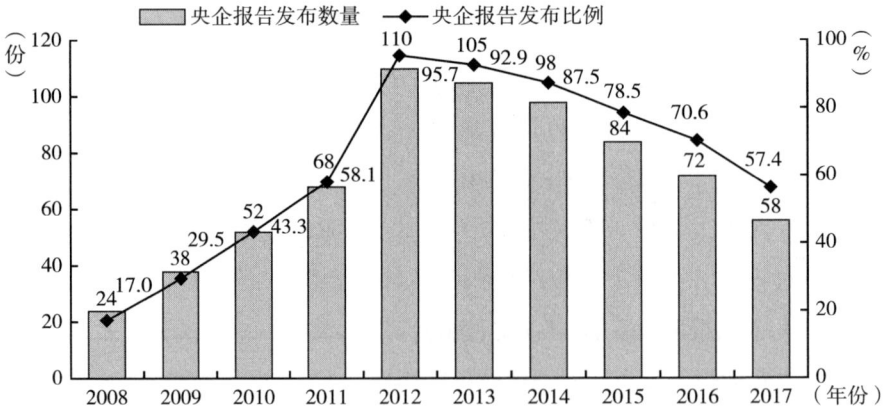

图7 2008~2017年中央企业社会责任报告发布数量及比例

B.7 中国上市公司ESG研究报告（2017）

摘　要： 本报告旨在研究中国上市公司ESG情况，选择A股市场中规模大、流动性好、代表性强的沪深300指数成分股为样本企业，课题组建立"责任三角"评价模型，以环境、社会及管治（ESG）为框架，形成具有时代性的中国特色评价指标体系。报告详细分析了样本企业的相关数据，进而得出中国上市公司ESG排名，并且深入研究了中国上市公司ESG指数等级分布、ESG指数与公司营业收入关系、不同行业得分差异以及不同交易所得分差异等课题，以把握中国上市公司ESG阶段性发展特征。

关键词： 中国上市公司　ESG发展指数　阶段性特征

一　前言

社会责任信息披露又称非财务信息披露，是企业系统性披露其在运营过程中对环境/社会履责的理念、实践及绩效，是实现企业与政府、员工、客户、债权人、供应商、社区等利益相关方全面沟通交流的重要工具。

上市公司作为我国优秀企业的代表，其资源的社会性和影响的广泛性使上市公司在信息披露方面有更高的要求，各级政府部门和监管机构纷纷出台各类文件引导或鼓励企业发布社会责任报告、系统披露社会责任信息[1]，持续推动上

---

[1] 2006年，深交所出台《深圳证券交易所上市公司社会责任指引》，"鼓励公司根据本指引的要求建立社会责任制度，定期检查和评价公司社会责任制度的执行情况和存在问题，（转下页注）

市公司社会责任信息披露的发展。除政策驱动外，外部作用也是促进上市公司社会责任信息披露、实现透明运营的重要方式。建立一套行之有效、具有时代特点的社会责任评价指标体系，系统评价中国上市公司社会责任透明度现状，一方面有助于利益相关方更清晰辨认企业社会责任发展水平，另一方面也为投资者提供判断投资标的综合价值的参考依据，实现经济发展的良性循环。

基于上述目的，在国家金融与发展实验室的指导下，中国社会科学院经济学部企业社会责任研究中心（以下简称"中心"）联合责任云社会责任机构组成联合课题组，选择A股市场中规模大、流动性好、代表性强的沪深300指数成分股为样本企业，对其社会责任信息进行综合评价。课题组建立"责任三角"评价模型，以环境、社会及管治（ESG）为框架，形成具有时代性的中国特色评价指标体系。2017年，课题组对2016年度上市公司社会责任信息做系统评价分析，辨析中国上市公司社会责任发展阶段性特征，为中国上市公司社会责任信息披露的深入研究提供基准性参考。

未来，课题组将进一步扩大研究样本量，对中国上市公司全样本进行深入的行业分析及议题探讨，以更全面、更深入反映中国上市公司社会责任透明度发展现状。

二 主要发现

发现一：中国上市公司ESG指数平均得分为42.90分，优于中国300

（接上页注①）形成社会责任报告"，对上市公司履行社会责任基本内涵和具体工作指出方向。2008年，上海证券交易所发布了《关于加强上市公司社会责任承担工作暨〈上海证券交易所上市公司环境信息披露指引〉》的通知，倡导各上市公司积极承担社会责任，落实可持续发展及科学发展观，促进公司在关注自身及全体股东经济利益的同时，充分关注包括公司员工、债权人、客户、消费者及社区在内的利益相关者的共同利益，促进社会经济的可持续发展。2011年，证监会41号公告明确上市公司"增强社会责任意识，鼓励披露社会责任报告"，"上市公司应充分认识和披露公司在社会责任履行中的差距和不足，避免'报喜不报忧'的选择性披露情况"。2016年9月，证监会发布《中国证监会关于发挥资本市场作用服务国家脱贫攻坚战略的意见》，就落实国家脱贫攻坚战略做出具体部署和要求，深交所及上交所积极响应党中央国务院战略决定，发布《关于做好上市公司扶贫工作信息披露的通知》，完善上市公司履行精准扶贫社会责任的信息披露工作。

强企业ESG指数；各企业间信息披露存在较大差异，整体表现偏低；中国神华、京东方、比亚迪、金隅股份等企业表现优异。

发现二：社会责任指数表现突出的企业市场表现也较好，相反，社会责任指数表现较差的企业市场表现也较差，呈明显相关性。

发现三：中国上市公司ESG指数得分与营业收入呈正相关；行业表现差异较大，能源业、建材业和建筑业表现相对较好；从责任板块来看，管治得分最高，环境得分垫底；从交易所表现来看，A+H股企业表现最佳，上交所表现好于深交所。

发现四：从环境指数来看，中国上市公司环境指数平均得分为25.99分，重化工行业表现相对较好，上市地点对上市公司环境信息披露影响较大。

发现五：从社会指数来看，中国上市公司社会指数平均得分为49.40分，建材业表现相对较好，企业营收与社会指数得分呈正相关。

发现六：从管治指数来看，中国上市公司管治指数平均得分为61.38分，专项披露情况理想，近八成企业发布社会责任报告。

三 研究方法与技术路线

为进一步促进中国上市公司披露社会责任信息，在国内外经典理论的基础上，课题组构建ESG评价指标体系，对沪深300指数样本企业的社会责任信息披露水平进行逐一评价，以期引导上市公司社会责任又好又快发展。

中国上市公司ESG发展指数是对企业的ESG（环境、社会及管治）信息披露水平进行评价的综合指数，本报告选取A股市场中规模大、流动性好、代表性强的沪深300指数成分股为样本企业，对其ESG信息进行综合评价，辨析中国上市公司ESG透明度阶段性特征，为中国上市公司ESG透明度提供基准性参考。

中国上市公司ESG发展指数（2017）的研究路径如下：基于"三重底线""利益相关方理论"建立"责任三角"框架模型为理论基础；参考

ISO26000、香港联合交易所《环境、社会及管治（ESG）指引》等国内外社会责任指引、证监会和沪深交易所等国内社会责任倡议文件，以及世界500强企业社会责任报告指标，优化形成中国上市公司ESG透明度评价指标体系；从企业社会责任报告、企业年报、企业单项报告[①]、企业官方网站等途径收集沪深300指数成分股企业2016年度的ESG信息；最后对企业的ESG信息进行内容分析和定量评价，得出中国上市公司ESG透明度指数初始得分，并根据从企业公告中收集的重大负面信息对初始得分进行调整，得到中国上市公司ESG透明度指数最终得分与排名（见图1）。

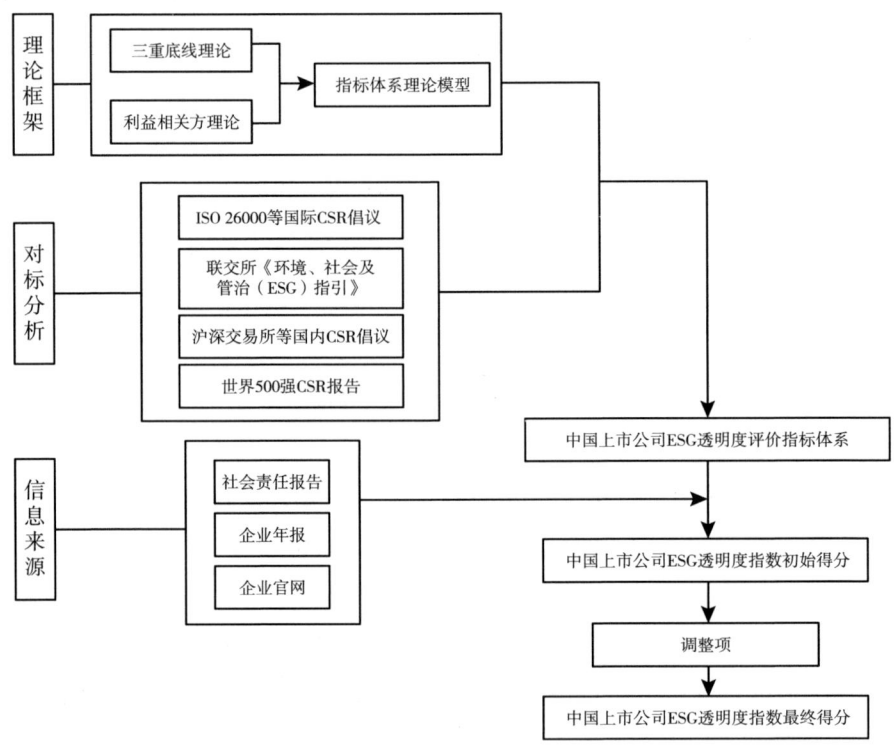

图1 中国上市公司ESG透明度指数研究路径

---

① 单项报告包括：企业公益报告书、环境报告书、员工报告书、客户报告书等针对特定相关方而对外发布的报告。

1. "责任三角"评价模型

本研究形成"责任三角"ESG评价模型（见图2）。框架分为环境、社会及管治三大维度，分别为模型的三个顶点，能稳定评估上市公司社会责任信息的基准水平。环境维度分为环境管理、资源使用、排放物管理及生态保护四个方面；社会维度从利益相关方角度，全面反映上市公司对员工、政府、客户、供应商等相关方的责任；管治分为公司治理及责任管理，为上市公司履行社会责任的基础及核心。

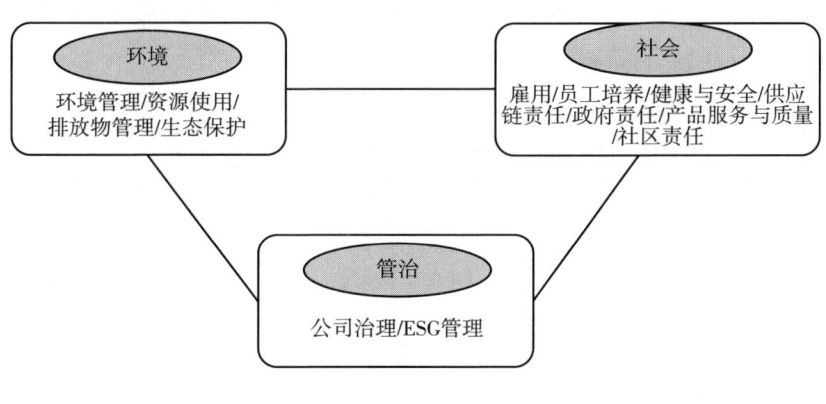

图2 "责任三角"评价模型

2. 遴选中国特色的ESG指标体系

为了使中国上市公司ESG透明度评价指标体系既能遵从国际规范又符合中国实践，本研究参考了国际企业社会责任倡议和指标体系、国内企业社会责任倡议以及世界500强企业的社会责任报告。

参考的国际企业社会责任倡议和指标体系包括国际标准化组织颁布的社会责任指南（ISO 26000）、全球报告倡议组织（GRI）可持续发展报告指南（G4）、《财富》100强责任排名指数、道琼斯可持续发展指数等；参考的国内企业社会责任倡议和指南包括深交所发布的《深圳证券交易所上市公司社会责任指引》、上交所发布的《关于加强上市公司社会责任承担工作暨发布〈上海证券交易所上市公司环境信息披露指引〉的通知》、沪深交易所发布的《关于进一步完善上市公司扶贫工作信息披露的通知》、中国社会科学院发布的《中国企业社会责任报告编写指南（CASS-CSR3.0）》以及联交所发布的《环境、社会及管治（ESG）指引》等标准指引；除此之外，课题组还参考了世界500强企业的社会责任报告，以借鉴其中的行业关键指标。

中国上市公司ESG透明度指数（2017）依据不同行业的社会责任特性，按行业对评价指标体系进行不同比重的赋权。行业分类以中国证监会《上市公司行业分类指引》（2012年修订）为依据，根据各行业社会责任关键议题的相近程度，进行合并和拆分，最终确定了中国上市公司ESG透明度指数25个行业的划分标准（见表1）。

表1 中国上市公司ESG透明度指数行业划分

序号	行业	序号	行业	序号	行业
1	金融行业	10	能源行业	19	家电行业
2	信息技术业	11	电子设备业	20	钢铁行业
3	交运设备业	12	公用事业	21	综合
4	文化传媒业	13	基础化工行业	22	建材行业
5	房地产业	14	商贸零售业	23	餐饮旅游业
6	医药生物业	15	机械设备业	24	轻工制造业
7	交通运输业	16	电气设备业	25	纺织服装业
8	建筑业	17	食品饮料业		
9	有色金属业	18	农林牧渔业		

中国上市公司ESG透明度指数评价指标体系采用"环境、社会及管治（ESG）"的评价指标体系，具体见表2。

表2 中国上市公司ESG透明度指数（2017）评价指标体系

框架体系	责任板块	责任议题	责任指标
基准框架	环境责任	环境管理	①环境管理体系/制度；②环保投入；③环保培训绩效；④支持环保产品研发与销售的政策、措施及技术；⑤是否发布环境报告书
		资源使用	①有效使用资源（能源、水及其他原材料）的政策、措施及技术；②全年能源消耗总量；③总耗水量

续表

框架体系	责任板块	责任议题	责任指标
基准框架	环境责任	排放物管理	①有关排放物管理政策及种类;②废水排放量或减排量;③废弃物排放量或减排量;④废弃物综合利用/污染物处理;⑤温室气体排放量;⑥减少温室气体排放的政策、措施及技术
		生态保护	①降低企业对环境及天然资源造成重大影响的政策、措施
	社会责任	雇用	①依法保障员工权益;②非歧视/多样化(平等雇用);③禁止使用童工/禁止强迫劳动;④员工流失率
		员工培养	①员工培训体系;②员工培训绩效
		健康与安全	①安全生产管理体系;②安全生产投入;③安全生产事故数或伤亡数;④职业健康与安全的政策、措施
		供应链责任	①管理供应链环境及社会风险的制度、措施
		政府责任	①响应和支持政府政策;②纳税总额;③带动就业
		产品服务与质量	①产品/服务质量管理体系;②支持科技创新的制度、措施;③研发投入;④客户信息保护制度;⑤售后服务体系;⑥客户投诉解决率
		社区责任	①公益战略及管理机制;②捐赠总额;③社区参与和支持;④支持员工志愿者活动
	管治责任	公司治理	①董事会结构与薪酬透明;②反贪污政策、措施;③定期信息披露;④股东参与机制;⑤保护中小股东权益
		ESG管理	①ESG管理制度、部门及专职人员;②利益相关方沟通;③是否发布社会责任报告或ESG报告;④官网是否设置CSR或ESG专栏;⑤社会责任或ESG培训等能力建设

3. 以"透明度"为抓手的研究路径

中国上市公司ESG透明度指数的评价信息来自企业主动、公开披露的环境、社会及管治信息。这些信息应该满足以下基本原则:①主动性,向社会主动披露环境、社会及管治信息是企业的重要责任,因此,这些信息应该是企业主动披露的信息;②公开性,利益相关方能够通过公开渠道方便地获取相关信息;③实质性,这些信息要能切实反映企业环境、社会及管治水平;④时效性,这些信息要反映企业最新的责任实践。

本年度的信息搜集截止日期为2017年6月30日。如果企业在此之前公开发布了2016年度的企业社会责任报告、企业年度报告和企业单项报告,则纳入信息采集范围；否则不作为信息来源。企业官方网站的信息采集区间为2016年1月1日至2016年12月31日发布的消息。

此外，本研究在对企业履行社会责任的情况进行评价时，还考虑了企业的缺失行为和负面信息，如在报告期内出现重大亏损、重大安全生产事故、受监管部门明确的警告及处罚等情况时将对企业进行酌情减分处理。本研究所收集的负面信息的来源为企业发布的公告及年报。

依据上述原则，本研究确定了五类信息来源：2016年企业社会责任报告①，2016年企业年报、企业单项报告及企业官方网站，以及企业发布的公告。

4. 指标赋权及等级划分

（1）指标赋权与评分

中国上市公司ESG透明度指数的赋值和评分共为5个步骤：

（1）根据各行业指标体系中各项企业社会责任内容的相对重要性，运用层次分析法确定环境责任、社会责任、管治责任等三大类责任板块的权重②；

（2）根据不同行业的实质性和重要性，为每大类责任议题以及每一议题下面具体指标赋权；

（3）根据企业环境、社会及管治情况，给出各项社会责任内容下的每一个指标的得分；

（4）根据权重和各项责任板块的得分，计算企业在所属行业下ESG透明度指数的初始得分，计算公式为

$$\text{中国上市公司ESG透明度指数初始得分} = \sum_{j=1,2,3,4} A_j \times W_j$$

---

① 企业社会责任报告是企业非财务报告的统称，包括环境报告、可持续发展报告、企业公民报告、企业社会责任报告等。

② 评分标准是：无论是管理类指标还是绩效类指标，如果从企业公开信息中能够说明企业已经建立了相关体系或披露了相关绩效数据，就给分，否则，该项指标不得分。指标得分之和就是该项责任板块的得分。

其中，A_j为企业某责任板块得分，W_j为该项责任板块的权重；

（5）初始得分加上调整项得分就是企业在所属行业下的ESG透明度指数得分，调整项得分为年度重大社会责任缺失扣分项。

（2）用等级来展示不同阶段表现

为了直观地反映企业的社会责任管理现状和信息披露水平，课题组根据中国上市公司社会责任发展阶段特征，将企业年度ESG透明度指数进行分类，分别为：ESG–A、ESG–B、ESG–C、ESG–D等四个发展水平，分别对应金级、银级、铜级、铁级四个等级，各类企业对应的ESG透明度指数发展水平和企业社会责任发展特征如表3所示。

表3 中国上市公司ESG透明度指数发展类型

序号	发展水平	得分区间	等级划分
1	ESG–A	排名前10%企业	金级
2	ESG–B	排名10%~40%企业	银级
3	ESG–C	排名40%~90%企业	铜级
4	ESG–D	排名后10%企业	铁级

5. 样本概况

本报告选取A股市场中规模大、流动性好、代表性强的沪深300指数成分股为样本企业，最新调整时间为2017年6月12日。

（1）近六成企业为上交所上市公司，两成企业为A股及H股两地上市

从上市地点来看，样本企业中于上交所上市的企业为179家，于深交所上市的企业为121家，同时A股及H股两地上市的企业为63家（见图3）。

（2）样本企业多位于东部地区，北、上、广企业数占比近五成

从样本企业的地域分布来看，总部位于东部地区的企业数多于中西部地区，其中总部位于北京、上海、广东的企业数达142家，占总样本数的47.3%；浙江和江苏的企业均为23家，各占总样本的7.7%。样本企业的地域分布情况具体如图4所示。

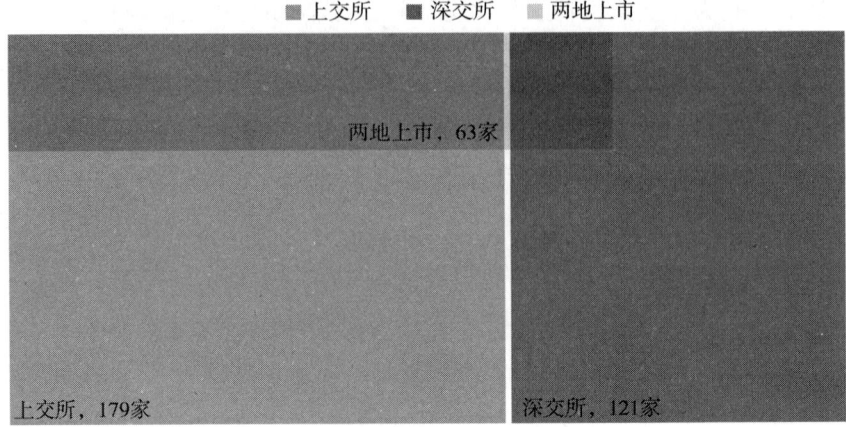

图3 样本企业上市地点分布

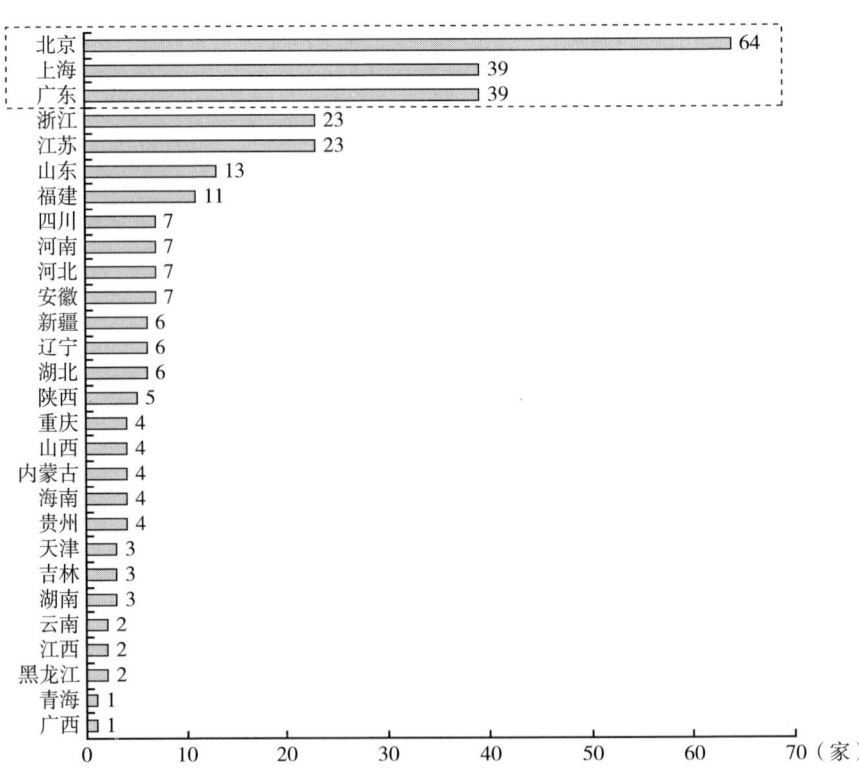

图4 样本企业的地域分布情况

(3) 样本企业行业分布广泛，金融、信息技术等行业的企业数量较多

统计发现，300 家样本企业广泛分布于 25 个行业。其中，金融业的企业数量最多，达 57 家，占比 19%；信息技术、交运设备、文化传媒和房地产业的企业数量分别为 26 家、24 家、22 家和 20 家，占样本总数的 8.7%、8.0%、7.3% 和 6.7%；纺织服装业和轻工制造业的企业数量最少，各仅有 1 家。如图 5 所示。

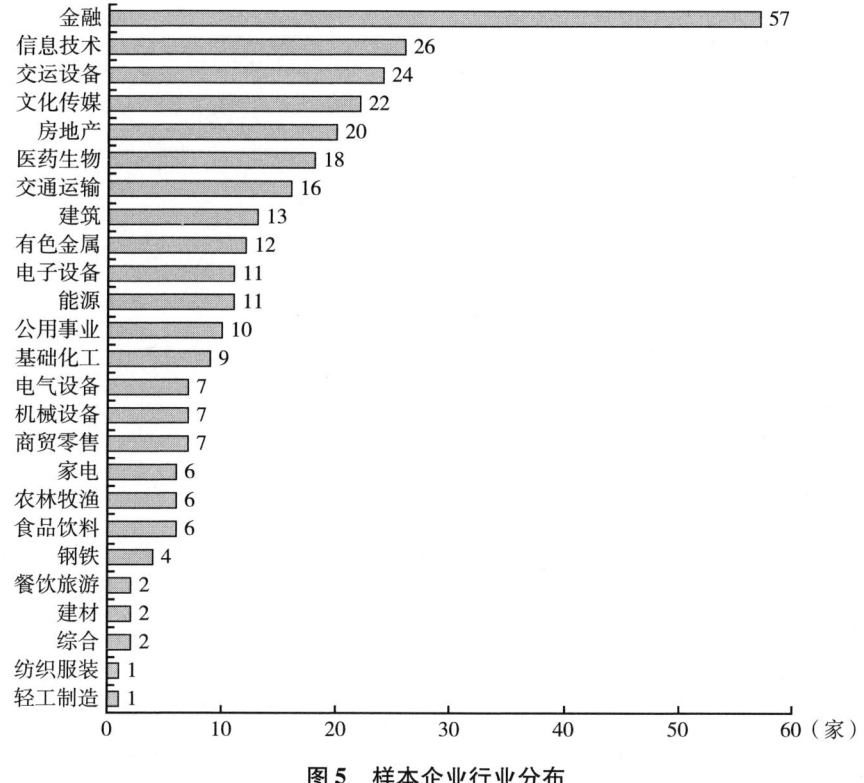

图 5　样本企业行业分布

(4) 样本企业营收规模差距较大，近三成企业年度营业收入超过 500 亿元

从样本企业的营业收入规模来看，年度营业收入超过 10000 亿元的企业有两家，分别是中国石油和中国石化；48 家企业年度营业收入在 1000 亿~10000 亿元，26 家企业年度营业收入处于 500 亿~1000 亿元，营业收入处

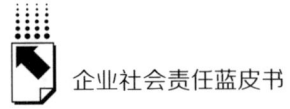

于年度营业处于100亿元以下和100亿~500亿元的企业最多,分别为109家和115家,均超过样本总量的1/3(见图6)。

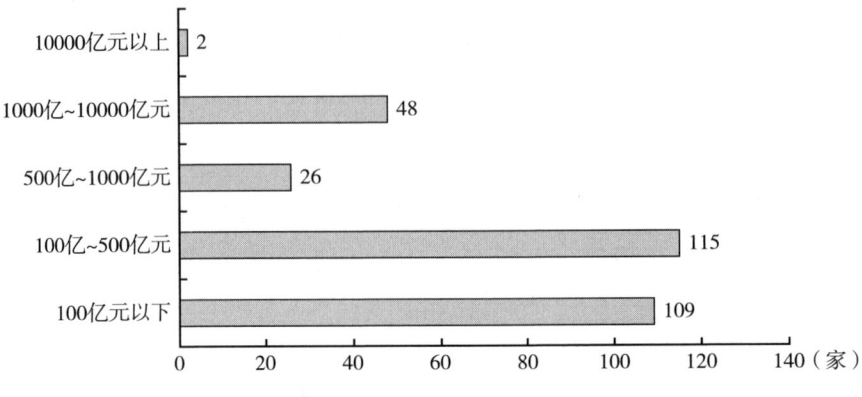

图6 样本企业的营业收入规模分布

四 中国上市公司ESG发展指数(2017)

1. ESG-A(金,30家)

表4 中国上市公司ESG发展指数(ESG-A,金,30家)

单位:分

排名	股票代码	名称	发布CSR报告	综合得分	环境指数	社会指数	管治指数
1	601088	中国神华	是	94.38	94.29	90.00	100.00
2	000725	京东方A	是	92.63	97.14	84.40	95.00
3	002594	比亚迪	是	90.75	94.29	82.40	95.00
4	601992	金隅股份	是	88.88	88.57	92.40	85.00
5	600019	宝钢股份	是	88.75	82.86	88.00	100.00
6	000100	TCL集团	是	87.36	77.96	94.40	95.00
7	601727	上海电气	是	86.88	94.29	94.00	65.00
8	600688	上海石化	是	85.38	84.29	88.00	100.00
9	600196	复星医药	是	85.00	82.86	92.00	80.00
10	601668	中国建筑	是	82.04	63.23	94.00	100.00
11	600887	伊利股份	是	80.16	63.23	92.00	95.00

续表

排名	股票代码	名称	发布CSR报告	综合得分	环境指数	社会指数	管治指数
12	600085	同仁堂	是	79.38	80.00	86.00	70.00
13	601225	陕西煤业	是	77.63	85.71	60.40	85.00
14	601800	中国交建	是	76.04	56.08	96.00	100.00
15	600489	中金黄金	是	74.75	78.57	70.00	74.00
16	601899	紫金矿业	是	73.91	50.37	92.40	92.00
17	601390	中国中铁	是	73.41	47.51	92.40	95.00
18	000338	潍柴动力	是	73.25	75.71	88.40	50.00
19	601111	中国国航	是	72.22	61.23	67.04	95.00
20	600188	兖州煤业	是	71.91	66.08	82.40	85.00
20	601117	中国化学	是	71.91	67.51	66.00	87.00
22	600104	上汽集团	是	71.54	61.80	82.40	75.00
23	601919	中远海控	否	70.32	61.23	67.29	87.00
23	000738	航发控制	是	70.32	56.16	86.40	75.00
25	600021	上海电力	是	68.91	56.08	66.00	95.00
26	000538	云南白药	是	68.57	59.31	68.40	85.00
27	601607	上海医药	是	68.41	57.51	62.40	95.00
28	601857	中国石油	是	68.41	57.51	78.40	75.00
29	601600	中国铝业	是	67.75	74.29	74.40	92.00
30	000157	中联重科	是	67.70	47.88	86.40	95.00

2. ESG-B（银，90家）

表5 中国上市公司ESG发展指数（ESG-B，银，90家）

单位：分

排名	股票代码	名称	发布CSR报告	综合得分	环境指数	社会指数	管治指数
31	600893	航发动力	是	66.93	69.26	63.60	67.00
32	600900	长江电力	是	66.45	49.31	67.60	95.00
33	000063	中兴通讯	是	66.31	39.92	65.91	100.00
34	000625	长安汽车	是	66.18	45.27	72.40	95.00
35	600028	中国石化	是	66.06	39.56	88.00	85.00
36	000768	中航飞机	是	65.84	42.49	77.60	92.00
37	600068	葛洲坝	是	65.54	60.37	78.00	71.00
37	600741	华域汽车	是	65.54	54.66	70.00	79.00
39	600036	招商银行	是	65.40	34.09	70.85	95.00

续表

排名	股票代码	名称	发布CSR报告	综合得分	环境指数	社会指数	管治指数
40	002456	欧菲光	是	65.32	56.45	66.00	80.00
41	001979	招商蛇口	是	65.16	40.37	76.00	95.00
42	600547	山东黄金	是	64.82	53.60	56.40	95.00
43	002202	金风科技	是	64.73	59.38	58.40	82.00
44	600660	福耀玻璃	是	64.70	49.31	80.40	72.00
45	000876	新希望	是	64.57	49.31	74.40	79.00
46	600332	白云山	是	64.54	61.80	77.60	65.00
47	600089	特变电工	是	64.45	59.31	77.60	57.00
48	600029	南方航空	是	64.10	55.52	52.58	95.00
49	600115	东方航空	是	63.13	39.80	67.29	85.00
50	002241	歌尔股份	是	61.39	36.90	74.40	100.00
51	601669	中国电建	是	60.82	43.60	76.00	72.00
52	601601	中国太保	是	60.41	25.52	65.58	95.00
53	601866	中远海发	是	59.94	45.00	55.14	87.00
54	000858	五粮液	是	59.82	49.31	65.60	79.00
55	600886	国投电力	是	59.64	64.90	58.40	52.00
56	601186	中国铁建	是	59.54	46.08	72.40	67.00
57	600221	海航控股	是	59.12	39.80	58.13	85.00
58	601608	中信重工	是	58.64	31.18	78.40	82.00
59	601766	中国中车	是	58.57	35.03	78.40	75.00
60	600498	烽火通信	是	58.47	35.63	65.33	75.00
61	300124	汇川技术	是	57.89	31.18	84.00	72.00
62	600018	上港集团	是	57.24	25.52	58.33	95.00
63	600050	中国联通	是	57.17	26.94	54.29	100.00
64	601985	中国核电	是	57.06	20.99	79.60	92.00
65	600362	江西铜业	是	56.98	45.96	58.00	75.00
66	600016	民生银行	是	56.87	19.05	62.10	95.00
67	601633	长城汽车	是	56.82	73.30	58.40	42.00
68	000792	盐湖股份	是	56.23	60.81	78.00	65.00
69	601328	交通银行	是	56.01	20.98	63.32	87.00
70	600111	北方稀土	是	55.81	35.27	75.60	67.00
71	601958	金钼股份	是	55.66	36.08	79.60	60.00
72	002008	大族激光	是	55.39	36.90	80.00	57.00
73	601988	中国银行	是	55.30	34.89	55.76	80.00

续表

排名	股票代码	名称	发布CSR报告	综合得分	环境指数	社会指数	管治指数
74	600690	青岛海尔	是	55.20	39.31	76.00	57.00
75	601998	中信银行	是	54.96	18.49	60.99	90.00
76	601818	光大银行	是	54.59	31.23	48.18	95.00
77	601877	正泰电器	是	54.57	40.74	62.40	69.00
78	601333	广深铁路	是	54.27	35.25	50.30	85.00
79	000651	格力电器	是	54.14	46.90	66.00	52.00
80	002466	天齐锂业	是	53.95	43.60	78.00	42.00
81	601611	中国核建	是	53.79	48.94	70.00	42.00
82	600871	石化油服	是	53.61	29.38	82.40	60.00
83	601618	中国中冶	是	53.25	14.29	74.40	95.00
84	601166	兴业银行	是	52.79	24.20	50.81	100.00
85	600919	江苏银行	是	52.64	16.19	59.03	87.00
86	002024	苏宁云商	是	52.58	17.74	57.79	87.00
87	601288	农业银行	是	52.17	22.40	62.67	87.00
88	603993	洛阳钼业	是	52.07	37.88	74.40	49.00
89	600256	广汇能源	是	52.06	45.27	61.60	52.00
90	000709	河钢股份	是	51.82	53.30	45.60	65.00
91	002470	金正大	是	51.77	45.47	56.40	57.00
92	000002	万科A	是	51.57	33.60	64.40	67.00
92	600352	浙江龙盛	是	51.57	33.60	78.00	62.00
94	600718	东软集团	是	51.21	4.88	59.28	95.00
95	000826	启迪桑德	是	50.63	18.57	60.00	95.00
96	601989	中国重工	是	50.52	16.90	78.00	87.00
97	600588	用友网络	是	50.46	29.05	43.15	90.00
98	000001	平安银行	是	50.32	29.05	51.41	75.00
99	002230	科大讯飞	是	50.27	24.77	62.92	60.00
100	601939	建设银行	是	50.22	25.63	59.34	65.00
101	002304	洋河股份	是	50.20	39.31	57.60	60.00
102	600030	中信证券	是	49.89	23.45	57.29	70.00
103	002236	大华股份	是	49.34	29.17	54.80	65.00
104	601118	海南橡胶	是	48.95	39.31	68.00	50.00
105	600704	物产中大	是	48.77	43.34	43.38	65.00
106	000423	东阿阿胶	是	48.48	39.38	52.00	60.00
107	000630	铜陵有色	是	48.45	42.17	56.00	50.00

续表

排名	股票代码	名称	发布CSR报告	综合得分	环境指数	社会指数	管治指数
108	600031	三一重工	是	48.39	16.90	77.60	67.00
109	000060	中金岭南	是	48.20	39.31	57.60	52.00
110	002065	东华软件	是	48.14	34.77	56.63	50.00
111	002415	海康威视	是	47.89	38.80	52.02	52.00
112	000959	首钢股份	是	47.70	52.17	46.00	42.00
113	002142	宁波银行	是	46.83	18.49	56.13	82.00
114	600739	辽宁成大	是	46.73	34.77	48.27	59.00
115	600048	保利地产	是	46.64	12.61	55.60	95.00
116	600999	招商证券	是	46.49	14.77	41.43	95.00
117	600958	东方证券	是	46.47	19.92	53.71	67.00
118	600177	雅戈尔	是	46.45	23.60	58.00	72.00
119	000977	浪潮信息	是	46.33	20.48	58.70	57.00
120	002475	立讯精密	是	46.14	18.33	70.00	65.00

3. ESG-C（铜，150家）

表6 中国上市公司ESG发展指数（ESG-C，铜，150家）

单位：分

排名	股票代码	名称	发布CSR报告	综合得分	环境指数	社会指数	管治指数
121	601336	新华保险	是	46.04	4.88	54.89	82.00
122	600518	康美药业	是	46.02	22.61	74.00	52.00
123	601881	中国银河	是	45.62	23.45	53.23	60.00
124	000413	东旭光电	是	45.31	30.99	60.00	52.00
125	600535	天士力	是	45.20	29.31	62.00	52.00
126	002007	华兰生物	是	45.07	33.60	63.60	42.00
127	000839	中信国安	是	44.89	21.18	54.00	75.00
128	600309	万华化学	是	44.77	52.61	56.00	49.00
129	601006	大秦铁路	是	44.69	35.52	33.92	75.00
130	600015	华夏银行	是	44.54	13.45	37.91	95.00
131	600663	陆家嘴	是	44.52	19.19	76.40	49.00
132	600066	宇通客车	是	44.32	33.60	47.60	59.00
133	300070	碧水源	是	44.20	29.31	60.40	50.00
134	600118	中国卫星	是	44.02	21.18	57.60	67.00
135	601229	上海银行	是	44.01	9.92	55.22	67.00

续表

排名	股票代码	名称	发布CSR报告	综合得分	环境指数	社会指数	管治指数
136	000069	华侨城A	是	43.95	23.60	54.00	67.00
137	000776	广发证券	是	43.91	14.20	49.65	87.00
138	600406	国电南瑞	是	43.02	16.90	58.00	70.00
139	600297	广汇汽车	是	43.00	14.29	57.60	75.00
140	600737	中粮糖业	是	42.77	18.33	65.60	57.00
141	000402	金融街	是	42.68	15.27	61.60	67.00
142	000895	双汇发展	是	42.27	34.04	54.00	42.00
143	600585	海螺水泥	是	42.26	50.74	64.40	42.00
144	000983	西山煤电	是	42.25	40.00	52.00	34.00
145	000333	美的集团	是	42.13	27.14	56.00	59.00
146	002508	老板电器	是	41.75	22.86	68.00	42.00
147	002385	大北农	是	41.64	26.90	50.00	57.00
148	000559	万向钱潮	是	41.52	36.90	47.60	42.00
148	600271	航天信息	是	41.52	4.88	57.13	60.00
150	000718	苏宁环球	是	41.45	33.60	37.60	60.00
151	000425	徐工机械	是	41.13	24.29	49.60	60.00
152	601398	工商银行	是	40.92	15.25	25.48	100.00
153	300024	机器人	是	40.89	36.90	45.60	42.00
154	600153	建发股份	是	40.48	8.92	43.29	75.00
155	600837	海通证券	是	40.37	9.92	61.20	50.00
156	601718	际华集团	否	40.34	31.06	52.00	42.00
157	002146	荣盛发展	是	40.31	20.99	52.40	75.00
158	601628	中国人寿	是	39.86	5.63	51.08	75.00
159	002739	万达电影	是	39.71	16.06	35.30	77.00
160	601788	光大证券	是	39.54	19.05	60.77	52.00
161	600583	海油工程	是	39.48	25.10	49.60	52.00
162	600649	城投控股	是	39.13	24.29	37.60	67.00
163	002450	康得新	是	39.02	36.90	39.60	42.00
163	002252	上海莱士	是	39.02	39.75	35.60	42.00
165	600000	浦发银行	是	38.81	5.00	42.28	75.00
166	002292	奥飞娱乐	是	38.79	24.63	42.50	50.00
167	002673	西部证券	是	38.61	14.88	58.20	50.00
168	002465	海格通信	是	38.02	10.59	46.77	57.00
169	600519	贵州茅台	否	37.81	20.99	50.00	52.00

续表

排名	股票代码	名称	发布CSR报告	综合得分	环境指数	社会指数	管治指数
170	300104	乐视网	是	37.53	10.59	31.36	82.00
171	601163	三角轮胎	否	37.27	18.33	60.00	42.00
172	000750	国海证券	是	36.97	13.45	37.74	65.00
173	002736	国信证券	是	36.91	4.88	29.46	90.00
174	002352	顺丰控股	是	36.64	21.18	47.60	50.00
174	600685	中船防务	是	36.64	21.18	47.60	50.00
176	000568	泸州老窖	是	36.52	28.33	43.60	42.00
177	600233	圆通速递	是	36.37	14.52	40.19	57.00
178	600415	小商品城	是	36.11	19.05	31.78	65.00
179	002044	美年健康	是	36.02	18.33	56.00	42.00
180	601997	贵阳银行	是	35.99	13.45	29.79	75.00
181	600549	厦门钨业	是	35.89	16.90	49.60	52.00
181	002299	圣农发展	是	35.89	32.61	35.60	42.00
183	601216	君正集团	否	35.82	29.31	28.00	57.00
184	600170	上海建工	是	35.81	10.99	57.60	52.00
185	603858	步长制药	是	35.68	28.13	42.00	57.00
186	601318	中国平安	是	35.27	3.95	34.93	75.00
187	002081	金螳螂	是	35.27	14.04	47.60	57.00
188	600010	包钢股份	否	35.18	33.84	26.00	49.00
189	600383	金地集团	是	34.89	12.61	54.00	50.00
190	000009	中国宝安	是	34.77	14.04	51.60	50.00
191	600795	国电电力	是	34.43	15.27	60.00	36.00
192	601933	永辉超市	是	34.22	9.17	34.52	65.00
193	601127	小康股份	否	34.02	22.61	43.60	42.00
194	601198	东兴证券	是	34.00	0.34	33.48	77.00
195	600340	华夏幸福	是	33.81	6.70	59.60	49.00
196	000156	华数传媒	是	33.73	18.92	35.01	50.00
197	000728	国元证券	是	33.57	13.45	25.98	72.00
198	000671	阳光城	是	33.31	16.70	25.60	72.00
199	600436	片仔癀	是	33.27	26.90	41.60	34.00
200	002153	石基信息	是	33.24	31.77	29.29	42.00
201	000623	吉林敖东	是	32.88	10.00	64.00	34.00
202	000963	华东医药	否	32.27	12.61	52.00	42.00
203	601169	北京银行	是	32.26	13.45	31.55	57.00

续表

排名	股票代码	名称	发布CSR报告	综合得分	环境指数	社会指数	管治指数
204	601009	南京银行	是	31.73	19.17	39.40	42.00
205	601099	太平洋	是	31.57	14.88	35.26	62.00
206	601555	东吴证券	是	31.50	4.88	37.08	55.00
207	002797	第一创业	是	31.22	0.59	35.51	62.00
208	300017	网宿科技	是	30.94	10.59	39.15	42.00
209	000166	申万宏源	是	30.86	9.17	35.42	50.00
210	000793	华闻传媒	是	30.72	6.06	33.89	60.00
211	601688	华泰证券	是	30.69	9.17	41.89	50.00
212	000540	中天金融	是	30.52	18.33	32.00	50.00
213	601018	宁波港	是	30.40	18.80	23.49	57.00
214	600909	华安证券	是	30.17	4.63	25.65	70.00
215	000783	长江证券	是	29.77	0.59	45.90	42.00
216	601211	国泰君安	是	29.66	18.80	35.51	57.00
217	002841	视源股份	是	29.64	12.61	38.00	49.00
218	300168	万达信息	是	29.47	10.59	27.22	57.00
219	300059	东方财富	是	29.18	0.59	29.13	65.00
220	000008	神州高铁	是	29.02	12.61	41.60	42.00
221	000627	天茂集团	是	28.91	15.94	22.13	57.00
222	600820	隧道股份	否	28.63	8.57	42.00	47.00
223	601901	方正证券	是	28.42	0.34	35.01	52.00
224	000686	东北证券	是	28.39	4.88	31.70	52.00
225	600926	杭州银行	是	28.36	9.17	20.00	67.00
226	600816	安信信托	是	28.34	4.88	18.43	75.00
227	600109	国金证券	是	28.30	0.34	37.58	47.00
228	002714	牧原股份	否	27.68	15.27	33.60	42.00
229	600037	歌华有线	是	27.60	0.59	34.67	49.00
229	600705	中航资本	是	27.60	0.34	29.13	67.00
231	002831	裕同科技	否	27.38	8.57	42.00	42.00
232	601021	春秋航空	否	27.31	14.77	30.73	37.00
233	002411	必康股份	否	27.02	12.61	41.60	34.00
234	002500	山西证券	是	26.67	4.88	31.20	50.00
235	600674	川投能源	是	26.52	16.90	27.60	42.00
236	600372	中航电子	是	26.00	4.29	43.60	42.00
237	600208	新湖中宝	是	25.89	8.33	37.60	42.00

续表

排名	股票代码	名称	发布CSR报告	综合得分	环境指数	社会指数	管治指数
237	600895	张江高科	是	25.89	12.61	30.00	44.00
239	002424	贵州百灵	否	25.88	14.29	35.60	34.00
240	601377	兴业证券	是	25.79	8.92	33.14	42.00
241	601375	中原证券	是	25.60	4.88	31.03	42.00
241	002131	利欧股份	否	25.60	0.34	25.69	57.00
243	601872	招商轮船	否	25.53	11.91	25.84	42.00
244	600276	恒瑞医药	否	25.39	16.90	32.00	32.00
245	600482	中国动力	否	25.31	15.27	26.00	42.00
246	000503	海虹控股	是	25.14	0.59	28.47	50.00
247	002310	东方园林	否	24.68	20.99	24.00	32.00
248	600373	中文传媒	是	24.62	8.92	20.18	52.00
249	002152	广电运通	否	24.60	8.92	31.57	32.00
250	600100	同方股份	是	24.00	10.34	17.76	52.00
251	600060	海信电器	是	23.89	16.90	24.00	36.00
252	600682	南京新百	否	23.65	0.34	26.95	47.00
253	600008	首创股份	否	23.63	12.86	16.00	52.00
254	600150	中国船舶	是	23.13	4.29	33.60	55.00
255	002074	国轩高科	否	22.88	8.57	35.60	32.00
255	601155	新城控股	否	22.88	0.00	46.00	34.00
257	300027	华谊兄弟	是	22.74	0.34	27.72	42.00
258	300133	华策影视	否	22.57	4.88	17.24	62.00
259	603160	汇顶科技	否	22.38	0.00	30.00	52.00
260	600827	百联股份	是	22.31	0.59	17.99	57.00
261	600157	永泰能源	否	22.25	18.57	19.60	32.00
262	002555	三七互娱	是	21.83	0.34	19.93	52.00
263	600522	中天科技	否	21.80	10.23	18.51	42.00
264	002195	二三四五	否	21.63	0.34	25.19	42.00
265	300315	掌趣科技	是	21.49	0.34	10.58	67.00
266	000555	神州信息	否	21.45	0.34	29.36	34.00
267	600061	国投安信	否	21.37	0.34	23.45	44.00
268	000917	电广传媒	是	21.33	0.59	19.77	50.00
269	600606	绿地控股	否	21.25	0.00	28.00	50.00
269	600369	西南证券	是	21.25	4.88	25.65	42.00

4. ESG‐D（铁，30家）

表7　中国上市公司ESG发展指数（ESG‐D，铁，30家）

排名	股票代码	名称	发布CSR报告	综合得分	环境指数	社会指数	管治指数
271	600009	上海机场	否	21.24	4.63	12.67	57.00
272	600074	保千里	否	21.13	0.00	26.00	52.00
273	002426	胜利精密	否	20.81	10.99	17.60	42.00
274	000938	紫光股份	否	20.80	0.34	29.00	32.00
275	600637	东方明珠	是	20.75	4.88	19.93	42.00
276	300072	三聚环保	否	20.50	18.57	14.00	32.00
277	600977	中国电影	否	20.46	0.34	19.67	47.00
278	002602	世纪华通	否	20.38	4.29	33.60	32.00
279	002558	巨人网络	是	19.97	6.31	12.57	50.00
280	600376	首开股份	是	19.75	0.00	29.60	42.00
281	002183	怡亚通	否	19.53	9.17	19.81	32.00
282	300251	光线传媒	是	19.52	0.34	15.79	50.00
283	600023	浙能电力	否	19.38	8.57	18.00	40.00
284	002049	紫光国芯	否	19.13	4.29	21.60	42.00
285	601966	玲珑轮胎	否	19.00	10.00	26.00	26.00
286	600804	鹏博士	否	18.95	0.34	16.21	47.00
287	002027	分众传媒	是	18.45	0.59	12.02	52.00
288	600703	三安光电	否	18.38	4.29	33.60	24.00
289	300144	宋城演艺	否	18.18	8.92	14.04	37.00
290	600570	恒生电子	否	15.20	4.63	14.29	42.00
291	600446	金证股份	否	15.15	5.94	21.24	16.00
292	600959	江苏有线	否	14.86	0.34	20.00	32.00
293	000415	渤海金控	否	14.71	0.34	13.95	34.00
294	300033	同花顺	否	14.23	0.34	19.14	47.00
295	600038	中直股份	否	14.13	0.00	26.00	24.00
296	002174	游族网络	否	13.88	0.34	17.76	32.00
297	000961	中南建设	否	13.50	0.00	17.60	32.00
298	601888	中国国旅	否	13.01	5.94	10.64	26.00
299	600485	信威集团	否	12.69	0.34	19.63	16.00
300	002839	张家港行	否	4.95	0.34	6.50	8.00

五 中国上市公司ESG指数阶段性特征（2017）

1. 2017年中国上市公司ESG指数平均得分为42.90分，优于中国300强企业社会责任指数①得分，中国神华、京东方、比亚迪、金隅股份等企业表现优异

2017年，中国上市公司ESG指数平均得分为42.90分，与中国300强企业社会责任指数得分（35.10分）相比，表现较好。其中，ESG-A（金）级企业平均得分77.62分；ESG-B（银）级企业平均得分55.60分；ESG-C（铜）级企业平均得分33.42分；ESG-D（铁）级企业平均得分17.42分；中国神华（601088）、京东方（000725）、比亚迪（002594）、金隅股份（601992）、宝钢股份（600019）、TCL集团（000100）、上海电气（601727）、上海石化（600688）、复星医药（600196）、中国建筑（601668）、伊利股份（600887）等11家企业得分超过80分，中国神华以94.38分居第一位（见图7）。

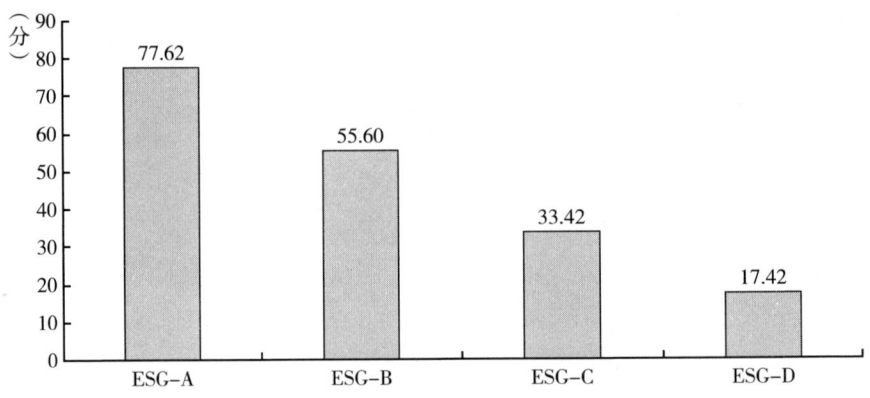

图7 2017年中国上市公司ESG指数等级分布

整体来看，中国上市公司ESG指数表现不一，社会环境信息披露存在较大差异，整体表现偏低，部分企业存在责任战略不清晰、相关制度不完善、沟通机制不健全等问题，社会责任工作方面亟待提升。

---

① 2009年以来，课题组连续8年编著《中国企业社会责任研究报告》，跟踪研究中国国有、民营及外资企业300强的社会责任发展水平，发布中国企业300强社会责任发展指数。

企业表现：中国神华（601088）

中国神华在环境、社会及管治方面都有出色的表现。

从环境表现来看，中国神华始终坚持资源开发与环境保护协调推进，从节能数据统计、环保在线检测、绩效考核三方面着手建立节能环保体系，持续推进节能减排。2016年，投入节能环保专项资金达26.05亿元。

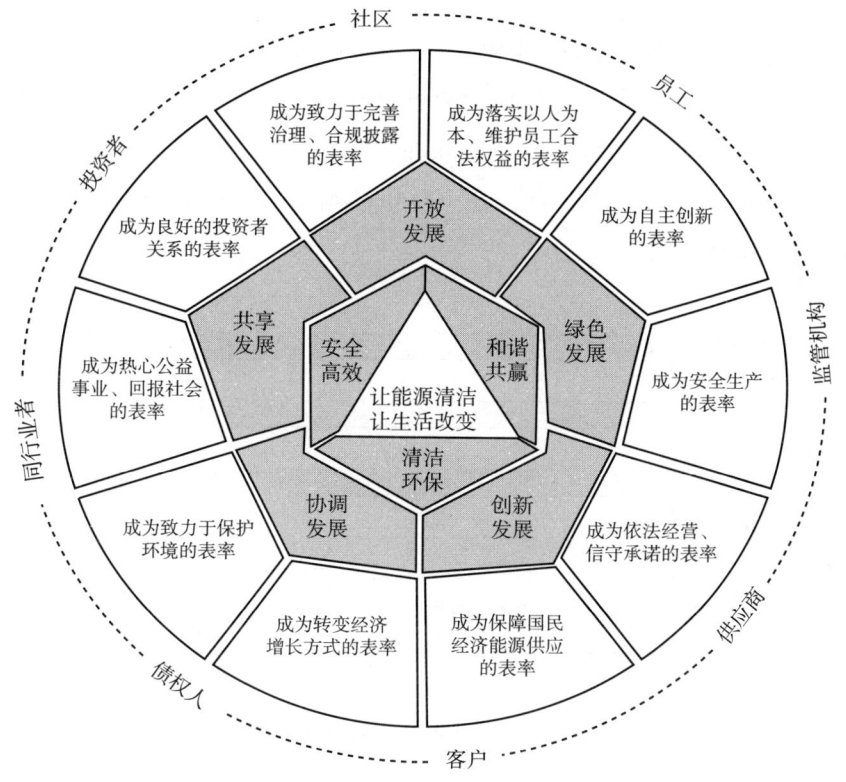

图8　中国神华社会责任模型

从社会表现来看，中国神华坚持以人为本，始终将保障员工权益、助力员工成长、提升员工幸福感作为公司重大责任；在做好内部建设的同时，推动并强化外部责任，通过供应商准入、审核等方式推动供应链履责；中国神华始终秉承共享的发展理念，成立神华公益基金会，持续开展神华爱心行动，打造神华爱心书屋项目，促进贫困地区经济、文化、教育发展。

从管治表现来看，中国神华持续完善治理结构，定期信息披露，加强与投资者的沟通；成立社会责任处，制定社会责任管理制度，并定期编制年度社会责任报告，实现与相关方的沟通交流。

——整理自《中国神华2016社会责任报告》

2. 从营收规模来看，ESG指数与公司营业收入呈正相关性

比较不同的营业收入与ESG指数可以看出，中国上市公司ESG指数与营业收入总体呈正相关性。营业收入在100亿元以上的企业，ESG指数为42.71分以上。其中，营业收入在10000亿元及以上的企业，ESG指数达67.23分（见图9）。

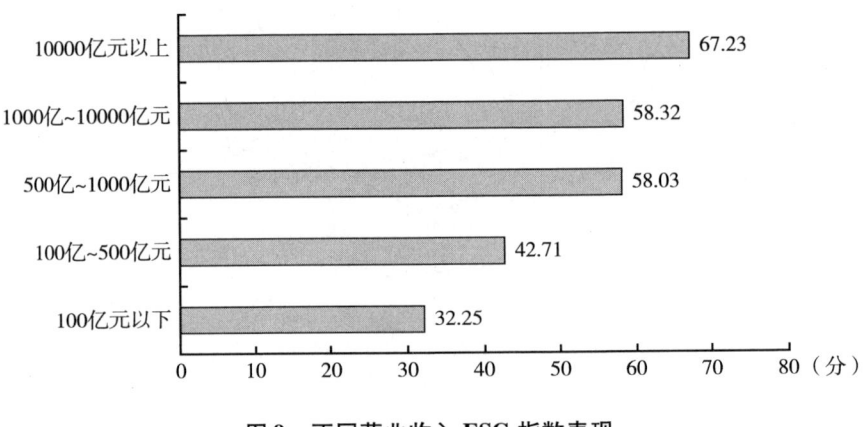

图9　不同营业收入ESG指数表现

3. ESG指数前10名的企业在过去一年的市场表现突出，ESG指数后10名企业市场表现较差

抽取本研究得分较高前10家企业以及后10家企业在过去一年的市场表现（见图10和图11），并与沪深300指数走势对比后发现：社会责任表现较好的企业，股票的市场表现也较好；相反社会责任表现较差的企业，股票的市场表现也较差，呈较为明显的相关性。

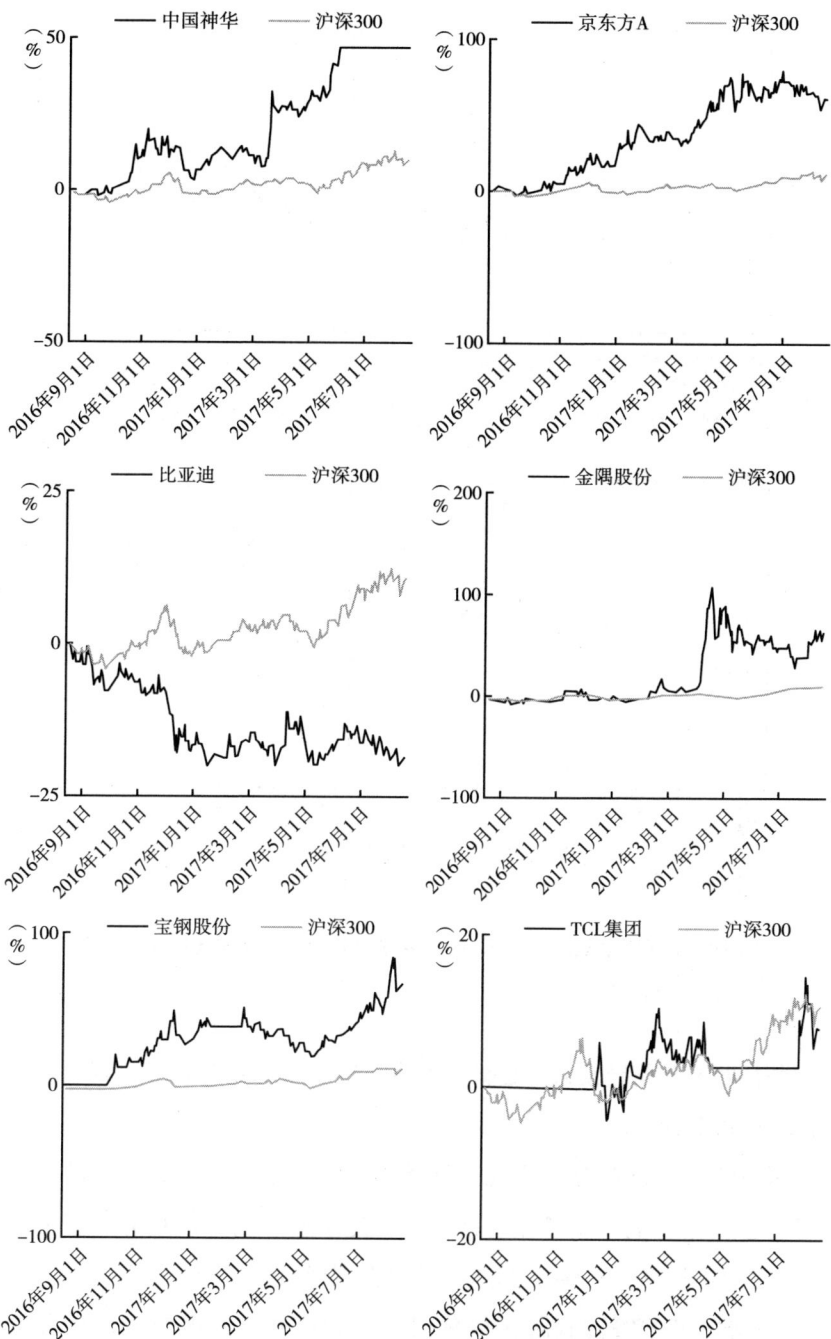

图 10　ESG 指数前 10 名企业与沪深 300 指数市场表现对比

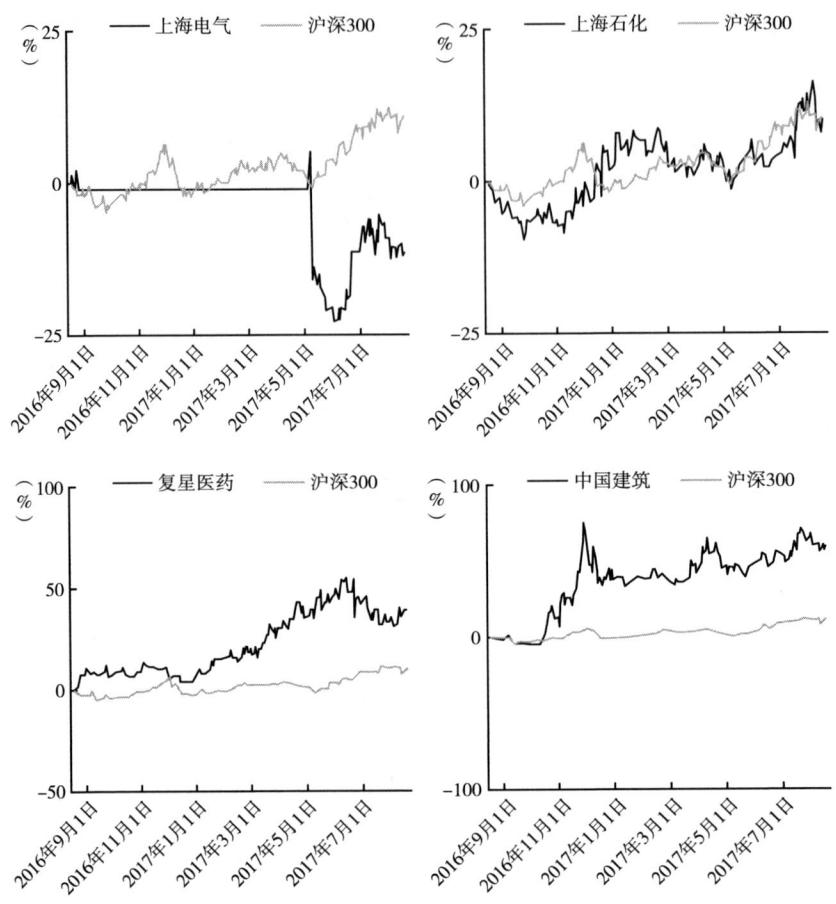

图10　ESG指数前10名企业与沪深300指数市场表现对比（续）

资料来源：Wind资讯。

4. 各行业得分差异较大，建材、能源等行业表现相对较好；餐饮旅游业表现垫底，不足20分

沪深300企业行业分布广泛，共涉及25个行业。其中，建材业、能源业、有色金属业、电气设备业、钢铁业、建筑业、食品饮料业、家电业8个行业得分在50分以上；轻工制造业、文化传媒业、餐饮旅游业3个行业得分不足30分，其中餐饮旅游业得分仅为15.60分，表现垫底，社会责任信息披露水平亟待提升（见图12）。

中国上市公司ESG研究报告（2017）

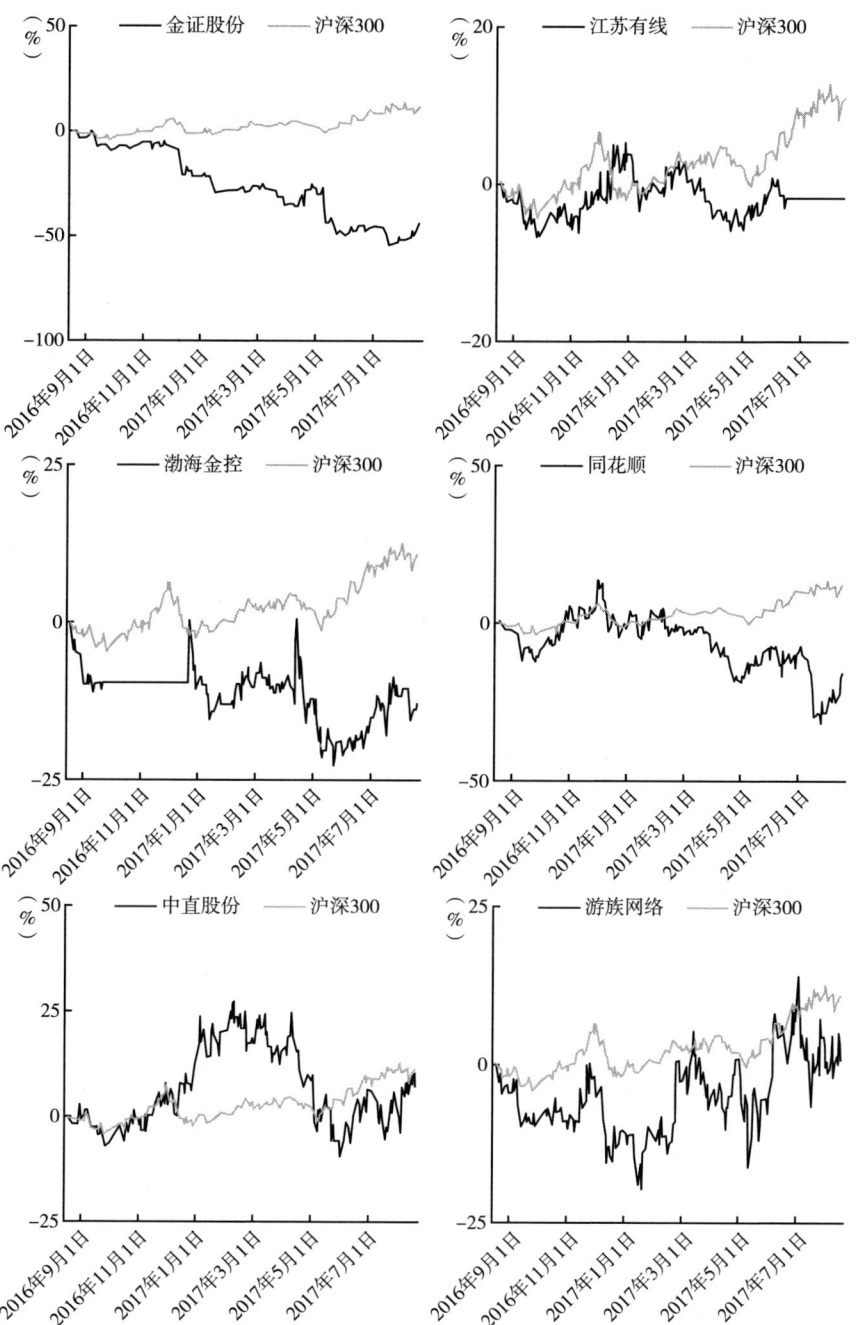

图11　ESG指数后10名企业与沪深300指数市场表现对比

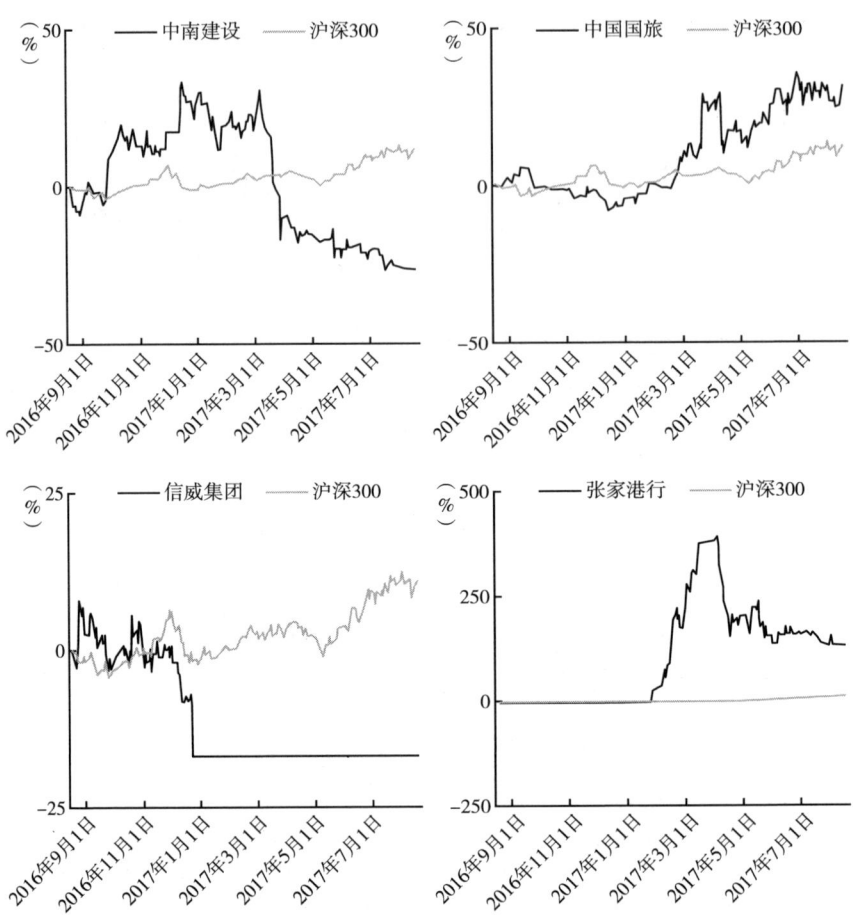

图 11　ESG 指数后 10 名企业与沪深 300 指数市场表现对比（续）

资料来源：Wind 资讯。

5. 从不同交易所表现来看，同时在 A 股和 H 股上市的企业得分最高，上交所得分优于深交所

企业的信息披露情况会受到其上市的交易所相关政策的影响。从上市地点来看，同时在 A 股和 H 股上市的企业表现最佳，指数综合得分为 58.56 分；A 股上市企业中，上交所上市企业的整体表现（45.04 分）优于深交所上市企业的整体表现（39.72 分）（见图 13）。

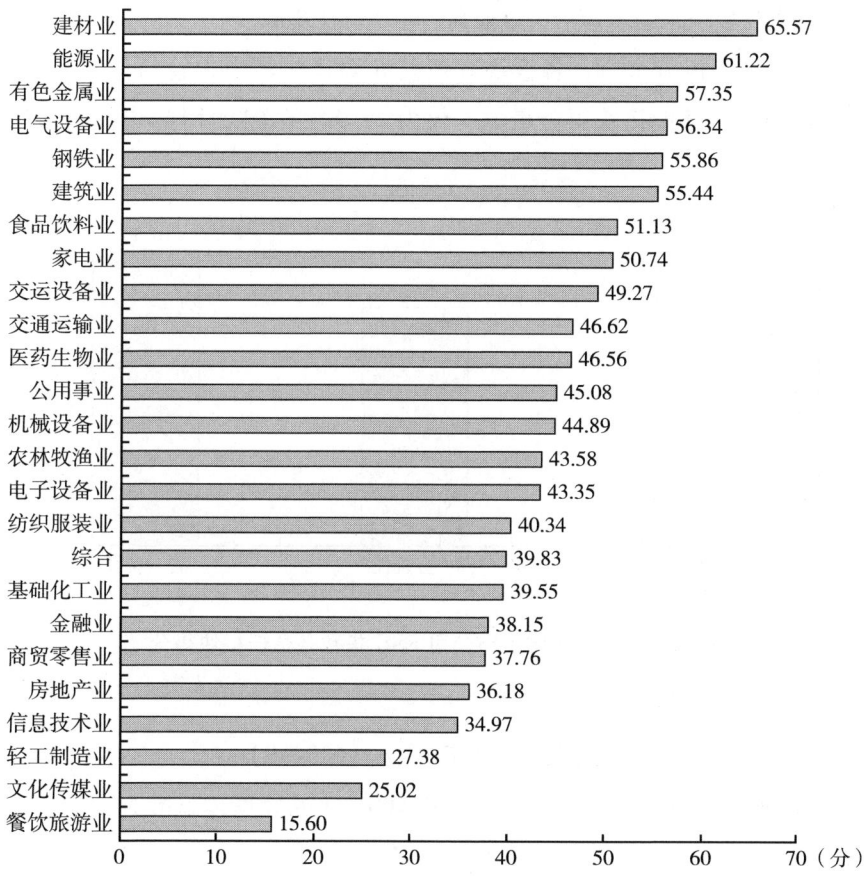

图 12　各行业 ESG 指数及发展阶段

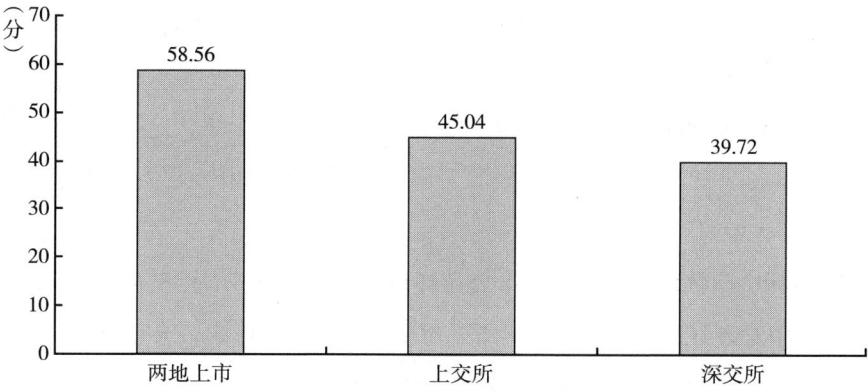

图 13　不同交易所指数得分

6. 从责任板块来看，管治得分最高，环境责任垫底

从责任板块得分来看，各板块表现差异明显。其中，管治板块（61.38分）表现最好，环境板块得分最低，仅为25.99分（见图14）。

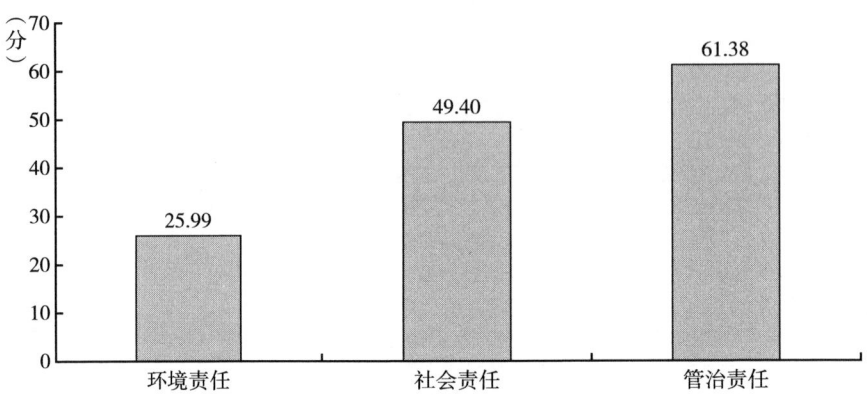

图14 2017年中国上市公司ESG指数各责任板块得分

企业表现：宝钢股份（600019）

宝钢是国内钢铁业中率先开展ISO 14001环境管理体系贯标的企业，并于1998年第一家通过了认证。2016年宝钢股份（总部）通过了ISO 14001：2015新版标准认证。

目前，宝钢股份所属钢铁生产企业全部通过了ISO 14001环境管理体系认证，宝钢国际下属21家加工配送中心、宝钢化工等非钢铁生产单元也全部通过了ISO 14001环境管理体系认证。

——《宝钢股份2016可持续发展报告》

7. 从环境指数来看，中国上市公司环境指数平均得分为25.99分，重化工行业表现相对较好，上市地点对上市公司环境信息披露影响较大

2017年，中国上市公司环境指数平均得分为25.99分。具体来看，ESG-A（金）级企业平均得分为70.78分；ESG-B（银）级企业平均得

分为 36.76 分；ESG–C（铜）级企业平均得分 15.00 分；ESG–D（铁）级企业平均得分 3.85 分。其中京东方 A（000725）以 97.14 分的领先优势荣登榜首，比亚迪（002594）、中国神华（601088）及上海电气（601727）以 94.29 分并列第二；金隅股份（601992）（88.57 分）、陕西煤业（601225）（85.71 分）、上海石化（600688）（84.29 分）、宝钢股份（600019）（82.86 分）、复星医药（600196）（82.86 分）及同仁堂（600085）（80.00 分）等企业也都超过 80 分。超过半数企业得分不足 20 分，环境部分信息披露严重不足（见图 15）。

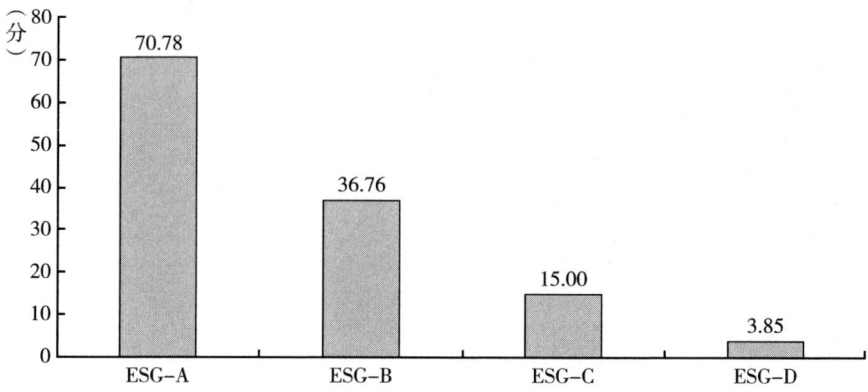

图 15 中国上市公司环境指数不同等级得分

从各议题表现来看，沪深 300 指数样本企业在环境管理、资源使用、排放物管理及生态保护方面的表现差别不大。其中，生态保护方面的表现相对最佳，达 39.67 分；排放物管理方面的表现相对最差，为 24.64 分（见图 16）。

从行业分布来看，建材业（69.66 分）、钢铁业（55.54 分）、能源业（53.25 分）等 17 个行业得分高于平均分，其中建材业以超过 60 分的得分位列第一。金融业、轻工制造业、餐饮旅游业及文化传媒业等行业在环境信息披露方面相对较差（见图 17）。

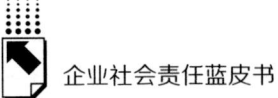

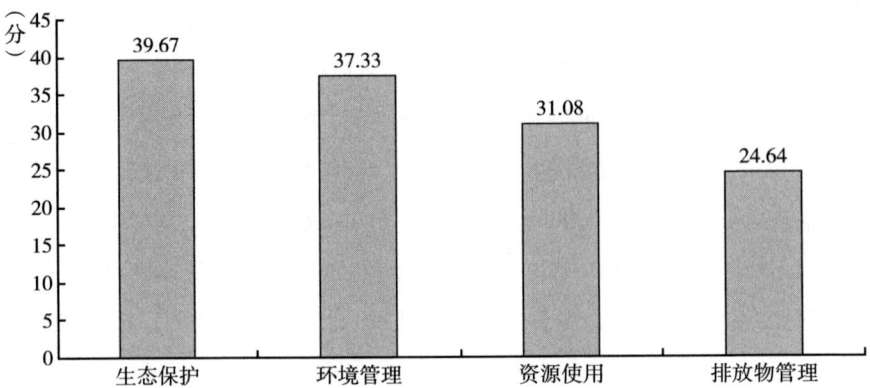

图16 中国上市公司环境指数各议题得分

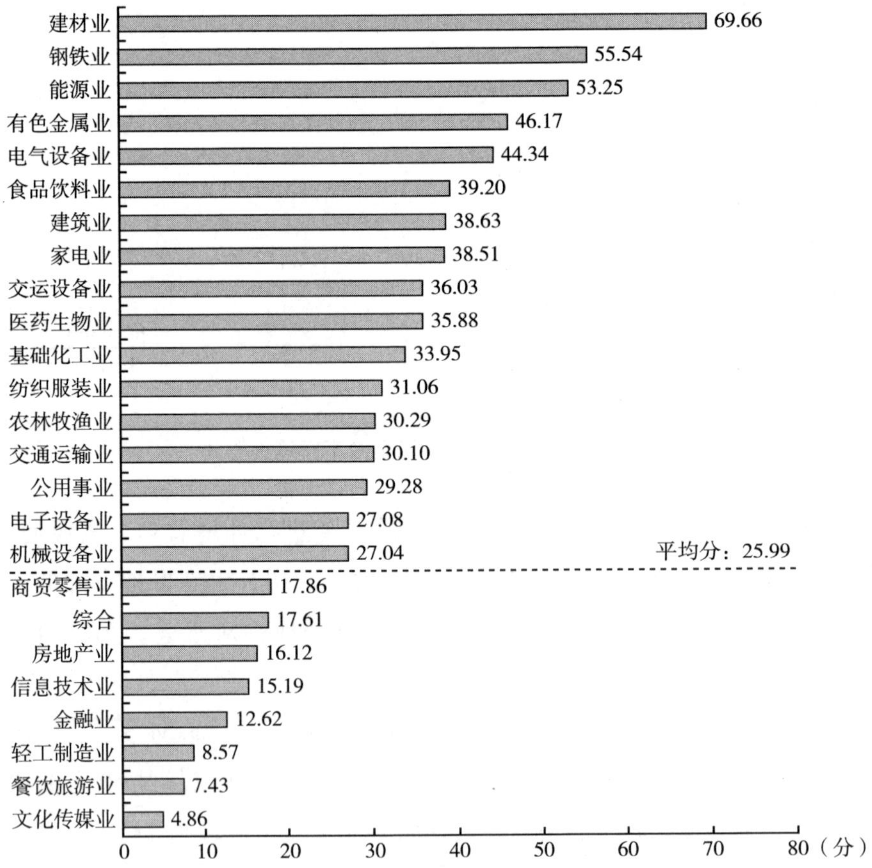

建材业	69.66
钢铁业	55.54
能源业	53.25
有色金属业	46.17
电气设备业	44.34
食品饮料业	39.20
建筑业	38.63
家电业	38.51
交运设备业	36.03
医药生物业	35.88
基础化工业	33.95
纺织服装业	31.06
农林牧渔业	30.29
交通运输业	30.10
公用事业	29.28
电子设备业	27.08
机械设备业	27.04
商贸零售业	17.86
综合	17.61
房地产业	16.12
信息技术业	15.19
金融业	12.62
轻工制造业	8.57
餐饮旅游业	7.43
文化传媒业	4.86

平均分：25.99

图17 上市公司环境指数分行业比较

从上市地点来看，同时在 A 股和 H 股上市的企业环境表现最佳，上交所上市的企业环境表现优于深交所上市的企业（见图 18）。

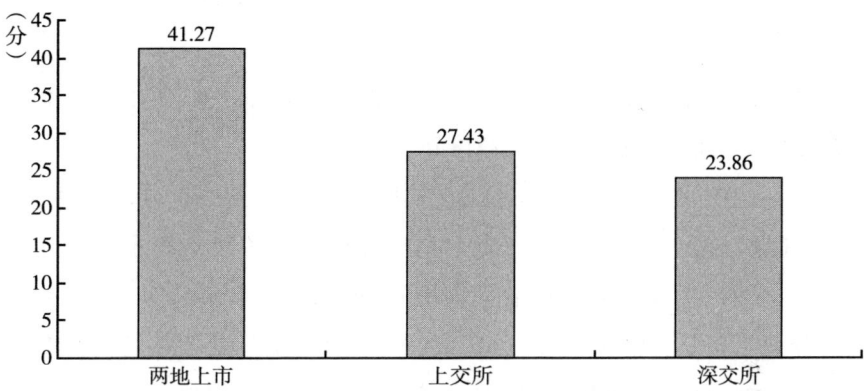

图 18　上市公司环境指数分上市地点比较

企业表现：中国神华（601088）

中国神华积极推进节能环保体系建设，建立并严格执行 ISO 14001 环境管理、健康安全环境管理（HSE）、能源管理、风险预控管理等标准化管理体系，发布煤炭、电力、运输、煤化工四个业务板块的《节能环保风险预控管理体系（试行）》企业标准，提升环境安全监管水平。严格执行建设项目环境影响评价、节能评估、水土保持方案以及环保"三同时"制度，确

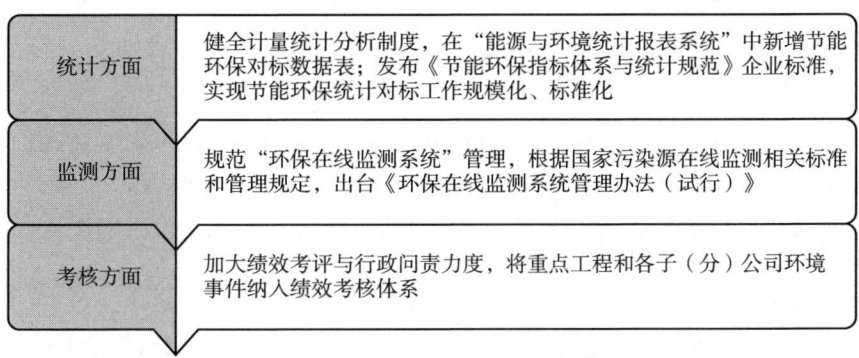

图 19　2016 年中国神华节能环保"三大"体系建设情况

保建设项目节能环保的依法合规性。全面建立环境监测标准规范、考核评价体系，切实提升监测管理水平。

——《中国神华2016社会责任报告》

8. 从社会指数来看，中国上市公司社会指数平均得分为49.40分，建材业表现相对较好，企业营收与社会指数得分呈正相关性

2017年，中国上市公司社会指数平均得分为49.40分，具体来看，ESG-A（金）级企业平均得分82.16分；ESG-B（银）级企业平均得分64.33分；ESG-C（铜）级企业平均得分39.92分；ESG-D（铁）级企业平均得分19.28分。中国交建（601800）以96.00分荣登榜首，TCL集团（000100）以94.40分位居第二，上海电气（601727）和中国建筑（601668）以94.00分并列第三（见图20）。

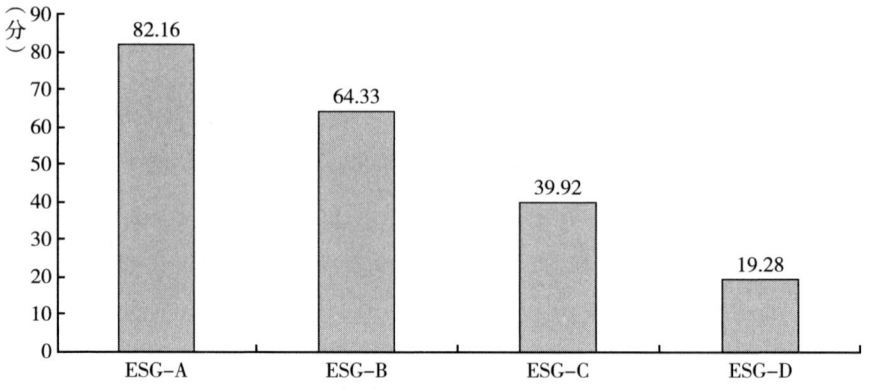

图20 中国上市公司社会指数不同等级得分

从企业规模来看，营收在100亿元以下的企业的得分为38.61分，10000亿元以上的社会指数得分最高，达83.20分。从图21可以看出，随着企业营业收入规模的增加，社会指数的得分呈增长趋势。

从行业表现来看，16个行业得分高于平均水平，其中建材业（78.40分）、有色金属业（68.50分）、建筑业（68.49分）得分位居前三，餐饮旅游业（12.34分）、文化传媒业（24.05分）等在社会信息披露方面相对较差（见图22）。

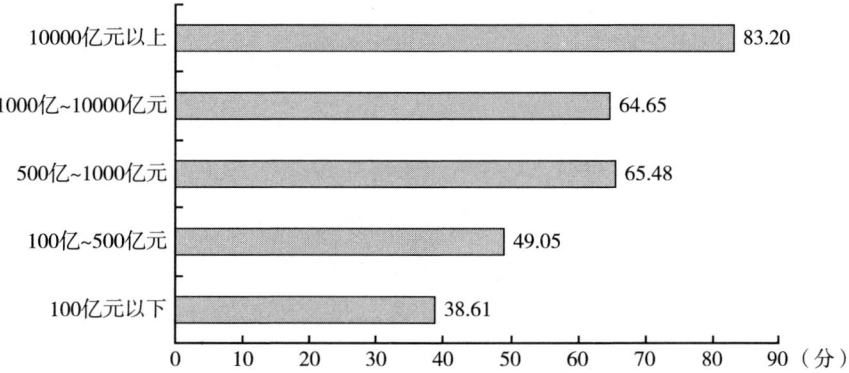

图 21 不同营业收入规模的社会指数表现

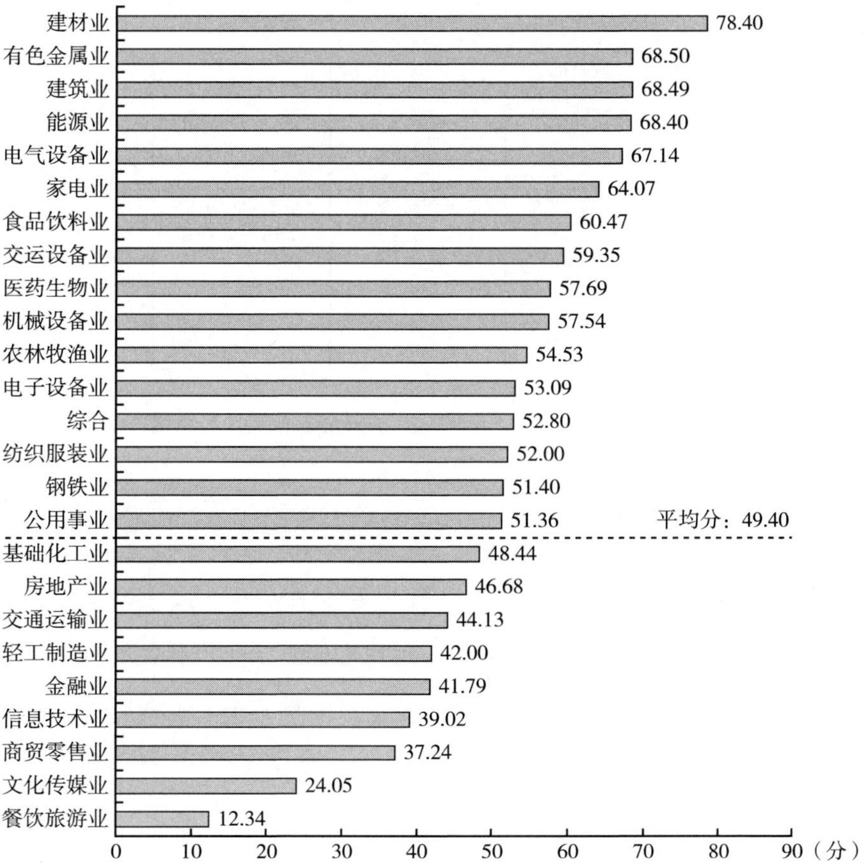

图 22 上市公司社会指数分行业比较

企业表现：上海电气（601727）

上海电气全方位践行"人的生命高于一切"的核心价值观，贯彻"畅享安全、绿色制造、共创未来"的理念。

上海电气制定了"SEC‐LOVE"体系，并与中国安科院合作对体系进行专业评估，使"SEC‐LOVE"体系更具有完整性、时代性，具有可操作性和可测量性。各企业开展风险评价活动，并对标上海电气Ⅰ、Ⅱ级重要风险管控措施的相关内容，编制企业Ⅰ、Ⅱ、Ⅲ、Ⅳ级风险管控措施，建立风险管理机制，有效做好事故防范工作。

生产安全事故控制在市安委办下达的控制指标之内	不发生较大及以上和有严重社会影响的生产安全事故和突发环境污染事件	不发生重大火灾爆炸事故	食物中毒事件为零	不发生新发职业病病例
主要负责人和安全生产管理人员按期培训率达到100%；特种作业人员持证上岗率达到100%	生产性单位安全生产标准化100%达标创建	重大事故隐患整改率达到100%	全国完成政府下达污染物减排任务	按期完成上级部门下达的其他安全生产目标任务

图 23　上海电气对"十三五"的安全工作展望与承诺

上海电气紧紧围绕《上海电气"十三五"安全生产、环境保护发展规划》要求，接力实施"SEC‐LOVE"上海电气安全生产环境保护管理体系，着力落实"党政同责、一岗双责、齐抓共管"的安全、环保责任体系，在创新安全、环保主体责任落实机制、创新隐患排查治理机制、创新安全文化运行机制、构建新型的安全环保管理体系等方面做了卓有成效的工作，上海电气安全、环保持续稳定向好。2016年，上海电气安全生产投入14719万元。

——《上海电气2016社会责任报告》

9. 从管治指数来看，中国上市公司管治指数平均得分为61.38分；专项披露情况理想，近八成企业发布社会责任报告

2017年，中国上市公司管治指数平均得分为61.38分。具体来看，ESG-A（金）级企业平均得分87.23分；ESG-B（银）级企业平均得分74.24分；ESG-C（铜）级企业平均得分53.52分；ESG-D（铁）级企业平均得分36.23分，其中中国神华（601088）、宝钢股份（600019）、中国交建（601800）等10家企业信息披露完整，表现优异（见图24）。

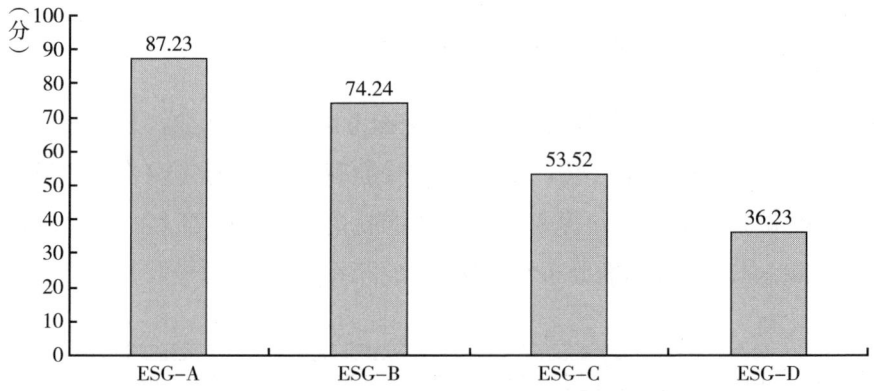

图24 中国上市公司管治指数不同等级得分

从社会责任信息专项披露来看，截至2017年6月，共有156家企业在其官方网站设置了社会责任专栏，238家企业发布了企业社会责任报告，占样本总量的79.3%。从图25中可以看出，报告发布9次的企业数最多，发布次数在6次及以上的企业达166家，占比69.75%。其中，宝钢股份（600019）和格力电器（000651）发布次数最多，高达12次；中国石化（600028）、招商银行（600036）、云南白药（000538）、建设银行（601939）、浦发银行（600000）、阳光城（000671）等企业发布次数达11次。整体来看，样本企业发布社会责任报告的连续性较好（见图25）。

从报告参考指引来看，在238份样本企业社会责任报告中，186份报告（78.15%）披露了报告编写的参考标准，129份报告参考了两种及以上的标准，在遵守政府部门、监督机构要求的同时注重参考行业协会、学术机构的

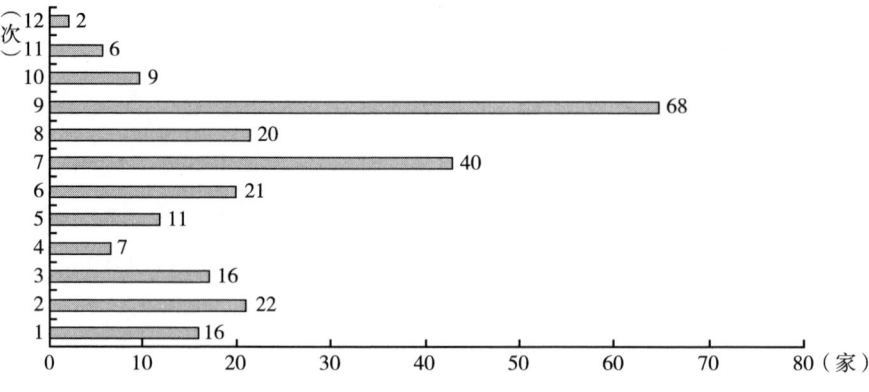

图25 样本企业发布报告次数分布

指引,在注重参考国内指南的同时也注重参考国际相关标准,其中上交所指引(112份)、GRI指南(101份)、中国社会科学院指南(94份)、深交所指引(88份)成为最受沪深300指数样本股企业青睐的四大社会责任报告编写标准,具体参考标准分布情况如图26所示。

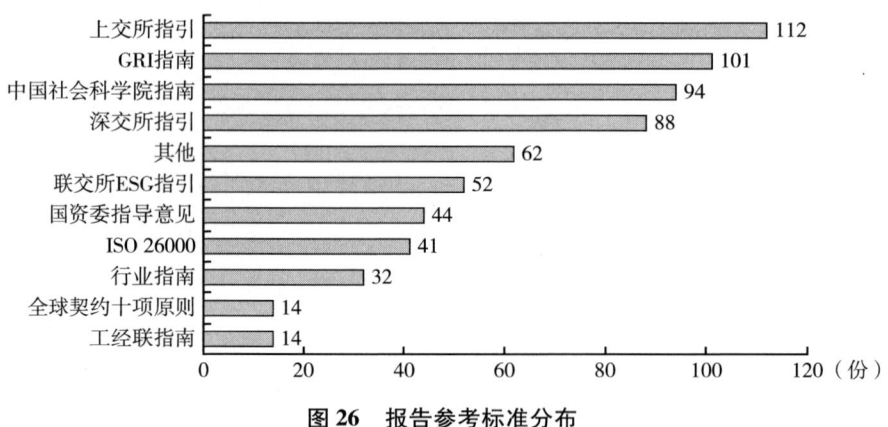

图26 报告参考标准分布

企业表现:中国交建(601088)

中国交建紧密围绕"让世界更畅通、让城市更宜居、让生活更美好"的企业愿景,将社会责任融入战略、融入管理。健全社会责任组织机构,修订完善社会责任管理制度,开展多层级培训提升员工责任意识,不断提升履责能力和绩效。

　　自 2008 年以来，公司持续发布社会责任报告，加强对外沟通。2016 年，蒙内铁路项目在肯尼亚发布中国企业在海外的首份项目社会责任报告，获得包括联合国环境规划署在内的多方好评；中交三公局拍摄社会责任微电影，以更生动的形式传递责任。

——《中国交建 2016 社会责任报告》

调研报告

Practical Report

B.8
分享责任中国行(2017)

摘　要： "分享责任中国行——中国CSR优秀企业调研"是中国社会科学院经济学部企业社会责任研究中心2014年发起的年度社会责任调研项目,旨在促进社会责任交流,发现优秀企业履行社会责任的先进经验,给正在探索履责之路的中国企业以借鉴。

关键词： 分享责任　中国行　社会责任调研

2014年3~7月,由政府、企业、专家学者组成的调研团队走过全国10个城市,在广州、深圳、北京、杭州、上海、内蒙古、海口、宜昌等地先后对18家企业的社会责任履行情况进行了深入调研,调研概况如表1所示。调研成果收录于《中国企业社会责任研究报告(2014)》,已于2014年11月出版发布。

表1 2014年"分享责任中国行"调研企业概况

编号	调研时间	调研地点	企业名称	企业性质	所属行业
1	3月3日	广州	南方电网	中央企业	电力
2		深圳	南方电网下属深圳供电局	中央企业	电力
3	3月4日	深圳	华润集团	中央企业	混业
4		深圳	华为	民营企业	通信设备制造
5	3月5日	深圳	中国广核	中央企业	电力
6		深圳	中国黄金下属中金辐照	中央企业	采矿
7	3月13日	北京	中国移动	中央企业	通信
8	3月14日	北京	中国铝业公司	中央企业	混业
9	3月24日	杭州	阿里巴巴集团	民营企业	互联网
10		上海	中国民生银行	民营企业	银行
11	3月25日	上海	英特尔(中国)	外资企业	电子
12		上海	宝钢集团	中央企业	金属
13	5月27日	鄂尔多斯	神华集团下属神东煤矿	中央企业	采矿
14	5月28~29日	海口、三亚	海航集团	民营企业	交通运输服务
15	6月23日	北京	北控集团下属燕京啤酒	地方国有企业	食品
16	6月24日	北京	中国建筑	中央企业	建筑
17	7月20日	宜昌	三峡集团	中央企业	电力

2015年,"分享责任中国行"再次集结出发。在中国社会科学院社会发展战略研究院的指导下,中国社会科学院经济学部企业社会责任研究中心组织调研团队,于2015年3~9月在国内调研了13家企业。调研概况如表2所示。调研成果收录于《中国企业社会责任研究报告(2015)》,已于2015年11月出版发布。

表2 2015年"分享责任中国行"调研概况

编号	调研时间	调研地点	企业名称	企业性质	行业
1	3月26~28日	南京、宁波	中国石化扬子石化	中央企业	石油化工
2			LG甬兴化工公司	外资企业	石油化工
3			中国石化镇海炼化	中央企业	石油化工

续表

编号	调研时间	调研地点	企业名称	企业性质	行业
4	4月22日	北京	百度	民营企业	互联网
5	4月27~30日	成都、北川	远洋地产	国有企业	房地产
6		西安	中国三星	外资企业	电子
7	5月28~30日	拉萨	中国黄金华泰龙	中央企业	采矿
8	7月15日	北京	阿里巴巴	民营企业	互联网
9	8月5~6日	锡林郭勒盟	现代汽车（中国）	外资企业	汽车制造
10	8月16~17日	广西百色	华润集团	中央企业	混业
11	9月12~14日	鄂尔多斯	神华神东煤炭	中央企业	采矿
12			神华煤制油化工公司	中央企业	化工
13		榆林	神华神朔铁路	中央企业	交通运输服务

2016年，"分享责任中国行"调研活动继续深入开展，于2016年4~8月在国内调研了7家企业。调研概况如表3所示。

表3　2016年"分享责任中国行"调研概况

编号	调研时间	调研地点	企业名称	企业性质	所属行业
1	4月19日	四川	加多宝	民营企业	食品行业
2	5月29日	北京	中国兵器工业下属中国北方车辆研究所	中央企业	特种设备制造业
3	6月2日	西藏	中国黄金下属西藏华泰龙	中央企业	一般采矿业
4	6月17日	北京	中国福利彩票	事业单位	一般服务业
5	7月21日	甘肃	中节能风电甘肃区域公司	中央企业	电力生产业
6	7月24日	甘肃	阿里巴巴	民营企业	互联网
7	7月26日	广西	现代起亚汽车集团	外资企业	汽车行业

2017年，"分享责任中国行"调研活动继续深入开展，于2017年8月在国内调研了3家企业。调研概况如表4所示。

表4　2017年"分享责任中国行"调研概况

编号	调研时间	调研地点	企业名称	企业性质	所属行业
1	7月31日	北京	中国环境保护集团有限公司	国有企业	电力生产业
2	8月1日	西藏	中国华能集团西藏雅江公司	国有企业	电力生产行业
3	8月5日	西藏	中国黄金下属西藏华泰龙	国有企业	一般采矿业

一 中国环境保护集团有限公司：推进资源综合利用履行央企社会责任

2017年7月31日，由中国节能环保集团公司、中国社会科学院企业社会责任研究中心、中国社会责任百人论坛主办，中星责任云社会责任机构承办的"分享责任中国行（2017）——节能行"活动在四川成都成功举办。来自国务院国资委、北京工商大学的专家代表，国家开发投资公司、中国华能集团、中国铝业公司、中国电建、中国建材、现代汽车（中国）、LG化学、浦项（中国）、天齐锂业的企业代表以及国资报告、《中国环境报》、新华社等媒体代表等组成的30余人调研团来到四川成都，走进中国节能环保集团公司下属中国环境保护集团有限公司成都祥福城市生活垃圾焚烧发电项目，通过调研参观及座谈交流，切身体会到企业社会责任内涵，并对企业在节能环保领域做出的努力与贡献表示赞誉。

图1 "分享责任中国行（2017）——节能行"揭牌插旗仪式

（一）天然使命，节能环保硕果累累——社会责任分享交流会

作为中国最大的固废综合处理环境服务商，中国环境保护集团有限公司（以下简称"中国环保"）认为社会责任是企业与生俱来的义务，也是长远成功的关键。会上，中国环保总经理李喜联以"树央企责任　筑绿色家园"为主题，生动介绍了中国环保在环境保护、节能减排以及资源循环利用等方面的环保使命，并从环保责任、回馈社会、安全生产、员工关怀等方面介绍了中国环保的履责理念和实践。

图2　中国环境保护集团有限公司总经理李喜联发言

成都中节能再生能源有限公司总经理苏志刚立足项目本身，详细介绍了公司通过垃圾焚烧发电实现资源综合利用，扎实履行环保责任和社会责任，以科普基地为载体，普及宣传节能环保知识，履行企业社会责任。为进一步加强行业企业的社会责任交流互动，中国社会科学院企业社会责任研究中心授予成都中节能再生能源有限公司"企业社会责任示范基地"。

交流会上，调研团成员还观看了成都市中小学生参观和员工子女采访视频，从孩子们的视角讲述他们参观完垃圾焚烧发电整个过程后的感想与启

图3 成都中节能再生能源有限公司总经理苏志刚发言

图4 "企业社会责任示范基地"授牌仪式

迪,也使调研团成员更全面地了解成都中节能充分发挥"成都市科普基地"的作用,普及推广节能环保知识,倡导节能环保理念等方面所开展的责任实践。会议还邀请了成都中节能资助的大学生代表讲述对成都中节能社会责任实践的理解与建议,全方位呈现成都中节能的履责实践。

(二)履行责任 生活垃圾焚烧发电——参观花园式厂区

作为"成都市科普基地",公司设立了专门的厂区参观通道,以现场参

图 5　资助大学生代表曹海鹏发言

观、知识讲座、主题活动等形式开展科普宣传活动,让更多的人了解垃圾焚烧发电工艺流程,向全社会倡导"资源节约、爱护环保"理念。

公司致力于花园式厂区建设,走进厂区便可看见大门左侧、楼顶上的小花园。站在5楼长长的玻璃走廊上,厂区景色尽收眼底。在工作人员的引导下,调研团走进厂区大楼。据介绍,这里既是办公区,也是生产区。中央控制室、垃圾仓、垃圾吊控室、垃圾焚烧炉、发电厂都在这同一栋楼,却没有任何异味。工作人员热情洋溢地介绍了垃圾从运输、入库、渗沥液处理到焚烧发电、炉渣综合利用"浴火重生"的全流程,并通过与调研团成员的交流深入浅出地解释了相关问题,进一步加深了调研团对成都中节能再生能源有限公司的了解。

(三)变废为宝　普及节能环保知识——参观环保展示厅

为更好履行央企社会责任,普及推广节能环保知识,成都祥福生活垃圾焚烧发电厂建设了200平方米的环保展示厅,展示公司企业文化、垃圾焚烧发电工艺流程及环保知识,精心制作动画片,方便社会各界人士了解垃圾焚烧发电,增强环保意识。

图 6　调研团参观厂区

图 7　调研团参观展厅

2013年11月，公司正式被成都市科技局批准为"成都市科普基地"，科普基地全年免费向全社会开放，自2013年以来，共接待各级政府领导、市民村民、中小学生等现场参观600余批次12000多人。

（四）交流研讨　碰撞责任火花——社会责任座谈会

最后的研讨环节，调研团一行与中国环保就履行社会责任进行了深层次

图 8 调研团合影

的交流，大家一致肯定了中国环保生活垃圾焚烧发电项目，从参观感受、责任管理、责任沟通、参观建议等方面讲述了各自的所见所想。

图 9 调研团嘉宾踊跃发言

图9 调研团嘉宾踊跃发言（续）

最后，中国社会科学院企业社会责任研究中心主任、中国社会责任百人论坛秘书长钟宏武在总结中表示，中国环保和成都中节能再生能源有限公司通过用产品和服务解决社会环保问题，切实履行了企业所担负的社会责任，认为"分享责任中国行（2017）——节能行"是收获很大、很成功的一站。

中国环境保护集团有限公司

中国环境保护集团有限公司（原中国环境保护公司）是中国节能环保集团公司的全资子公司，成立于1985年，由环保部（原国家环境保护总局）发起成立。公司注册资本40亿元，资产规模138亿元，在全国拥有50家下属公司。公司持续专注于固废处理产业，是最早进入行业的投资商，并已成为固废处理领域较具规模和影响力的企业，连续多次跻身"中国固废十大影响力企业"，是中国固废领域最具实力的引领者。

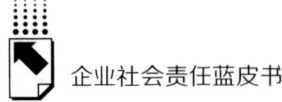

公司是集设计咨询、工程建设、技术研发、环保装备制造、项目投资建设和运营管理为一体的"全产业链"综合性固废处理专业化公司，能为城市和城镇提供生活垃圾处理、餐厨垃圾处理、污泥处理、医疗废弃物处理、危险废弃物处理、农林废弃物处理、畜禽养殖废弃物处理、陈腐垃圾、土壤修复等整体的环境和能源解决方案。

公司以BOT、BOO模式投资、建设、运管近百个固废处理项目，北到黑龙江齐齐哈尔，南抵福建厦门，西至甘肃天水，东达山东烟台，遍布全国16个省份30余个城市，固废综合处理规模达6万吨/日，占我国固废处理市场的10%。

公司凭借领先的装备技术力量、优势地位的资本整合力量和专业化的团队力量，为全国各行业各区域提供高效的环境保护集成服务，获得了客户的高度认可和社会的良好声誉，积累了深厚的品牌力量。

公司高度重视环保文化和环保知识宣教的功能效应，大力支持所属各公司建立环保教育基地，敞开大门，欢迎政府、周边居民以及在校学生到项目参观学习与交流，传播绿色环保理念。公司下属项目公司专门设立了环保展示厅，展示公司企业文化、工艺流程及环保知识，并精心制作工艺流程动画片，方便公众了解垃圾焚烧发电工艺流程。截至2015年底，中国环保承接各类环保宣教活动1000余项，接待社会人士和各类学生团体30000余人次，为环保理念的宣传推广和环保事业的发展做出了突出贡献。

同时，公司还为当地解决就业，积极参与各类社会公益活动，开展捐款、捐物、送温暖和环保公益活动推广，在回报社会中彰显央企的社会责任感。公司真诚地希望与所有关心中国环保事业发展的各界友人携手，共同创造美丽的绿色家园，共同打造和谐的广阔天地。

成都市祥福环保发电项目情况介绍

◆项目概况

成都市祥福环保发电项目是成都市人民政府为改善和保护城市环境，决定采用特许经营方式建设的成都市第三座大型垃圾处理项目,由中国节能环保集团公司旗下固废板块专业公司——中国环境保护集团有限公司独家投资、建设、运营。

项目位于成都市青白江区祥福镇,采用焚烧方式处理成都市金牛区、成华区、新都区和青白江区等的生活垃圾,利用余热发电,年可处理生活垃圾65万吨,烟气排放指标达到欧盟2000标准。该项目为四川省和成都市重点项目,是四川省高新技术企业、资源综合利用企业。

◆科普基地

为更好履行央企社会责任,普及推广节能环保知识,成都祥福生活垃圾焚烧发电厂建设了200平方米的环保展示厅,并设立专门的厂区参观通道,以现场参观、知识讲座、主题活动等形式开展科普宣传活动,让更多的人了解垃圾焚烧发电工艺流程,向全社会倡导"资源节约、爱护环保"理念。2013年11月,公司正式被成都市科技局批准为"成都市科普基地",科普基地全年免费向全社会开放,自2013年以来,共接待各级政府领导、市民村民、中小学生等现场参观600余批次12000多人。

二 中国华能集团西藏雅江公司:情系高原 点亮雪域

2017年8月1日至8月3日,由中国社会科学院企业社会责任研究中心发起的"分享责任中国行(2017)——华能行"活动在雪域高原展开,调研团一行20余人来到位于西藏林芝地区的华能西藏雅鲁藏布江水电开发投资有限公司,深入了解中国华能集团公司在西藏履行社会责任的优秀实践。三天的时间,调研团先后参观了派墨农村公路、藏木水电站等重点项目,并在华能西藏林芝基地开展了社会责任交流座谈会。通过参观及座谈,调研团成员切身体会到中国华能"克服一切困难,发扬三色文化,履行社会责任"的坚定信念。

华能西藏雅鲁藏布江水电开发投资有限公司(原华能西藏发电有限公

图 10　调研团成员在华能西藏林芝基地合影

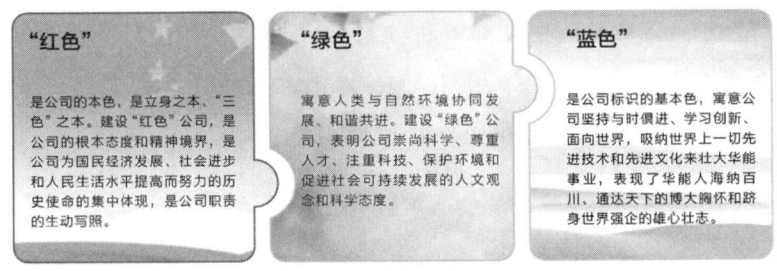

图 11　中国华能"三色文化"

司，简称雅江公司）成立于 2007 年，是华能集团驻藏二级法人单位，营业范围是电力项目的开发、投资、生产、经营、管理和销售等。截至 2017 年 6 月，雅江公司已建成投产藏木水电站、亚让水电站，总装机规模约 51.8 万千瓦，正在建设加查水电站（装机 36 万千瓦）和米林县派镇至墨脱县解放大桥农村公路，已累计完成投资约 148 亿元，发供电 41 亿千瓦时，累计向地方缴纳税费超过 3.16 亿元，为地方经济发展做出了积极贡献。

华能西藏雅江公司按照华能集团部署，在拉萨、阿里分别建设 10 万千瓦和 1 万千瓦应急过渡电源项目，有效缓解藏中和阿里地区的缺电局面，并顺利解决了墨脱县无电人口用电问题。与此同时，公司积极履行社会责任，支援当地基础设施建设、扶持致富产业以及地方科教文卫事业等。公司三个驻村点全年累计投资230多万元，建设鱼塘、藏香猪养殖场、蕉白和柠檬种植基地，举办各类农民实用技术讲座50余次，推广实用技术30余项，拓宽农牧民致富渠道，多次获得自治区的表彰和肯定。

图12　华能西藏林芝基地

（一）情系高原，修路暖人心

为响应国家号召，积极履行"三色文化"使命，中国华能依据自身优势，凭借华能人"敢为人先，敢为人所不能"的创新精神，帮助西藏贫困山区人民开山辟石，修建派墨农村公路。公路以米林县派镇为起点，通往墨脱解放大桥，全长64.7千米，工程分两期修建。华能人为藏区人民搭建了一条通往"莲花秘境"的朝圣通道，将责任融入生产运营，用实际行动温暖人心。

农村公路一期工程于2014年8月29日获林芝地区发改委核准并开工建设，二期工程于2014年12月29日获林芝地区发改委核准，并于2016年5月开工建设。道路建成后，将彻底解决墨脱交通孤岛难题，对带动地方经济发展、促进边防稳固和民族团结均具有重要意义。

图13 派墨农村公路多雄拉隧道入口段已建成通车

图14 华能TBM"林芝一号"滑行进洞

派墨农村公路关键工程为多雄拉隧道,该隧道采用国内最大双护盾TBM(全断面隧道掘进机)进行施工,TBM综合了机械、电气、液压、新材料、新工艺、自动化等高新技术,具有隧道施工"工厂化"以及快速、优质、经济、安全、环保等特点。

（二）点亮雪域，电力助发展

中国华能作为国内电力生产行业的引领者，一直以来坚持履行本职责任，为各方百姓保障电力供应。公司在开发电力资源的同时，也不忘履行社会责任，坚持"建设一座电站，发展一方经济，保护一方环境，造福一方百姓，和谐一方社会"的理念，在我国西藏地区，克服恶劣的自然条件，在技术上攻坚克难，用华能人的坚持与不懈，将一座座电站点缀在雪域高原的各个角落。

藏木水电站是华能集团和西藏自治区政府加强能源经济领域合作、携手开发西藏清洁能源的第一个大型水电项目。电站总装机容量51万千瓦，平均年发电量25亿千瓦时，以发电为主，兼有下游防洪和灌溉等综合开发任务。

图15 雅江干流第一个大型水电站——华能藏木水电站

藏木水电站从2007年9月开始筹建，2010年7月通过国家批准，2010年9月27日正式开工建设，2010年11月12日实现大江截流，2014年11月23日首台机组投产发电，2015年10月13日机组全部投产，极大缓解西藏中部地区用电紧张的局面，为藏中电网安全稳定运行提供可靠保证，是藏中电网和藏电外送的骨干电源电站，对带动当地的资源开发、加快西藏社会经济跨越式发展具有重要意义。

（三）交流座谈，责任策前行

调研团一行在林芝基地召开社会责任交流座谈会，华能西藏雅江公司龚山雄副总经理对调研团表示欢迎，并向调研团介绍了华能西藏雅江公司的优秀履责实践。国务院国资委综合局曹学云副局长、中国华能集团公司规划部蔡琼雅副主任、华能西藏雅江公司龚山雄副总经理以及中国社会科学院企业社会责任研究中心钟宏武主任，一同为"分享责任中国行（2017）——华能行"进行揭牌插旗仪式，此后，钟宏武主任代表"分享责任中国行"主办方向中国华能西藏林芝基地授予"社会责任示范基地"称号。随后，华能西藏雅江公司规划部副主任王亮系统地为调研团成员介绍了雅江公司的CSR工作。

图16 "分享责任中国行（2017）——华能行"揭牌插旗仪式

此次研讨会上举行了《中国华能集团公司2016年可持续发展报告》的发布仪式，在雪域高原，在各位调研团成员的见证下，《中国华能集团公司

图 17 "社会责任示范基地"授牌仪式

2016年可持续发展报告》正式发布。中国华能集团公司规划部社会责任处处长李冬雪详细地向调研团成员汇报了中国华能社会责任工作及报告编制工作。

图 18 《中国华能集团公司 2016 年可持续发展报告》发布仪式

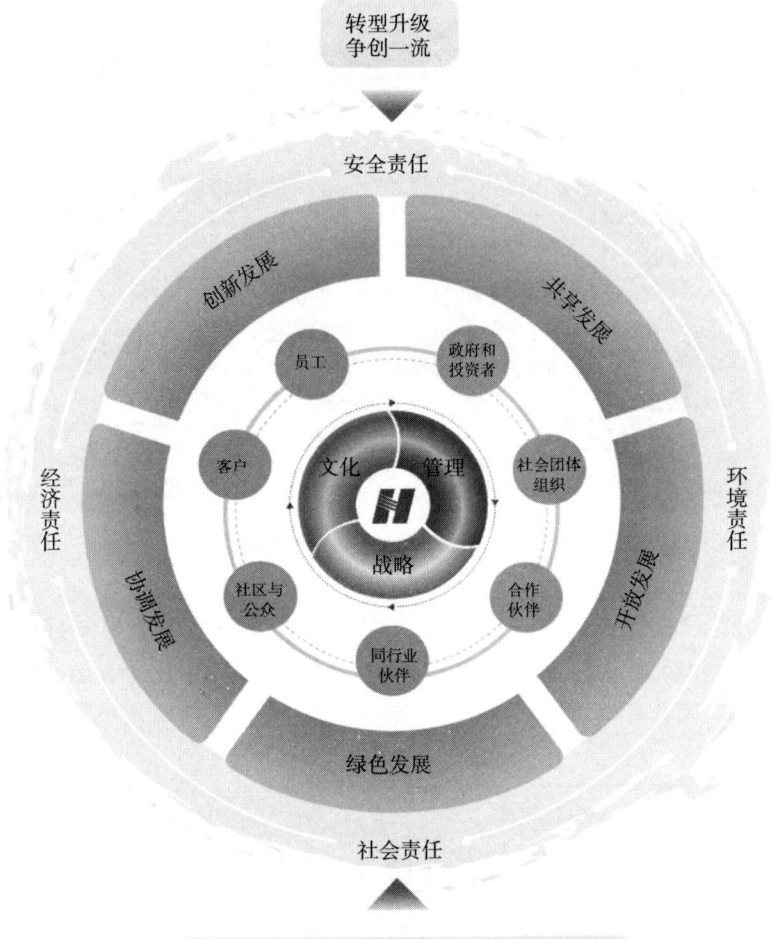

图 19　中国华能可持续发展模式

中国华能 2016 年社会责任成绩单

我们的荣誉

- 公司社会责任报告被中国社会科学院评为五星级（最高级），是一份卓越的社会责任报告。
- 公司在首届中国扶贫论坛上获"中国扶贫·企业贡献奖"。

- 在中国社会科学院发布的《企业社会责任蓝皮书（2016）》中，公司社会责任发展指数为89.0分，位列300强企业第8名，获评五星级企业。
- 公司因报告连续五年获五星级评价，在中国社会责任百人论坛第五届分享责任年会上荣获"企业社会责任报告领袖奖"。

我们的绩效

- 3项国家科技进步二等奖
- 煤电产业协同率60.8%
- 节能环保改造总投入109亿元
- 境外管理装机总容量1001万千瓦
- 公司捐赠总额57598万元

（四）利益相关方声音

华能在央企中做得非常不错，三色文化、四个责任、五大发展等理念的提出十分新颖，同时开展了一系列的援疆援藏等扶贫工作，效果显著。华能真正做到把社会效应放到第一位，真正履行了央企的社会责任。希望华能进一步总结社会责任工作，突出产业扶贫优势，把社会责任工作融入战略、融入生产运营，提高履责能力，践行央企的社会责任。

——国务院国资委综合局副局长　曹学云

华能是受人尊敬的企业，也是值得人学习的企业，国开投和华能是兄弟单位，我们在水电开发和精准扶贫方面都有很紧密的合作，我非常了解水电工作的不易，华能的默默无闻的履责行为很让人感动。

——国家开发投资公司文化宣传中心主任　刘洋河

中国华能入藏区，付出了很多的辛苦和努力，让人很敬佩。华能响应国家要求，为国家解决困难，并坚定地履行了社会责任，华能人带着责任进

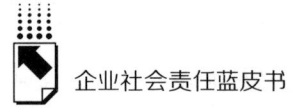
企业社会责任蓝皮书

藏,比很多企业做得都更优秀。

——中国电建办公厅副处长　王海

华能锁定安全、环境、经济和社会责任,促进了西藏地区的稳定,提高了当地人民的幸福指数。在西藏坚守的员工很不容易,华能的社会责任真正地融入了每位员工的心中。

——中国节能环保集团公司党群工作部高级经理　章杨

中国华能的扶贫工作给我很深的印象,作为在外企工作的中国人,希望能够多做一些扶贫的工作。

——现代汽车(中国)投资有限公司社会贡献部经理　金英

中国华能是个重视仪式感的企业,不流于形式,工作做得很实在,通过仪式的传达,感动自己,感动身边人。这次调研给我的感觉是,中国华能是在脚踏实地、大胆创新,用朝圣者的信念致力于CSR工作。

——LG化学社会责任经理　陈洁

中国华能的CSR工作十分扎实,电力行业和钢铁行业在有些方面很相似,都是国家基础建设,今天让我们学到了很多,对日后在推进POSCO的CSR工作中有很大的启发。

——浦项(中国)投资有限公司社会责任经理　郑月

中国华能的精准扶贫工作给我留下很深的印象,范围很广,资金投入也很多,看到华能的挂职干部的感人事迹,让我感到很震撼。

——中国建材集团企业管理部高级业务经理　吴潇

华能的社会责任具有五个一流。一流的本职责任,企业最大的责任就是用自己的产品和业务解决社会问题;一流的精准扶贫,每年5个亿的投入,力度很大，项目做得很实在；一流的社会责任管理，"三色文化"的提出很有创新，社会责任组织体系建设完善，尤其是华能的社会责任报告和宣传片，震撼人心，具有很强的影响力和传播力；一流的中国行现场，会场很好；一流的华能人，朴实无华，创新争优。

——中国社会科学院企业社会责任研究中心主任　钟宏武

华能人"逢先必争，逢旗必扛"，精神很让人感动，华能人非常"靠谱"地在踏实工作，履行社会责任工作。

——中国社会科学院企业社会责任研究中心副主任　王娅郦

三　中国黄金集团华泰龙公司：雪域高原，铸造黄金品质；责任为先，共建美好家园

由中国社会科学院企业社会责任研究中心发起的"分享责任中国行（2017）——西南行"活动于2017年8月5日开始黄金行的行程，调研团一行20余人来到位于我国青藏高原之巅的中国黄金集团华泰龙矿业，深入了解中国黄金集团公司在声名远播的社会责任"华泰龙模式"。

（一）雪山高峨，细云残阳金光；牧草清扬，河水炊烟牛羊

在美丽的墨竹工卡县甲玛乡深处赫然矗立着一座现代化的花园式矿山，与雪山、草场、农田相映成趣，这就是中国黄金集团西藏华泰龙矿业开发有限公司。自公司成立8年来，华泰龙公司秉承"建一座矿山，绿一片环境；扶一方经济，富一方百姓；促一方和谐，树一座丰碑"的宗旨，在资源开发、矿山建设、生产经营、科技创新、安全环保、企业文化建设等方面取得卓越成绩的同时，积极履行央企的社会责任，开创了"三方共赢"的良好

局面，赢得了社会各界的好评和赞誉，被誉为中国矿业领域在青藏高原上的一面独特的旗帜。

图20　西藏华泰龙矿区

甲玛矿区平均海拔4000多米，最高海拔超过5300米，空气含氧量只有平原的1/3。华泰龙公司1000多名员工上下一心，不畏艰难，艰苦创业，建立完善了地质资源、生产管理、企业运营、安全环保四大核心体系，构建了"横到边、纵到底"的精细化目标管理体系、企业标准化体系、定额体系和全员绩效考核体系等，高分通过了集团公司基础管理达标验收，并以生产技术为核心，以现场管理为抓手，不断完善工艺流程，促使企业经济效益逐年攀新高。截至2015年6月底，企业累计完成处理矿量916万吨、产铜59923吨、产金2178公斤、产银131727公斤，实现销售收入31.73亿元、利润5.24亿元，上缴税费5.02亿元，年纳税连续多年居西藏自治区矿山企业第1名。

（二）5300党支部——让生命禁区党旗飘扬

5300党支部以海拔命名，是国内海拔最高的企业党支部，以"挺进生命禁区、挑战生命极限、让鲜艳的党旗在世界屋脊高高飘扬"为争创目标，涌现了"雄鹰测量队"、"全国五一劳动奖章"获得者等一批先进集体和个人，被中组部命名为先进基层党组织，在雪域高原树立了一面亮丽的党建旗帜。

甲玛矿区的空气含氧量仅为平原地区的一半，即使是躺在床上不动，也相当于在平原负重 20 公斤。作为国家首个参与西藏矿业开发的中央企业，华泰龙公司担负着把甲玛铜多金属矿建成世界屋脊上一座大型现代化标杆矿山的重任，5300 党支部的党员们在完成这一任务中担任了重要角色。调研团一行在 5300 党支部住所步履小心地参观交流，减少高原反应的影响，但是支部雄鹰测量党小组的工作人员，常年工作在海拔 4300 米到 5300 米的矿区，为矿山开采提供最基础的测绘工作，被称作"矿山的眼睛"的他们平均年龄甚至不到 25 岁。

图 21　调研团一行参观 5300 党支部

（三）生态环保　绿色满高原

甲玛矿区海拔高、植被稀少、生态环境脆弱。华泰龙成立之前，落后选矿工艺留下的几座尾矿库，严重影响矿区自然环境。华泰龙公司先后投入 1.8 亿元用于尾矿环保、水循环处理、矿区绿化、土地复垦、水土保持。为确保项目建设前后矿区植被总体覆盖率基本不变，公司在修路建矿之前，总是先将各区域的草皮剥离，移植到道路两旁或边坡之上，并进行洒水养护，保持成活率在 80% 以上，使雪域高原很快就恢复原有的绿色。

图 22 雄鹰测量队队员在雪山顶峰进行勘查

图 23 中国黄金公益林工程

(四)和谐贡献 造福一方水土一方人

华泰龙公司坚持"和谐共建、造福地方"的指导思想,累计投入 1.2 亿元用于修桥铺路、兴修水利、捐资助学、慰问帮扶等。2009 年末,华泰龙公司出资 1900 万元将甲玛乡各村原有的车队收购,并垫资组织全乡 655 户 3850 名农牧民入股成立甲玛工贸有限公司,承担矿山运输工程、绿化环保等,截至 2016 年底,甲玛工贸公司累计创收 3.2 亿元,累计实现利润

图 23 中国黄金公益林工程（续）

图 24 调研团一行参观厂区环保工作成果

3258万元，甲玛乡群众自行购买的运输车辆每台车年纯收入达到15万元；同时，甲玛工贸公司已累计为甲玛乡群众八次分红1044万元，户均超过1.5万元，让世代耕种为生的农牧民群众成为企业股东。此外，全部来源于甲玛乡当地群众的甲玛工贸公司46名在岗职工，人均月工资收入也达5000元以上。"依托优势资源、构建利益共同体"的做法，不仅搭建了当地群众致富的平台，更是开创了中央企业履行社会责任、政治责任、经济责任和党建责任的新平台，构筑了民族边疆地区固边富民的坚强屏障，为自治区企地和谐共建工作发挥了示范作用。

甲玛工贸公司的参观调研是此行最大的亮点，工贸公司的成立，不仅解决了矿区当地居民的贫困问题，也积极促进了民族关系和谐，极大地提高了矿区周围居民整体的生活水平，是"社会责任华泰龙模式"的典型案例和精准扶贫工作的优秀代表。

（五）履责为先　管理为本　沟通为形

本次分享责任中国行中国黄金西藏华泰龙站的最后，华泰龙公司领导与调研团成员（包括国资委主管部门领导、中国社会科学院社会责任专家以及各大央企、外企代表和当地企业少数民族员工代表）针对社会责任工作

图25　调研团一行与甲玛工贸公司总经理旺久亲切会谈，交流工作经验

深入交流,就华泰龙公司基本情况及健康安全、绿色环保、节能减排、科技创新、和谐共建等履行央企社会责任工作,碰撞出了激烈的火花。

图26 "分享责任中国行——黄金行"调研团合影

在"社会责任华泰龙模式"在企业本地化融合、民族关系融合、环保绿化等方面的探讨与交流中,本次"分享责任中国行——黄金行"的行程画上了完美的句号,调研团成员对华泰龙公司构建和谐示范矿山富民兴藏的社会责任实践给予高度评价,赞扬"社会责任华泰龙模式"是世界屋脊上闪烁着的履责明珠。

B.9
分享责任世界行（2017）

摘　要： "分享责任世界行——全球CSR优秀企业调研"是中国社会科学院经济学部企业社会责任研究中心2015年发起的年度社会责任调研项目，旨在促进社会责任交流，发现优秀企业履行社会责任的先进经验，给予正在探索履责之路的中国企业以借鉴。

关键词： 分享责任　世界行　社会责任调研

2015年，"分享责任世界行——全球CSR优秀企业调研"首次起航。在中国社会科学院社会发展战略研究院的指导下，中国社会科学院经济学部企业社会责任研究中心组织调研团队，于2015年5月赴日本和韩国，调研了三星集团、现代汽车、松下电器等优秀跨国公司的社会责任领先实践。调研概况如表1所示。调研成果收录于《中国企业社会责任研究报告（2015）》，已于2015年11月出版发布。

表1　2015年"分享责任世界行"调研概况

编号	调研时间	调研地点	企业名称	企业性质	行业
1	5月5~12日	韩国	三星集团	跨国公司	混业
2		韩国	现代汽车	跨国公司	汽车制造业
3		日本	松下电器	跨国公司	家用电器

2016年，"分享责任世界行"调研活动继续深入开展，于2016年6月赴韩国，调研了LG化学、爱茉莉集团等优秀跨国公司的社会责任领先实

践。调研概况如表2所示。调研成果收录于《中国企业社会责任研究报告（2016）》，已于2016年11月出版发布。

表2　2016年分享责任世界行调研概况

编号	调研时间	调研地点	企业名称	企业性质	所属行业
1	6月13日	韩国	LG化学	跨国企业	石油化工业
2	6月15日	韩国	爱茉莉集团	跨国企业	日化行业

2017年，"分享责任世界行"调研活动继续深入开展，于2017年8～9月赴泰国、印度尼西亚、韩国，调研了三星集团、现代汽车集团等优秀跨国企业的社会责任领先实践。调研概况如表3所示。

表3　2017年分享责任世界行调研概况

编号	调研时间	调研地点	企业名称	企业性质	所属行业
1	8月29日～	泰国	三星泰国生产法人	跨国企业	混业
2	9月2日	印度尼西亚	三星印尼生产法人	跨国企业	混业
3	9月18日	韩国	现代汽车	跨国企业	汽车制造业

一　三星集团：跨国企业履责先锋——统一规划却富有弹性的全球社会责任战略

（一）三星集团简介

三星集团是韩国最大的企业集团，该集团包括44个下属公司及若干其他法人机构，成长为"世界最受尊敬企业"企业之一的三星集团在全世界68个国家拥有429个据点23万名员工，业务涉及电子、金融、机械、化学等众多领域。三星电子是旗下最大的子公司，是全球第二大手机生产商、全球营收最大的电子企业。

（二）行程概述

2017年8月29日～9月2日，由中国社会科学院社会责任研究中心与中国三星共同组织的"分享责任世界行（2017）——东南亚行三星站"活动正式启动，开始对泰国、印尼两个国家三星法人的本土化社会责任案例进行调研。调研团一行9人，由中国社会科学院企业社会责任研究中心主任钟宏武、中国三星副总裁方今顺、清华大学公益慈善研究院副院长邓国胜、北京工商大学企业营商环境研究中心主任郭毅、中国工业信息化部主任科员张宁宁、中国三星企业社会责任事务局高级经理孙贵峰、华润医药商业企业文化专员曾晨雨等组成。调研团主要遵循半结构式访谈的基本流程，即由调研组成员拟定访谈提纲—东道国三星项目负责人陈述阐释项目情况—调研组成员提问及项目负责人回答—项目实施地实地听取当事人汇报—调研组成员与当事人问答沟通这一基本形式。

五天多的时间里，调研团成员听取两国三星法人关于社会责任本土实践的经验介绍，深入与三星合作的学校，参观项目的实施情况。深入了解三星电子作为领先的跨国企业，是如何在不同国家和文化的背景下，积极履行社会责任，融入当地社会，并实现企业与社会共生共荣可持续发展的。

三星核心价值观

三星发展成为全球最受尊敬企业，源自三星明确的"全球企业公民战略"以及通过履行社会责任，坚持不懈进行本地化社会融入。长期以来，三星一直坚持明确的企业核心价值观，包括五个方面。①人才第一。以"企业就是人"的信念为基础，重视人才，提供机会与舞台让其尽情发挥能力。②引领变革。在不变化就无法生存的危机意识基础上，快速主动地进行变化与革新。③追求共赢。作为社会的一员，以共赢的心态，为地区、社会、国家、人类共同繁荣而努力。④正道经营。以正直的心态和诚实正派的行动，维护品德和名誉，在所有领域追求正道。⑤最高志向。以永续的激情和挑战精神，为在所有领域争当世界第一而全力以赴。在上述核心价值观的指引下，三星树立企业公民意识，坚持企业公民理念，即三星通过为全球各地的人们提供数字技术产品及服务，致力于为他们的生活带来积极的改变，帮助他们创造充满希望、更加美好的生活。

（三）三星全球企业公民项目概述

担当企业社会责任，是三星自成立之时就已确立的价值目标。在全球业务扩展的过程中，三星积极推动企业在运营地践行企业社会责任，与社会社区共同成长。

现阶段，三星应用自身的人力资源和技术提供更好的产品和服务，致力于教育、就业与社区、健康与医疗、环境保护等领域社会问题的解决，以此在全球范围内创造更加美好的社会生活。

三星在教育、就业与社区、健康与医疗、环境保护等领域制定全球企业公民行动战略，源自联合国开发计划署 UNDP 的全球愿景调查，并结合三星在信息技术、全球网络优势，以及出色运营能力等进行综合设计的结果。

联合国开发计划署 2013 年通过调查发现，民众对于全球共同的议题，其关注程度依次为：获取良好的教育（11.1%）；良好的健康医疗（10.0%）；诚信的政府（9.0%）；更好的工作机会（8.4%）；获取清洁水源（7.4%）；有营养且买得起的食物（7.2%）；暴力与犯罪（6.9%）；歧视问题（5.1%）（见表4）。

表4 联合国开发计划署2013年全球愿景调查

单位：%

全球议题	重要性	全球议题	重要性
获取良好的教育	11.1	获取清洁水源	7.4
良好的健康医疗	10.0	有营养且买得起食物	7.2
诚信的政府	9.0	暴力与犯罪	6.9
更好的工作机会	8.4	歧视问题	5.1

针对上述调研结果，三星认为，三星的核心资源与能力主要在于信息技术、医疗方案、绿色运营、全球网络等方面。结合三星自身的技术、能力优势和业务所涉及范围，三星选择了教育、健康与医疗、创造工作机会、环境保护等领域，设计并实施三星全球社会责任和企业公民战略的主

要项目。在教育方面,三星以"获取新的学习能力",通过建立"智能学校",实施"探索未来"等项目,提升受教育者获取知识的能力和认知水平;在就业与社区方面,三星通过强化职业技能训练,在"未来技术专家""分享村庄"项目中,帮助社区民众掌握实用职业技能,提升他们获得经济回报的能力;在健康与医疗方面,三星实施"新的健康关爱方案",推进"移动医疗中心""超声波学校"项目,旨在帮助运营地偏远地区民众获取更多的医疗资源,提高当地医生操作医疗设备的技能;同时,三星还将社会关爱融入自身的生产运营过程,通过负责任的产品、负责任的工厂管理、创建绿色社区等活动,保护生态环境,实现企业与运营地的共生共荣,可持续发展。

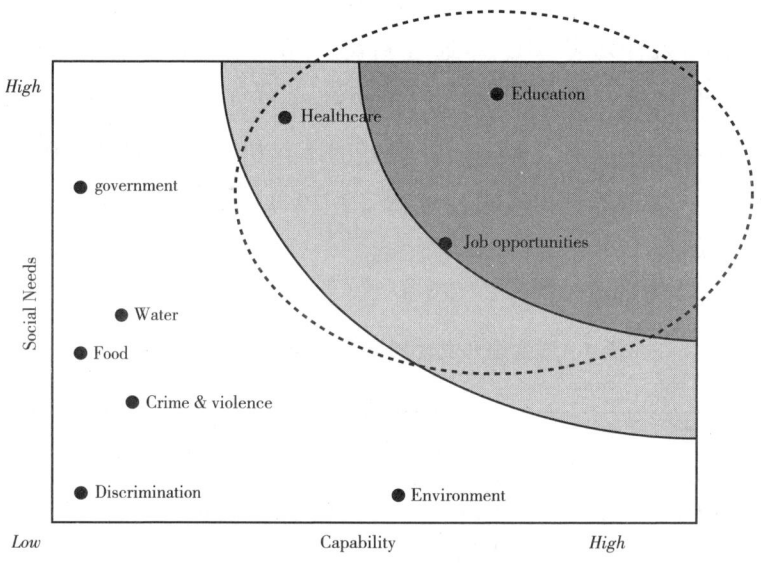

图1　三星全球企业公民行动战略领域

三星全球企业公民项目的设计理念,与全球企业社会责任运动所倡导的"以企业擅长的方式参与社会问题的解决"这一理念高度契合,将三星技术、网络和运营能力方面的特质作为重要履责资源,致力于东道国民众关注度高、与民生息息相关的重点问题的解决。

(四)三星泰国法人社会责任调研

泰国三星法人社会责任工作,实际涵盖了三星在泰国、缅甸、老挝、柬埔寨四个东南亚国家的社会责任实践。为了更加精准识别社会责任期待的国别差异,提升企业履责实践的社会绩效,三星泰国法人在项目实施之前,在四个国家进行了较大样本的问卷调查,广泛征集利益相关方的意见。根据问卷调查的结果,三星泰国法人识别出四大社会责任议题,即教育、员工发展、医疗与健康、环境保护。这些议题契合社会诉求,同时也属于三星擅长的业务范围,是三星融入当地社会、实现企业社会价值的重要方式。

1. 泰国三星法人"智能学校"项目

三星智能学校即 Smart School 项目,也是三星全球规划与国别差异化实施的典型项目。自推出以来,三星已经在全球建立了857所智能学校,项目主要针对6~16岁的少年儿童,旨在提高他们科技、文化等方面素养,帮助其更好地应用这些科学文化知识解决实际问题。目前三星智能学校的全球受益总人数已超过70万人。

智能学校由三星韩国总部制定出全球总体规划,形成指南;各个国家各个地区的三星法人可以根据具体情况,自行选择项目的对象和实施形式。

泰国三星"智能学校"项目开始于2013年,一开始就得到了当地政府和许多民间组织的支持。尽管该项目是三星总部全球五大公益计划的一个部分,但如何更好地植入泰国本土社会,是三星泰国法人在项目启动初期面临的主要问题。在不断的摸索中,三星泰国法人发现,在泰国一些初级学校的课堂教学中,存在较为严重的理论学习和实际应用的脱节,其中主要的原因在于传统课堂教学模式的固化,现代教学设备应用不足,以及实践教学场所的缺乏等。对此,三星将智能学校植入全国47所学校课堂,为学校提供三星教学设备,开设专门的三星课堂。在教学中鼓励老师和学生们将他们感兴趣的问题带入课堂,教学内容包括垃圾回收处理、泰国本土农作物种植、水产养殖、小吃制作、学校周边自然风貌和历史古迹保护等多个方面。课堂鼓励学生提出问题,引领学生们以团队协作的形式共同解决问题,并就所研究问题的经济、环境、社会价值，以及研究工作本身的可复制性和推广方式等内容展开讨论，并将知识收获与其他同学分享。

图2　调研团实地参观泰国三星"智能学校"项目

这种参与式的教学方式，改变了传统教学模式中老师与学生的相对关系模式，学生能够变被动为主动，更多地参与到课堂教学中，提高学习的主动性，而老师也相应地由单向度的课堂知识供给者，变成教学工作的组织者，发挥辅助作用；学习的场所也不局限于校园和教室，田间地头、小溪农舍、普通商铺都成为学生发现问题、学习知识的场所。更重要的是，这种教学方式贴近本土社会生活，从学生最直接、最贴近的生活情境中发现问题和解决问题，帮助学生理解自己所处的社区环境，激发了学生学习的热情。

三星认为，这类活动并不影响常态的国民教育体系，而是对其形成必要的补充。国民教育体系的教材，以及老师课堂讲授的内容，多数是基于一般性的知识；而三星智能学校所补充的是具体地域学生所处周围环境的信息知识，对于学校边上一座古建筑，所生活小镇上的一种小吃，周边农田的某种水生物的了解，针对性更强，更能激发学生们学习的兴趣，是对课堂知识的求证和深化。调研团组长、中国社会科学院经济学部企业社会责任研究中心主任钟宏武在听取老师和同学们的汇报后认为，智能学校的活动至少对学生产生四个方面的作用：第一，培养学生从小形成环境保护、历史文化遗产保护等方面的社会责任意识；第二，在实际操作中，提高了学生发现问题、解决问题的能力；第三，以团队形式共同完成项目的组织和实施，在项目中学会了协作、尊重与分享；第四，培养了独立自信的人格和自我展示、自我表达的能力。

2. 泰国三星法人 Samsung Sono School 项目

Samsung Sono School 即三星全球超声波培训学校，是三星面向全球推行的又一项公益项目，旨在发挥三星集团在超声波医疗领域的技术优势，通过全球各国三星法人向运营地提供超声波医疗设备，并与当地医院合作，对医生进行波声波知识和设备使用方法方面的培训，以此改善所在地医疗条件，提高民众健康水平。当前这一培训项目已覆盖包括中国、东南亚和非洲在内的 75 个国家。

在泰国，三星法人与朱拉医院以及 17 个学校合作，利用当地医院和学校的教学场所，面向泰国全国的医生以及缅甸、老挝、柬埔寨等国医生开展超声波医疗手段的培训。泰国不少医院的医生原先只是初步了解超声波理论，对理论如何运用于医疗实践并不知晓，也没有实际操作过超声波医疗设备。经过培训，泰国等上述四个国家的医生提升了超声波设备的操作技术，改善了医疗条件。为了帮助偏远地区的民众，三星泰国法人还配置了超声波医疗服务车，成立"移动健康中心"，深入农村和边疆地区，使偏远地区的民众也能得到很好的医疗服务。

3. 三星泰国法人志愿者服务项目

志愿者行动成为三星员工常态的公益活动项目之一。在这些国家，有 300 多名活跃的三星志愿者，从事林木种植等森林保护工作。泰国三星还与世界自然基金 WWF 合作，参与了泰国南部原始森林的野生动物保护工作。该地域是泰国第 9 世皇下令重点保护的自然区域，在维护全球生物多样性、平衡东南亚地区生态系统方面具有重要意义。

泰国三星志愿者们经常投入的另一个公益类活动，是参与各运营地中小学教学环境的美化工作。三星志愿者们经常到当地中小学,和师生们一起清理校园杂物,粉刷教室,清洗餐厅,以自身的切实行动帮助企业运营地所在社区变得更加整洁美好。

这些志愿者活动在三星泰国法人企业社会责任业务范围内的泰国、缅甸、老挝、柬埔寨四国都得到了很好的开展。三星泰国法人的企业社会责任部门负责人告诉调研团,三星志愿者们每个月投入两天的时间专门从事公益活动,志愿者们认为这是为当地社会做出贡献、体现自身社会价值的重要形式,因此参与活动的热情很高,不需要专门的动员工作。但由于志愿服务需要占用员工的工作时间,三星各业务部门的主管也会相应根据不同时段业务的紧张程度,给予员工参与志愿活动的时间建议,尽可能地维系好本职工作与志愿活动的平衡。四国的三星志愿者每年都有一次固定时间的例会,相聚分享投身于志愿服务的感受,总结经验与不足,并为下一年志愿活动的项目设计和实施行动拟定计划。

(五)三星印尼法人社会责任调研

三星在印度尼西亚电子消费品类市场中,占有较高的市场份额,例如,三星手机占有印尼智能手机市场50%以上的份额,远超苹果、华为、OPPO等其它国外手机品牌。这种显赫的销售绩效与三星在印尼的消费者认可有重要的联系,是三星长期不懈的品牌根植和社会融入努力的必然结果。三星印尼法人社会责任部门的负责人告诉调研团成员,当前在印尼的跨国企业中,也有对当地社会进行公益慈善类捐款的,但在电子电器类企业中,除三星以外进行捐款的企业较少;即使有进行捐款,也往往是一次性、简单化,目的不明确,对绩效的评估也相对粗糙。而三星在印尼持续进行了19年的市场开拓,在印尼本土社会问题的理解、社会责任项目的设计和实施、履责绩效与利益相关方沟通等方面实现了长期化、精益化。这是三星秉持"作为社会的一员,以共赢的心态,为地区社会、国家、人类的共同繁荣而努力"这一核心价值观,实现深度本土化社会融入的重要体现。

1. 三星印尼法人 TECH INSTITUTE 项目

图3 调研团实地参观三星印尼法人 TECH INSTITUTE 项目

促进就业是印尼政府当前所面临的主要压力，印尼总统也在多个场合表示，希望在印尼投资的外国企业为促进印尼民众就业做出贡献。自2013年开始，印尼三星通过与当地政府、NGO 组织和职业技术学校合作，开展"未来技术专家培训"，即 TECH INSTITUTE 职业技能培训项目，教会了许多年青人修理手机、收音机、电视、空调以及其他家用电器。这些经过培训掌握维修技能的年青人在就业市场上的竞争力明显高于未经培训的求职者。

调研团所访问的印尼中爪哇省三宝垄的 Muhammandy Weleri 职业技术学校，于2015年向三星提交合作申请。三星在长达两年的时间里，对学校的办学宗旨、办学条件、师资力量和生源状况等方面进行了细致的考察和认真的核实，于2017年批复了对这个学校的捐助计划，成为印尼三星在当地推进政府—学校—三星合作助学的示范性项目。在该项目推进过程中，三星法人、地方政府、职业学校具体明确的分工，各自承担自身的职能。

三星的角色主要是提供电器维修的技能培训，开发鼓励学生学习电器维修技术的方法，并通过对职业技术学校的老师进行 train the trainer 的针对性

图 4　调研团实地参观 Muhammandy Weleri 职业技术学校

培训,对老师的学习效果进行评判考核,让维修技术在职业学校扎根。同时,三星利用自身在印尼超过 150 多家维修店,为学生提供实习的基地,对学生的维修质量进行把控,也为优秀的学生创造未来就业的机会。当地政府的角色主要有以下几个方面:①为三星项目落地提供政策支持;②为支持该项目的各类投资提供管理;③监管项目的进程。

职业技术学校的角色:运用学校师资和教学资源,提供培训所需要的基础性知识;设置标准化的培训课程;确保培训项目的质量和学生的数量。

自培训项目开展以来,目前已有 2915 名学生毕业,其中 2113 名学生已经找到了工作,802 名学生则考入更高一级的大学学习。在参与三星培训项目之前,这些学生获得就业的可能性较小。而经过培训后,学生就业竞争力明显增强,就业机会明显增多。多数学生毕业以后,运用掌握的技能自己开店创业。

在培训项目中,三星只是进行老师技术培训等方面的工作,并不介入投资,也不提供资金。自 2014 年以来,三星因为这一培训计划在印尼的成功实施,先后获得政府、NGO、新闻媒体等多方面的各类奖项,目前主动联系三星希望进行项目合作的学校越来越多。

2. 三星印尼法人助学项目

教师是教育的根本。针对印尼一些地区教师教学技能不高、对现代教学手段掌握运用不熟练的情况，印尼三星推出了旨在帮助教师提升教学技能的培训项目。三星为偏远地区的学校捐赠电脑，并安排技术人员教会当地教师使用电脑，学会编程等技能，不仅提高了教师教学的信息化水平，也使教师可以运用所掌握的新技能服务社会，切实提高收入水平。至2016年8月，印尼已有3万多名教师参与了三星的上述培训项目，产生了广泛的社会影响。在一些培训学校的开幕式上，经常有印尼教育部长、省长等高级别行政领导参加，对三星的教师培训项目表示高度的认可。此外，三星在印尼援建了10个学校，从基础教育3~8年级，到大学教育，三星期待参与三星印尼教育计划的学员们能够学成后，成为三星的合格员工。

3. 三星印尼法人超声波学校项目

Samsung Sono School，即三星超声波学校，在印尼开展得也是如火如荼，产生了良好的社会效益。印尼现今已有1500多名医生经过超声波学校的Samsung Smart Learning Class培训，掌握了超声设备的使用技能，学会了必要的诊断技术。

4. 三星印尼法人"地球一小时"活动

依照三星总部的全球统一行动，印尼三星参与了2017年的"地球一小时"活动。印尼三星将由此次公益活动而节省的电费开支折算为现金，捐给了印尼最西部的城市巴布亚，用以改善当地民众的照明条件。巴布亚很多居民生活在海拔2000多米的山上，许多地方至今没有通电，孩子们晚上的阅读有时甚至只能依靠月光。

5. 三星印尼法人"阅读改变生活"活动

三星坚信"阅读改变生活"，希望通过实际行动，帮助印尼民众提升阅读量。为此，三星在启动Smart Library项目，旨在通过建造小型图书馆，提供阅读信息，帮助民众便捷快速地获得阅读资源。印尼三星与万隆大学等高校合作，在全国一些大型商场里植入Smart Library，希望人们在购物等间隙

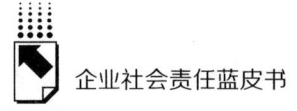

时间进行阅读，并每月定期为有共同阅读志趣和话题的人们提供聚在一起交流研讨的机会。

（六）泰国、印尼三星法人社会责任经验小结

1. 统一规划却富有弹性的全球社会责任战略

这是中国企业当前"走出去"，协调好本土化社会关系所应该着重学习的。企业社会责任是中国企业进行海外投资过程中，实现本土化管理的重要环节，企业社会责任需要投入人力、物力和财力资源，构成企业成本，因此也应该相应地评估绩效。弹性的全球社会责任战略既能保证责任行动的全球整体规划，又能够满足运营地差异化、动态化的社会责任期待，是减少履责探索成本，提高责任绩效的重要方式，值得当前中国"走出去"的大型企业学习借鉴。

2. 专职的社会责任部门及人员

在我们的调研过程中，三星泰国法人和三星印尼法人都设置了专门的社会责任部门，设置专职社会责任工作人员。社会责任部门负责韩国三星总部对接日常社会责任业务，汇报国别法人的社会责任信息，传达总部的工作要求。尽管泰国法人与印尼法人的社会责任专职人员都只有两名，但在沟通中体现出对社会责任工作较好的理解以及从事社会责任工作的职业素养。当前中国企业"走出去"过程中，较少企业设置专职的社会责任部门，社会责任工作往往由其他一些部门的工作人员兼顾，企业的本土化社会关系管理较为粗放。

3. 合理的责任议题识别机制

在总部的议题框架下，各国法人拥有较大的自主权对议题的国别落实形式进行设计。在问卷调查基础上对责任议题进行选择，在"希望三星做什么？"、"三星可以做什么？"以及"三星该怎么做？"等方面进行评判。在项目实施过程中还可以根据实际产生的新情况修正项目内容，使项目更契合实际，产生更大的综合价值。科学合理的议题设计与实施机制，同时也意味着灵活弹性的本土化关系管理能力，这能够保证社会责任项目契合

运营地差异化的社会问题，优化企业的履责资源配置。中国企业在海外履责实践中，需要改变仅是捐钱捐物的简单做法，不但应该设置专职的责任部门和员工，而且最好由本土员工负责社会责任项目的实施，这对于理解社会诉求，提升履责绩效十分重要，是一个好的社会责任项目的重要前提。

4. 多方面利益相关方参与和有效的沟通机制

泰国三星法人和印尼三星法人在社会责任项目实施过程中，都注重与当地政府、NGO、新闻媒体的合作，注重与当事人等利益相关方进行充分的沟通。这使得项目的设计实施不是三星单向度的责任行动，而体现为利益相关方的协同行动。这一方面提升了项目的透明度、公信力和影响力，另一方面，多方面利益相关方的参与，本身也是社会责任项目合理性的重要基础，是责任项目设计和实施过程的重要纠偏机制。强化与本土利益相关方的沟通与合作，也是中国企业"走出去"过程的必修课，是企业获得"社会许可"的重要环节。

5. 民族、宗教类敏感议题管理和跨文化交流

民族差异和宗教观念差异是跨文化地域区别特征最为突出的两个领域，也是跨国公司在东道国运营过程中最容易引发本土社会关系矛盾的两个主要风险点。"一带一路"国家正是民族关系、宗教关系相对复杂的地域，越来越多的失败案例提示中国企业必须充分重视民族与宗教问题的管理。三星泰国法人和三星印尼法人的本土化管理经验值得"走出去"中国企业学习借鉴。泰国是一个佛教大国，而印尼伊斯兰人口占70%以上，这两个国家的三星法人在"本土化雇用""职业发展通道"等方面，充分考虑了民族因素和宗教因素，由熟悉社区关系、习俗的本地员工担任人力资源管理职务和社会责任项目主管，充分尊重他们在民族宗教问题方面的管理意见和建议，并赋予他们在相关事务方面的决策权力。这是两个国家三星法人成功融入当地社会的重要原因，其制度、措施值得在"一带一路"国家投资的中国企业学习借鉴。

二 现代汽车集团：共建社会责任新纪元

2017年9月18日，由中国社会科学院企业社会责任研究中心指导，现代汽车（中国）投资有限公司主办，责任云社会责任机构承办的"分享责任世界行（2017）——现代汽车集团站"活动走进韩国现代汽车集团，开始了为期3天的社会责任调研。调研团一行16人来到素有"礼仪之国"之称的韩国，调研现代汽车集团的社会责任实践，深入了解现代汽车集团作为全球领先企业，是如何积极履行社会责任，实现企业与人及社会、环境的共赢发展，同时也为《中国企业社会责任报告编写指南4.0》的修订和完善汲取宝贵经验。

图5 调研团在现代汽车集团总部合影

此次世界行，调研团首先来到现代汽车韩国本部进行了社会责任交流，其后集中考察了Hyundai Card Studio Black、Hyundai Card Cooking Library、首尔的"氢电之家"项目以及位于高阳市的Hyundai Motorstudio Goyang，切实感受到现代汽车集团奉献于地区社会以及对绿色、低碳、环保出行方式所做的努力。

(一)现代汽车本部交流

18日下午,调研团与现代汽车社会责任领导和同仁就现代汽车的社会责任进行了沟通交流。会上,现代汽车集团对自身社会体系和实践进行了介绍,并分享了现代制铁和现代摩比斯的社会贡献活动。

图6　调研团与集团领导交流会现场

现代汽车集团表示,集团与子公司一起开展社会责任工作,但是每个子公司的领域不同,针对的顾客也不同,他们能达到的要求和业绩也不尽相同。如果达到最大化的效果,肯定是要做各个子公司相适应的活动。因此,像摩比斯、现代制铁等都在开展适合自己领域的相关活动。大方向是相同的,但是各个子公司都以自己的专业领域和方向开展更适合自己和更适合自己顾客的相关活动。

随行专家认为,"现代汽车不仅仅生产好的产品,更重要的是在为整个社会、为人类做贡献。现代汽车企业社会责任行动涵盖了社会的方方面面,而且做的是细致入微。第三个方面是现代汽车集团做到了有长远的规划性,为未来而着想","现代汽车不仅有自己非常鲜明的经营哲学价值、健全的企业社会责任组织体系、明确的 CSR 战略重点,项目也非常有特色。口号也是非常鲜明的,比如四个 MOVE,让我印象非常深刻"。

现代汽车集团表示,企业开展经营活动并不只是纯粹的以利润为导向,也要对社会进行回馈和帮助。如果企业以自己的业绩标准来衡量企业参与社会责任的力度,那么企业开展的社会贡献或者社会责任活动也是不真诚的。现代汽车集团在中国有现代汽车、起亚汽车共 9 个工厂,生产能力已经达到 200 万辆/年。现代汽车集团正式进入中国已经 15 个年头了,现代汽车集团在中国能发展到如此规模有政府的支持和社会的鼓励,所有投资的法人都以自己建成的业务开展各项活动,不可能因为短暂的困难,停止开展社会公益的步伐。现代汽车会继续在社会责任和公益活动进行投入,以真诚回馈中国政府和社会。

(二)参观 Hyundai Card Studio Black

第二天,调研团一行参观了位于首尔市的现代卡工作室·黑(Hyundai Card Studio Black),对于现代汽车集团如何将企业核心优势与社会贡献活动有机结合有了深入了解。

图 7　现代卡工作室·黑　交流区

工作室于2016年11月1日开业,设立了最优的方便设施和公共办公空间(Coworking Space),为创新、创业者提供品牌、营销、HR等设立公司所必须的帮助。随着讲解员的介绍,调研团参观了现代卡工作室多个功能区,了解到现代卡不仅为初创公司的创业者们提供最优的办公、休闲设施和环境,也会定期或不定期召开对接会,帮助初创公司寻找最佳的合作方;同时,创业者们也为现代卡的发展提出诸多良好建议,形成良性互动与发展。

图8　调研团在讲解员的讲解中了解工作室

结束对工作室的参观后,现代卡相关负责人为调研团详细介绍了现代卡的社会贡献活动重点领域,其独有的社会责任理念令调研团一行印象深刻。与国内许多企业单独设立CSR部门不同,现代卡的CSR不设立单独的企业社会责任部门,而是选取最符合项目需求的业务部门,采用项目经理负责制,业务部门可以发挥自身专长开展CSR项目,项目成果将计入员工个人工作KPI。目前,现代卡的主要CSR领域主要集中在公共设施、传统集市改造等方面。

接下来,调研团来到位于首尔市江南区的现代卡厨艺图书馆(Hyundai Card Cooking Library)。不同于其他同类公司,现代卡希望通过文化空间和文化活动使顾客以及潜在客户对的品牌产生深刻印象,为此,除了此次调研

图 9　改造前的松汀驿市场

图 10　改造后的松汀驿市场

团参观的厨艺图书馆外,现代卡还建设了包括设计图书馆、音乐图书馆和旅行图书馆在内共 4 个类型的图书馆,旨在为都市人群提供暂时放下快节奏的生活、享受和激发全新生活品味的空间。

(三)参观氢动力小屋

早在 2013 年,现代汽车集团就将氢气作为汽车燃料,成为全球首家成功开发并投入量产氢燃料汽车的汽车厂商。氢燃料电池车是以氢气与空气中的氧气在结合的过程中产生的能量为动力运作的汽车，不排放包括二氧化碳等温室气体在内的任何有害物质，唯一排放物是纯净水，是完全的无公害汽车。目前在首尔，可供应普通市民的加氢站有2个，未来现代汽车集团还将与政府合作，在2025年建成200个加氢站。

图11　陈列来自世界各地香料的"原料屋"

氢燃料电池车产生的电能源除了可以成为车辆行驶的动力来源外，还可以成为普通家庭的动力能源，供应家庭用电。为促进大众对氢能源的理解、提高接受度，现代汽车集团与韩国首尔市市政府在汝矣岛汉江公园附筹办建成了近70平方米规模的"氢电之家"，打造出利用氢能源自行生产电力的环保型未来氢气社会。

步入"氢电之家"，通过分发的手持式显示器，在增强现实（AR）技术的指引下，参观者可以直观地了解到氢燃料电池车在未来无污染城市体系中的运作原理，看到电能的产生及输送过程，以及作为氢燃料电池车的原料空气和排放物水的动态循环过程。其中，在"氢燃料电池车发电体验"项目中可以直观地看到氢燃料电池车产生的电量供应着房屋。

图 12　氢能源汽车正在为"氢电小屋"供电

图 13　AR 设备可以模拟氢能源汽车的内部构造

"停在外面的 3 辆现代氢燃料电池车每辆车 1 小时可提供 10 千瓦能量,能够为体验空间的 5 台空调、电视、风扇、搅拌机,还有在展示空间常年运作的电子设备提供所需的电量",展厅讲解员告诉记者。在"无公害(Zero Emission)汽车体验"项目,可以了解只排出水和电的氢燃料电池车的特点,以及吸收并过滤大气微尘的氢燃料电池车空气清净功能。"通过氢燃料电池车特别安装的空气过滤装置,1 辆车运行 1 小时,可以产生 2 个人 1 天

图 14　观察现代汽车新时代氢燃料电池车的结构

呼吸的干净空气的量",该讲解员说道。在接下来的"未来氢气社会体验"项目中,氢燃料电池车排出的水,可以供应展厅厨房用水,并能让动物安全饮用。据悉,"氢电之家"已于 2017 年 8 月 17 号正式开馆,并将免费开放至 11 月 17 日。

(四)Hyundai Motorstudio Goyang

现代汽车为了让更多的消费者更深入了解与认同自家品牌与产品,在世界各地打造 Hyundai Motorstudio 文化中心,继之前的韩国首尔(2014 年 5 月)、莫斯科(2015 年)、中国河南省(2016 年 9 月)之后,现代汽车在首尔高阳市打造出全韩国最大规模的 Motorstudio,并于 2017 年 4 月 8 日正式开幕。

在 Hyundai Motorstudio Goyang 常设展示牌与主题展示品,在这些展品中,你可以看、听、摸、感受汽车生产的过程,还可看到各种主题故事,例如现代汽车的最新车型和 WRC 赛车,带给你不同的有趣体验。在这里,你还可以看到以汽车配件为题材的艺术作品 Loop,感受从钢卷中伸出的钢轨所传达的对可持续价值的意志。

在由安全气囊形成的隧道上,可以学到守护驾乘人员安全的安全气囊原理。为生产更加安全的汽车、为搭载尖端技术、为保护驾乘人员而进行的汽

图15 现代汽车高阳汽车文化中心全景

图16 文化中心展厅

车碰撞测试影片,可以让你了解不断进化的汽车安全技术。

高阳文化中心为我们展示了一个充满创新、灵感、艺术与可持续价值的现代汽车。此次调研活动也让各个调研团成员受益匪浅。

进入中国十多年来,现代汽车集团始终秉承可持续的发展理念,致力承担起所肩负的社会责任,积极参与环保、慈善、体育、教育和文化等各项公

图 17　艺术作品 Loop

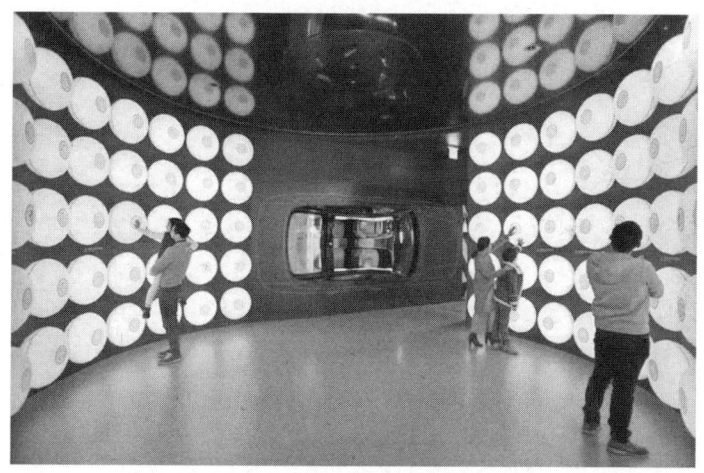

图 18　安全气囊隧道

益事业和活动，建立了由"Green Move（共护绿色）"、"Safe Move（共建安全）"、"Happy Move（共献关爱）""和"Dream Move（共筑梦想）"四大板块构成的社会贡献活动体系。通过开展荒漠化治理、儿童交通安全教育、关爱留守儿童等一系列公益活动，持续深化集团公益体系，全面贡献于当地社会发展，在"携手共创更好未来"愿景的指引下不断前行。

图 19　汽车碰撞测试

图 20　调研团实地参与高阳文化中心

附 录

Appendix

B.10 附录一：中国企业300强社会责任发展指数（2017）

单位：分

2017年排名	2016年排名	2015年排名	企业名称	企业性质	所属行业	责任管理	市场责任	社会责任	环境责任	综合得分	星级
1	6	7	华润（集团）有限公司	中央企业	混业（电力生产业；酒精及饮料酒制造业；房地产业）	92.5	96.7	97.5	100.0	96.8	★★★★★

续表

2017年排名	2016年排名	2015年排名	企业名称	企业性质	所属行业	责任管理	市场责任	社会责任	环境责任	综合得分	星级
2	2	2	中国华电集团公司	中央企业	电力生产业	100.0	86.7	97.5	100.0	95.3	★★★★★
3	8	4	中国华能集团公司	中央企业	电力生产业	92.5	86.7	100.0	91.0	92.5	★★★★★
4	4	5	三星(中国)投资有限公司	外资企业	混业(电子产品及电子元件制造业;通信设备制造业)	92.5	85.0	100.0	91.0	92.0	★★★★★
5	5	9	中国石油化工集团公司	中央企业	石油和天然气采业与加工业	92.5	91.7	92.5	91.0	91.9	★★★★★
6	12	11	中国建材集团有限责任公司	中央企业	非金属矿物制品业	92.5	80.0	97.5	100.0	91.8	★★★★★
7	1	3	中国南方电网有限责任公司	中央企业	电力供应业	92.5	93.3	87.5	87.0	91.6	★★★★★
8	10	27	现代汽车(中国)投资有限公司	外资企业	交通运输设备制造业	87.5	86.7	92.5	100.0	91.4	★★★★★
9	9	8	华为投资控股股份有限公司	民营企业	通信设备制造业	100.0	83.3	85.0	100.0	90.8	★★★★★
10	53	49	国家开发投资公司	中央企业	混业(电力生产业;证券期货业及其他金融服务业)	82.5	86.7	95.0	96.0	90.2	★★★★★
11	11	10	阿里巴巴集团控股有限公司	民营企业	互联网服务业	92.5	96.7	80.0	91.0	89.9	★★★★★
12	34	22	中国铝业公司	中央企业	混业(金属冶炼及压延加工业;一般采矿业;批发贸易业)	60.0	96.7	95.0	100.0	89.6	★★★★★
13	14	16	东风汽车公司	中央企业	交通运输设备制造业	92.5	86.7	85.0	96.0	89.4	★★★★★
14	18	13	中国黄金集团公司	中央企业	一般采矿业	72.5	93.3	87.5	100.0	89.0	★★★★★
15	21	17	中国民生银行股份有限公司	民营企业	银行业	92.5	90.0	90.0	82.0	88.7	★★★★★

附录一：中国企业300强社会责任发展指数（2017）

续表

2017年排名	2016年排名	2015年排名	企业名称	企业性质	所属行业	责任管理	市场责任	社会责任	环境责任	综合得分	星级
16	22	29	中国电力建设集团有限公司	中央企业	混业（建筑业；机械设备制造业）	85.0	91.7	85.0	91.0	88.3	★★★★★
17	17	19	LG中国	外资企业	混业（电子产品及电子元件制造业；家用电器制造业）	70.0	96.7	85.0	96.0	87.9	★★★★★
18	13	14	神华集团有限责任公司	中央企业	煤炭开采与洗选业	92.5	83.3	90.0	86.0	87.6	★★★★★
19	18	20	中国电子信息产业集团有限公司	中央企业	电子产品及电子元件制造业	92.5	80.0	85.0	96.0	87.4	★★★★★
20	3	1	中国移动通信集团公司	中央企业	通信服务业	87.5	76.7	87.5	100.0	87.0	★★★★★
21	7	6	中国建筑股份有限公司	中央企业	建筑业	92.5	91.7	95.0	64.0	86.7	★★★★★
22	18	12	英特尔（中国）有限公司	外资企业	电子产品及电子元件制造业	87.5	83.3	90.0	86.0	86.6	★★★★★
23	25	29	松下电器(中国)有限公司	外资企业	混业（电子产品及电子元件制造业；家用电器制造业）	82.5	78.3	90.0	95.0	86.1	★★★★★
24	24	25	中国节能环保集团公司	中央企业	一般制造业	100.0	86.7	77.5	82.0	85.7	★★★★★
25	30	32	中国交通建设股份有限公司	中央企业	建筑业	92.5	81.7	90.0	78.0	85.4	★★★★★
26	29	43	台达（中国）	外资企业	电子产品及电子元件制造业	85.0	76.7	90.0	91.0	85.2	★★★★★
27	36	38	中国第一汽车集团公司	中央企业	交通运输设备制造业	82.5	93.3	80.0	82.0	84.9	★★★★★
28	16	18	中国海洋石油总公司	中央企业	石油和天然气开采业与加工业	52.5	90.0	90.0	100.0	84.7	★★★★★
29	48	61	中国旅游集团公司	中央企业	旅游业	77.5	93.3	92.5	69.0	84.6	★★★★★
30	32	33	浦项（中国）投资有限公司	外资企业	金属冶炼及压延加工业	67.5	73.3	95.0	100.0	84.1	★★★★★

续表

2017年排名	2016年排名	2015年排名	企业名称	企业性质	所属行业	责任管理	市场责任	社会责任	环境责任	综合得分	星级
31	33	43	佳能（中国）有限公司	外资企业	混业（电子产品及电子元件制造业；计算机及相关设备制造业；计算机服务业）	92.5	63.3	87.5	100.0	84.0	★★★★
32	37	40	招商局集团有限公司	中央企业	混业（交通运输服务业；房地产开发业；银行业）	80.0	83.3	85.0	87.0	83.9	★★★★
33	50	70	新兴际华集团有限公司	中央企业	金属冶炼及压延加工业	70.0	80.0	85.0	100.0	83.8	★★★★
34	68	—	TCL集团股份有限公司	民营企业	家用电器制造业	65.0	80.0	87.5	100.0	83.5	★★★★
34	26	209	中国有色矿业集团有限公司	中央企业	混业（一般采矿业；金属冶炼及压延加工业；建筑业）	87.5	83.3	85.0	78.0	83.5	★★★★
36	—	—	中国中煤能源集团有限公司	中央企业	煤炭开采与洗选业	100.0	66.7	90.0	82.0	83.2	★★★★
37	31	26	中国联合网络通信集团有限公司	中央企业	通信服务业	95.0	96.7	87.5	46.0	82.6	★★★★
38	—	—	中国长江三峡集团公司	中央企业	电力生产业	92.5	66.7	92.5	82.0	82.4	★★★★
39	23	23	中国电信集团公司	中央企业	通信服务业	72.5	86.7	87.5	78.0	82.2	★★★★
40	45	—	北京控股集团有限公司	国有企业	混业	92.5	75.0	82.5	82.0	82.1	★★★★
41	15	15	国家电网公司	中央企业	电力供应业	82.5	93.3	82.5	64.0	81.7	★★★★
41	46	55	太原钢铁（集团）有限公司	国有企业	金属冶炼及压延加工业	87.5	71.7	95.0	73.0	81.7	★★★★
43	38	35	上海汽车集团股份有限公司	国有企业	交通运输设备制造业	77.5	86.7	77.5	78.0	80.4	★★★★

续表

2017年排名	2016年排名	2015年排名	企业名称	企业性质	所属行业	责任管理	市场责任	社会责任	环境责任	综合得分	星级
44	—	—	中国盐业总公司	中央企业	食品饮料业	75.0	83.3	75.0	86.0	79.9	★★★★
45	145	81	内蒙古伊利实业集团股份有限公司	民营企业	食品饮料业	85.0	83.3	90.0	55.0	79.3	★★★★
46	47	73	海航集团有限公司	民营企业	交通运输服务业	100.0	55.0	82.5	87.0	78.7	★★★★
47	34	21	中国五矿集团公司	中央企业	混业（一般采矿业；批发贸易业；金属冶炼及压延加工业）	92.5	75.0	80.0	69.0	78.6	★★★★
48	40	46	中兴通讯股份有限公司	民营企业	通信设备制造业	72.5	93.3	77.5	63.0	78.1	★★★★
49	42	64	交通银行股份有限公司	国有金融企业	银行业	92.5	76.7	77.5	64.0	77.3	★★★★
50	27	36	中国机械工业集团有限公司	中央企业	混业（机械设备制造业；建筑业；批发贸易业）	80.0	86.7	72.5	64.0	76.4	★★★★
51	54	67	浙江吉利控股集团有限公司	民营企业	交通运输设备制造业	92.5	73.3	77.5	63.0	76.1	★★★★
52	66	48	中国东方航空集团公司	中央企业	交通运输服务业	67.5	78.3	80.0	73.0	75.5	★★★★
53	64	105	中国人民保险集团股份有限公司	国有金融企业	保险业	87.5	76.7	65.0	73.0	74.8	★★★★
54	59	103	比亚迪股份有限公司	民营企业	交通运输设备制造业	75.0	91.7	57.5	73.0	74.7	★★★★
55	247	132	扬子江药业集团有限公司	民营企业	医药生物制造业	50.0	73.3	92.5	73.0	74.0	★★★★
56	70	159	中国铁建股份有限公司	中央企业	建筑业	55.0	83.3	85.0	64.0	73.9	★★★★
57	51	91	中国平安保险（集团）股份有限公司	民营企业	保险业	72.5	86.7	75.0	55.0	73.6	★★★★

续表

2017年排名	2016年排名	2015年排名	企业名称	企业性质	所属行业	责任管理	市场责任	社会责任	环境责任	综合得分	星级
57	52	59	万科企业股份有限公司	民营企业	房地产开发业	65.0	85.0	75.0	64.0	73.6	★★★★
59	71	116	中国农业银行股份有限公司	国有金融企业	银行业	87.5	76.7	62.5	69.0	73.2	★★★★
60	65	80	中国大唐集团公司	中央企业	电力生产业	92.5	58.3	77.5	69.0	72.9	★★★★
61	84	175	鞍钢集团公司	中央企业	金属冶炼及压延加工业	75.0	85.0	70.0	55.0	72.2	★★★★
62	44	39	中国石油天然气集团公司	中央企业	石油和天然气开采业与加工业	90.0	80.0	77.5	36.0	71.6	★★★★
63	63	72	中国工商银行股份有限公司	国有金融企业	银行业	92.5	60.0	60.0	82.0	71.3	★★★★
64	67	97	上海电气集团股份有限公司	国有企业	机械设备制造业	30.0	80.0	85.0	78.0	71.0	★★★★
65	88	37	国家电力投资集团公司	中央企业	电力生产业	77.5	56.7	80.0	68.0	69.9	★★★★
66	105	88	海晏集团有限公司	民营企业	混业（金属制品业；房地产开发业）	62.5	88.3	72.5	41.0	68.3	★★★★
67	69	42	丰田汽车（中国）投资有限公司	外资企业	交通运输设备制造业	60.0	46.7	82.5	87.0	68.2	★★★★
68	—	—	上海浦东发展银行股份有限公司	国有金融企业	银行业	72.5	73.3	77.5	45.0	68.1	★★★★
69	71	43	中国南方航空集团公司	中央企业	交通运输服务业	77.5	63.3	72.5	59.0	67.8	★★★★
70	75	58	广州汽车集团股份有限公司	国有企业	交通运输设备制造业	70.0	65.0	67.5	69.0	67.6	★★★★
71	82	47	中国国电集团公司	中央企业	电力生产业	82.5	81.7	75.0	23.0	67.1	★★★★

附录一：中国企业300强社会责任发展指数（2017）

续表

2017年排名	2016年排名	2015年排名	企业名称	企业性质	所属行业	责任管理	市场责任	社会责任	环境责任	综合得分	星级
72	—	—	广东温氏食品集团股份有限公司	民营企业	农林牧渔业	47.5	90.0	62.5	59.0	67.0	★★★
73	83	99	中国太平洋保险（集团）股份有限公司	国有金融企业	保险业	92.5	66.7	62.5	46.0	66.1	★★★
74	60	54	中粮集团有限公司	中央企业	混业（食品饮料业；房地产开发业；批发贸易业）	72.5	66.7	67.5	50.0	64.4	★★★
75	—	—	上海医药集团股份有限公司	国有企业	医药生物制造业	57.5	70.0	75.0	49.0	64.3	★★★
76	146	—	超威集团	民营企业	电子产品及电子元件制造业	55.0	86.7	70.0	32.0	63.6	★★★
77	102	114	中国银行股份有限公司	国有金融企业	银行业	60.0	66.7	60.0	64.0	62.9	★★★
77	96	173	中国中铁股份有限公司	中央企业	建筑业	57.5	68.3	60.0	64.0	62.9	★★★
79	86	50	中国中化集团有限公司	中央企业	工业化学品制造业	70.0	58.3	72.5	50.0	62.8	★★★
80	117	—	万洲国际有限公司	民营企业	食品饮料业	45.0	60.0	57.5	86.0	62.0	★★★
80	86	—	陕西煤业化工集团有限责任公司	国有企业	煤炭开采与洗选业	70.0	40.0	75.0	68.0	62.0	★★★
82	95	—	铜陵有色金属集团控股有限公司	国有企业	一般采矿业	30.0	66.7	85.0	55.0	61.9	★★★
82	80	75	兴业银行股份有限公司	民营企业	银行业	67.5	63.3	47.5	73.0	61.9	★★★
84	135	69	联想控股股份有限公司	民营企业	电子产品及电子元件制造业	50.0	63.3	82.5	41.0	61.1	★★★
85	144	148	北京汽车集团有限公司	国有企业	交通运输设备制造业	30.0	75.0	65.0	64.0	60.8	★★★

续表

2017年排名	2016年排名	2015年排名	企业名称	企业性质	所属行业	责任管理	市场责任	社会责任	环境责任	综合得分	星级
86	139	128	中国恒大集团	民营企业	房地产开发业	72.5	50.0	67.5	55.0	60.5	★★★★
87	274	220	唯品会(中国)有限公司	民营企业	零售业	62.5	45.0	67.5	69.0	60.1	★★★★
88	78	—	台积电(中国)有限公司	外资企业	电子产品及电子元件制造业	62.5	68.3	65.0	36.0	59.1	★★★
88	108	96	巴斯夫(中国)有限公司	外资企业	工业化学品制造业	42.5	61.7	65.0	63.0	59.1	★★★
90	141	156	苹果公司	外资企业	电子产品及电子元件制造业	75.0	60.0	55.0	46.0	58.5	★★★
91	—	—	山西潞安矿业(集团)有限责任公司	国有企业	煤炭开采与洗选业	25.0	63.3	47.5	91.0	57.3	★★★
92	112	164	本田中国投资有限公司	外资企业	交通运输设备制造业	72.5	43.3	50.0	69.0	56.7	★★★
93	85	95	国际商业机器(中国)有限公司	外资企业	混业(互联网服务业;电子产品及电子元件制造业)	82.5	35.0	62.5	55.0	56.6	★★★
94	89	57	中国中车股份有限公司	中央企业	交通运输设备制造业	55.0	55.0	60.0	55.0	56.4	★★★
94	98	52	河钢集团有限公司	国有企业	金属冶炼及压延加工业	47.5	50.0	67.5	59.0	56.4	★★★
96	172	151	上海建工集团股份有限公司	国有企业	建筑业	37.5	65.0	75.0	36.0	55.9	★★★
97	99	106	麦德龙(中国)	外资企业	零售业	82.5	40.0	42.5	69.0	55.6	★★★
98	165	268	首钢集团有限公司	国有企业	金属冶炼及压延加工业	22.5	60.0	75.0	54.0	55.4	★★★
99	101	—	中国保利集团公司	中央企业	混业(房地产开发业;文化娱乐业;一般服务业)	52.5	40.0	72.5	55.0	54.9	★★★
100	100	99	中国建设银行股份有限公司	国有金融企业	银行业	70.0	60.0	55.0	32.0	54.4	★★★

附录一：中国企业300强社会责任发展指数（2017）

续表

2017年排名	2016年排名	2015年排名	企业名称	企业性质	所属行业	责任管理	市场责任	社会责任	环境责任	综合得分	星级
101	92	—	北京银行股份有限公司	国有金融企业	银行业	42.5	70.0	57.5	37.0	53.7	★★★
102	—	—	华夏幸福基业股份有限公司	民营企业	房地产开发业	52.5	55.0	65.0	36.0	53.1	★★★
103	—	—	广州富力地产股份有限公司	民营企业	房地产开发业	35.0	70.0	55.0	41.0	52.4	★★★
104	122	—	长江和记实业有限公司	外资企业	混业（交通运输服务业；通信服务业；零售业等）	65.0	45.0	72.5	23.0	51.9	★★★
105	118	85	美的集团股份有限公司	民营企业	家用电器制造业	42.5	56.7	50.0	55.0	51.6	★★★
106	160	204	物产中大集团股份有限公司	国有企业	批发贸易业	30.0	61.7	62.5	37.0	50.1	★★★
107	148	—	光明食品（集团）有限公司	国有企业	食品饮料业	27.5	43.3	70.0	54.0	50.0	★★★
108	—	—	中国航空集团公司	中央企业	交通运输服务业	50.0	36.7	57.5	55.0	49.2	★★★
109	—	—	阳光保险集团股份有限公司	民营企业	保险业	55.0	60.0	45.0	32.0	48.6	★★★
110	103	152	普利司通（中国）投资有限公司	外资企业	工业化学品制造业	82.5	23.3	37.5	64.0	48.1	★★★
111	—	—	九州通医药集团股份有限公司	民营企业	批发贸易业	30.0	71.7	62.5	14.0	48.1	★★★
112	258	236	中国航空油料集团公司	中央企业	批发贸易业	65.0	25.0	70.0	36.0	48.0	★★★
113	—	—	大同煤矿集团有限责任公司	国有企业	煤炭开采与洗选业	50.0	38.3	60.0	41.0	47.3	★★★

续表

2017年排名	2016年排名	2015年排名	企业名称	企业性质	所属行业	责任管理	市场责任	社会责任	环境责任	综合得分	星级
114	208	82	腾讯控股有限公司	民营企业	互联网服务业	37.5	53.3	60.0	28.0	46.5	★★★
115	138	120	碧桂园控股有限公司	民营企业	房地产开发业	42.5	36.7	60.0	46.0	46.4	★★★
116	111	109	雅戈尔集团股份有限公司	民营企业	混业（服装鞋帽制造业；房地产开发业）	42.5	53.3	47.5	36.0	45.7	★★★
117	191	208	可口可乐（中国）饮料有限公司	外资企业	食品饮料业	42.5	33.3	67.5	37.0	45.5	★★★
118	96	74	日立（中国）有限公司	外资企业	混业（机械设备制造业；计算机及相关设备制造业；家用电器制造业）	47.5	50.0	42.5	37.0	44.5	★★★
118	158	34	中国医药集团总公司	中央企业	医药生物制造业	22.5	41.7	55.0	55.0	44.5	★★★
120	115	118	汇丰银行（中国）有限公司	外资企业	银行业	25.0	33.3	57.5	60.0	44.3	★★★
121	—	—	亨通集团有限公司	民营企业	混业（电子产品及电子元件制造业；基金等其他金融业）	37.5	43.3	55.0	36.0	43.8	★★★
122	80	50	天能电池集团有限公司	民营企业	电子产品及电子元件制造业	25.0	43.3	60.0	36.0	42.7	★★★
123	—	—	厦门国贸控股集团有限公司	国有企业	混业（房地产开发；证券期货基金及其他金融服务业；一般制造业）	32.5	46.7	65.0	14.0	41.8	★★★
124	210	263	沃尔玛（中国）投资有限公司	外资企业	零售业	37.5	41.7	37.5	51.0	41.7	★★★
125	76	83	日产(中国)投资有限公司	外资企业	交通运输设备制造业	45.0	73.3	22.5	18.0	41.3	★★★

附录一：中国企业300强社会责任发展指数（2017）

续表

2017年排名	2016年排名	2015年排名	企业名称	企业性质	所属行业	责任管理	市场责任	社会责任	环境责任	综合得分	星级
126	202	101	百度股份有限公司	民营企业	互联网服务业	62.5	25.0	42.5	37.0	40.0	★★★
127	41	76	索尼（中国）有限公司	外资企业	混业（电子产品及电子元件制造业；家用电器制造业）	27.5	40.0	45.0	41.0	39.1	★★
128	—	—	厦门建发集团有限公司	国有企业	混业（房地产开发业；酒店业）	15.0	43.3	75.0	9.0	39.0	★★
129	128	233	国美电器有限公司	民营企业	零售业	37.5	30.0	37.5	51.0	38.2	★★
130	91	78	海尔集团有限公司	民营企业	家用电器制造业	10.0	41.7	40.0	55.0	37.8	★★
131	—	—	开滦（集团）有限责任公司	国有企业	煤炭开采与洗选业	50.0	16.7	55.0	32.0	37.4	★★
132	—	—	山东京博控股股份有限公司	民营企业	石油和天然气开采业与加工业	10.0	40.0	67.5	18.0	36.9	★★
133	186	145	雀巢中国	外资企业	食品饮料业	10.0	63.3	27.5	36.0	36.6	★★
134	221	172	BP中国	外资企业	石油和天然气开采业与加工业	10.0	33.3	47.5	50.0	36.3	★★
135	123	112	新华人寿保险股份有限公司	国有金融企业	保险业	32.5	40.0	45.0	19.0	35.3	★★
136	—	—	中国宝武钢铁集团有限公司	中央企业	金属冶炼及压延加工业	10.0	36.7	37.5	50.0	34.5	★★
137	116	188	江西铜业集团公司	国有企业	一般采矿业	47.5	40.0	35.0	14.0	34.4	★★
138	205	214	江苏沙钢集团有限公司	民营企业	金属冶炼及压延加工业	15.0	40.0	22.5	59.0	34.3	★★
139	174	173	中天钢铁集团有限公司	民营企业	金属冶炼及压延加工业	10.0	33.3	30.0	59.0	33.4	★★
140	132	131	花旗银行（中国）有限公司	外资企业	银行业	50.0	10.0	42.5	32.0	31.9	★★
141	143	133	西门子中国	外资企业	机械设备制造业	10.0	31.7	25.0	60.0	31.7	★★

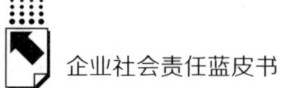

续表

2017年排名	2016年排名	2015年排名	企业名称	企业性质	所属行业	责任管理	市场责任	社会责任	环境责任	综合得分	星级
142	178	167	大连万达集团股份有限公司	民营企业	房地产开发业	10.0	30.0	55.0	18.0	30.4	★★
143	176	178	通用汽车（中国）	外资企业	交通运输设备制造业	22.5	46.7	12.5	37.0	30.1	★★
144	134	182	恒力集团有限公司	民营企业	混业（工业化学品制造业；纺织业）	10.0	28.3	37.5	41.0	30.0	★★
144	—	—	新城控股集团股份有限公司	民营企业	房地产开发业	10.0	46.7	50.0	0.0	30.0	★★
146	—	—	美亚财产保险有限公司	外资企业	保险业	50.0	50.0	15.0	0.0	29.2	★★
147	—	—	山西焦煤集团有限责任公司	国有企业	煤炭开采与洗选业	0.0	40.0	37.5	27.0	28.4	★★
148	147	—	山东能源集团有限公司	国有企业	煤炭开采与洗选业	10.0	33.3	42.5	18.0	27.9	★★
149	—	—	阳泉煤业（集团）有限责任公司	国有企业	煤炭开采与洗选业	0.0	30.0	45.0	27.0	27.5	★★
150	—	—	雪松控股集团有限公司	民营企业	一般服务业	40.0	21.7	30.0	19.0	27.1	★★
151	130	133	福特汽车（中国）有限公司	外资企业	交通运输设备制造业	47.5	20.0	15.0	32.0	26.7	★★
152	137	159	永旺（中国）投资有限公司	外资企业	零售业	30.0	23.3	30.0	23.0	26.5	★★
153	93	94	陕西延长石油（集团）有限责任公司	国有企业	石油和天然气开采业与加工业	25.0	10.0	37.5	32.0	25.5	★★
153	60	102	中国化工集团公司	中央企业	工业化学品制造业	15.0	30.0	20.0	36.0	25.5	★★
154	203	187	埃克森美孚	外资企业	石油和天然气开采业与加工业	22.5	16.7	15.0	50.0	24.7	★★

附录一：中国企业300强社会责任发展指数（2017）

续表

2017年排名	2016年排名	2015年排名	企业名称	企业性质	所属行业	责任管理	市场责任	社会责任	环境责任	综合得分	星级
156	163	205	GE中国	外资企业	混业（机械设备制造业；家用电器制造业；电子产品及电子元件制造业）	10.0	26.7	25.0	32.0	24.0	★★
156	151	145	家乐福（中国）	外资企业	零售业	25.0	16.7	7.5	54.0	24.0	★★
158	215	170	富士康科技集团	外资企业	电子产品及电子元件制造业	10.0	0.0	35.0	55.0	23.9	★★
159	191	219	大众汽车集团（中国）	外资企业	交通运输设备制造业	22.5	18.3	35.0	18.0	23.8	★★
160	—	—	和硕联合科技股份有限公司	外资企业	混业（电子产品及电子元件制造业；计算机及相关支设备制造业）	32.5	20.0	25.0	18.0	23.5	★★
161	225	215	中国诚通控股集团有限公司	中央企业	混业（批发贸易业；造纸业；交通运输服务业）	52.5	10.0	20.0	18.0	23.1	★★
162	—	—	山西晋城无烟煤矿业集团有限责任公司	国有企业	煤炭开采与洗选业	0.0	30.0	25.0	32.0	23.0	★★
163	133	130	辉瑞中国	外资企业	医药生物制造业	30.0	28.3	30.0	0.0	22.9	★★
164	—	—	青山控股集团有限公司	民营企业	金属冶炼及压延加工业	0.0	11.7	35.0	41.0	22.3	★★
165	162	177	新疆广汇实业投资（集团）有限责任公司	民营企业	混业（煤炭开采与洗选业；一般采矿业；房地产开发业）	10.0	10.0	35.0	32.0	21.8	★★
166	178	283	中国中信集团有限公司	国有金融企业	混业（银行业；证券期货基金及其他金融服务业；房地产开发业）	15.0	20.0	30.0	18.0	21.4	★★
167	167	—	修正药业集团	民营企业	医药生物制造业	10.0	50.0	15.0	0.0	21.2	★★
168	135	140	红豆集团有限公司	民营企业	服装鞋帽制造业	27.5	10.0	30.0	18.0	20.9	★★
169	169	190	通威集团有限公司	民营企业	食品饮料业	10.0	6.7	30.0	36.0	20.3	★★

续表

2017年排名	2016年排名	2015年排名	企业名称	企业性质	所属行业	责任管理	市场责任	社会责任	环境责任	综合得分	星级
170	198	268	三胞集团有限公司	民营企业	混业(零售业;房地产开发业)	10.0	18.3	20.0	32.0	20.1	★★
171	—	—	万达控股集团有限公司	民营企业	石油和天然气开采业与加工业	10.0	33.3	27.5	0.0	19.7	★
172	153	—	四川省宜宾五粮液集团有限公司	国有企业	酒精及饮料酒制造业	10.0	30.0	22.5	9.0	19.3	★
173	—	—	摩根大通中国	外资企业	证券、期货、基金等其他金融业	10.0	33.3	25.0	0.0	19.0	★
174	119	150	宝洁(中国)有限公司	外资企业	日用化学品制造业	17.5	16.7	22.5	18.0	18.8	★
174	266	275	北京建龙重工集团有限公司	民营企业	混业(金属冶炼及压延加工业;一般采矿业)	10.0	21.7	22.5	18.0	18.8	★
176	90	79	中国人寿保险(集团)公司	国有金融企业	保险业	10.0	30.0	27.5	0.0	18.7	★
177	286	183	浙江荣盛控股集团股份有限公司	民营企业	混业(工业化学品制造业;房地产开发业)	10.0	10.0	27.5	27.0	18.6	★
178	183	123	新华联集团有限公司	民营企业	混业(房地产开发业;工业化学品制造业)	15.0	16.7	22.5	18.0	18.3	★
179	—	—	中融新大集团有限公司	民营企业	批发贸易业	15.0	30.0	15.0	9.0	18.2	★
180	105	265	博世(中国)投资有限公司	外资企业	交通运输设备制造业	10.0	10.0	37.5	9.0	17.5	★
181	189	125	3M中国有限公司	外资企业	医药生物制造业	22.5	16.7	10.0	23.0	17.4	★
181	—	—	安赛乐米塔尔中国	外资企业	金属冶炼及压延加工业	22.5	13.3	17.5	18.0	17.4	★
183	—	—	深圳市怡亚通供应链股份有限公司	民营企业	一般服务业	5.0	36.7	15.0	5.0	17.3	★

附录一：中国企业300强社会责任发展指数（2017）

续表

2017年排名	2016年排名	2015年排名	企业名称	企业性质	所属行业	责任管理	市场责任	社会责任	环境责任	综合得分	星级
184	153	165	绿地控股集团股份有限公司	国有企业	房地产开发业	10.0	38.3	12.5	0.0	17.0	★
185	214	178	联合利华（中国）有限公司	外资企业	混合业（日用化学品制造业；食品饮料业）	15.0	26.7	10.0	14.0	16.9	★
186	—	—	Engie中国	外资企业	石油和天然气开采业与加工业	10.0	16.7	27.5	9.0	16.7	★
186	—	—	河北津西钢铁集团股份有限公司	民营企业	金属冶炼及压延加工业	10.0	10.0	27.5	18.0	16.7	★
188	150	211	任友商事（中国）有限公司	外资企业	批发贸易业	25.0	0.0	15.0	32.0	16.2	★
189	—	—	戴尔（中国）有限公司	外资企业	计算机服务业	27.5	10.0	12.5	18.0	16.0	★
190	218	186	壳牌（中国）有限公司	外资企业	石油和天然气开采业与加工业	22.5	10.0	15.0	18.0	15.7	★
191	27	216	中国能源建设集团有限公司	中央企业	建筑业	22.5	6.7	32.5	0.0	15.6	★
192	—	—	天津荣程祥泰投资控股集团有限公司	民营企业	金属冶炼及压延加工业	10.0	16.7	22.5	9.0	15.3	★
193	170	211	三一集团有限公司	民营企业	机械设备制造业	10.0	30.0	7.5	9.0	15.1	★
194	—	—	空中客车中国有限公司	外资企业	交通运输设备制造业	0.0	16.7	7.5	36.0	15.0	★
195	284	220	京东集团	民营企业	互联网服务业	0.0	38.3	12.5	0.0	15.0	★
196	—	—	山东大海集团有限公司	民营企业	机械设备制造业	10.0	0.0	27.5	23.0	14.8	★
197	—	—	盾安控股集团有限公司	民营企业	机械设备制造业	10.0	3.3	27.5	18.0	14.7	★
198	241	225	大商集团有限公司	民营企业	零售业	0.0	11.7	32.5	9.0	14.6	★

续表

2017年排名	2016年排名	2015年排名	企业名称	企业性质	所属行业	责任管理	市场责任	社会责任	环境责任	综合得分	星级
199	222	139	百事(中国)投资有限公司	外资企业	食品饮料业	10.0	0.0	37.5	9.0	14.5	★
200	152	124	ABB(中国)有限公司	外资企业	机械设备制造业	15.0	0.0	25.0	18.0	14.0	★
201	210	217	波音中国	外资企业	交通运输设备制造业	27.5	10.0	5.0	18.0	13.9	★
202	—	—	盛虹控股集团有限公司	民营企业	工业化学品制造业	25.0	10.0	20.0	0.0	13.6	★
203	238	—	苏宁控股集团有限公司	民营企业	混业(零售业;房地产业;互联网业)	22.5	6.7	25.0	0.0	13.5	★
204	196	181	宝马中国	外资企业	交通运输设备制造业	0.0	26.7	12.5	9.0	13.4	★
205	—	—	稻花香集团	民营企业	食品饮料业	0.0	16.7	30.0	0.0	13.4	★
206	188	241	中国邮政集团公司	国有企业	交通运输服务业	0.0	30.0	15.0	0.0	13.2	★
207	266	247	高盛(中国)	外资企业	证券,期货,基金等其他金融业	15.0	23.3	10.0	0.0	12.8	★
207	274	144	泰康保险集团股份有限公司	民营企业	保险业	15.0	23.3	10.0	0.0	12.8	★
209	—	—	正邦集团有限公司	民营企业	农林牧渔业	0.0	28.3	15.0	0.0	12.7	★
210	—	—	法国巴黎银行(中国)有限公司	外资企业	银行业	10.0	16.7	20.0	0.0	12.6	★
210	127	211	中国通用技术(集团)控股有限责任公司	中央企业	混业(机械设备制造业;医药生物制造业;批发贸易)	17.5	0.0	32.5	0.0	12.6	★
212	—	—	深圳市大生农业集团有限公司	民营企业	农林牧渔业	22.5	10.0	17.5	0.0	12.4	★
212	—	—	腾邦集团有限公司	民营企业	计算机服务业	10.0	6.7	30.0	0.0	12.4	★

附录一：中国企业300强社会责任发展指数（2017）

续表

2017年排名	2016年排名	2015年排名	企业名称	企业性质	所属行业	责任管理	市场责任	社会责任	环境责任	综合得分	星级
212	190	—	中国华信能源有限公司	民营企业	批发贸易业	10.0	6.7	30.0	0.0	12.4	★
215	155	127	杭州娃哈哈集团有限公司	民营企业	食品饮料业	15.0	10.0	22.5	0.0	12.3	★
215	—	—	银亿集团有限公司	民营企业	批发贸易业	10.0	6.7	22.5	9.0	12.3	★
217	—	—	罗氏中国	外资企业	医药生物制造业	15.0	10.0	15.0	9.0	12.2	★
218	266	230	正威国际集团有限公司	民营企业	混业（金属冶炼及压延加工业；电子产品及电子元件制造业）	22.5	6.7	20.0	0.0	12.1	★
219	—	—	西安迈科金属国际集团有限公司	民营企业	批发贸易业	15.0	11.7	12.5	9.0	12.0	★
220	183	236	海澜集团有限公司	民营企业	服装鞋帽制造业	10.0	11.7	22.5	0.0	11.8	★
221	215	158	新希望集团有限公司	民营企业	混业（食品饮料业；工业化学品）	15.0	15.0	15.0	0.0	11.7	★
222	238	—	苏宁环球集团工程有限公司	民营企业	房地产开发业	15.0	0.0	30.0	0.0	11.4	★
223	129	201	中国化学工程集团公司	中央企业	建筑业	15.0	6.7	22.5	0.0	11.3	★
224	76	142	强生（中国）投资有限公司	外资企业	混业（医药生物制造业；日用化学品制造业）	10.0	16.7	15.0	0.0	11.2	★
225	238	129	道达尔中国	外资企业	石油和天然气采业与加工业	10.0	0.0	10.0	27.0	10.7	★
225	—	—	杭州锦江集团有限公司	民营企业	金属冶炼及压延加工业	10.0	6.7	20.0	14.0	10.7	★
227	178	169	拜耳（中国）	外资企业	混业（医药生物制造业；工业化学品制造业）	15.0	6.7	20.0	0.0	10.6	★
228	213	258	奥克斯集团有限公司	民营企业	家用电器制造业	10.0	11.7	17.5	0.0	10.4	★

续表

2017年排名	2016年排名	2015年排名	企业名称	企业性质	所属行业	责任管理	市场责任	社会责任	环境责任	综合得分	星级
228	167	197	东岭集团股份有限公司	民营企业	混业（批发贸易业；金属冶炼及压延加工业；一般采矿业）	10.0	11.7	17.5	0.0	10.4	★
230	230	195	埃森哲（中国）有限公司	外资企业	一般服务业	10.0	0.0	15.0	18.0	10.2	★
231	238	—	康德乐中国	外资企业	批发贸易业	15.0	0.0	25.0	0.0	10.0	★
232	—	—	中南控股集团有限公司	民营企业	房地产开发业	10.0	11.7	15.0	0.0	9.7	★
233	—	—	安邦保险集团股份有限公司	民营企业	保险业	15.0	10.0	12.5	0.0	9.5	★
233	—	—	深圳市爱施德股份有限公司	民营企业	批发贸易业	12.5	11.7	12.5	0.0	9.5	★
233	206	—	百威英博中国	外资企业	食品饮料业	10.0	0.0	12.5	18.0	9.5	★
233	—	—	新奥集团股份有限公司	民营企业	燃气的生产和供应业	15.0	0.0	5.0	23.0	9.2	★
237	219	260	三菱商事（中国）有限公司	外资企业	批发贸易业	15.0	0.0	15.0	9.0	9.2	★
238	258	—	四川长虹电子集团有限公司	国有企业	家用电器制造业	0.0	10.0	15.0	9.0	9.1	★
239	198	—	泰森食品中国	外资企业	食品饮料业	0.0	10.0	7.5	18.0	8.9	★
240	224	230	微软中国	外资企业	互联网服务业	22.5	10.0	5.0	0.0	8.5	★
241	248	280	山东魏桥创业集团有限公司	民营企业	纺织业	0.0	28.3	0.0	0.0	8.5	★
242	—	—	华泰集团有限公司	民营企业	造纸及纸制品业	15.0	6.7	5.0	9.0	8.4	★
243	249	255	中天控股集团有限公司	民营企业	混业（建筑业；房地产开发业）	0.0	0.0	22.5	9.0	8.3	★

附录一：中国企业300强社会责任发展指数（2017）

续表

2017年排名	2016年排名	2015年排名	企业名称	企业性质	所属行业	责任管理	市场责任	社会责任	环境责任	综合得分	星级
244	—	—	埃尼中国	外资企业	石油和天然气开采业与加工业	10.0	6.7	15.0	0.0	8.2	★
244	286	248	浙江恒逸集团有限公司	民营企业	工业化学品制造业	10.0	6.7	15.0	0.0	8.2	★
246	203	258	广厦控股集团有限公司	民营企业	混业（建筑业；房地产开发业）	15.0	0.0	17.5	0.0	7.9	★
247	198	196	沃尔沃（中国）投资有限公司	外资企业	交通运输设备制造业	12.5	10.0	7.5	0.0	7.6	★
247	225	—	雪佛龙中国能源公司	外资企业	石油和天然气开采业与加工业	10.0	0.0	20.0	0.0	7.6	★
247	219	241	英国葛兰素史克（中国）投资有限公司	外资企业	医药生物制造业	10.0	0.0	20.0	0.0	7.6	★
247	—	—	上海均和集团	民营企业	混业	10.0	11.7	7.5	0.0	7.6	★
251	—	—	力拓中国	外资企业	一般采矿业	12.5	0.0	17.5	0.0	7.4	★
252	177	163	诺华中国	外资企业	医药生物制造业	15.0	6.7	7.5	0.0	7.1	★
253	243	199	SK中国	外资企业	石油和天然气开采业与加工业	10.0	0.0	17.5	0.0	6.9	★
254	191	178	思科中国	外资企业	通信设备制造业	5.0	10.0	10.0	0.0	6.8	★
255	—	—	中国光大集团股份有限公司	国有金融企业	混业（银行业；证券期货基金及其他金融服务业）	10.0	0.0	2.5	18.0	6.7	★
256	235	250	邦吉公司	外资企业	食品饮料业,农林牧渔业	22.5	6.7	0.0	0.0	6.5	★
257	—	—	宁夏天元锰业有限公司	民营企业	金属冶炼及压延加工业	0.0	10.0	5.0	9.0	6.4	★
258	—	—	赛诺菲中国	外资企业	医药生物制造业	10.0	11.7	2.5	0.0	6.2	★
259	227	—	天津中环电子信息集团有限公司	国有企业	电子产品及电子元件制造业	0.0	11.7	2.5	9.0	6.2	★

续表

2017年排名	2016年排名	2015年排名	企业名称	企业性质	所属行业	责任管理	市场责任	社会责任	环境责任	综合得分	星级
260	266	251	亚马逊中国	外资企业	零售业	10.0	6.7	7.5	0.0	6.1	★
261	—	—	远大物产集团有限公司	民营企业	批发贸易业	0.0	11.7	7.5	0.0	5.6	★
262	206	233	摩根士丹利中国	外资企业	证券、期货、基金等其他金融业	0.0	0.0	12.5	9.0	5.5	★
263	—	—	DHL中国	外资企业	一般服务业	10.0	0.0	5.0	9.0	5.4	★
264	—	—	德电（中国）	外资企业	电信服务业	15.0	0.0	7.5	0.0	5.1	★
264	—	233	阳光金控投资集团有限公司	民营企业	证券、期货、基金等其他金融业	15.0	0.0	7.5	0.0	5.1	★
266	194	—	江阴澄星实业集团有限公司	民营企业	工业化学品制造业	0.0	16.7	0.0	0.0	5.0	★
267	243	66	冀中能源集团有限责任公司	国有企业	煤炭开采与洗选业	0.0	0.0	17.5	0.0	4.9	★
268	261	233	百联集团有限公司	国有企业	零售业	15.0	6.7	10.0	0.0	4.8	★
269	286	260	乐购中国	外资企业	零售业	15.0	0.0	5.0	0.0	4.4	★
270	243	270	天津物产集团有限公司	国有企业	批发贸易业	0.0	0.0	15.0	0.0	4.2	★
270	264	289	中国太平洋建设集团有限公司	民营企业	建筑业	0.0	0.0	15.0	0.0	4.2	★
272	—	—	南通三建控股（集团）有限公司	民营企业	房地产开发业	10.0	0.0	7.5	0.0	4.1	★
272	149	192	卡特彼勒（中国）投资有限公司	外资企业	机械设备制造业	0.0	0.0	7.5	9.0	4.1	★

企业社会责任蓝皮书

附录一：中国企业300强社会责任发展指数（2017）

续表

2017年排名	2016年排名	2015年排名	企业名称	企业性质	所属行业	责任管理	市场责任	社会责任	环境责任	综合得分	星级
274	274	240	三井物产（中国）有限公司	外资企业	混业（金属制品业；机械设备制造业）	20.0	0.0	0.0	0.0	4.0	★
274	217	185	陶氏化学（中国）有限公司	外资企业	工业化学品制造业	10.0	6.7	0.0	0.0	4.0	★
276	263	—	中国远洋海运集团有限公司	中央企业	交通运输服务业	15.0	0.0	2.5	0.0	3.7	★
277	—	—	山东东明石化集团有限公司	民营企业	石油和天然气开采业与加工业	0.0	0.0	12.5	0.0	3.5	★
278	—	—	蒂森克虏伯（中国）投资有限公司	外资企业	一般采矿业	10.0	0.0	5.0	0.0	3.4	★
279	—	—	科创控股集团有限公司	民营企业	医药生物制造业	5.0	0.0	7.5	0.0	3.1	★
280	261	—	慧与（中国）有限公司	外资企业	电子产品及电子元件制造业	15.0	0.0	0.0	0.0	3.0	★
280	258	289	联邦快递（中国）有限公司	外资企业	交通运输服务业	0.0	10.0	0.0	0.0	3.0	★
280	—	276	中国惠普有限公司	外资企业	电子产品及电子元件制造业	10.0	3.3	0.0	0.0	3.0	★
283	—	—	NTT通信系统（中国）有限公司	外资企业	通信服务业	0.0	6.7	0.0	0.0	2.0	★
283	280	294	Seven & I 控股有限公司	外资企业	零售业	10.0	0.0	0.0	0.0	2.0	★
283	257	252	欧尚（中国）投资有限公司	外资企业	零售业	10.0	0.0	0.0	0.0	2.0	★
286	286	—	戴姆勒中国	外资企业	交通运输设备制造业	0.0	0.0	5.0	0.0	1.4	★
286	286	294	铃木（中国）投资有限公司	外资企业	交通运输设备制造业	0.0	0.0	5.0	0.0	1.4	★
286	285	293	河北新华联合冶金控股集团有限公司	民营企业	金属冶炼及压延加工业	0.0	0.0	5.0	0.0	1.4	★

续表

2017年排名	2016年排名	2015年排名	企业名称	企业性质	所属行业	责任管理	市场责任	社会责任	环境责任	综合得分	星级
289	266	199	法国兴业银行（中国）有限公司	外资企业	银行业	0.0	3.3	0.0	0.0	1.0	★
290	—	—	亚邦投资控股集团有限公司	民营企业		0.0	0.0	2.5	0.0	0.7	★
291	286	—	华特迪士尼（中国）有限公司	外资企业	混业（旅游业；文化娱乐业）	0.0	0.0	0.0	0.0	0.0	★
291	280	287	甲骨文（中国）	外资企业	互联网服务业	0.0	0.0	0.0	0.0	0.0	★
291	—	—	来宝集团	外资企业	批发贸易业	0.0	0.0	0.0	0.0	0.0	★
291	286	294	联合技术	外资企业	交通运输设备制造业	0.0	0.0	0.0	0.0	0.0	★
291	279	292	耐克体育（中国）有限公司	外资企业	服装鞋帽制造业	0.0	0.0	0.0	0.0	0.0	★
291	286	279	软银中国资本	外资企业	证券、期货、基金等其他金融业	0.0	0.0	0.0	0.0	0.0	★
291	—	—	怡和集团	外资企业	交通运输设备制造业	0.0	0.0	0.0	0.0	0.0	★
291	—	—	济宁如意投资有限公司	民营企业	工业化学品制造业	0.0	0.0	0.0	0.0	0.0	★
291	—	—	利华益集团股份有限公司	民营企业	石油和天然气开采业与加工业	0.0	0.0	0.0	0.0	0.0	★
291	—	—	新疆特变电工集团有限公司	民营企业	机械设备制造业	0.0	0.0	0.0	0.0	0.0	★

附录二：中国国有企业100强社会责任发展指数（2017）

B.11

单位：分

2017年排名	企业名称	企业性质	所属行业	责任管理	市场责任	社会责任	环境责任	综合得分	星级
★★★★★（32家）									
1	华润（集团）有限公司	中央企业	混业（电力生产业；酒精及饮料酒制造业；房地产业）	92.5	96.7	97.5	100.0	96.8	★★★★★
2	中国华电集团公司	中央企业	电力生产业	100.0	86.7	97.5	100.0	95.3	★★★★★
3	中国华能集团公司	中央企业	电力生产业	92.5	86.7	100.0	91.0	92.5	★★★★★
4	中国石油化工集团公司	中央企业	石油和天然气开采业与加工业	92.5	91.7	92.5	91.0	91.9	★★★★★
5	中国建材集团有限公司	中央企业	非金属矿物制品业	92.5	80.0	97.5	100.0	91.8	★★★★★
6	中国南方电网有限责任公司	中央企业	电力供应业	92.5	93.3	87.5	87.0	91.6	★★★★★
7	国家开发投资公司	中央企业	混业（电力生产业；煤炭开采与洗选业；证券期货基金及其他金融服务业）	82.5	86.7	95.0	96.0	90.2	★★★★★
8	中国铝业公司	中央企业	混业（金属冶炼及压延加工业；一般采矿业；批发贸易业）	60.0	96.7	95.0	100.0	89.6	★★★★★
9	东风汽车公司	中央企业	交通运输设备制造业	92.5	86.7	85.0	96.0	89.4	★★★★★

续表

2017年排名	企业名称	企业性质	所属行业	责任管理	市场责任	社会责任	环境责任	综合得分	星级
10	中国黄金集团公司	中央企业	一般采矿业	72.5	93.3	87.5	100.0	89.0	★★★★
11	中国电力建设集团有限公司	中央企业	混业（建筑业；机械设备制造业）	85.0	91.7	85.0	91.0	88.3	★★★★
12	神华集团有限责任公司	中央企业	煤炭开采与洗选业	92.5	83.3	90.0	86.0	87.6	★★★★
13	中国电子信息产业集团有限公司	中央企业	电子产品及电子元件制造业	92.5	80.0	85.0	96.0	87.4	★★★★
14	中国移动通信集团公司	中央企业	通信服务业	87.5	76.7	87.5	100.0	87.0	★★★★
15	中国建筑股份有限公司	中央企业	建筑业	92.5	91.7	95.0	64.0	86.7	★★★★
16	中国节能环保集团有限公司	中央企业	一般制造业	100.0	86.7	77.5	82.0	85.7	★★★★
17	中国交通建设股份有限公司	中央企业	建筑业	92.5	81.7	90.0	78.0	85.4	★★★★
18	中国第一汽车集团公司	中央企业	交通运输设备制造业	82.5	93.3	80.0	82.0	84.9	★★★★
19	中国海洋石油总公司	中央企业	石油和天然气开采与加工业	52.5	90.0	90.0	100.0	84.7	★★★★
20	中国旅游集团公司	中央企业	旅游业	77.5	93.3	92.5	69.0	84.6	★★★★
21	招商局集团有限公司	中央企业	混业（交通运输服务业；房地产开发业；银行业）	80.0	83.3	85.0	87.0	83.9	★★★★
22	新兴际华集团有限公司	中央企业	金属冶炼及压延加工业	70.0	80.0	85.0	100.0	83.8	★★★★
23	中国有色矿业集团有限公司	中央企业	混业（一般采矿业；金属冶炼及压延加工业；建筑业）	87.5	83.3	85.0	78.0	83.5	★★★★

附录二：中国国有企业100强社会责任发展指数（2017）

续表

2017年排名	企业名称	企业性质	所属行业	责任管理	市场责任	社会责任	环境责任	综合得分	星级
24	中国中煤能源集团有限公司	中央企业	煤炭开采与洗选业	100.0	66.7	90.0	82.0	83.2	★★★★★
25	中国联合网络通信集团有限公司	中央企业	通信服务业	95.0	96.7	87.5	46.0	82.6	★★★★★
26	中国长江三峡集团公司	中央企业	电力生产业	92.5	66.7	92.5	82.0	82.4	★★★★★
27	中国电信集团公司	中央企业	通信服务业	72.5	86.7	87.5	78.0	82.2	★★★★★
28	北京控股集团有限公司	国有企业	混业	92.5	75.0	82.5	82.0	82.1	★★★★★
29	国家电网公司	中央企业	电力供应业	82.5	93.3	82.5	64.0	81.7	★★★★★
29	太原钢铁（集团）有限公司	国有企业	金属冶炼及压延加工业	87.5	71.7	95.0	73.0	81.7	★★★★★
31	上海汽车集团股份有限公司	国有企业	交通运输设备制造业	77.5	86.7	77.5	78.0	80.4	★★★★★
★★★（26）									
32	中国盐业总公司	中央企业	食品饮料业	75.0	83.3	75.0	86.0	79.9	★★★★
33	中国五矿集团公司	中央企业	混业（一般采矿业；批发贸易业；金属冶炼及压延加工业）	92.5	75.0	80.0	69.0	78.6	★★★★
34	交通银行股份有限公司	国有金融企业	银行业	92.5	76.7	77.5	64.0	77.3	★★★★
35	中国机械工业集团有限公司	中央企业	混业（机械设备制造业；建筑业；批发贸易业）	80.0	86.7	72.5	64.0	76.4	★★★★
36	中国东方航空集团公司	中央企业	交通运输服务业	67.5	78.3	80.0	73.0	75.5	★★★★
37	中国人民保险集团股份有限公司	国有金融企业	保险业	87.5	76.7	65.0	73.0	74.8	★★★★

续表

2017年排名	企业名称	企业性质	所属行业	责任管理	市场责任	社会责任	环境责任	综合得分	星级
38	中国铁建股份有限公司	中央企业	建筑业	55.0	83.3	85.0	64.0	73.9	★★★★
39	中国农业银行股份有限公司	国有金融企业	银行业	87.5	76.7	62.5	69.0	73.2	★★★★
40	中国大唐集团公司	中央企业	电力生产业	92.5	58.3	77.5	69.0	72.9	★★★★
41	鞍钢集团公司	中央企业	金属冶炼及压延加工业	75.0	85.0	70.0	55.0	72.2	★★★★
42	中国石油天然气集团公司	中央企业	石油和天然气开采业与加工业	90.0	80.0	77.5	36.0	71.6	★★★★
43	中国工商银行股份有限公司	国有金融企业	银行业	92.5	60.0	60.0	82.0	71.3	★★★★
44	上海电气集团股份有限公司	国有企业	机械设备制造业	30.0	80.0	85.0	78.0	71.0	★★★★
45	国家电力投资集团公司	中央企业	电力生产业	77.5	56.7	80.0	68.0	69.9	★★★★
46	上海浦东发展银行股份有限公司	国有金融企业	银行业	72.5	73.3	77.5	45.0	68.1	★★★★
47	中国南方航空集团公司	中央企业	交通运输服务业	77.5	63.3	72.5	59.0	67.8	★★★★
48	广州汽车集团股份有限公司	国有企业	交通运输设备制造业	70.0	65.0	67.5	69.0	67.6	★★★★
49	中国国电集团公司	中央企业	电力生产业	82.5	81.7	75.0	23.0	67.1	★★★★
50	中国太平洋保险（集团）股份有限公司	国有金融企业	保险业	92.5	66.7	62.5	46.0	66.1	★★★★
51	中粮集团有限公司	中央企业	混业（食品饮料业；房地产开发业；批发贸易业）	72.5	66.7	67.5	50.0	64.4	★★★★
52	上海医药集团股份有限公司	国有企业	医药生物制造业	57.5	70.0	75.0	49.0	64.3	★★★★

附录二：中国国有企业100强社会责任发展指数（2017）

续表

2017年排名	企业名称	企业性质	所属行业	责任管理	市场责任	社会责任	环境责任	综合得分	星级
53	中国银行股份有限公司	国有金融企业	银行业	60.0	66.7	60.0	64.0	62.9	★★★★
53	中国中铁股份有限公司	中央企业	建筑业	57.5	68.3	60.0	64.0	62.9	★★★★
55	中国中化集团公司	中央企业	工业化学品制造业	70.0	58.3	72.5	50.0	62.8	★★★★
56	陕西煤业化工集团有限责任公司	国有企业	煤炭开采与洗选业	70.0	40.0	75.0	68.0	62.0	★★★★
57	铜陵有色金属集团控股有限公司	国有企业	一般采矿业	30.0	66.7	85.0	55.0	61.9	★★★★
58	北京汽车集团有限公司	国有企业	交通运输设备制造业	30.0	75.0	65.0	64.0	60.8	★★★★

★★★（15）

2017年排名	企业名称	企业性质	所属行业	责任管理	市场责任	社会责任	环境责任	综合得分	星级
59	山西潞安矿业（集团）有限责任公司	国有企业	煤炭开采与洗选业	25.0	63.3	47.5	91.0	57.3	★★★
60	中国中车股份有限公司	中央企业	交通运输设备制造业	55.0	55.0	60.0	55.0	56.4	★★★
60	河钢集团有限公司	国有企业	金属冶炼及压延加工业	47.5	50.0	67.5	59.0	56.4	★★★
62	上海建工集团股份有限公司	国有企业	建筑业	37.5	65.0	75.0	36.0	55.9	★★★
63	首钢集团有限公司	国有企业	金属冶炼及压延加工业	22.5	60.0	75.0	54.0	55.4	★★★
64	中国保利集团公司	中央企业	混业（房地产开发；文化娱乐业；一般服务业）	52.5	40.0	72.5	55.0	54.9	★★★
65	中国建设银行股份有限公司	国有金融企业	银行业	70.0	60.0	55.0	32.0	54.4	★★★

续表

2017年排名	企业名称	企业性质	所属行业	责任管理	市场责任	社会责任	环境责任	综合得分	星级
66	北京银行股份有限公司	国有金融企业	银行业	42.5	70.0	57.5	37.0	53.7	★★★
67	物产中大集团股份有限公司	国有企业	批发贸易业	30.0	61.7	62.5	37.0	50.1	★★★
68	光明食品(集团)有限公司	国有企业	食品饮料业	27.5	43.3	70.0	54.0	50.0	★★★
69	中国航空集团公司	中央企业	交通运输服务业	50.0	36.7	57.5	55.0	49.2	★★★
70	中国航空油料集团公司	中央企业	批发贸易业	65.0	25.0	70.0	36.0	48.0	★★★
71	大同煤矿集团有限责任公司	国有企业	煤炭开采与洗选业	50.0	38.3	60.0	41.0	47.3	★★★
72	中国医药集团总公司	中央企业	医药生物制造业	22.5	41.7	55.0	55.0	44.5	★★★
73	厦门国贸控股集团有限公司	国有企业	混业(房地产开发;证券期货基金及其他金融服务业;一般制造业)	32.5	46.7	65.0	14.0	41.8	★★★

★★(13)

2017年排名	企业名称	企业性质	所属行业	责任管理	市场责任	社会责任	环境责任	综合得分	星级
74	厦门建发集团有限公司	国有企业	混业(房地产开发业;酒店业)	15.0	43.3	75.0	9.0	39.0	★★
75	开滦(集团)有限责任公司	国有企业	煤炭开采与洗选业	50.0	16.7	55.0	32.0	37.4	★★
76	新华人寿保险股份有限公司	国有金融企业	保险业	32.5	40.0	45.0	19.0	35.3	★★
77	中国宝武钢铁集团有限公司	中央企业	金属冶炼及压延加工业	10.0	36.7	37.5	50.0	34.5	★★
78	江西铜业集团公司	国有企业	一般采矿业	47.5	40.0	35.0	14.0	34.4	★★
79	山西焦煤集团有限责任公司	国有企业	煤炭开采与洗选业	0.0	40.0	37.5	27.0	28.4	★★
80	山东能源集团有限公司	国有企业	煤炭开采与洗选业	10.0	33.3	42.5	18.0	27.9	★★

附录二：中国国有企业100强社会责任发展指数（2017）

续表

2017年排名	企业名称	企业性质	所属行业	责任管理	市场责任	社会责任	环境责任	综合得分	星级
81	阳泉煤业（集团）有限责任公司	国有企业	煤炭开采与洗选业	0.0	30.0	45.0	27.0	27.5	★★
82	陕西延长石油（集团）有限责任公司	国有企业	石油和天然气开采业与加工业	25.0	10.0	37.5	32.0	25.5	★★
82	中国化工集团公司	中央企业	工业化学品制造业	15.0	30.0	20.0	36.0	25.5	★★
84	中国诚通控股集团有限公司	中央企业	混业（批发贸易业；造纸业；交通运输服务）	52.5	10.0	20.0	18.0	23.1	★★
85	山西晋城无烟煤矿业集团有限责任公司	国有企业	煤炭开采与洗选业	0.0	30.0	25.0	32.0	23.0	★★
86	中国中信集团有限公司	国有金融企业	混业（银行业；证券期货基金及其他金融服务业；房地产开发业）	15.0	20.0	30.0	18.0	21.4	★★
★（14）									
87	四川省宜宾五粮液集团有限公司	国有企业	酒精及饮料酒制造业	10.0	30.0	22.5	9.0	19.3	★
88	中国人寿保险（集团）公司	国有金融企业	保险业	10.0	30.0	27.5	0.0	18.7	★
89	绿地控股集团股份有限公司	国有企业	房地产开发业	10.0	38.3	12.5	0.0	17.0	★
90	中国能源建设集团有限公司	中央企业	建筑业	22.5	6.7	32.5	0.0	15.6	★
91	中国邮政集团公司	国有企业	交通运输服务业	0.0	30.0	15.0	0.0	13.2	★
92	中国通用技术（集团）控股有限责任公司	中央企业	混业（机械设备制造业；医药生物制造业；批发贸易业）	17.5	0.0	32.5	0.0	12.6	★

续表

2017年排名	企业名称	企业性质	所属行业	责任管理	市场责任	社会责任	环境责任	综合得分	星级
93	中国化学工程集团公司	中央企业	建筑业	15.0	6.7	22.5	0.0	11.3	★
94	四川长虹电子集团有限公司	国有企业	家用电器制造业	0.0	10.0	15.0	9.0	9.2	★
95	中国光大集团股份有限公司	国有金融企业	混业（银行业；证券期货基金及其他金融服务业）	10.0	0.0	2.5	18.0	6.7	★
96	天津中环电子信息集团有限公司	国有企业	电子产品及电子元件制造业	0.0	11.7	2.5	9.0	6.2	★
97	冀中能源集团有限责任公司	国有企业	煤炭开采与洗选业	0.0	0.0	17.5	0.0	4.9	★
98	百联集团有限公司	国有企业	零售业	0.0	6.7	10.0	0.0	4.8	★
99	天津物产集团有限公司	国有企业	批发贸易业	0.0	0.0	15.0	0.0	4.2	★
100	中国远洋海运集团有限公司	中央企业	交通运输服务业	15.0	0.0	2.5	0.0	3.7	★

附录三：中国民营企业100强社会责任发展指数（2017）

B.12

单位：分

2017年排名	企业名称	所属行业	责任管理	市场责任	社会责任	环境责任	综合得分	星级
★★★★★（4家）								
1	华为投资控股有限公司	通信设备制造业	100.0	83.3	85.0	100.0	90.8	★★★★★
2	阿里巴巴集团控股有限公司	互联网服务业	92.5	96.7	80.0	91.0	89.9	★★★★★
3	中国民生银行股份有限公司	银行业	92.5	90.0	90.0	82.0	88.7	★★★★★
4	TCL集团股份有限公司	家用电器制造业	65.0	80.0	87.5	100.0	83.5	★★★★★
★★★★（16家）								
5	内蒙古伊利实业集团股份有限公司	食品饮料业	85.0	83.3	90.0	55.0	79.3	★★★★
6	海航集团有限公司	交通运输服务业	100.0	55.0	82.5	87.0	78.7	★★★★
7	中兴通讯股份有限公司	通信设备制造业	72.5	93.3	77.5	63.0	78.1	★★★★
8	浙江吉利控股集团有限公司	交通运输设备制造业	92.5	73.3	77.5	63.0	76.1	★★★★
9	比亚迪股份有限公司	交通运输设备制造业	75.0	91.7	57.5	73.0	74.7	★★★★
10	扬子江药业集团有限公司	医药生物制造业	50.0	73.3	92.5	73.0	74.0	★★★★
11	中国平安保险（集团）股份有限公司	保险业	72.5	86.7	75.0	55.0	73.6	★★★★

295

续表

2017年排名	企业名称	所属行业	责任管理	市场责任	社会责任	环境责任	综合得分	星级
11	万科企业股份有限公司	房地产开发业	65.0	85.0	75.0	64.0	73.6	★★★★
13	海亮集团有限公司	混业（金属制品业；房地产开发业）	62.5	88.3	72.5	41.0	68.3	★★★★
14	广东温氏食品集团股份有限公司	农林牧渔业	47.5	90.0	62.5	59.0	67.0	★★★★
15	超威集团	电子产品及电子元件制造业	55.0	86.7	70.0	32.0	63.6	★★★★
16	万洲国际有限公司	食品饮料业	45.0	60.0	57.5	86.0	62.0	★★★★
17	兴业银行股份有限公司	银行业	67.5	63.3	47.5	73.0	61.9	★★★★
18	联想控股股份有限公司	电子产品及电子元件制造业	50.0	63.3	82.5	41.0	61.1	★★★★
19	中国恒大集团	房地产开发业	72.5	50.0	67.5	55.0	60.5	★★★★
20	唯品会（中国）有限公司	零售业	62.5	45.0	67.5	69.0	60.1	★★★★
★★★（11家）								
21	华夏幸福基业股份有限公司	房地产开发业	52.5	55.0	65.0	36.0	53.1	★★★
22	广州富力地产股份有限公司	房地产开发业	35.0	70.0	55.0	41.0	52.4	★★★
23	美的集团股份有限公司	家用电器制造业	42.5	56.7	50.0	55.0	51.6	★★★
24	阳光保险集团股份有限公司	保险业	55.0	60.0	45.0	32.0	48.6	★★★
25	九州通医药集团股份有限公司	批发贸易业	30.0	71.7	62.5	14.0	48.1	★★★
26	腾讯控股有限公司	互联网服务业	37.5	53.3	60.0	28.0	46.5	★★★
27	碧桂园控股股份有限公司	房地产开发业	42.5	36.7	60.0	46.0	46.4	★★★
28	雅戈尔集团股份有限公司	混业（服装鞋帽制造业；房地产开发业）	42.5	53.3	47.5	36.0	45.7	★★★
29	亨通集团有限公司	混业（电子产品及电子元件制造业；证券、期货、基金等其他金融业）	37.5	43.3	55.0	36.0	43.8	★★★

附录三：中国民营企业100强社会责任发展指数（2017）

续表

2017年排名	企业名称	所属行业	责任管理	市场责任	社会责任	环境责任	综合得分	星级
30	天能电池集团有限公司	电子产品及电子元件制造业	25.0	43.3	60.0	36.0	42.7	★★★
31	百度股份有限公司	互联网服务业	62.5	25.0	42.5	37.0	40.0	★★★
★★（15家）								
32	国美电器有限公司	零售业	37.5	30.0	37.5	51.0	38.2	★★
33	海尔集团有限公司	家用电器制造业	10.0	41.7	40.0	55.0	37.8	★★
34	山东京博控股股份有限公司	石油和天然气开采业与加工业	10.0	40.0	67.5	18.0	36.9	★★
35	江苏沙钢集团有限公司	金属冶炼及压延加工业	15.0	40.0	22.5	59.0	34.3	★★
36	中天钢铁集团股份有限公司	金属冶炼及压延加工业	10.0	33.3	30.0	59.0	33.4	★★
37	大连万达集团股份有限公司	房地产开发业	10.0	30.0	55.0	18.0	30.4	★★
38	恒力集团有限公司	混业（工业化学品制造业；纺织业）	10.0	28.3	37.5	41.0	30.0	★★
38	新城控股集团股份有限公司	房地产开发业	10.0	46.7	50.0	0.0	30.0	★★
40	雪松控股集团股份有限公司	一般服务业	40.0	21.7	30.0	19.0	27.1	★★
41	青山控股集团有限公司	金属冶炼及压延加工业	0.0	11.7	35.0	41.0	22.3	★★
42	新疆广汇实业投资（集团）有限责任公司	混业（煤炭开采与洗选业；一般采矿业；房地产开发业）	10.0	10.0	35.0	32.0	21.8	★★
43	修正药业集团	医药生物制造业	10.0	50.0	15.0	0.0	21.2	★★
44	红豆集团有限公司	服装鞋帽制造业	27.5	10.0	30.0	18.0	20.9	★★
45	通威集团有限公司	食品饮料业	10.0	6.7	30.0	36.0	20.3	★★
46	三胞集团有限公司	混业（零售业；房地产开发业）	10.0	18.3	20.0	32.0	20.1	★★

续表

2017年排名	企业名称	所属行业	责任管理	市场责任	社会责任	环境责任	综合得分	星级
		★ (56家)						
47	万达控股集团有限公司	石油和天然气开采业与加工业	10.0	33.3	27.5	0.0	19.7	★
48	北京建龙重工集团有限公司	混业（金属冶炼及压延加工业；一般采矿业）	10.0	21.7	22.5	18.0	18.8	★
49	浙江荣盛控股集团有限公司	混业（工业化学品制造业；房地产开发业）	10.0	10.0	27.5	27.0	18.6	★
50	新华联集团有限公司	混业（房地产开发业；一般采矿业；工业化学品制造业）	15.0	16.7	22.5	18.0	18.3	★
51	中融新大集团有限公司	批发贸易业	15.0	30.0	15.0	9.0	18.2	★
52	深圳市怡亚通供应链股份有限公司	一般服务业	5.0	36.7	15.0	5.0	17.3	★
53	河北津西钢铁集团股份有限公司	金属冶炼及压延加工业	10.0	10.0	27.5	18.0	16.7	★
54	天津荣程祥泰投资控股集团有限公司	金属冶炼及压延加工业	10.0	16.7	22.5	9.0	15.3	★
55	三一集团有限公司	机械设备制造业	10.0	30.0	7.5	9.0	15.1	★
56	京东集团	互联网服务业	0.0	38.3	12.5	0.0	15.0	★
57	山东大海集团有限公司	机械设备制造业	10.0	0.0	27.5	23.0	14.8	★
58	盾安控股集团有限公司	机械设备制造业	10.0	3.3	27.5	18.0	14.7	★
59	大商集团有限公司	零售业	0.0	11.7	32.5	9.0	14.6	★
60	盛虹控股集团有限公司	工业化学品制造业	25.0	10.0	20.0	0.0	13.6	★
61	苏宁控股集团有限公司	混业（零售业；房地产业；互联网业）	22.5	6.7	25.0	0.0	13.5	★
62	稻花香集团	食品饮料业	0.0	16.7	30.0	0.0	13.4	★
63	泰康保险集团股份有限公司	保险业	15.0	23.3	10.0	0.0	12.8	★

附录三：中国民营企业100强社会责任发展指数（2017）

续表

2017年排名	企业名称	所属行业	责任管理	市场责任	社会责任	环境责任	综合得分	星级
64	正邦集团有限公司	农林牧渔业	0.0	28.3	15.0	0.0	12.7	★
65	深圳市大生农业集团有限公司	农林牧渔业	22.5	10.0	17.5	0.0	12.4	★
65	腾邦集团有限公司	计算机服务业	10.0	6.7	30.0	0.0	12.4	★
65	中国华信能源有限公司	批发贸易业	10.0	6.7	30.0	0.0	12.4	★
68	杭州娃哈哈集团有限公司	食品饮料业	15.0	10.0	22.5	0.0	12.3	★
68	银亿集团有限公司	批发贸易业	10.0	6.7	22.5	9.0	12.3	★
70	正威国际集团有限公司	混合业(金属冶炼及压延加工业;电子产品及电子元件制造业)	22.5	6.7	20.0	0.0	12.1	★
71	西安迈科金属国际集团有限公司	批发贸易业	15.0	11.7	12.5	9.0	12.0	★
72	海澜集团有限公司	服装鞋帽制造业	10.0	11.7	22.5	0.0	11.8	★
73	新希望集团有限公司	混合业(食品饮料业;工业化学品制造业)	15.0	15.0	15.0	0.0	11.7	★
74	苏宁环球集团有限公司	房地产开发业	15.0	0.0	30.0	0.0	11.4	★
75	杭州锦江集团有限公司	金属冶炼及压延加工业	10.0	0.0	20.0	14.0	10.7	★
76	奥克斯集团有限公司	家用电器制造业	10.0	11.7	17.5	0.0	10.4	★
76	东岭集团股份有限公司	混合业(批发贸易业;一般采矿业;金属冶炼及压延加工业)	10.0	11.7	17.5	0.0	10.4	★
78	中南控股集团有限公司	房地产开发业	10.0	11.7	15.0	0.0	9.7	★
79	安邦保险集团股份有限公司	保险业	15.0	10.0	12.5	0.0	9.5	★
79	深圳市爱施德股份有限公司	批发贸易业	12.5	11.7	12.5	0.0	9.5	★
79	新奥集团股份有限公司	燃气的生产和供应业	15.0	0.0	5.0	23.0	9.5	★

299

续表

2017年排名	企业名称	所属行业	责任管理	市场责任	社会责任	环境责任	综合得分	星级
82	山东魏桥创业集团有限公司	纺织业	0.0	28.3	0.0	0.0	8.5	★
83	华泰集团有限公司	造纸及纸制品业	15.0	6.7	5.0	9.0	8.4	★
84	中天控股集团有限公司	混业（建筑业；房地产开发业）	0.0	0.0	22.5	9.0	8.3	★
85	浙江恒逸集团有限公司	工业化学品制造业	10.0	6.7	15.0	0.0	8.2	★
86	广厦控股集团有限公司	混业（建筑业；房地产开发业）	15.0	0.0	17.5	0.0	7.9	★
87	上海均和集团有限公司	混业	10.0	11.7	7.5	0.0	7.6	★
88	宁夏天元锰业有限公司	金属冶炼及压延加工业	0.0	10.0	5.0	9.0	6.4	★
89	远大物产集团有限公司	批发贸易业	0.0	11.7	7.5	0.0	5.6	★
90	阳光金控投资集团有限公司	证券、期货、基金等其他金融业	15.0	0.0	7.5	0.0	5.1	★
91	江阴澄星实业集团有限公司	工业化学品制造业	0.0	16.7	0.0	0.0	5.0	★
92	中国太平洋建设集团有限公司	建筑业	0.0	0.0	15.0	0.0	4.2	★
93	南通三建控股(集团)有限公司	房地产开发业	10.0	0.0	7.5	0.0	4.1	★
94	山东东明石化集团有限公司	石油和天然气开采业与加工业	0.0	0.0	12.5	0.0	3.5	★
95	科创控股集团有限公司	医药生物制造业	5.0	0.0	7.5	0.0	3.1	★
96	河北新华联合冶金控股集团有限公司	金属冶炼及压延加工业	0.0	0.0	5.0	0.0	1.4	★
97	亚邦投资控股集团有限公司	混业（工业化学品制造业；批发贸易业；证券、金融）	0.0	0.0	2.5	0.0	0.7	★
98	济宁如意投资有限公司	工业化学品制造业	0.0	0.0	0.0	0.0	0.0	★
98	利华益集团股份有限公司	石油和天然气开采业与加工业	0.0	0.0	0.0	0.0	0.0	★
98	新疆特变电工集团有限公司	机械设备制造业	0.0	0.0	0.0	0.0	0.0	★

附录四：中国外资企业100强社会责任发展指数（2017）

B.13

单位：分

2017年排名	企业名称	所属行业	责任管理	市场责任	社会责任	环境责任	综合得分	星级
★★★★★（8家）								
1	三星（中国）投资有限公司	混业（电子产品及电子元件制造业；通信设备制造业）	92.5	85.0	100.0	91.0	92.0	★★★★★
2	现代汽车（中国）投资有限公司	交通运输设备制造业	87.5	86.7	92.5	100.0	91.4	★★★★★
3	LG中国	混业（电子产品及电子元件制造业；家用电器制造业）	70.0	96.7	85.0	96.0	87.9	★★★★★
4	英特尔（中国）有限公司	电子产品及电子元件制造业	87.5	83.3	90.0	86.0	86.6	★★★★★
5	松下电器（中国）有限公司	混业（电子产品及电子元件制造业；家用电器制造业）	82.5	78.3	90.0	95.0	86.1	★★★★★
6	台达（中国）	电子产品及电子元件制造业	85.0	76.7	90.0	91.0	85.2	★★★★★
7	浦项（中国）投资有限公司	金属冶炼及压延加工业	67.5	73.3	95.0	100.0	84.1	★★★★★
8	佳能（中国）有限公司	混业（电子产品及电子元件制造业；计算机及相关设备制造业；计算机服务业）	92.5	63.3	87.5	100.0	84.0	★★★★★

301

续表

2017年排名	企业名称	所属行业	责任管理	市场责任	社会责任	环境责任	综合得分	星级
★★★（1家）								
9	丰田汽车（中国）投资有限公司	交通运输设备制造业	60.0	46.7	82.5	87.0	68.2	★★★★
★★（13家）								
10	台积电（中国）有限公司	电子产品及电子元件制造业	62.5	68.3	65.0	36.0	59.1	★★★
10	巴斯夫（中国）有限公司	工业化学品制造业	42.5	61.7	65.0	63.0	59.1	★★★
12	苹果公司	电子产品及电子元件制造业	75.0	60.0	55.0	46.0	58.5	★★★
13	本田中国投资有限公司	交通运输设备制造业	72.5	43.3	50.0	69.0	56.7	★★★
14	国际商业机器（中国）有限公司	混业（互联网服务业；电子产品及电子元件制造业）	82.5	35.0	62.5	55.0	56.6	★★★
15	麦德龙（中国）	零售业	82.5	40.0	42.5	69.0	55.6	★★★
16	长江和记实业有限公司	混业（交通运输服务业；零售业；通信服务业等）	65.0	45.0	72.5	23.0	51.9	★★★
17	普利司通（中国）投资有限公司	工业化学品制造业	82.5	23.3	37.5	64.0	48.1	★★★
18	可口可乐（中国）饮料有限公司	食品饮料业	42.5	33.3	67.5	37.0	45.5	★★★
19	日立（中国）有限公司	混业（机械设备制造业；家用电器制造业；计算机及相关设备制造业）	47.5	50.0	42.5	37.0	44.5	★★★
20	汇丰银行（中国）有限公司	银行业	25.0	33.3	57.5	60.0	44.3	★★★
21	沃尔玛（中国）投资有限公司	零售业	37.5	41.7	37.5	51.0	41.7	★★★
22	日产（中国）投资有限公司	交通运输设备制造业	45.0	73.3	22.5	18.0	41.3	★★★

附录四：中国外资企业100强社会责任发展指数（2017）

续表

2017年排名	企业名称	所属行业	责任管理	市场责任	社会责任	环境责任	综合得分	星级
		★★（16家）						
23	索尼（中国）有限公司	混业（电子产品及电子元件制造业；家用电器制造业）	27.5	40.0	45.0	41.0	39.1	★★
24	雀巢中国	食品饮料业	10.0	63.3	27.5	36.0	36.6	★★
25	BP中国	石油和天然气开采业与加工业	10.0	33.3	47.5	50.0	36.3	★★
26	花旗银行（中国）有限公司	银行业	50.0	10.0	42.5	32.0	31.9	★★
27	西门子中国	机械设备制造业	10.0	31.7	25.0	60.0	31.7	★★
28	通用汽车（中国）	交通运输设备制造业	22.5	46.7	12.5	37.0	30.1	★★
29	美亚财产保险有限公司	保险业	50.0	50.0	15.0	0.0	29.2	★★
30	福特汽车（中国）有限公司	交通运输设备制造业	47.5	20.0	15.0	32.0	26.7	★★
31	永旺（中国）投资有限公司	零售业	30.0	23.3	30.0	23.0	26.5	★★
32	埃克森美孚	石油和天然气开采业与加工业	22.5	16.7	15.0	50.0	24.7	★★
33	GE中国	混业（机械设备制造业；电子产品及电子元件制造业；家用电器制造业）	10.0	26.7	25.0	32.0	24.0	★★
33	家乐福（中国）	零售业	25.0	16.7	7.5	54.0	24.0	★★
35	富士康科技集团	电子产品及电子元件制造业	10.0	0.0	35.0	55.0	23.9	★★
36	大众汽车集团（中国）	交通运输设备制造业	22.5	18.3	35.0	18.0	23.8	★★
37	和硕联合科技股份有限公司	混业（电子产品及电子元件制造业；计算机及相关设备制造业）	32.5	20.0	25.0	18.0	23.5	★★
38	辉瑞中国	医药生物制造业	30.0	28.3	30.0	0.0	22.9	★★

续表

2017年排名	企业名称	所属行业	责任管理	市场责任	社会责任	环境责任	综合得分	星级
★（62家）								
39	摩根大通中国	证券、期货、基金等其他金融业	10.0	33.3	25.0	0.0	19.0	★
40	宝洁（中国）有限公司	日用化学品制造业	17.5	16.7	22.5	18.0	18.8	★
41	博世（中国）投资有限公司	交通运输设备制造业	10.0	10.0	37.5	9.0	17.5	★
42	3M中国有限公司	医药生物制造业	22.5	16.7	10.0	23.0	17.4	★
42	安赛乐米塔尔中国	金属冶炼及压延加工业	22.5	13.3	17.5	18.0	17.4	★
44	联合利华（中国）有限公司	混合（日用化学品制造业；食品饮料业）	15.0	26.7	10.0	14.0	16.9	★
45	Engie中国	石油和天然气采业与加工业	10.0	16.7	27.5	9.0	16.7	★
46	住友商事（中国）有限公司	批发贸易业	25.0	0.0	15.0	32.0	16.2	★
47	戴尔（中国）有限公司	计算机服务业	27.5	10.0	12.5	18.0	16.0	★
48	壳牌（中国）有限公司	石油和天然气采业与加工业	22.5	10.0	15.0	18.0	15.7	★
49	空中客车中国投资有限公司	交通运输设备制造业	0.0	16.7	7.5	36.0	15.0	★
50	百事（中国）投资有限公司	食品饮料业	10.0	0.0	37.5	9.0	14.5	★
51	ABB（中国）中国	机械设备制造业	15.0	0.0	25.0	18.0	14.0	★
52	波音中国	交通运输设备制造业	27.5	10.0	5.0	18.0	13.9	★
53	宝马中国	交通运输设备制造业	0.0	26.7	12.5	9.0	13.5	★
54	高盛（中国）	证券、期货、基金等其他金融业	15.0	23.3	10.0	0.0	12.8	★
55	法国巴黎银行（中国）有限公司	银行业	10.0	16.7	20.0	0.0	12.6	★
56	罗氏中国	医药生物制造业	15.0	10.0	15.0	9.0	12.2	★
57	强生（中国）投资有限公司	混合（医药生物制造业；日用化学品制造业）	10.0	16.7	15.0	0.0	11.2	★
58	道达尔中国	石油和天然气采业与加工业	10.0	0.0	10.0	27.0	10.7	★

附录四：中国外资企业100强社会责任发展指数（2017）

续表

2017年排名	企业名称	所属行业	责任管理	市场责任	社会责任	环境责任	综合得分	星级
59	拜耳（中国）	混业（医药生物制造业;工业化学品制造业）	15.0	6.7	20.0	0.0	10.6	★
60	埃森哲（中国）有限公司	一般服务业	10.0	0.0	15.0	18.0	10.2	★
61	康德乐中国	批发贸易业	15.0	0.0	25.0	0.0	10.0	★
62	百威英博中国	食品饮料业	10.0	0.0	12.5	18.0	9.5	★
63	三菱商事（中国）有限公司	批发贸易业	15.0	0.0	15.0	9.0	9.2	★
64	泰森食品中国	食品饮料业	0.0	10.0	7.5	18.0	9.1	★
65	微软中国	互联网服务业	22.5	10.0	5.0	0.0	8.9	★
66	埃尼中国	石油和天然气采采业与加工业	10.0	6.7	15.0	0.0	8.2	★
67	沃尔沃（中国）投资有限公司	交通运输设备制造业	12.5	10.0	7.5	0.0	7.6	★
67	雪佛龙中国能源公司	石油和天然气采采业与加工业	10.0	0.0	20.0	0.0	7.6	★
67	英国葛兰素史克（中国）投资有限公司	医药生物制造业	10.0	0.0	20.0	0.0	7.6	★
70	力拓中国	一般采矿业	12.5	6.7	17.5	0.0	7.4	★
71	诺华中国	医药生物制造业	15.0	0.0	7.5	0.0	7.1	★
72	SK中国	石油和天然气采采业与加工业	10.0	0.0	17.5	0.0	6.9	★
73	思科中国	通信设备制造业	5.0	10.0	10.0	0.0	6.8	★
74	邦吉公司	食品饮料业,农林牧渔业	22.5	6.7	0.0	0.0	6.5	★
75	赛诺菲中国	医药生物制造业	10.0	11.7	2.5	0.0	6.2	★
76	亚马逊中国	零售业	10.0	6.7	7.5	0.0	6.1	★
77	摩根士丹利中国	证券、期货、基金等其他金融业	0.0	0.0	12.5	9.0	5.5	★
78	DHL中国	一般服务业	10.0	0.0	5.0	9.0	5.4	★
79	德电（中国）	电信服务业	15.0	0.0	7.5	0.0	5.1	★

续表

2017年排名	企业名称	所属行业	责任管理	市场责任	社会责任	环境责任	综合得分	星级
80	乐购中国	零售业	15.0	0.0	5.0	0.0	4.4	★
81	卡特彼勒(中国)投资有限公司	机械设备制造业	0.0	0.0	7.5	9.0	4.1	★
82	三井物产(中国)有限公司	混合业(金属制品业；机械设备制造业)	20.0	0.0	0.0	0.0	4.0	★
82	陶氏化学(中国)有限公司	工业化学品制造业	10.0	6.7	0.0	0.0	4.0	★
84	蒂森克虏伯(中国)投资有限公司	一般采矿业	10.0	0.0	5.0	0.0	3.4	★
85	慧与(中国)有限公司	电子产品及电子元件制造业	15.0	0.0	0.0	0.0	3.0	★
85	联邦快递(中国)有限公司	交通运输服务业	0.0	10.0	0.0	0.0	3.0	★
85	中国惠普有限公司	电子产品及电子元件制造业	10.0	3.3	0.0	0.0	3.0	★
88	NTT通信系统(中国)有限公司	通信服务业	0.0	6.7	0.0	0.0	2.0	★
88	Seven & I 控股公司	零售业	10.0	0.0	0.0	0.0	2.0	★
88	欧尚(中国)投资有限公司	零售业	10.0	0.0	5.0	0.0	2.0	★
91	戴姆勒中国	交通运输设备制造业	0.0	0.0	5.0	0.0	1.4	★
91	铃木(中国)投资有限公司	交通运输设备制造业	0.0	3.3	0.0	0.0	1.4	★
93	法国兴业银行(中国)有限公司	银行业	0.0	0.0	0.0	0.0	1.0	★
94	华特迪士尼(中国)有限公司	混合业(旅游业；文化娱乐业)	0.0	0.0	0.0	0.0	0.0	★
94	甲骨文(中国)	互联网服务业	0.0	0.0	0.0	0.0	0.0	★
94	来宝集团	批发贸易业	0.0	0.0	0.0	0.0	0.0	★
94	联合技术	交通运输设备制造业	0.0	0.0	0.0	0.0	0.0	★
94	耐克体育(中国)有限公司	服装鞋帽制造业	0.0	0.0	0.0	0.0	0.0	★
94	软银中国资本	证券、期货、基金等其他金融业	0.0	0.0	0.0	0.0	0.0	★
94	怡和集团	交通运输设备制造业	0.0	0.0	0.0	0.0	0.0	★

B.14
附录五：
重点行业社会责任发展指数（2017）

附表1　电力行业社会责任发展指数（2017）

单位：分

2017年排名	2016年排名	企业名称	企业性质	官网是否设置社会责任专栏	是否发布企业社会责任报告	社会责任发展指数	星级
1	2	中国华电集团公司	中央企业	有	有	95.3	★★★★★
2	3	中国华能集团公司	中央企业	有	有	92.5	★★★★★
3	1	中国南方电网有限责任公司	中央企业	有	有	91.6	★★★★★
4	5	华润电力控股有限公司	国有企业	有	有	86.0	★★★★★
5	—	中国长江三峡集团公司	中央企业	有	有	82.4	★★★★★
6	4	国家电网公司	中央企业	有	有	81.7	★★★★★
7	8	中国大唐集团公司	中央企业	有	有	72.9	★★★★
8	6	广东省粤电集团有限公司	国有企业	有	有	71.3	★★★★
9	11	国家电力投资集团公司	中央企业	有	有	69.9	★★★★
10	7	神华国华电力公司	国有企业	有	有	69.0	★★★★
11	10	中国国电集团公司	中央企业	有	有	67.1	★★★★
12	9	中国广核集团有限公司	中央企业	有	有	61.1	★★★★
13	12	国投电力控股股份有限公司	国有企业	有	有	47.8	★★★

附表2 家电行业社会责任发展指数（2017）

单位：分

2017年排名	2016年排名	企业名称	企业性质	官网是否设置社会责任专栏	是否发布企业社会责任报告	社会责任发展指数	星级
1	1	三星（中国）投资有限公司	外资企业	有	有	92.0	★★★★★
2	2	LG中国	外资企业	有	有	87.9	★★★★★
3	3	松下电器（中国）有限公司	外资企业	有	有	86.1	★★★★★
4	5	TCL集团股份有限公司	民营企业	有	有	83.5	★★★★★
5	9	美的集团股份有限公司	民营企业	有	有	51.6	★★★
6	7	珠海格力电器股份有限公司	国有企业	有	有	50.2	★★★
7	4	索尼（中国）有限公司	外资企业	有	无	39.1	★★
8	6	海尔集团有限公司	民营企业	有	无	37.8	★★
9	10	奥克斯集团有限公司	民营企业	有	无	10.4	★
10	11	四川长虹电子集团有限公司	国有企业	无	无	9.2	★

附表3 特种设备制造业社会责任发展指数（2017）

单位：分

2017年排名	2016年排名	企业名称	企业性质	官网是否设置社会责任专栏	是否发布企业社会责任报告	社会责任发展指数	星级
1	1	中国电子信息产业集团有限公司	中央企业	有	有	87.4	★★★★★
2	2	中国兵器工业集团公司	中央企业	有	有	86.3	★★★★★
3	6	中国电子科技集团公司	中央企业	有	有	84.8	★★★★★
4	4	中国航天科技集团公司	中央企业	有	无	75.2	★★★★
5	5	中国航空工业集团公司	中央企业	有	有	71.3	★★★★
6	7	中国船舶工业集团公司	中央企业	有	有	60.3	★★★★
7	8	中国航天科工集团公司	中央企业	有	有	58.9	★★★
8	10	中国核工业集团公司	中央企业	有	无	22.8	★★
9	3	中国兵器装备集团公司	中央企业	有	无	16.5	★
10	11	中国船舶重工集团公司	中央企业	有	无	7.5	★
11	9	中国核工业建设集团公司	中央企业	有	无	4.8	★

附表4　银行业社会责任发展指数（2017）

单位：分

2017年排名	2016年排名	企业名称	企业性质	官网是否设置社会责任专栏	是否发布企业社会责任报告	社会责任发展指数	星级
1	1	中国民生银行股份有限公司	民营企业	有	有	88.7	★★★★★
2	3	交通银行股份有限公司	国有金融企业	有	有	77.3	★★★★
3	10	中国农业银行股份有限公司	国有金融企业	有	有	73.2	★★★★
4	6	中国工商银行股份有限公司	国有金融企业	有	有	71.3	★★★★
5	11	招商银行股份有限公司	国有金融企业	有	有	71.2	★★★★
6	9	上海浦东发展银行股份有限公司	国有金融企业	有	有	68.1	★★★★
7	2	中国光大银行股份有限公司	国有金融企业	有	有	67.7	★★★★
8	8	广发银行股份有限公司	国有金融企业	有	有	64.4	★★★★
9	18	中国银行股份有限公司	国有金融企业	有	有	62.9	★★★★
10	23	中国邮政储蓄银行股份有限公司	国有金融企业	有	有	62.5	★★★★
11	13	平安银行股份有限公司	民营企业	有	有	62.1	★★★★
12	12	兴业银行股份有限公司	民营企业	有	有	61.9	★★★★
13	4	华夏银行股份有限公司	民营企业	有	有	59.4	★★★
14	14	江苏银行股份有限公司	国有金融企业	有	有	58.3	★★★
15	6	中信银行股份有限公司	国有金融企业	无	有	57.4	★★★
16	16	中国建设银行股份有限公司	国有金融企业	有	有	54.4	★★★
17	15	北京银行股份有限公司	国有金融企业	有	有	53.7	★★★

续表

2017年排名	2016年排名	企业名称	企业性质	官网是否设置社会责任专栏	是否发布企业社会责任报告	社会责任发展指数	星级
18	22	天津银行股份有限公司	国有企业	有	有	51.8	★★★
19	16	上海银行股份有限公司	国有金融企业	有	有	47.7	★★★
20	19	汇丰银行（中国）有限公司	外资企业	有	有	44.3	★★★
21	25	中国进出口银行	国有金融企业	有	有	35.1	★★
22	21	花旗银行（中国）有限公司	外资企业	有	有	31.9	★★
23	20	南京银行股份有限公司	国有金融企业	无	有	28.0	★★
24	24	中国农业发展银行	国有金融企业	有	无	18.8	★
25	—	法国巴黎银行（中国）有限公司	外资企业	有	无	12.6	★
26	5	渤海银行股份有限公司	国有企业	有	无	12.0	★
27	26	国家开发银行股份有限公司	国有金融企业	有	无	2.0	★
28	27	法国兴业银行（中国）有限公司	外资企业	无	无	1.0	★

附表5 汽车业社会责任发展指数（2017）

单位：分

2017年排名	2016年排名	企业名称	企业性质	官网是否设置社会责任专栏	是否发布企业社会责任报告	社会责任发展指数	星级
1	1	现代汽车（中国）投资有限公司	外资企业	有	有	91.4	★★★★★
2	2	东风汽车公司	中央企业	有	有	89.4	★★★★★
3	3	中国第一汽车集团公司	中央企业	有	有	84.9	★★★★★
4	4	上海汽车集团股份有限公司	国有企业	有	有	80.4	★★★★★

续表

2017年排名	2016年排名	企业名称	企业性质	官网是否设置社会责任专栏	是否发布企业社会责任报告	社会责任发展指数	星级
5	6	浙江吉利控股集团有限公司	民营企业	有	有	76.1	★★★★
6	7	比亚迪股份有限公司	民营企业	有	有	74.7	★★★★
7	5	安徽江淮汽车集团有限公司	国有企业	有	有	68.3	★★★★
8	8	丰田汽车（中国）投资有限公司	外资企业	有	有	68.2	★★★★
9	9	广州汽车集团股份有限公司	国有企业	有	有	67.6	★★★★
10	17	北京汽车集团有限公司	国有企业	有	有	60.8	★★★★
11	12	本田中国投资有限公司	外资企业	有	有	56.7	★★★
12	12	长城汽车股份有限公司	民营企业	无	有	53.0	★★★
13	11	郑州宇通集团有限公司	民营企业	有	无	41.6	★★★
14	10	日产（中国）投资有限公司	外资企业	有	无	41.3	★★★
15	20	通用汽车（中国）	外资企业	有	无	30.1	★★
16	19	陕西汽车控股集团有限公司	国有企业	有	无	28.6	★★
17	27	奇瑞汽车股份有限公司	民营企业	有	无	27.6	★★
18	14	厦门金龙汽车集团股份有限公司	国有企业	有	无	27.3	★★
19	16	福特汽车（中国）有限公司	外资企业	有	无	26.7	★★
20	21	大众汽车集团（中国）	外资企业	有	无	23.8	★★
21	25	中国重型汽车集团有限公司	国有企业	有	无	19.9	★
22	26	江铃汽车集团公司	民营企业	有	无	18.3	★
23	—	宝马中国	外资企业	有	无	13.5	★

续表

2017年排名	2016年排名	企业名称	企业性质	官网是否设置社会责任专栏	是否发布企业社会责任报告	社会责任发展指数	星级
24	18	山东时风(集团)有限责任公司	民营企业	无	无	13.1	★
25	23	沃尔沃(中国)投资有限公司	外资企业	有	无	7.6	★
26	15	中国长安汽车集团股份有限公司	国有企业	有	无	2.0	★
27	28	戴姆勒中国	外资企业	无	无	1.4	★
27	28	铃木(中国)投资有限公司	外资企业	无	无	1.4	★

附表6　石油石化业社会责任发展指数（2017）

单位：分

2017年排名	2016年排名	企业名称	企业性质	官网是否设置社会责任专栏	是否发布企业社会责任报告	社会责任发展指数	星级
1	1	中国石油化工集团公司	中央企业	有	有	91.9	★★★★★
2	3	LG化学(中国)投资有限公司	外资企业	有	有	87.8	★★★★★
3	2	中国海洋石油总公司	中央企业	有	有	84.7	★★★★★
4	4	中国石油天然气集团公司	中央企业	有	有	71.6	★★★★
5	8	BP中国	外资企业	有	无	36.3	★★
6	5	陕西延长石油(集团)有限责任公司	国有企业	有	无	25.5	★★
7	6	埃克森美孚	外资企业	有	无	24.7	★★
8	7	壳牌(中国)有限公司	外资企业	有	无	15.7	★
9	9	道达尔中国	外资企业	有	无	10.7	★
10	—	埃尼中国	外资企业	有	无	8.2	★
11	10	SK中国	外资企业	有	无	6.9	★

附表7 房地产业社会责任发展指数（2017）

单位：分

2017年排名	2016年排名	企业名称	企业性质	官网是否设置社会责任专栏	是否发布企业社会责任报告	社会责任发展指数	星级
1	1	华润置地有限公司	国有企业	有	有	87.9	★★★★★
2	4	招商局蛇口工业区控股股份有限公司	国有企业	有	有	76.3	★★★★
3	3	万科企业股份有限公司	民营企业	有	有	73.6	★★★★
4	2	远洋集团控股有限公司	外资企业	有	有	71.6	★★★★
5	8	中国海外发展有限公司	国有企业	有	有	62.9	★★★★
6	—	荣盛房地产发展股份有限公司	民营企业	有	有	61.2	★★★★
7	6	保利房地产（集团）股份有限公司	国有企业	有	有	60.8	★★★★
8	13	中国恒大集团	民营企业	有	有	60.5	★★★★
9	26	融创中国控股有限公司	民营企业	无	有	60.0	★★★★
10	19	龙湖地产有限公司	外资企业	有	有	55.8	★★★
11	18	华夏幸福基业股份有限公司	民营企业	无	有	53.1	★★★
12	15	广州富力地产股份有限公司	民营企业	有	有	52.4	★★★
13	10	绿城中国控股有限公司	国有企业	有	有	51.9	★★★
14	14	金地（集团）股份有限公司	国有企业	无	有	50.7	★★★
15	12	碧桂园控股有限公司	民营企业	有	有	46.4	★★★
16	7	雅戈尔集团股份有限公司	民营企业	有	有	45.7	★★★
17	—	旭辉控股（集团）有限公司	民营企业	有	有	45.5	★★★
18	5	雅居乐集团控股有限公司	民营企业	有	有	45.3	★★★
19	11	金科地产集团股份有限公司	民营企业	有	无	35.5	★★
20	21	大连万达集团股份有限公司	民营企业	有	无	30.4	★★

续表

2017年排名	2016年排名	企业名称	企业性质	官网是否设置社会责任专栏	是否发布企业社会责任报告	社会责任发展指数	星级
21	—	新城控股集团股份有限公司	民营企业	有	无	30.0	★★
22	—	鲁能集团有限公司	国有企业	有	无	26.4	★★
23	9	阳光城集团股份有限公司	民营企业	有	有	25.5	★★
24	20	新疆广汇实业投资（集团）有限责任公司	民营企业	有	无	21.8	★★
25	24	三胞集团有限公司	民营企业	有	无	20.1	★★
26	22	新华联集团有限公司	民营企业	有	无	18.3	★
27	16	绿地控股集团股份有限公司	国有企业	有	无	17.0	★
28	—	苏宁环球集团有限公司	民营企业	有	无	11.4	★
29	—	中南控股集团有限公司	民营企业	有	无	9.7	★
30	23	世茂房地产控股有限公司	外资企业	无	无	8.4	★
31	—	中天控股集团有限公司	民营企业	无	无	8.3	★
32	25	广厦控股集团有限公司	民营企业	有	无	7.9	★
33	30	世纪金源投资集团有限公司	民营企业	有	无	4.8	★
34	—	南通三建控股（集团）有限公司	民营企业	无	无	4.1	★
35	28	江苏高力集团有限公司	民营企业	有	无	2.7	★
36	29	浙江省兴合集团有限责任公司	民营企业	无	无	0.0	★

附表8　食品业社会责任发展指数（2017）

单位：分

2017年排名	2016年排名	企业名称	企业性质	官网是否设置社会责任专栏	是否发布企业社会责任报告	社会责任发展指数	星级
1	2	内蒙古蒙牛乳业集团股份有限公司	国有企业	有	有	86.6	★★★★★

续表

2017年排名	2016年排名	企业名称	企业性质	官网是否设置社会责任专栏	是否发布企业社会责任报告	社会责任发展指数	星级
2	5	华润雪花啤酒（中国）有限公司	国有企业	有	有	83.0	★★★★★
3	1	中国盐业总公司	中央企业	有	有	79.9	★★★★
4	16	内蒙古伊利实业集团股份有限公司	民营企业	有	有	79.3	★★★★
5	4	中国贵州茅台酒厂（集团）有限责任公司	国有企业	有	有	78.1	★★★★
6	14	新希望六和股份有限公司	民营企业	有	无	76.3	★★★★
7	23	康师傅控股有限公司	外资企业	有	有	70.9	★★★★
8	3	北京三元食品股份有限公司	国有企业	无	有	69.3	★★★★
9	8	万洲国际有限公司	民营企业	有	有	62.0	★★★★
10	6	光明乳业股份有限公司	国有企业	有	有	61.3	★★★★
11	11	中国汇源果汁集团有限公司	外资企业	有	有	56.9	★★★
12	9	统一企业中国控股有限公司	外资企业	有	有	52.1	★★★
13	7	青岛啤酒股份有限公司	国有企业	有	有	49.5	★★★
14	34	江苏洋河酒厂股份有限公司	国有企业	有	有	47.8	★★★
15	25	可口可乐（中国）饮料有限公司	外资企业	有	有	45.5	★★★
16	24	雀巢中国	外资企业	有	无	36.6	★★
17	10	郑州三全食品股份有限公司	民营企业	有	无	32.3	★★
18	21	达能（中国）有限公司	外资企业	有	无	29.1	★★
19	15	维维食品饮料股份有限公司	民营企业	无	无	29.0	★★

续表

2017年排名	2016年排名	企业名称	企业性质	官网是否设置社会责任专栏	是否发布企业社会责任报告	社会责任发展指数	星级
20	20	亿滋中国	外资企业	有	无	26.0	★★
21	38	临沂新程金锣肉制品集团有限公司	民营企业	有	无	22.2	★★
22	31	益海嘉里	外资企业	有	无	22.0	★★
23	27	麦当劳(中国)有限公司	外资企业	有	无	21.9	★★
24	21	通威集团有限公司	民营企业	有	无	20.3	★★
25	26	山东鲁花集团有限公司	民营企业	有	无	20.2	★★
26	18	四川省宜宾五粮液集团有限公司	国有企业	有	无	19.3	★
27	35	百事(中国)投资有限公司	外资企业	有	无	14.5	★
28	—	稻花香集团	民营企业	有	无	13.4	★
29	33	完达山乳业股份有限公司	国有企业	无	无	13.3	★
30	19	杭州娃哈哈集团有限公司	民营企业	有	无	12.3	★
31	30	农夫山泉股份有限公司	民营企业	无	无	11.1	★
32	12	山东得利斯食品股份有限公司	民营企业	无	无	9.5	★
32	29	百威英博中国	外资企业	有	无	9.5	★
34	28	泰森食品中国	外资企业	无	无	9.1	★
35	36	石家庄君乐宝乳业有限公司	民营企业	无	无	9.0	★
36	37	邦吉公司	外资企业	有	无	6.5	★
37	13	燕京啤酒集团公司	国有企业	无	无	2.0	★
38	39	北京二商集团有限责任公司	国有企业	无	无	0.0	★
38	17	恒天然乳品集团	外资企业	有	无	0.0	★

附表9 机械设备制造业社会责任发展指数（2017）

单位：分

2017年排名	2016年排名	企业名称	企业性质	官网是否设置社会责任专栏	是否发布企业社会责任报告	社会责任发展指数	星级
1	1	斗山（中国）投资有限公司	外资企业	有	有	91.7	★★★★★
2	2	中国电力建设集团有限公司	中央企业	有	有	88.3	★★★★★
3	3	中国机械工业集团有限公司	中央企业	有	有	76.4	★★★★
4	4	上海电气集团股份有限公司	国有企业	有	有	71.0	★★★★
5	6	日立（中国）有限公司	外资企业	有	无	44.5	★★★
6	7	中国东方电气集团有限公司	中央企业	有	无	43.9	★★★
7	19	中国中钢集团公司	中央企业	有	无	39.0	★★
8	14	艾默生中国	外资企业	有	无	33.2	★★
9	8	人民电器集团有限公司	民营企业	无	无	32.8	★★
10	11	西门子中国	外资企业	有	无	31.7	★★
11	17	哈尔滨电气集团公司	中央企业	有	无	27.6	★★
12	10	施耐德（中国）投资有限公司	外资企业	有	无	26.1	★★
13	18	飞利浦电子（中国）集团	外资企业	有	无	16.9	★
14	16	三一集团有限公司	民营企业	有	无	15.1	★
15	—	山东大海集团有限公司	民营企业	有	无	14.8	★
16	13	ABB（中国）有限公司	外资企业	有	无	14.0	★
17	9	中国通用技术（集团）控股有限责任公司	中央企业	有	无	12.6	★
18	12	卡特彼勒（中国）投资有限公司	外资企业	无	无	4.1	★
19	14	正泰集团股份有限公司	民营企业	无	无	2.0	★
20	—	新疆特变电工集团有限公司	民营企业	无	无	0.0	★

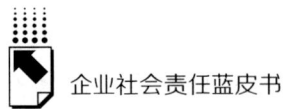

附表10　金属业社会责任发展指数（2017）

单位：分

2017年排名	2016年排名	企业名称	企业性质	官网是否设置社会责任专栏	是否发布企业社会责任报告	社会责任发展指数	星级
1	2	中国铝业公司	中央企业	有	有	89.6	★★★★★
2	1	浦项（中国）投资有限公司	外资企业	有	有	84.1	★★★★★
3	4	新兴际华集团有限公司	中央企业	有	有	83.8	★★★★★
4	4	太原钢铁（集团）有限公司	国有企业	有	有	81.7	★★★★★
5	2	中国五矿集团公司	中央企业	有	有	78.6	★★★★
6	8	鞍钢集团公司	中央企业	有	有	72.2	★★★★
7	9	河钢集团有限公司	国有企业	有	有	56.4	★★★
8	10	首钢集团有限公司	国有企业	有	无	55.4	★★★
9	14	日照钢铁控股集团有限公司	民营企业	有	无	42.4	★★★
10	6	中国宝武钢铁集团有限公司	中央企业	有	无	34.5	★★
11	13	江苏沙钢集团有限公司	民营企业	有	无	34.3	★★
12	11	中天钢铁集团有限公司	民营企业	有	无	33.4	★★
13	—	青山控股集团有限公司	民营企业	无	无	22.3	★★
14	—	安赛乐米塔尔中国	外资企业	有	无	17.4	★
15	—	河北津西钢铁集团股份有限公司	民营企业	有	无	16.7	★
16	18	天津荣程祥泰投资控股集团有限公司	民营企业	无	无	15.3	★
17	16	唐山港陆钢铁有限公司	民营企业	无	无	12.9	★
18	7	马钢（集团）控股有限公司	国有企业	无	无	10.8	★
19	—	杭州锦江集团有限公司	民营企业	有	无	10.7	★
20	—	宁夏天元锰业有限公司	民营企业	无	无	6.4	★
21	18	唐山瑞丰钢铁（集团）有限公司	民营企业	无	无	6.0	★

续表

2017年排名	2016年排名	企业名称	企业性质	官网是否设置社会责任专栏	是否发布企业社会责任报告	社会责任发展指数	星级
22	18	江苏华西集团有限公司	民营企业	无	无	4.9	★
23	15	三井物产（中国）有限公司	外资企业	有	无	4.0	★
24	12	南山集团有限公司	民营企业	无	无	3.5	★
25	17	河北新华联合冶金控股集团有限公司	民营企业	无	无	1.4	★
26	18	江苏申特钢铁有限公司	民营企业	无	无	0.0	★

附表11 日化行业社会责任发展指数（2017）

单位：分

2017年排名	2016年排名	企业名称	企业性质	官网是否设置社会责任专栏	是否发布企业社会责任报告	社会责任发展指数	星级
1	3	爱茉莉太平洋（中国）	外资企业	有	有	90.3	★★★★★
2	4	安利（中国）日用品有限公司	外资企业	有	有	72.1	★★★★
3	5	资生堂（中国）投资有限公司	外资企业	有	无	46.6	★★★
4	2	上海家化联合股份有限公司	民营企业	有	有	43.1	★★★
5	7	欧莱雅（中国）有限公司	外资企业	有	无	32.6	★★
6	8	纳爱斯集团有限公司	民营企业	有	无	24.6	★★
7	6	宝洁（中国）有限公司	外资企业	有	无	18.8	★
8	10	联合利华（中国）有限公司	外资企业	有	无	16.9	★
9	1	强生（中国）投资有限公司	外资企业	有	无	11.2	★
10	9	雅芳（中国）有限公司	外资企业	无	无	0.0	★
10	11	雅诗兰黛集团中国公司	外资企业	无	无	0.0	★

附表12 互联网行业社会责任发展指数（2017）

单位：分

2017年排名	2016年排名	企业名称	企业性质	官网是否设置社会责任专栏	是否发布企业社会责任报告	社会责任发展指数	星级
1	1	阿里巴巴集团控股有限公司	民营企业	有	有	89.9	★★★★★
2	4	腾讯控股有限公司	民营企业	有	有	46.5	★★★
3	3	百度股份有限公司	民营企业	有	有	40.0	★★★
4	5	奇虎360	民营企业	无	有	26.0	★★
5	2	新浪公司	民营企业	无	无	24.7	★★
6	7	搜狐集团	民营企业	有	无	18.9	★
7	6	网易公司	民营企业	无	无	17.2	★
8	—	携程旅行网	民营企业	有	无	16.9	★
9	—	京东集团	民营企业	无	无	15.0	★
10	—	美团点评	民营企业	无	无	5.9	★

附表13 保险业社会责任发展指数（2017）

单位：分

2017年排名	2016年排名	企业名称	企业性质	官网是否设置社会责任专栏	是否发布企业社会责任报告	社会责任发展指数	星级
1	2	中国人民保险集团股份有限公司	国有金融企业	有	有	74.8	★★★★
2	1	中国平安保险（集团）股份有限公司	民营企业	有	有	73.6	★★★★
3	3	中国太平洋保险（集团）股份有限公司	国有金融企业	有	有	66.1	★★★★
4	11	中国太平保险集团有限责任公司	国有金融企业	有	有	62.3	★★★★
5	5	阳光保险集团股份有限公司	民营企业	有	有	48.6	★★★
6	16	工银安盛人寿保险有限公司	外资企业	有	有	43.5	★★★

续表

2017年排名	2016年排名	企业名称	企业性质	官网是否设置社会责任专栏	是否发布企业社会责任报告	社会责任发展指数	星级
7	10	富德生命人寿保险股份有限公司	民营企业	有	有	39.1	★★
8	8	新华人寿保险股份有限公司	国有金融企业	无	有	35.3	★★
9	6	建信人寿保险有限公司	国有金融企业	有	有	34.7	★★
10	—	美亚财产保险有限公司	外资企业	有	有	29.2	★★
11	9	中华联合保险集团股份有限公司	国有金融企业	有	有	28.1	★★
12	—	信诚人寿保险有限公司	外资企业	无	有	24.9	★★
13	—	苏黎世财产保险（中国）有限公司	外资企业	有	无	24.6	★★
14	7	友邦保险控股有限公司	外资企业	有	无	22.8	★★
15	13	中邮人寿保险股份有限公司	国有金融企业	无	无	22.7	★★
16	12	农银人寿保险股份有限公司	国有金融企业	无	无	19.9	★
17	4	中国人寿保险（集团）公司	国有金融企业	有	无	18.7	★
18	15	合众人寿保险股份有限公司	民营企业	有	无	17.2	★
19	19	泰康保险集团股份有限公司	民营企业	有	无	12.8	★
20	18	天安财产保险股份有限公司	外资企业	有	无	10.4	★
20	—	中意人寿保险有限公司	外资企业	有	无	10.4	★
22	—	安盛天平财产保险股份有限公司	外资企业	无	无	10.0	★
23	—	中英人寿保险有限公司	外资企业	无	无	9.8	★
24	17	安邦保险集团股份有限公司	民营企业	有	无	9.5	★

续表

2017年排名	2016年排名	企业名称	企业性质	官网是否设置社会责任专栏	是否发布企业社会责任报告	社会责任发展指数	星级
25	19	中德安联人寿保险有限公司	外资企业	有	无	7.5	★
26	14	中国出口信用保险公司	国有金融企业	有	无	6.8	★
27	21	中国大地财产保险股份有限公司	国有金融企业	无	无	4.4	★

附表14 零售行业社会责任发展指数（2017）

单位：分

2017年排名	2016年排名	企业名称	企业性质	官网是否设置社会责任专栏	是否发布企业社会责任报告	社会责任发展指数	星级
1	—	阿里巴巴集团控股有限公司	民营企业	有	有	89.9	★★★★★
2	1	广州百货企业集团有限公司	国有企业	有	有	85.3	★★★★★
3	2	永辉超市股份有限公司	民营企业	有	有	67.0	★★★★
4	—	联华超市股份有限公司	外资企业	无	有	62.2	★★★★
5	3	苏宁云商集团股份有限公司	民营企业	有	有	61.9	★★★★
6	—	唯品会(中国)有限公司	民营企业	无	有	60.1	★★★★
7	4	华润万家有限公司	国有企业	有	有	59.1	★★★
8	6	麦德龙(中国)	外资企业	有	有	55.6	★★★
9	4	天虹商场股份有限公司	国有企业	无	有	46.0	★★★
10	15	沃尔玛（中国）投资有限公司	外资企业	有	有	41.7	★★★
11	9	国美电器有限公司	民营企业	有	有	38.2	★★
12	7	银座集团股份有限公司	国有企业	有	有	38.0	★★
13	11	中百控股集团股份有限公司	国有企业	无	无	34.8	★★
14	10	永旺（中国）投资有限公司	外资企业	有	有	26.5	★★

续表

2017年排名	2016年排名	企业名称	企业性质	官网是否设置社会责任专栏	是否发布企业社会责任报告	社会责任发展指数	星级
15	13	庞大汽贸集团股份有限公司	民营企业	无	无	25.1	★★
16	25	王府井集团股份有限公司	国有企业	无	无	24.5	★★
17	12	家乐福(中国)	外资企业	有	有	24.0	★★
18	—	合肥百货大楼集团股份有限公司	国有企业	无	无	17.4	★
19	—	京东集团	民营企业	无	无	15.0	★
20	15	重庆商社(集团)有限公司	国有企业	有	无	14.6	★
20	22	大商集团有限公司	民营企业	无	无	14.6	★
22	—	长春欧亚集团股份有限公司	国有企业	无	无	13.6	★
23	18	宏图三胞高科技有限公司	民营企业	有	无	12.7	★
24	—	家家悦集团股份有限公司	民营企业	有	无	12.3	★
25	17	利群集团股份有限公司	民营企业	有	无	10.2	★
25	21	物美控股集团有限公司	民营企业	无	无	10.2	★
27	—	康成投资(中国)有限公司	外资企业	有	无	10.0	★
28	22	武汉武商集团股份有限公司	国有企业	无	无	9.7	★
28	—	步步高集团	民营企业	有	无	9.7	★
30	28	亚马逊中国	外资企业	有	无	6.1	★
31	27	百联集团有限公司	国有企业	无	无	4.8	★
32	34	乐购中国	外资企业	有	无	4.4	★
33	—	北京居然之家投资控股集团有限公司	国有企业	无	无	3.5	★
34	33	Seven & I 控股公司	外资企业	有	无	2.0	★
34	26	欧尚(中国)投资有限公司	外资企业	有	无	2.0	★

续表

2017年排名	2016年排名	企业名称	企业性质	官网是否设置社会责任专栏	是否发布企业社会责任报告	社会责任发展指数	星级
36	18	农工商超市（集团）有限公司	国有企业	无	无	1.0	★
37	29	石家庄北国人百集团有限责任公司	国有企业	无	无	0.0	★
37	—	烟台市振华百货集团股份有限公司	国有企业	无	无	0.0	★

附表15 医药行业社会责任发展指数（2017）

单位：分

2017年排名	2016年排名	企业名称	企业性质	官网是否设置社会责任专栏	是否发布企业社会责任报告	社会责任发展指数	星级
1	2	上海复星医药（集团）股份有限公司	民营企业	有	有	87.6	★★★★★
2	1	华润医药集团有限公司	国有企业	有	有	84.1	★★★★★
3	10	扬子江药业集团有限公司	民营企业	有	有	74.0	★★★★
4	4	上海医药集团股份有限公司	国有企业	有	有	64.3	★★★★
5	8	中国医药集团总公司	中央企业	有	无	44.5	★★★
6	5	阿斯利康中国	外资企业	有	无	29.5	★★
7	6	辉瑞中国	外资企业	有	有	22.9	★★
8	9	修正药业集团	民营企业	有	无	21.2	★★
9	13	3M中国有限公司	外资企业	有	无	17.4	★
10	7	罗氏中国	外资企业	有	无	12.2	★
11	14	天津市医药集团有限公司	国有企业	有	无	11.7	★
12	19	广州医药集团有限公司	国有企业	无	无	11.5	★
13	3	强生（中国）投资有限公司	外资企业	有	无	11.2	★
14	12	拜耳（中国）	外资企业	有	无	10.6	★

续表

2017年排名	2016年排名	企业名称	企业性质	官网是否设置社会责任专栏	是否发布企业社会责任报告	社会责任发展指数	星级
15	15	英国葛兰素史克（中国）投资有限公司	外资企业	有	无	7.6	★
16	16	雅培中国	外资企业	有	无	7.2	★
17	11	诺华中国	外资企业	有	无	7.1	★
18	17	赛诺菲中国	外资企业	有	无	6.2	★
19	18	天狮集团有限公司	民营企业	有	无	4.8	★
20	20	陕西医药控股集团有限责任公司	国有企业	有	无	4.7	★
21	—	科创控股集团有限公司	民营企业	无	无	3.1	★

附表16 互联网金融平台社会责任发展指数（2017）

单位：分

2017年排名	2016年排名	企业名称	企业性质	官网是否设置社会责任专栏	是否发布企业社会责任报告	社会责任发展指数	星级
1	13	蚂蚁金服	民营企业	有	有	40.3	★★
2	—	金盈所	民营企业	有	有	30.0	★★
3	5	人人贷	民营企业	有	无	17.6	★
4	4	搜易贷	民营企业	无	无	15.1	★
5	—	PPmoney	民营企业	无	无	12.0	★
6	—	陆金服	民营企业	无	无	11.4	★
7	—	你我贷	民营企业	无	无	9.5	★
8	—	宜人贷	民营企业	无	无	8.6	★
9	—	积木盒子	民营企业	无	无	8.0	★
10	—	团贷网	民营企业	无	无	7.7	★
11	—	开鑫金服	其他国有企业	无	无	5.1	★
12	—	人人聚财	民营企业	无	无	4.1	★
13	—	网信理财	民营企业	有	无	3.4	★
14	—	爱钱进	民营企业	无	无	3.1	★

续表

2017年排名	2016年排名	企业名称	企业性质	官网是否设置社会责任专栏	是否发布企业社会责任报告	社会责任发展指数	星级
15	—	微贷网	民营企业	无	无	3.0	★
16	1	冠群驰骋	民营企业	有	无	2.7	★
17	—	小牛在线	民营企业	无	无	2.1	★
18	19	拍拍贷	民营企业	无	无	2.0	★
18	—	小赢理财	民营企业	无	无	2.0	★
20	—	爱投资	民营企业	无	无	1.4	★
21	15	百度金融	民营企业	无	无	0.0	★
21	11	红岭创投	民营企业	无	无	0.0	★
21	9	京东金融	民营企业	无	无	0.0	★
21	20	苏宁金融	民营企业	无	无	0.0	★
21	17	腾讯理财通	民营企业	无	无	0.0	★
21	16	有利网	民营企业	无	无	0.0	★
21	—	麻袋理财	民营企业	无	无	0.0	★
21	—	投哪网	民营企业	无	无	0.0	★
21	—	诺诺镑客	民营企业	无	无	0.0	★

附录六：中央企业社会责任发展指数（2017）

B.15

单位：分

2017年排名	企业名称	所属行业	责任管理	市场责任	社会责任	环境责任	综合得分	星级
1	华润（集团）有限公司	混业（电力生产业；酒精及饮料酒制造业；房地产业）	92.5	96.7	97.5	100.0	96.8	★★★★★
2	中国华电集团公司	电力生产业	100.0	86.7	97.5	100.0	95.3	★★★★★
3	中国华能集团公司	电力生产业	92.5	86.7	100.0	91.0	92.5	★★★★★
4	中国石油化工集团公司	石油和天然气开采业与加工业	92.5	91.7	92.5	91.0	91.9	★★★★★
5	中国建材集团有限公司	非金属矿物制品业	92.5	80.0	97.5	100.0	91.8	★★★★★
6	中国南方电网有限责任公司	电力供应业	92.5	93.3	87.5	87.0	91.6	★★★★★
7	国家开发投资公司	混业（电力生产业；煤炭开采与洗选业；证券期货基金及其他金融服务业）	82.5	86.7	95.0	96.0	90.2	★★★★★
8	中国铝业公司	混业（金属冶炼及压延加工业；一般采矿业；批发贸易业）	60.0	96.7	95.0	100.0	89.6	★★★★
9	东风汽车公司	交通运输设备制造业	92.5	86.7	85.0	96.0	89.4	★★★★★
10	中国黄金集团公司	一般采矿业	72.5	93.3	87.5	100.0	89.0	★★★★★

续表

2017年排名	企业名称	所属行业	责任管理	市场责任	社会责任	环境责任	综合得分	星级
11	中国电力建设集团有限公司	混业（建筑业；机械设备制造业）	85.0	91.7	85.0	91.0	88.3	★★★★★
12	神华集团有限责任公司	煤炭开采与洗选业	92.5	83.3	90.0	86.0	87.6	★★★★★
13	中国电子信息产业集团有限公司	电子产品及电子元件制造业	92.5	80.0	85.0	96.0	87.4	★★★★★
14	中国移动通信集团公司	通信服务业	87.5	76.7	87.5	100.0	87.0	★★★★★
15	中国建筑股份有限公司	建筑业	92.5	91.7	95.0	64.0	86.7	★★★★★
16	中国兵器工业集团公司	特种设备制造业	92.5	76.7	92.5	86.0	86.3	★★★★★
17	中国节能环保集团公司	一般制造业	100.0	86.7	77.5	82.0	85.7	★★★★★
18	中国交通建设股份有限公司	建筑业	92.5	81.7	90.0	78.0	85.4	★★★★★
19	中国第一汽车集团公司	交通运输设备制造业	82.5	93.3	80.0	82.0	84.9	★★★★★
20	中国电子科技集团公司	特种设备制造业	82.5	90.0	90.0	73.0	84.8	★★★★★
21	中国海洋石油总公司	石油和天然气开采业与加工业	52.5	90.0	90.0	100.0	84.7	★★★★★
22	中国旅游集团公司	旅游业	77.5	93.3	92.5	69.0	84.6	★★★★★
23	招商局集团有限公司	混业（交通运输服务业；房地产开发业；银行业）	80.0	83.3	85.0	87.0	83.9	★★★★★
24	新兴际华集团有限公司	金属冶炼及压延加工业	70.0	80.0	85.0	100.0	83.8	★★★★★
25	中国有色矿业集团有限公司	混业（一般采矿业；金属冶炼及压延加工业；建筑业）	87.5	83.3	85.0	78.0	83.5	★★★★
26	中国中煤能源集团有限公司	煤炭开采与洗选业	100.0	66.7	90.0	82.0	83.2	★★★★
27	中国联合网络通信集团有限公司	通信服务业	95.0	96.7	87.5	46.0	82.6	★★★★
28	中国长江三峡集团公司	电力生产业	92.5	66.7	92.5	82.0	82.4	★★★★

附录六：中央企业社会责任发展指数（2017）

续表

2017年排名	企业名称	所属行业	责任管理	市场责任	社会责任	环境责任	综合得分	星级
29	中国电信集团公司	通信服务业	72.5	86.7	87.5	78.0	82.2	★★★★
30	国家电网公司	电力供应业	82.5	93.3	82.5	64.0	81.7	★★★★
31	中国盐业总公司	食品饮料业	75.0	83.3	75.0	86.0	79.9	★★★
32	中国五矿集团公司	混业（一般采矿业;批发贸易业;金属冶炼及压延加工业）	92.5	75.0	80.0	69.0	78.6	★★★
33	中国机械工业集团有限公司	混业（机械设备制造业;建筑业;批发贸易业）	80.0	86.7	72.5	64.0	76.4	★★★
34	中国东方航空集团公司	交通运输服务业	67.5	78.3	80.0	73.0	75.5	★★★
35	中国航天科技集团公司	特种设备制造业	82.5	85.0	65.0	68.0	75.2	★★★
36	中国铁建股份有限公司	建筑业	55.0	83.3	85.0	64.0	73.9	★★★
37	中国大唐集团公司	电力生产业	92.5	58.3	77.5	69.0	72.9	★★★
38	鞍钢集团公司	金属冶炼及压延加工业	75.0	85.0	70.0	55.0	72.2	★★★
39	中国石油天然气集团公司	石油和天然气开采业与加工业	90.0	80.0	77.5	36.0	71.6	★★★
40	中国航空工业集团公司	特种设备制造业	65.0	58.3	77.5	87.0	71.3	★★★
41	国家电力投资集团公司	电力生产业	77.5	56.7	80.0	68.0	69.9	★★★
42	中国南方航空集团公司	交通运输服务业	77.5	63.3	72.5	59.0	67.8	★★★
43	中国电信集团公司	电力生产业	82.5	81.7	75.0	23.0	67.1	★★★
44	中国铁路通信信号集团公司	通信设备制造业	42.5	81.7	62.5	64.0	64.6	★★★
45	上海诺基亚贝尔股份有限公司	一般服务业	72.5	55.0	62.5	73.0	64.6	★★★
46	中粮集团有限公司	混业（食品饮料业;房地产开发业;批发贸易业）	72.5	66.7	67.5	50.0	64.4	★★★

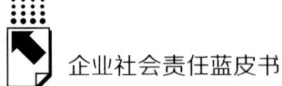

续表

2017年排名	企业名称	所属行业	责任管理	市场责任	社会责任	环境责任	综合得分	星级
47	中国中铁股份有限公司	建筑业	57.5	68.3	60.0	64.0	62.9	★★★★
48	中国中化集团公司	工业化学品制造业	70.0	58.3	72.5	50.0	62.8	★★★★
49	中国广核集团有限公司	电力生产业	52.5	55.0	82.5	50.0	61.1	★★★★
50	中国船舶工业集团公司	特种设备制造业	60.0	60.0	65.0	55.0	60.3	★★★★
51	中国航天科工集团公司	特种设备制造业	65.0	51.7	55.0	68.0	58.9	★★★
52	中国中车股份有限公司	交通运输设备制造业	55.0	55.0	60.0	55.0	56.4	★★★
53	中国保利集团公司	混业（房地产开发；文化娱乐业；一般服务业）	52.5	40.0	72.5	55.0	54.9	★★★
54	中国商用飞机有限责任公司	交通运输设备制造业	92.5	41.7	65.0	18.0	53.2	★★★
55	中国航空集团公司	交通运输服务业	50.0	36.7	57.5	55.0	49.2	★★★
56	中国中油油料集团公司	批发贸易业	65.0	25.0	70.0	36.0	48.0	★★★
57	大唐电信科技产业集团	电子产品及电子元件制造业	55.0	21.7	57.5	50.0	44.6	★★★
58	中国医药集团总公司	医药生物制造业	22.5	41.7	55.0	55.0	44.5	★★★
59	中国东方电气集团有限公司	机械设备制造业	37.5	45.0	42.5	50.0	43.9	★★★
60	中国民航信息集团公司	一般服务业	15.0	83.3	52.5	5.0	43.8	★★★
61	北京矿冶研究总院	一般服务业	60.0	35.0	57.5	9.0	40.6	★★★
62	中国国际工程咨询公司	一般服务业	42.5	10.0	60.0	55.0	40.4	★★★
63	中国中钢集团公司	机械设备制造业	60.0	6.7	50.0	50.0	39.0	★★
64	中国宝武钢铁集团有限公司	金属冶炼及压延加工业	10.0	36.7	37.5	50.0	34.5	★★
65	中国煤炭地质总局	一般服务业	80.0	23.3	27.5	9.0	32.7	★★
66	中国中丝集团公司	批发贸易业	35.0	16.7	50.0	19.0	30.2	★

附录六：中央企业社会责任发展指数（2017）

续表

2017年排名	企业名称	所属行业	责任管理	市场责任	社会责任	环境责任	综合得分	星级
67	中国西电集团公司	机械设备制造业	15.0	45.0	27.5	18.0	28.2	★★
68	哈尔滨电气集团公司	机械设备制造业	15.0	16.7	45.0	32.0	27.6	★★
69	中国储备粮管理总公司	一般服务业	22.5	21.7	32.5	32.0	27.1	★★
70	中国航空发动机集团有限公司	特种设备制造业	10.0	16.7	67.5	0.0	25.9	★★
70	中国第一重型机械集团公司	机械设备制造业	10.0	40.0	42.5	0.0	25.9	★★
72	中国化工集团公司	工业化学品制造业	15.0	30.0	20.0	36.0	25.5	★★
73	中国诚通控股集团有限公司	混业（批发贸易业;造纸业;交通运输服务业）	52.5	10.0	20.0	18.0	23.1	★★
74	中国核工业集团公司	特种设备制造业	10.0	10.0	52.5	14.0	22.8	★★
75	中国煤炭科工集团有限公司	机械设备制造业	10.0	16.7	37.5	18.0	21.5	★★
76	机械科学研究总院	一般服务业	15.0	20.0	40.0	0.0	20.2	★★
77	华侨城集团公司	旅游业	10.0	38.3	7.5	18.0	19.6	★
78	中国工艺(集团)公司	一般制造业	10.0	23.3	30.0	0.0	17.4	★
79	中国兵器装备集团公司	特种设备制造业	25.0	0.0	30.0	14.0	16.5	★
80	北京有色金属研究总院	一般服务业	46.5	6.7	20.0	0.0	16.1	★
81	南光(集团)有限公司	批发贸易业	22.5	10.0	30.0	0.0	15.9	★
82	中国能源建设集团有限公司	建筑业	22.5	6.7	32.5	0.0	15.6	★
83	武汉邮电科学研究院	通信设备制造业	15.0	6.7	17.5	18.0	13.9	★
84	中国通用技术(集团)控股有限责任公司	混业（机械设备制造业;医药生物制造业;批发贸易业）	17.5	0.0	32.5	0.0	12.6	★
85	中国钢研科技集团有限公司	一般服务业	10.0	6.7	27.5	0.0	11.7	★

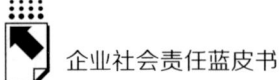

续表

2017年排名	企业名称	所属行业	责任管理	市场责任	社会责任	环境责任	综合得分	星级
86	中国普天信息产业集团公司	通信设备制造业	15.0	6.7	12.5	14.0	11.6	★
87	中国林业集团公司	农林牧渔业	15.0	6.7	22.5	0.0	11.3	★
87	中国化学工程集团公司	建筑业	15.0	6.7	22.5	0.0	11.3	★
89	中国国际技术智力合作公司	一般服务业	10.0	6.7	22.5	0.0	10.3	★
90	中国轻工集团公司	一般制造业	10.0	11.7	15.0	0.0	9.7	★
91	中国冶金地质总局	一般服务业	10.0	0.0	22.5	0.0	8.3	★
92	中国华录集团有限公司	电子产品及电子元件制造业	10.0	6.7	7.5	18.0	8.1	★
93	中国船舶重工集团公司	特种设备制造业	10.0	6.7	12.5	0.0	7.5	★
93	中国建筑科学研究院	一般服务业	10.0	6.7	12.5	0.0	7.5	★
95	中国农业发展集团有限公司	农林牧渔业	10.0	11.7	2.5	0.0	6.2	★
96	中国铁路物资股份有限公司	交通运输服务业	15.0	0.0	7.5	0.0	5.1	★
97	中国核工业建设集团公司	特种设备制造业	10.0	0.0	10.0	0.0	4.8	★
98	中国航空器材集团公司	交通运输服务业	10.0	3.3	5.0	0.0	4.4	★
99	中国新控股股份有限责任公司	证券、期货、基金等其他金融业	15.0	0.0	2.5	0.0	3.7	★
99	中国远洋海运集团有限公司	交通运输服务业	15.0	0.0	2.5	0.0	3.7	★
101	中国建筑设计研究院	一般服务业	10.0	0.0	0.0	0.0	2.0	★

B.16
附录七：人才建设/行业研究

一 分享责任——中国企业社会责任公益讲堂

1. 项目简介

"分享责任——中国企业社会责任公益讲堂"于2013年5月发起，旨在以公益的方式分享责任、培育力量、达成共识，通过为中外企业管理人员提供为期3天的社会责任专项培训，普及社会责任知识、推广社会责任理念、提升社会责任意识、帮助解决企业发展中遇到的社会责任问题，指导受训人员管理复杂的社会、环境议题，应对多元的挑战。

2. 项目信息

免费说明：无任何收费（学员只需自付差旅费）

招生对象：中外企业社会责任相关部门人员

培训方式：名师授课+实地参观+小品大赛

调研对象：中外知名企业

学员名额：每期120~150人

认证荣誉：结业证书、奖状、奖杯

3. 项目回顾

截至2017年8月，"分享责任——中国企业社会责任公益讲堂"已成功举办九期，有近60位名师走进课堂，为1000多名学员提供了专业的社会责任培训。

附表1　中国企业社会责任公益讲堂举办情况

序号	举办地	举办时间	序号	举办地	举办时间
第一期	北京	2013年5月10~12日	第六期	成都	2014年10月29~31日
第二期	广州	2013年8月21~23日	第七期	北京	2015年6月17~19日
第三期	西安	2013年11月6~8日	第八期	北京	2016年10月12~14日
第四期	北京	2014年4月23~25日	第九期	苏州	2017年8月9~11日
第五期	武汉	2014年7月23~25日			

4. 项目咨询

欲详细了解项目相关内容，请联系：

殷圆圆：18610336350，邮箱：yinyy@zerenyun.com

二　中国企业社会责任报告编写指南4.0

1. 项目简介

本土标准是引领中国企业社会责任报告发展的重要工具。2009年，《中国企业社会责任报告编写指南》（简称《指南1.0》）发布，此后两次升级到3.0版本。2015年，400余家中外大型企业参考了《指南3.0》，《指南3.0》成为全球报告倡议组织（GRI）官方认可的全球唯一国别报告标准，有力提升了中国在国际社会责任运动中的话语权。

2015年，联合国可持续发展目标（SDGs）、中国社会责任国家标准（GB/T36000）和香港联交所《环境、社会及管治（ESG）报告指引》等重要标准/倡议相继颁布实施。为提升《指南》的国际性、包容性和引领性，指导委员会计划将《指南》升级到4.0版本。

2. 编写原则

开放平台：成立《指南4.0》指导委员会，下设学术委员会、行业/议题委员会、秘书处，广泛吸纳企业社会责任政策制定者、理论研究者、实践推进者参与《指南4.0》开发。

共建共享：与政府机构、行业协会、领先企业等深度合作，共同开展《指南4.0》的编写、发布、软件开发、培训、宣传推广及后续报告评级等工作。

简洁实用：进一步提升《指南4.0》指标的实质性，较大幅度减少社会责任报告指标数量，引导信息披露方式转变，提升指南的实用性和可操作性。

国际视野：深入研究国际企业社会责任最新动态，整合国际社会责任标准最新研究成果。

3. 主要特点

更精细：在一般框架基础上，开发行业标准和议题标准，形成"1＋N＋M"综合指标体系。

更全面：研发针对中小企业的基础版和针对大型企业的高级版，全面覆盖各类型企业。

更系统：构建指标、过程、形式、价值"四位一体"报告管理方法论。

更与时俱进：年度修订，每年召开指标研讨会，与合作单位一起，结合社会责任发展最新形势和企业社会责任领先实践对指标进行升级。

4. 项目咨询

欲详细了解项目相关内容，请联系：

黄晓娟：18910701161，邮箱：huangxj@zerenyun.com

三 中国企业社会责任报告评级

1. 项目简介

"中国企业社会责任报告评级"是由中国社会科学院企业社会责任研究

中心发起成立"中国企业社会责任报告评级专家委员会"所提供的一项专业服务,依据《中国企业社会责任报告编制指南》和《中国企业社会责任报告评级标准》,对企业年度发布的社会责任报告进行评级,旨在通过报告评级向企业提供专业意见,为企业社会责任工作提供智力支持,改进我国企业社会责任工作现况;以报告促管理,充分发挥报告在利益相关方沟通、企业社会责任绩效监控的作用,将报告作为提升公司社会责任管理水平的有效工具。截至目前,评级专家委员会已经累计为近400份社会责任报告提供评级,报告评级服务已经成为国内最权威、受企业广泛认可的企业社会责任评价。

2. 项目特点

专家权威:"中国社会责任报告评级专家委员会"由来自中国社会科学院、清华大学、中山大学、中企联、中电联、中国企业公民委员会、新华网、国务院国资委等机构的知名社会责任专家组成。

评价全面:对报告的过程性、完整性、实质性、平衡性、可比性、可读性、创新性的七个方面进行全方位评级,出具专家签署的评级报告。最终结果通过星级呈现,分别为五星级(卓越)、四星半级(领先)、四星级(优秀)、三星半级(良好)等。

建议专业:过程性评估人员赴参评企业进行面对面沟通,指导企业社会责任报告管理工作;评级专家对社会责任报告把脉,出具《报告评级改进建议书》,提升报告质量。

推广多元:通过《中国企业社会责任报告白皮书》(已连续发布6年)、社会责任领域高端峰会、责任云微信公众号、评级档案等方式进行全方面宣传和展示企业报告和履责实践。

3. 项目回顾

报告评级自2010年启动以来,评级企业数量呈平稳上升趋势。截至2017年10月,已累计为近400份中外企业社会责任报告提供报告评级服务。

附表2　中国企业社会责任报告历年评级企业概要

2010年 (10家)	2011年 (22家)	2012年 (43家)	2013年 (60家)	2014年 (61家)	2015年 (65家)	2016年 (66家)	2017年 (72家)
中石化集团	南方电网	中石化股份	中国建材	中国移动	中国石化	中国华电	中国移动
中石化股份	中国电信	中国华能	中国建筑	中国海油	神华集团	中国一汽	中国人保
民生银行	中国华能	中国铝业	中煤集团	中粮集团	北控集团	中国建筑	中国交建
中国华能	中石化集团	华润集团	中国海油	中航工业	国投集团	中国建材	海立股份
中国华电	中石化股份	神华集团	中国联通	中国交建	光大银行	远洋集团	丰田中国
中国大唐	中国黄金	中国电科	中国电子	国机集团	三元食品	佳能（中国）	华润电力
中钢集团	远洋地产	新兴际华	北汽集团	海航集团	台达（中国）	松下中国	保利协鑫
南方电网	中国电科	广东粤电	中国三星	松下（中国）	上汽大众	现代汽车（中国）	LG化学
马钢集团	中国兵装	佳能（中国）	斗山（中国）	丰田（中国）	LG中国	民生银行	佳能（中国）
鞍钢集团	……	……	……	……	……	……	……

4.项目咨询

欲详细了解项目相关内容，请联系：

殷圆圆：18610336350，邮箱：yinyy@zerenyun.com

B.17 后　记

2009年伊始，课题组持续关注中国企业社会责任发展，连续出版2009~2017年版《中国企业社会责任研究报告》。实践的发展也给了我们日益扩大的思考和研究领域，此后，课题组陆续出版了《中国上市公司非财务信息披露报告》《上海市上市公司社会责任研究报告》《中国企业公益研究报告》《汽车企业社会责任蓝皮书》《中国企业扶贫研究报告》《中资企业海外社会责任研究报告》，以及今年即将出版的《中央企业社会责任蓝皮书》等。这些成果的面世也使课题组对我国企业社会责任研究视角更多元、观察对象更丰富、结论特征更深刻、社会影响力更广泛，希冀能够在我国企业社会责任运动蓬勃发展过程中留下难能可贵的一笔，也是对课题组每个成员的一种鞭策、鼓舞和欣慰。

《中国企业社会责任研究报告（2017）》是集体劳动的成果。项目历时5个月，先后有30余人投入其中。内容结构和技术路线由钟宏武、汪杰、马燕研究确定，并组织多次研讨会，听取相关专家、企业代表、媒体等相关方的意见和建议。数据采集和分析工作由中星责任云社会责任机构联合完成，数据采集过程涉及的中国企业300强、中央企业、国有企业100强、民营企业100强、外资企业100强以及16个重点行业、沪深上市公司300强社会责任公开信息的收集、阅读和整理，由马燕、王志敏、王梦娟组织协调完成；李雪健、周建文、桂凤莲、杨利芳、武小艺、王志敏、王梦娟、黄晓娟、张丹、梁佐红、付尧、张龙娇、刘东兴、高睿、王振宇、周成兴、傅海阳、安妮、刘帅鹏、王杰、邢钰峰、吕清维、郑强、杜元朔、潘煦、王琳鑫、蔡方明、樊家兴、周珏杰、吕鑫龙、孙迪等负责信息采集工作；马燕、王志敏共同完成指标赋权、信息录入和数据整理。

后　记

《中国企业社会责任研究报告（2017）》的写作框架由钟宏武、汪杰、马燕共同确定。总报告《中国企业社会责任发展报告（2017）》由黄群慧、钟宏武共同撰写完成；分报告《中国国有企业100强社会责任发展指数（2017）》由王志敏、詹晓东撰写，《中国民营企业100强社会责任发展指数（2017）》由王志敏、桂凤莲撰写，《中国外资企业100强社会责任发展指数（2017）》由王志敏、李雪健撰写；行业报告《重点行业社会责任发展指数（2017）》由桂凤莲、李雪健、周建文、杨利芳、武小艺、詹晓东、王志敏等撰写；专题报告《中央企业社会责任发展报告（2017）》和《中国上市公司ESG研究报告（2017）》由王志敏、李雪健、王梦娟、黄晓娟、梁佐红、付尧撰写；"分享责任中国行/世界行"由钟宏武、王娅郦、高小璇、赵思琪、王宁、王济铄等撰写；附录由王志敏、李雪健、桂凤莲整理完成。

"分享责任中国行/世界行（2017）"项目由中国社会科学院经济学部企业社会责任研究中心组织调研团队，于2017年7～8月前后先后前往西藏、四川等地对中国环境保护集团有限公司、中国华能集团西藏雅江公司、中国黄金集团华泰龙公司等进行了调研，并于2017年8～9月前往泰国、印度尼西亚、韩国对三星集团、现代汽车集团两家优秀跨国企业进行调研。调研团队通过"分享责任中国行"与"分享责任世界行"，更多地关注企业优秀的社会责任实践，了解企业在精准扶贫、安全生产、节能环保、公益慈善、科技创新等分方面的履责亮点。在此，对以上企业在社会责任优秀实践方面的分享以及对调研工作的支持与配合表示由衷的感谢。

全书最终由钟宏武、汪杰、马燕、王志敏审阅、修改和定稿。

本书的出版也得到了社会科学文献出版社谢寿光社长和皮书分社邓泳红社长的大力支持和关心，应该说没有出版社各位领导和同事的努力工作，本书很难如期与读者见面，在此表示由衷的感谢。

中国企业社会责任的研究起步不久，还有很多的问题有待探索和解决。希望各行各业的专家学者、读者朋友不吝赐教，共同推动中国企业社会责任

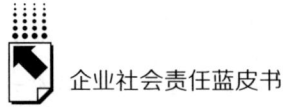

更好更快地发展。

感谢所有为本书的顺利出版而付出努力的人!

项目组

2017 年 10 月

社会科学文献出版社　　　皮书系列

❖ 皮书起源 ❖

"皮书"起源于十七、十八世纪的英国,主要指官方或社会组织正式发表的重要文件或报告,多以"白皮书"命名。在中国,"皮书"这一概念被社会广泛接受,并被成功运作、发展成为一种全新的出版形态,则源于中国社会科学院社会科学文献出版社。

❖ 皮书定义 ❖

皮书是对中国与世界发展状况和热点问题进行年度监测,以专业的角度、专家的视野和实证研究方法,针对某一领域或区域现状与发展态势展开分析和预测,具备原创性、实证性、专业性、连续性、前沿性、时效性等特点的公开出版物,由一系列权威研究报告组成。

❖ 皮书作者 ❖

皮书系列的作者以中国社会科学院、著名高校、地方社会科学院的研究人员为主,多为国内一流研究机构的权威专家学者,他们的看法和观点代表了学界对中国与世界的现实和未来最高水平的解读与分析。

❖ 皮书荣誉 ❖

皮书系列已成为社会科学文献出版社的著名图书品牌和中国社会科学院的知名学术品牌。2016年,皮书系列正式列入"十三五"国家重点出版规划项目;2012~2016年,重点皮书列入中国社会科学院承担的国家哲学社会科学创新工程项目;2017年,55种院外皮书使用"中国社会科学院创新工程学术出版项目"标识。

权威报告·热点资讯·特色资源

皮书数据库
ANNUAL REPORT(YEARBOOK) DATABASE

当代中国与世界发展高端智库平台

所获荣誉

- 2016年，入选"国家'十三五'电子出版物出版规划骨干工程"
- 2015年，荣获"搜索中国正能量 点赞2015""创新中国科技创新奖"
- 2013年，荣获"中国出版政府奖·网络出版物奖"提名奖
- 连续多年荣获中国数字出版博览会"数字出版·优秀品牌"奖

成为会员

通过网址www.pishu.com.cn或使用手机扫描二维码进入皮书数据库网站，进行手机号码验证或邮箱验证即可成为皮书数据库会员（建议通过手机号码快速验证注册）。

会员福利

- 使用手机号码首次注册会员可直接获得100元体验金，不需充值即可购买和查看数据库内容（仅限使用手机号码快速注册）。
- 已注册用户购书后可免费获赠100元皮书数据库充值卡。刮开充值卡涂层获取充值密码，登录并进入"会员中心"—"在线充值"—"充值卡充值"，充值成功后即可购买和查看数据库内容。

社会科学文献出版社 皮书系列
SOCIAL SCIENCES ACADEMIC PRESS (CHINA)

卡号：596188822988
密码：

数据库服务热线：400-008-6695
数据库服务QQ：2475522410
数据库服务邮箱：database@ssap.cn
图书销售热线：010-59367070/7028
图书服务QQ：1265056568
图书服务邮箱：duzhe@ssap.cn

子库介绍
Sub-Database Introduction

中国经济发展数据库

涵盖宏观经济、农业经济、工业经济、产业经济、财政金融、交通旅游、商业贸易、劳动经济、企业经济、房地产经济、城市经济、区域经济等领域，为用户实时了解经济运行态势、把握经济发展规律、洞察经济形势、做出经济决策提供参考和依据。

中国社会发展数据库

全面整合国内外有关中国社会发展的统计数据、深度分析报告、专家解读和热点资讯构建而成的专业学术数据库。涉及宗教、社会、人口、政治、外交、法律、文化、教育、体育、文学艺术、医药卫生、资源环境等多个领域。

中国行业发展数据库

以中国国民经济行业分类为依据，跟踪分析国民经济各行业市场运行状况和政策导向，提供行业发展最前沿的资讯，为用户投资、从业及各种经济决策提供理论基础和实践指导。内容涵盖农业，能源与矿产业，交通运输业，制造业，金融业，房地产业，租赁和商务服务业，科学研究，环境和公共设施管理，居民服务业，教育，卫生和社会保障，文化、体育和娱乐业等100余个行业。

中国区域发展数据库

对特定区域内的经济、社会、文化、法治、资源环境等领域的现状与发展情况进行分析和预测。涵盖中部、西部、东北、西北等地区，长三角、珠三角、黄三角、京津冀、环渤海、合肥经济圈、长株潭城市群、关中—天水经济区、海峡经济区等区域经济体和城市圈，北京、上海、浙江、河南、陕西等34个省份及中国台湾地区。

中国文化传媒数据库

包括文化事业、文化产业、宗教、群众文化、图书馆事业、博物馆事业、档案事业、语言文字、文学、历史地理、新闻传播、广播电视、出版事业、艺术、电影、娱乐等多个子库。

世界经济与国际关系数据库

以皮书系列中涉及世界经济与国际关系的研究成果为基础，全面整合国内外有关世界经济与国际关系的统计数据、深度分析报告、专家解读和热点资讯构建而成的专业学术数据库。包括世界经济、国际政治、世界文化与科技、全球性问题、国际组织与国际法、区域研究等多个子库。

法律声明

"皮书系列"(含蓝皮书、绿皮书、黄皮书)之品牌由社会科学文献出版社最早使用并持续至今,现已被中国图书市场所熟知。"皮书系列"的 LOGO( )与"经济蓝皮书""社会蓝皮书"均已在中华人民共和国国家工商行政管理总局商标局登记注册。"皮书系列"图书的注册商标专用权及封面设计、版式设计的著作权均为社会科学文献出版社所有。未经社会科学文献出版社书面授权许可,任何使用与"皮书系列"图书注册商标、封面设计、版式设计相同或者近似的文字、图形或其组合的行为均系侵权行为。

经作者授权,本书的专有出版权及信息网络传播权为社会科学文献出版社享有。未经社会科学文献出版社书面授权许可,任何就本书内容的复制、发行或以数字形式进行网络传播的行为均系侵权行为。

社会科学文献出版社将通过法律途径追究上述侵权行为的法律责任,维护自身合法权益。

欢迎社会各界人士对侵犯社会科学文献出版社上述权利的侵权行为进行举报。电话:010-59367121,电子邮箱:fawubu@ssap.cn。

社会科学文献出版社